西北民族大学中央高校基本科研业务费
专项基金资助项目（项目批准号：zyh201101）

疑惑与分歧

XIFANG LIUBU WENXUE JINGDIAN CHONGSHI

西方六部文学经典重释

罗文敏 著

中国社会科学出版社

图书在版编目（CIP）数据

疑惑与分歧：西方六部文学经典重释／罗文敏著．—北京：中国社会科学出版社，2012.7
ISBN 978－7－5161－0863－5

Ⅰ．①疑…　Ⅱ．①罗…　Ⅲ．①西方—研究—中国　Ⅳ．①G647.4

中国版本图书馆 CIP 数据核字（2012）第 026085 号

出 版 人　赵剑英
选题策划　郭沂纹
责任编辑　顾世宝
责任校对　刘　娟
责任印制　张汉林

出　　版　中国社会科学出版社
社　　址　北京鼓楼西大街甲 158 号（邮编 100720）
网　　址　http://www.csspw.cn
　　　　　中文域名：中国社科网　　010－64070619
发 行 部　010－84083685
门 市 部　010－84029450
经　　销　新华书店及其他书店

印　　刷　北京市大兴区新魏印刷厂
装　　订　廊坊市广阳区广增装订厂
版　　次　2012 年 7 月第 1 版
印　　次　2012 年 7 月第 1 次印刷

开　　本　710×1000　1/16
印　　张　20
字　　数　350 千字
定　　价　59.00 元

凡购买中国社会科学出版社图书，如有质量问题请与本社联系调换
电话：010－64009791

目　　录

第二部分 《哈姆雷特》

第三部分　《简·爱》

第六部分 《包法利夫人》

引　言

“他站立在西方文学长河的源头上。他是诗人、哲学家、神学家、语言学家、社会学家、历史学家、地理学家、农林学家、工艺家、战争学家、杂家——用当代西方古典学者 E. A. Havelock 教授的话来说，是古代的百科全书。至迟在苏格拉底生活的年代，他已是希腊民族的老师；在亚里士多德去世后的希腊化时期，只要提及诗人，人们就知道指的是他。”（《伊利亚特》陈中梅译序）他是谁？他就是荷马。英雄史诗让英雄人物的事迹在历史的长河中以诗行的形式流淌。史诗对历史的叙述带有浓厚的神话色彩，它凭借的是人类对祖先在传说中沿袭和流传下来的英雄回忆、聆听者的片段记忆与讲述者的丰富联想，但史诗里的内容，却不仅仅是世世代代传递下来的、应该深刻铭记的历史经验和教训，那些在由原始部落到后世民族的发展变化中充分展现了其勇士标志、超乎常人的勇力与胆识的理想化英雄，以及这些英雄人物的慷慨悲壮的英雄情怀，才是史诗中最为引人注目的部分，所以，一定程度上，他们是民族演变过程中集体力量的总体现。

荷马或《伊利亚特》的创作者熟悉爱琴海以东的小亚细亚沿海地区，这里的生活反映在史诗中。但该史诗反映的却不仅仅是这个区域人们的早期生活，它涉及早期人类对生存环境的认识、对人神两界的认识以及对命运等很多关涉人类生活的重要命题的理解和认识。而且历来在对《伊利亚特》的研究中有许多争持不下的重要问题，譬如该史诗的情节时间的问题，有的论著认为是 51 天，有的则认为是 50 天，到底应该是多少天，本书将结合中外学者的分析，立足于文本分析，给予从推理中得出的较为准确的回答。

莎士比亚的戏剧在戏剧艺术的领域，给后世树立了几乎是无可企及的典范，哈罗德·布鲁姆将莎士比亚当做“经典的中心”，并断言：“莎士比亚就是经典。他设立了文学的标准和限度。"[①] 为后世提供了宝贵的文学经验和文学财富的莎士比亚与索福克勒斯、塞万提斯、托尔斯泰、陀思妥耶夫斯基和歌德等西方伟大作家一样，其作品中的很多方面以前对以后也将会对人类思考人生提供无尽的思考空间和无限的启发意义。莎士比亚的"以镜子反观人生"的做法，忠实地反映了世界和人生的真实面貌。如果说，莎士比亚是"经典的中心"，那么，《哈姆雷特》就是这个"中心"的中心。《哈姆雷特》对自己富含思想的语言却有着谦虚的理解——"我的言语高高起飞，我的思想滞留地下；没有思想的言语永远不会上升天界。"（《哈姆雷特》第三幕第三场城堡中一室）这部作品留给人难以计数的疑惑与容易产生分歧性理解的语词，单是那个忧郁而善冥思的王子的言行，都已经让人既赞叹又困惑不已了。在别人的一片赞美声中，歌德却说哈姆雷特是"一个禀性优美、纯洁、高尚而有道德的人物，却没有作为英雄所必具的魄力"[②]。《哈姆雷特》留给研究者讨论的"裂缝"和"罅隙"有不少：哈姆雷特的父王似乎有罪；剧中"病"、"毒"、"死"、"禽"、"兽"的意象频繁出现，到底为什么？鬼魂的出现是"心灵的幻影"吗？

女性作家夏洛蒂·勃朗特的《简·爱》几乎成为现代女性的精神营养品。《简·爱》之所以成为女性必读的经典之作，正是因为人们特别是女性读者从主人公简的身上看到了一种顽强不屈的抗争精神、自尊自信的生活态度、平等互尊的爱情观念。简的表达直白而自尊："你以为我贫穷、卑微、不美，你就以为我没有灵魂没有心了吗？……"对于同时代的女性来说，这种思想是超前的。在当时（19 世纪中叶）以男权思想为主的背景下，夏洛蒂无疑称得上女权发展史上的重要启蒙思想家。但简为什么离去又归来？简的性格是自信的还是自卑的？《简·爱》中还有哪些疑惑与分歧？

维克多·雨果被世人赞为法国浪漫主义文学运动的领袖，他的浪漫主义创作思想曾轰动了 19 世纪的欧洲文坛。雨果的浪漫主义创作手法的核心便是对照。作为雨果浪漫主义创作的代表作，《巴黎圣母院》整部作品正是通过其在人物形象、爱情世界以及情节与环境等多方面的层叠对照来表达作者的曲折蕴涵的。最主要的是，对其主要人物克罗德的人性分析历来是个分歧

---

① 哈罗德·布鲁姆：《西方的正典》，译林出版社 2005 年版，第 36 页。

② 《威廉·迈斯特的学习时代》第四篇第十三章，《古典文艺理论译丛》第 3 期，1962 年 7 月，人民文学出版社。

很大的争论点，尤其是对此人的正面评价极少，很少有论者从作者在“序言”中所作的强调去理解，对整部作品的“命运”主题视而不见，这是不妥的。

司汤达被左拉认为“首先是一个心理学家”①。司汤达的代表作《红与黑》在对人物内在世界的描述上很出色。“这部作品是十九世纪法国社会的风俗画，全面地展现了当时法国从小城到省城至京城的贵族、教会、资产阶级和贫民的精神面貌和心理状态。”② 司汤达以其擅长的心理描写手法，一步步展示了人物在疑惑和矛盾中挣扎的心灵世界的发展与变化，可以看到“于连是个‘性格分裂’的人物。他是一个自尊、自爱、勇敢、真诚而又自卑、怯懦、虚伪的矛盾统一体，他既充满激情而又冷静，既要确立自主，又时时表现出屈从和依附”③。于连的性格到底是什么样的？有些论者在将《红与黑》中的于连与中国作家路遥《人生》中的高加林这两位“奋斗型青年”进行比较研究时，出现了偏离文本而侈谈其他的误读情况。

弗莱在研究低模仿作品的主要模式时曾谈到：“悲怆哀怨的文学作品的基本观念，是说明一个与我们相似的人虽竭力想成为某个社会群体的一员，最终仍被社会抛弃出去。”④《包法利夫人》中的女主人公爱玛就是这样一个无奈离开人世的女子，她在修道院所受的贵族化教育、浪漫主义作品的影响，使她这位“女堂·吉诃德”一生都在幻想着“伴着电闪雷鸣骤然来临”的激情式爱情。把理想与现实进行硬性对接的结果，就是使得这个社会抛弃了她。这种硬性对接，就是一种“低模仿”，因为“低模仿的特征便在于主观与客观、精神状态与外界条件、个人情况与社会与物质情况之间都存在着反差”⑤。而且，福楼拜在《包法利夫人》中所运用的叙事技法，也是值得深入思考的。

---

① 刘安海：《小说创作技巧描述》，华中师范大学出版社 1988 年版，第 271 页。

② 郑克鲁主编：《外国文学史》（上），高等教育出版社 1999 年版，第 210 页。

③ 同上书，第 213 页。

④ 诺斯罗普·弗莱：《批评之路——诺思洛普·弗莱研究丛书》，北京大学出版社 1998 年版。

⑤ 刘慧玲、朱秀梅：《从叙事人称解读包法利夫人的悲剧命运》，《湘南学院院报》2008 年第 1 期。

第一部分　《伊利亚特》

第一章　神话—史诗

第一节　生存环境：海洋与陆地

一　泛神与一神

信仰体系的差异，其实是较为明显的。《伊利亚特》的信仰体系可以被看做自然神崇拜，《亚瑟王之死》的信仰体系是基督教神学体系，而《格萨尔》[①] 的信仰体系则是佛教。

在《伊利亚特》诞生的公元前9—前8世纪，史诗情节所反映的区域正处在氏族部落晚期向奴隶社会过渡时期，当时，世界上可被称作系统宗教的信仰体系尚未建立起来。

《亚瑟王之死》与《格萨尔》都大约出现在距离《伊利亚特》有两千年

---

① 本书涉及的《格萨尔》，一般均指中国的藏族史诗《格萨尔》。本书所参考的《格萨尔》汉译本，若非特殊注明，即固定采用下列二版本：分章本、文库本。前者特指《格萨尔王传》（贵德分章本），王沂暖、华甲译，甘肃人民出版社1981年版；后者特指"文库本第一卷"，即《格萨尔文库》第一卷藏族《格萨尔》，甘肃省《格萨尔》工作领导小组办公室西北民族学院《格萨尔》研究所编纂，甘肃民族出版社1996年版（第一册）和2000年版（第二册）。本书所引贵德分章本原文，一般在引文末尾注明"（分章本某）"。如注释"（分章本39）"即指"（上述）分章本第39页"。文库本（第一卷）分两册且各自编页，故一般在引文末尾注为"（文库本某．某）"。如注释"（文库本1.175）"或"（文库本2.851）"，分别指"文库本（第一卷）第一册第175页"或"文库本（第一卷）第二册第851页"。而《伊利亚特》汉译本采用陈中梅翻译的《伊利亚特》（荷马：《伊利亚特》，陈中梅译注，译林出版社2000年版）或《奥德赛》（荷马：《奥德赛》，陈中梅译注，译林出版社2003年版）。一般在引文末尾注明"（《伊》某．某）"或"（《奥》某某）"。如注释"（《伊》18.339）"即指"《伊利亚特》（上述）译本之第18卷第339行"；如注释"（《奥》18.339）"即指"《奥德赛》（上述）译本之第18卷第339行"。为行文简洁又避免误解，特此说明。

之久的12世纪[①]，此三者的信仰体系差异显然很大。《伊利亚特》的信仰体系表现为《神谱》所具体描述的以泛神为特征的自然神崇拜，而12世纪的《亚瑟王之死》与《格萨尔》则都是一神信仰。这就存在一个泛神与一神的信仰区别问题。

中西史诗几个主要代表在叙事结构比较中，区别是很明显的：《亚瑟王之死》虽然对亚瑟王的生平进行了补充叙述，但是它有个重心，即亚瑟王如何对待战杀、和平与情义等，而并未重视对英雄的从生至死（或从来到去）的生平经历逐次交代，而这无疑是受《伊利亚特》选取重点情节以详述的情节结构方式的影响；在中国，《格萨尔》采用的是“来有踪，去有影”的“生平始末”式交代，情节比较完整。

尽管《亚瑟王之死》与距离其近两千年的《伊利亚特》是不同的信仰体系，但两者作为史诗，却有着类似的叙事逻辑起点——都重视史诗叙事的以点带面的典型场景、典型人物与典型事件之典型性的叙述，而且把材料的剪裁与组接放在故事讲述的第一位，在很大程度上，这与西方传统的叙事逻辑起点有关。因为西方古代叙事的逻辑起点是时间性，而中国古代的叙事逻辑起点是空间性。所以说，将这些史诗放在一起进行比较研究，就要从“史诗叙事传统”和“信仰体系”两个方面来理解。而且，如果将《格萨尔》与《伊利亚特》进行比较研究，就可以看到两者的神性特征存在巨大的差异。

二　神性有别

《伊利亚特》里的“众神”有其“人性”的方面。众神彼此争吵、嫉妒、打斗。史诗在传递作者自己（继承自民间口头文学传统）的对神界生活与神际关系的理解时，表现出了法力无边的神仙们所具有的人间生活千态万象的特征。

---

① 亚瑟王传奇于12世纪开始流传，《亚瑟王之死》出版于1485年。“早在12、13世纪，就有形形色色的亚瑟王系列罗曼史在法国流传。马罗礼把那些相对独立的故事进行改编，使它们在亚瑟王的旗号下形成了一个有机的整体。他的这部《亚瑟王之死》是法、英两国形形色色的亚瑟王及其圆桌骑士故事的汇集。英国第一位印刷家威廉·凯克斯顿印刷了这部堪称集罗曼史之大成的书，这事本身就意义重大。由于印刷术的出现和《亚瑟王之死》的印行，像野草一样在民间蔓生着的中古英语方言才有了相对固定的拼写符号。有的语言学家干脆将印刷《亚瑟王之死》的1485年确定为中古英语标志性的终结期。这样看来，《亚瑟王之死》就是一部真正意义上的‘划时代’的著作了。”（托马斯·马罗礼：《亚瑟王之死》，陈才宇译，凤凰出版传媒集团译林出版社2008年版，封三）

有时，这些神祇借助神力参与具体的打斗来满足个人的明确意愿，似乎很具有“人性”特点，可是，他们有时却显得很“不人性”。在《伊》13.442—443行，英雄阿尔卡苏斯是“辽阔的特洛伊地面最出色的英壮”①，“然而，借用伊多墨纽斯的双手，波塞冬杀他，迷蒙他的眼睛，原本明亮，使他光荣的肢腿变僵，让他既不能回跑，也不能躲闪，站着……无法动弹……当胸一枪……倒地”。荷马说得再清楚不过了：这是“波塞冬杀他”而不是伊多墨纽斯杀他。我们似乎目睹了这位“辽阔的特洛伊地面最出色的英壮”阿尔卡苏斯是如何被波塞冬借自己“莽蛮”的神力“玩杀”的，神的恃“神”而骄，已被描画得入骨三分了。

《伊利亚特》里的神仙，可以为自己愿助之凡人去痛、止血、疗伤以及注入（送出）勇力。当宙斯之子萨耳裴冬被杀倒的临死吼叫被受箭伤的格劳科斯听闻后，后者向阿波罗祈祷，阿波罗“听闻他的祈诵”后“当即”“为他止痛”、“封住流血”、“送出勇力”，随之，“格劳科斯感到高兴，心知此时发生，他的祷告已被强有力的神明听闻”。（《伊》16.527—531）

《格萨尔》中的神灵具有毋庸置疑的威力和尊严，他们是无量神性的化身。作为神子的格萨尔，神通广大、法力无边，不仅如此，与神子格萨尔相关的人和物都非同一般。譬如史诗在较少的几次对人物的外在形象进行非常全面的描述中，就包括对格萨尔②或与其紧密相关的核心人物，譬如

---

① 荷马：《伊利亚特》，陈中梅译注，译林出版社2000年版，第355页。

② 在格萨尔登位称王之后，对其“形象”进行了一次“定格”式描述：“回想往日，角如（格萨尔的小名）自从降生那天起，犹如太阳躲藏在云层里，莲花陷溺在污泥中一样，自性经常隐蔽，从未显露过。从现在起，他抛弃了丑陋的形象，显现出了奇异俊美的相貌，成为世间一切众生眼中美男子的典范。就连大地也因他的神威而摇撼震动。在天空彩虹中间，众多的天神与保护神也为他唱着吉祥的歌曲，降下缤纷的花雨。”随之给称王的角如的“穿戴”是极尽“夸张”性、排比式描述之能事的：黑雕盔、黑铠甲、红藤盾牌、护身符、虎皮箭囊、豹皮弓袋、刺绣衣、长寿带、长筒靴；硬角盘绕神弓、金刚劈岩黑剑、长矛、蛙蛇索、投石索、霹雳水晶利剑、劈山大斧。其具体的排比与“夸张”，这里略去不提。（文库本1.245）到了“降门篇”叙述到“岭国本部八十部落的军队”走过一半的时候，雄狮大王的英姿展现出来：描述其披挂——“他头戴胜利四叶白盔，身穿威镇敌营铠甲，挎着雷声牛角弓和金刚发光虎皮箭囊，佩着无敌宝刀，带着自伏三界索绳、降伏三界长剑、红藤六棱盾牌、神变金刚马鞭；衬着千瓣莲花甲垫，束着黄金的甲带，头插神哨兵一样的盔旗，盔前镶着一颗闪光的猫眼珠；坐下骑着神智赤兔马，是大日如来的化身，红宝石般德毛色，鞴着如意自胜的鹏鞍，搭着毛织九重斑纹鞍垫的日月合照的皮鞯，束着放光的龙纹肚带和伏神役鬼的绊胸，鳄鱼相对的马镫，黄金镶边的辔头。”描述其装扮——“那骏马连嘶三声，大地发生六种震动，天空普降花雨，噶举派的本尊和护法神就像云团一样笼罩”。（文库本2.721）

其父僧论[①]、其母果萨[②]、其妻珠牡[③]、其兄嘉擦[④]等相貌和装饰的描述。尽管这种描述并不频繁，但却往往是从头到脚、内外结合、由人及马地进行系统而周详的描述。这种周详的意图其实在上述脚注中已经点明，就是为了展现格萨尔和珠牡等人拥有"所有美德"以至"完美无缺"的特征，而且他们能够让"天""地"为之而动[⑤]，真可谓感"天"动"地"。简言之，《格萨尔》说白部分对人物外在形象的集中描述都在重要人物尤其是格萨尔和珠牡身上，且其披戴皆精美无比、与诸神相关、令天地动容。

第二节 叙述对象：从神话到史诗

一 对象与文体

如果从叙述对象的角度进行分类，不仅可以把神话、传说和史诗分开来，而且可以依照时间的先后将这三者列为：神话—传说—史诗。

在上述区分的基础上，笔者进一步认为：神话的叙述对象是神的故事，

---

① 关于僧论的介绍是："据说他是婆罗门善施的化身。他外表柔和，就像汉地的白绸；内心柔和，就像春天的阳光；举止文雅，恰似绾就的绸结；满面威光，好比太阳升起；语言动听，好像弹奏琵琶；思维敏捷，更是自如无穷。他是战神集聚的堡垒，畏尔玛居住的神坛，也是护法神依身的'灵魂石'。"（文库本 1.51）

② 格萨尔的母亲果萨初次出现在受众面前时，是如此被正面描述的："他们发现这位姑娘，容貌像荷花开放，双目像蜂儿飞转，体态像玉立的翠竹，皮肤似汉地的白绸，头发犹如下垂的丝线，俊俏多姿，叫人百看不厌。"（文库本 1.61）

③ 珠牡迎接角如、"两人路遇结缘定终身"这一章中有对珠牡的全面描述。本次对珠牡的描述是连续的、排比式的，但是又是分层的，笔者将其分层标识出来：先说她的品质性格——"且说僧姜珠牡，她本是白度母的化身，出身高贵，为人正直，言而有信，聪明睿智，坚强果断，知足知耻，忠贞不渝。"再说她的长相美德——"她身段窈窕，如像软藤；面部白净，如同皓月；双颊红润，如涂朱砂；头发乌亮，千线编织一般；一双大眼，明珠闪亮；小小红唇，犹如珊瑚；一口洁齿，白如珍珠；肌肤细嫩，柳腰柔肢；声音美妙，能言善语；说话和气，待人和睦，无论从哪个方面看都完美无缺，具备了妙龄少女的所有美德。"再说她的打扮装束——"她右边的头发向右梳，左边的头发向左梳，中间挂着玛瑙与珊瑚，把整齐的发辫固定起；颈佩绿色玛瑙项链，胸挂红宝石护身盒，手戴蓝宝石钏镯和金黄的戒指；身披九层白色水獭皮镶边的外衣，脚蹬绣着三道虹纹的皮靴。"最后进行总体排比性比衬——"经过这么一打扮，似乎天上的日月也显得暗淡无光，天神和仙人也对她产生了爱慕之心，荷塘里莲花的光彩也被她夺去，索命的阎王也会对她惟命是从。"（文库本 1.179）

④ "这个孩子，容貌像十五的明月，胸怀似无垠的天空，举止符合佛法的规范。在敌人面前，他是有毒的刺；在亲人跟前，他像汉地的白绸子。他气概英武如猛虎，六艺俱全像雄鹰。"（文库本 1.51）

⑤ "天"和"地"的反应在于：上述脚注对格萨尔的两处引文中都提到格萨尔让"地"为之"震动"，天空彩虹、花雨和天神都有应和；珠牡也引得天神和仙人对她心生爱慕之情。

英雄传说的叙述对象是英雄的故事，而史诗的叙述对象，是在兼容此二者基础上，以英雄为主要人物的故事。而且，不像英雄传说那样重视有根有据的关于英雄故事的存在性强调，史诗重在关于英雄故事的呈现性强调。简而言之，同为讲述英雄的故事，英雄传说对应的是与静态性材料相关的“存在性”，而史诗对应的是与动态性相关的“呈现性”，也就是说，相比于英雄传说，史诗在叙事学意义上的重要性更大。本书所指的史诗，主要是占世界史诗最大比重的英雄史诗。

不过，要想把神话、传说和史诗分别开来，还需要再仔细一些。因为史诗中有一部分一般被称为“神话史诗”，它到底是神话还是史诗是需要区分的。

对于史诗的分类历来有很多不同的意见。段宝林先生认为：“史诗是反映历史题材的长篇叙事诗，也是口头的历史课本。史诗中有以远古的神话为题材的，是神话史诗，如《苗族古歌》、《阿细的先基》、《梅葛》、《勒俄特衣》（彝族）、《创世记》（纳西族）、《密洛陀》（瑶族）、《布伯》（僮族）等等，神话史诗往往是祭祀天神、祖先的祭典上演唱的，具有神圣性，保存得比较完好，像苗族古歌，共有十多部五六千行之多。这些史诗是在神话的基础上发展起来的韵文作品，更容易唱诵保存，其内容比散文神话更有系统，也更加完整。……史诗中有一部分以英雄人物的斗争故事为主要题材的，是英雄史诗。……它的现实性比神话史诗要强，一般以现实的民族矛盾为中心，如《格萨尔王传》（藏族）。”① 段宝林先生基本上把史诗分为“以远古的神话为题材的”神话史诗和“以英雄人物的斗争故事为主要题材的”英雄史诗这两种，而前者包含了一般而言的创世史诗。此分法与万建中先生的史诗二分法相通。万建中先生认为根据史诗演述的内容，可分为两大类：一为创世史诗，一为英雄史诗。以歌唱的形式叙述的系列创世故事，一般称为“创世史诗”，又叫“神话史诗”和“原始性”史诗，是包含远古历史的歌，产生于氏族部落社会时期。②

看来，按照段先生和万先生的意思，如果把史诗分为“神话史诗”和“英雄史诗”两类，是可行的。其中前者无论名为“神话史诗”还是“创世史诗”或“原始性”史诗，都是指代同一类型的史诗，与另一类史诗——英

① 段宝林：《中国民间文学概要》，北京大学出版社 2003 年版，第 197 页。
② 万建中：《民间文学引论》，北京大学出版社 2006 年版，第 143 页。

雄史诗是不重合的。也就是说，与本书所论述的英雄史诗是可以区分的。但是，当看到默雷的一段话时，这样的命名和分类似乎又有问题。

默雷在《古希腊文学史》中认为：古希腊文学起源于神话诗。这种神话诗，首先是荷马的神话式史诗，随之是赫西俄德和俄耳甫斯的神话诗，对于理解以后的古希腊诗人、史书作家、哲人乃至拉丁语诗人和作家，荷马—赫西俄德—俄耳甫斯这种序列式影响，同样重要。[①] 按照默雷的看法，《伊利亚特》当属于“神话诗”中的“神话史诗”。塞诺芬尼（公元前6世纪）认为“荷马和赫西俄德”意指一切史诗传统，以及英雄传说和神谱；希罗多德说“他们两人创造了希腊的宗教，给予神祇各种称号、荣誉和技巧，并描写了他们的形象”[②]。由此看来，《伊利亚特》似乎是神话史诗。

而我们一般理解中的《伊利亚特》，因为讲述的是阿基琉斯和奥德修斯等众英雄们的故事，所以肯定属于英雄史诗；而赫西俄德的《神谱》因为以诗体形式讲述神的产生、谱系、创造和活动而应当是神话诗。也就是说，荷马的《伊利亚特》与赫西俄德的《神谱》是不同的。即使认为《伊利亚特》是“神话史诗”而《神谱》是“一般性神话诗”，也与我们一般的理解存在一个抵牾：“神话式史诗”—“英雄史诗”。

是的，《伊利亚特》中并非仅仅是英雄们的故事，神在其中扮演的角色和所占“戏份”很多，其中关于众神的意图、活动的情节占了很大篇幅，而且如果没有这个层面的因素，史诗的情节和叙述进程绝对会是另外一个情况，甚至可以说，舍此即无《伊利亚特》。因此，说《伊利亚特》是神话诗、神话史诗或英雄史诗都是可以的，只是其着眼点不同而已。

可是，这样岂不有了混同神话史诗与英雄史诗之嫌？那问题的原因在哪里？怎么解决？或者说，神话史诗与英雄史诗到底是一体的还是分开的？

笔者赞同史诗二分法，且认为两个名称应确定为“创世史诗”和“英雄史诗”。其中，“创世史诗”包括“原始性”史诗或神话史诗。

为何作如此之区分？因为：其一，从分类标准角度看，将“神话史诗”与“英雄史诗”分立，属于分类标准不明确。“神话”具有体裁性质，而“英雄”具有题材性质。何况在世界很多英雄史诗中都有神话因素存在。而将“创世史诗”与“英雄史诗”分立，则是从叙述的主要对象与叙述内容

---

① 默雷：《古希腊文学史》，孙席珍等译，上海译文出版社2007年版，第6—93页。

② 同上书，第7—8页。

方面来分类的。其二，从时序角度看，“创世史诗”与“英雄史诗”分立，有时间先后方面的清晰之别。即使有人会以世界很多民族的创世史诗中就有英雄的业绩，而认为将“创世史诗”和“英雄史诗”分立的分类亦不当，但毕竟“带有神话性质的、原始性的”创世史诗重心是在强调世界的诞生，而英雄史诗强调的是英雄的功勋和业绩、帝国的建立与拓疆等。概而言之，此二分法是依照史诗的重心，而非因其中所涉及的某种因素而作出。

那么依此分类，《伊利亚特》当属哪类？确切说，它属于英雄史诗。如果要从《伊利亚特》中的神话因素角度切入去论述，当然是可以的，但笔者对它的定位是英雄史诗①。

二　变化与过程

“演唱”—“演述”—“叙述”，这是史诗由民间到文人、由口头到文本的变化过程。神话、传说和史诗都是先在民间流传然后由文人整理成文的。一定程度上，史诗叙述的已经是文本化了的存在。甚至可以说：演唱的史诗是一种口头文学，阅读的史诗是一种书面文学。从理论总结角度来看，由前者总结而来的是“表演理论”，由后者总结而来的是“叙事理论”。

我们知道，戏剧与“表演理论”靠近，小说与“叙事理论”靠近。而戏剧与小说则是两种区别很大的文学类别。戏剧讲求矛盾冲突的逐步解决、悬念的环环相扣，而小说则讲求因事件的被叙述而生的情节之曲折性、绵延性、发展性。换句话说，在总体上，戏剧是直立的、横断面的，甚至是瞬间的、追求强烈视觉冲击的，它与绘画和雕塑有一定的关联，因此可以说戏剧是与造（定）型艺术紧密相连的；小说是纵向延伸的、流淌的，甚至有一定的“不定”性或“待定”性，发展变化与成长塑型是其本质特征之一，因此，可以说小说是与塑（延）型艺术紧密相连的。简而言之，戏剧与小说的差别是造（定）型艺术与塑（延）型艺术之差别。前者是在造型的同时达到定型以至强化观者审美印象的效果；后者是在塑型的同时达到延伸形象以至发展读者审美印象的效果。前者在“观”，后者在“读”。

---

①　陈中梅先生在《伊利亚特》第十六卷第658行的脚注中暗示了他也认为荷马史诗是“古代英雄史诗”。其实，在默雷的文学史中，他多半是把荷马史诗当做“英雄史诗”的，譬如他曾说：“英雄史诗是荷马所作，教谕诗是赫西俄德所作。”（默雷：《古希腊文学史》，孙席珍等译，上海译文出版社2007年版，第47页）所以，也许我们在一定程度上可以这样理解默雷的观点：荷马史诗既是神话史诗，又是英雄史诗，但更应被看做英雄史诗。

而史诗从口头到书面的过程，则形似于从戏剧到小说的跨越式发展过程。最后，史诗兼具了这样两种文学体裁的优点。

从神话到早期史诗，这是人类早期宇宙观与世界观的雏形时期。

第三节　史诗世界：共通中的差异

一　共通：浑然之世

《格萨尔》与《伊利亚特》对世界之初的描述中，体现出的是一个共通的认识：世之初，本混（浑）然。

（一）《格萨尔》：五浊恶世

《格萨尔》的开篇短短两段话（文库本 1.1）至少提供了以下几个方面的信息：其一是强调众生的野蛮与冥顽；其二是强调雪域战乱纷起、民灾横生；其三，慈悲观音祈请；其四，西方极乐世界的主宰是阿弥陀佛。

整个《格萨尔》的开头是铺垫叙事背景，这个背景是“话说生活在五浊恶世的野蛮众生，罪孽深重，用因乘显教，不能使他们解脱；就是用果乘密教，也难令他们成熟。他们心性冥顽，犹如磐石一般，不用凿子去凿，拿水更是难以泡软；用今生来世的法理，不能使他们回心转意；拿佛法戒律，也难以把他们约束”。

> 那时，南赡部洲大地，特别是雪域藏土境内，到处战乱纷起，民众灾难横生。大慈大悲的观音菩萨看到这些情景，心中不能忍受，便向西方极乐世界的主宰阿弥陀佛祈请道……（文库本 1.1）

对于上文所言之“五浊恶世”的理解应当是：时至劫末，人寿福德等渐变鄙恶，犹如渣滓，故名浊世。五浊指命浊、烦恼浊、众生浊、劫浊和见浊（文库本 1.781）。而观世音菩萨，则总集一切佛性于一体、慈悲为怀、恒常瞻念一切众生，是随侍如来的八菩萨之一。西方极乐世界，是指阿弥陀佛刹土。阿弥陀佛，是无量光佛、西方极乐世界的主宰。佛教提及轮回，认为众生无始以来，一直旋转在天、人、阿修罗、地狱、饿鬼和畜生这六道之间，无有尽期，此之谓“轮回”。

《格萨尔》是以佛教的“渡”开始叙述的。在上述之背景下，与“渡”相关的“拯救”期待，是格萨尔这个《格萨尔》史诗的最主要人物出场的话语背景。一层层地传递“拯救”之力，一步步地展示层级之序。这是史诗《格萨尔》价值观的基础。

如果可以简单地说，宇宙观是对天地宇宙总的看法，世界观是对世间万物界总的看法，那么就可以说，在《伊利亚特》和《神谱》那个将天空、大地、海洋、冥府、塔耳塔罗斯以及神和人协同考虑的时代，古希腊人的原始意识中，将宇宙观与世界观进行过多区分是没有必要的。

如前所述，《格萨尔》形成于公元12世纪之后，当时佛教已经系统传入并被藏民族普遍信仰，所以《格萨尔》是在宗教氛围极其浓厚的环境中生成的。相比于《伊利亚特》形成时万物有神论的自然崇拜背景，《格萨尔》处于坚定的佛教信仰体系中，有着明确的信仰系统。

（二）《伊利亚特》：混沌卡俄斯

在陈中梅先生看来，“赫西俄德认为，世界的本原是亘古的昏莽，神祇由其中生出，模塑生活，繁衍后代，逐步由野蛮走向兼容并蓄对立面的存在但不允许后者与之平等地公开竞争的文明，建立起一种必须和只能由以宙斯为首的奥林波斯神族主导的政治和社会秩序。……荷马在《伊利亚特》第十四卷第246行里提出了环地长河俄刻阿诺斯乃众神之源（即催生所有神灵）的观点。……荷马采用了当时流行的关于创世的另一种传说”①。也就是说，有另一种关于昏莽之后的神祇之初的传说，而这个众神的原初（即众神之源）是环地长河俄刻阿诺斯，而不是卡俄斯。那么，到底初神（即众神之源）是哪位呢？看来，《伊利亚特》在这一点上还未达成统一，或者说，没法或没必要达成统一。

不过关于神祇之前是古莽或言亘古的昏莽的这一点，却是统一的。在《神谱》中，首先出现的是卡俄斯②。一般称其为混沌之神，这是神的谱系的始发点。可是，这个卡俄斯从何而来？她存在于什么？如果说，公元前8世纪的古希腊神学观是泛神论，万物皆神，因此卡俄斯是一个存在体，她存在于她自己这个存在，二者因统一而至同一，设若此为后一个问题的答案的话，那么，前一个问题如何解答？

陈中梅先生从赫西俄德在《神谱》中卡俄斯（Chaos）出现时的措辞是“出生”（genet'）一词进行分析，看到了卡俄斯是一种凭借古莽物质或存在

① 陈中梅：《神圣的荷马——荷马史诗研究》，北京大学出版社2008年版，第125页。

② 赫西俄德：《工作与时日·神谱》，张竹明、蒋平译，商务印书馆1991年版，第29页。

体的生存。换句话说，卡俄斯是有赖以生成的基础的，尽管赫西俄德没有指明卡俄斯“由何而生”，但这个问题是存在的。陈先生认为：赫西俄德只是意在指出创世之初世界和宇宙的昏沌晦暗①。也就是说，《神谱》所叙述的神的产生、谱系、活动以及创造等内容中关于第一个神——具有“原点性”的神——卡俄斯，她的存在源于她的出现，她的出现，在《神谱》的准确表述中，是 genet’，译为汉语“出生”。只提“出生”，不提“由何而生”，这是《神谱》的尴尬，也许这也是一切世界起源乃至宇宙起源说的尴尬，比如说“宇宙大爆炸”后地球诞生。而要问“爆炸前的宇宙”由何而生？对于这个问题的答案似乎目前还没有。可是神话叙述总归要有起点，创世的起点无论从神话感性（mythos）的角度看，还是从科学理性（logos）的角度看，“混沌”似乎都是无法避免地要采用的叙述原点。前者的起点是“混沌”，而后者的起点是“大爆炸”；前者强调的是静态的存在状态，后者强调的是动态的“重新洗牌”，但两者都强调“昏晦不明”这一点。

创世神话讲述本民族原始意识中的宇宙初现与世界诞生，但在世界众多民族的创世神话中，“原始混沌”或“天地混沌”似乎是一个较为共通的认识起点。陈中梅先生认为“昏晦是神力的产生和宇宙走向有序的起点”②。

北欧神话有“最初，宇宙为混沌一团，无天，无地，无海，唯有神与冰巨人”③ 的说法。一般说来，“创世神存在于‘混沌’状态中，或‘混沌’就是创世神。但也有一些原始民族认为，先是‘混沌’状态，再由‘混沌’产生创世神。例如中国汉族就说‘天地混沌如鸡子，盘古生其中’，先有‘混沌’而后有盘古神。在布依族那里，创世神布灵是由宇宙间一块绿扁石和一个红圆砣相碰起火花后出生的。拉祜族《根古》又说：厄莎天神是由雾露产生的。在阿昌族那里，混沌—白光—明暗—阴阳，经过若干环节的演化后才诞生了天公遮帕麻和地母遮米麻”④。而湖北神农架的“根古歌”《黑暗传》描述创世之初：“一片黑暗和混沌，天地茫茫无一人……盘古生在混沌内”⑤。对于这样的“混沌”，日本的创世神话也有：“古天地未剖，阴阳不

① 陈中梅：《神圣的荷马——荷马史诗研究》，北京大学出版社 2008 年版，第 131 页。

② 同上。

③ 邓启耀：《中国神话的思维结构》，重庆出版社 1996 年版，第 30 页。

④ 刘文英：《漫长的历史源头——原始思维与原始文化新探》，中国社会科学出版社 1996 年版，第 650—651 页。

⑤ 陶阳、钟秀：《中国创世神话》，上海人民出版社 1993 年版，第 48 页。

分，混沌如鸡子”[①]。古代埃及认为开天辟地之前的宇宙（或世界）处于混沌状态，而此混沌是个巨莽深渊[②]。

“混沌”的原初状态到底是什么？有的认为是一种裂缝或空陷。与斯堪的纳维亚神话中的“津农伽空陷”（the ginunga gap）相似，赫西俄德在《神谱》第740行中描述卡俄斯是一个阴森和黑暗的空窟或“巨大的裂缝”（chasma meg'）。

其实，卡俄斯是神之源，却非世界之源。如果把卡俄斯当做世界之源，则无法对她的存在进行描述，或者对其存在之境的分析就会与她本身的存在相互矛盾。因为卡俄斯并非一个涵盖所有存在的存在，她存在于大地和塔耳塔罗斯之间（《神谱》736、805—814）。换句话说，大地和塔耳塔罗斯是两个早于她或至少和她同时存在的存在。而且，在神的谱系中，大地也是神，最早的是伽娅；塔耳塔罗斯是个所在，宙斯为惩罚和控制他邪恶的父亲克洛诺斯以及提坦神族，而将其打入塔耳塔罗斯这个所在，令其处于虽永生却无自由的黑暗之中。所以说，从宇宙观（世界观）来看，卡俄斯不但不是宇宙（世界）的本原，甚至都不是神祇的最先。因为她的旁边就是大地，而大地也是神。

与此不同的是，人们有的时候会这样理解混沌神卡俄斯、大地和塔耳塔罗斯三者之间的关系：塔耳塔罗斯是地狱神，它和大地神伽娅都是由混沌神卡俄斯所生[③]。这里出现了几个问题：一是塔耳塔罗斯是个所在？还是个神祇？二是混沌神卡俄斯是“出生在”大地与塔耳塔罗斯“之间”的，而非“出生了”后二者。也就是说，学术界在后者这个初始问题上，有时候还是很模糊的。三是地狱神如果是塔耳塔罗斯，那么宙斯的兄弟、冥府的主宰哀地斯掌管的又是什么？地狱和冥府在《伊利亚特》和《神谱》所描述的神际关系图中有区别吗？

结合《伊利亚特》和《神谱》，我们应当有这样一个清晰的由上到下的层次：天空—气空—大地—冥府（地狱）—塔耳塔罗斯。

“阴暗的大地，黑暗的塔耳塔罗斯，不产谷物的海洋以及繁星点缀的天庭之源头和归宿，一切按照顺序排列在那儿。”那这个“一切”所“按照”

① 雷蒙德·范·奥弗编：《太阳之歌：世界各地创世神话》，毛天祜译，中国人民大学出版社1989年版，第350页。

② 陈中梅：《神圣的荷马——荷马史诗研究》，北京大学出版社2008年版，第125页。

③ 参见郑克鲁编《外国文学史》，高等教育出版社1999年版，第11页。

的“顺序”到底是个什么顺序呢？论立体的由上到下，不像；论平面的由中心向四周扩散，似乎像：“阴暗的大地”—“不产谷物的海洋”—“繁星点缀的天庭之源头和归宿”，但是“黑暗的塔耳塔罗斯”在它们之间的哪个位置呢？显然这个顺序只能参照《神谱》中别的地方的表述来确证了。笔者认为，应当把本段的横向图标和上段的纵向图标交叉，其交叉点是“大地”，其图就算完整。

至于塔耳塔罗斯的样态，可以结合《神谱》和《伊利亚特》对其的描述来理解。

在《神谱》中，赫西俄德在证实卡俄斯的“原初性”[①]之后，即有“在道路宽阔的大地深处的幽暗的塔耳塔罗斯”之语。另外，按照《神谱》的作者赫西俄德的理解，大地是一个巨大的圆盘，由大洋河俄刻阿诺斯接围，平浮在一片浩瀚的汪洋之上。塔耳塔罗斯位于地层深处，是诗人想象中的一个极其深广的地穴[②]。也就是说，在赫西俄德看来，塔耳塔罗斯是一个地层深处极其深广的地穴。

荷马在《伊利亚特》中借助于宙斯面对众神的训话来描述塔耳塔罗斯：“抑或，我会把他拎起来扔下塔耳塔罗斯的黑昏，远在地层深处，地表下最低的深坑，安着青铜的条槛，装着铁门，它与冥府的距离之远有如天地之间的距程。”[③]也就是说，在荷马看来，塔耳塔罗斯具有这样的特点：（1）形状是个深坑穴：是一个远在地表下地层最深处的深坑；（2）视觉光线：黑昏；（3）外围形似监狱：安着青铜条槛和铁门；（4）距离很远：离冥府有如天地之距。由此看来，那些将塔耳塔罗斯看做一个神祇的观点，是不准确的。

同样，对于紧随卡俄斯之后，与塔耳塔罗斯同时出现的大地神，也应该有个清晰的认识。陈中梅先生说：紧接着是伽娅（Gaia“大地”）和塔耳塔罗斯的出现或进入“存在”。诗人没有明说二者出自何处，但这显然不应妨碍我们对卡俄斯作出“第一性”或基始（神性）“物质”的理解。大地和

---

① “最先产生的确实是卡俄斯（混沌）”，见《神谱》第116行，摘自赫西俄德《神谱》，张竹明、蒋平译，商务印书馆1991年版，第29页。

② 陈中梅：《神圣的荷马——荷马史诗研究》，北京大学出版社2008年版，第132页。参见《神谱》第119行，另参见第726—819行。

③ 荷马：《伊利亚特》，陈中梅译注，译林出版社2000年版，第198页。

塔耳塔罗斯是先发的，但不是最初便与卡俄斯同在的实体[①]。陈先生的话中至少有这样几个信息：其一，伽娅和塔耳塔罗斯是在紧接卡俄斯之后出现或进入“存在”的，而且至少“不是最初便与卡俄斯同在的实体”；其二，完全有理由认为卡俄斯是“第一性”“物质”或基始（神性）“物质”。也就是说，在《神谱》的叙述语境中，卡俄斯就是第一性“物质”，进而也许可以认为它是万物的本源。但是有个问题：上文不是说道卡俄斯出现“在”大地和塔耳塔罗斯此二者“之间”吗？如果后二者是在卡俄斯之后出现，那这个“在……之间”怎么理解？只有说：是它出现之时后二者不存在，只是在后二者出现后才彰显出卡俄斯的存在位置是在此二者之间。可是，在大地和塔耳塔罗斯出现之前，卡俄斯的周围是什么？是“无”还是“空气”？如果是“无”，就表明卡俄斯是个漫无边际的存在；如果是“空气”，那也是一种“物质”，与卡俄斯作为“第一性”“物质”的角色不符。如果说卡俄斯就是整个存在的话，那就是说当大地和塔耳塔罗斯出现时，卡俄斯要么必须缩小自己以给后二者腾出空间；要么它本身就是个可大可小的存在“物”。

有关于卡俄斯的“原发性”这个问题值得思考。

陈中梅先生曾说：“大地（Gaia，Gē）有时可作拟人化的神祇理解（比如，参考《伊》15.36 和《伊》3.104 等处），但其象征古老神祇的程度显然难与《神谱》里的伽娅比肩。”[②] 一般而言，大地是作为“献祭”或“监誓”的拟人化存在，或一个就在人、神近前的神祇。它并非我们一般而言的“大地神”伽娅（Gaia“大地”）——那个与塔耳塔罗斯紧随卡俄斯出现的古老神祇。所以他说：伽娅（Gaia“大地”）要比大地（Gaia，Gē）古老程度要强一些。也就是说，离开创世之初的伽娅（Gaia“大地”）外，一般所提到的用以拟人化泛指的“大地”，则是与前者相区别的另外一个指称，两者不可混同。

创世之初的宇宙（世界）空间存在值得明晰化。“天空”可以位于“气空”（aithēr）之上，与奥林波斯的峰巅接傍，是神明居住的地方，因为神

---

① 陈中梅：《神圣的荷马——荷马史诗研究》，北京大学出版社 2008 年版，第 131—132 页。

② 参见陈中梅《神圣的荷马——荷马史诗研究》，北京大学出版社 2008 年版，第 175 页 53 号脚注。

“拥掌辽阔的天空”[①]。明确地说，参照神谱的勾勒，这里的空间感从下到上应该是：塔耳塔罗斯—冥府—大地—气空—天空。

水在古代传世神话里的作用不言而喻。“荷马之后二百年，米利都哲人泰勒斯形成了水是万物本原的重要思想，……用科学的、旨在从自然界本身寻找创世成因的可证伪论断，取代老资格但本质上不受经验检验的神话叙事的艰难历程。”[②]

水是世界之源，昏莽是世界最初的样态。这似乎是世界神话对宇宙原初状态的共通性描述。

同时，在叙述世界的原初状态的时候，以裂缝来描述，当是母性的隐喻。

值得留意的是，在荷马和赫西俄德的描述中，那时的人们的宇宙观中，天与地是由混沌而生的，随后是分开的，这种分开的天地在他们的理解中其实又是相连的。在《神谱》中，赫西俄德是这样描述的：“按照顺序排列，那儿是阴暗的大地，黑暗的塔耳塔罗斯，不产谷物的海洋和繁星点缀的天宇之源头和归宿，这是个潮湿难忍，连神灵都厌恶的地方。”[③]“繁星点缀的天宇之源头和归宿”在强调了此地广大宽阔的同时，又透露了在作者的理解中：天空是从这里出发又到这里落脚的，这种把本来的“天似穹隆”进一步理解为“天是穹隆”的观念，是块状的、重复的。如同上述在《神谱》736—740行的描述一样，赫西俄德又在第806—810行[④]几乎一字未变地重复了一遍。

对于这种天地相连的情状，赫西俄德有多种更为拟人化的表述：

在叙述最初几位神际关系时，涉及到了“天地周合”这一基本理解：“大地该亚首先生了乌兰诺斯——繁星似锦的皇天，他与她大小一样，覆盖着她，周边衔接。”[⑤]其中的“周边衔接”正是“天地周合”这个在世界众多民族的原始意识中最初对自己所处之宇宙（或世界）的认识之表述。

“广阔的大地因受挤变窄而内心悲痛”，她的儿子克洛诺斯在听受这位

---

① 参见陈中梅《神圣的荷马——荷马史诗研究》，北京大学出版社2008年版，第175页53号脚注。

② 陈中梅：《神圣的荷马——荷马史诗研究》，北京大学出版社2008年版，第125页。

③ 摘自赫西俄德《神谱》，张竹明、蒋平译，商务印书馆1991年版，第48页。

④ 同上书，第49—50页。

⑤ 见《神谱》第126—128行，摘自赫西俄德《神谱》，张竹明、蒋平译，商务印书馆1991年版，第30页。

母亲该亚“巧妙但罪恶的计划”后，“右手握着那把有锯齿的大镰刀”埋伏以行阉割父亲乌兰诺斯时：“广大的天神乌兰诺斯来了，带来了夜幕，她渴求爱情，拥抱大地该亚，展开肢体整个地覆盖了大地。”①

“宙斯把提坦们赶出天庭之后，庞大的该亚在金色阿芙罗底忒的帮助下，与塔耳塔罗斯相爱，生下她最后一个孩子提丰。”② 提丰是一条有一百个蛇头的巨蟒，其威力大到真可取代众神之父宙斯的程度：“若不是人类和众神之父宙斯及时察觉，有一天真会发生不可挽回的事情，即开始由他统治不死的神灵和会死的人类。”③ 真的可以说，提丰是大地该亚与“连神灵都厌恶”的可怕的塔耳塔罗斯的深层④结合。

至于到底说塔耳塔罗斯是个神祇还是个所在的这个分歧，笔者想，结合以上分析论述，不妨认为他是个男神性质的所在，可能比较准确一些。而且也因为他毕竟很多方面如同大地一样，兼有“存在之所”和“老辈之神”的诸多特点。

二　差异：人神关系

（一）《格萨尔》：神的任务的转移与人的活动的淡出

在《格萨尔》里所反映的除凡人之外的其余存在，是在默认万物的存在合理的基础上，进行规范的。而且，《格萨尔》是按事情的先后顺序逐次叙述的，极少有进行补叙或者倒叙的叙述现象。《格萨尔》首先讲述“天界

---

① 见《神谱》第176—178行，摘自赫西俄德《神谱》，张竹明、蒋平译，商务印书馆1991年版，第31页。

② 见《神谱》第820—823行，同上书，第50页。

③ 见《神谱》第835—838行，同上书，第50页。

④ “深层”有两层义指：一是指塔耳塔罗斯是一个远在地表下、地层最深处的深坑；二是指这次结合是在继原初神卡俄斯之后的三位最老资格神祇间的关系定格。该亚（《神谱》译本中的“该亚”即上文的“伽娅”，下同）上与乌兰诺斯结合生出以克洛诺斯为代表的六男六女提坦神族，被宙斯扔进塔耳塔罗斯，下与塔耳塔罗斯结合，生出能够推翻宙斯的巨蟒提丰，且最后也是被宙斯“扔进了广阔的塔耳塔罗斯”（《神谱》869）。也无怪当初该亚就是与塔耳塔罗斯同时紧随卡俄斯之后出现的相依相伴的两个存在（当然，还有一个“能使所有的神和所有的人销魂荡魄呆若木鸡”（《神谱》121—122）的爱神厄罗斯。而且在该亚颇多的生儿育女行为中，其最后一个孩子是因与孩子的父亲（塔耳塔罗斯）相爱而生的。尽管这次是受“金色阿芙罗底忒的帮助”（《神谱》821），但阿芙罗底忒“无论在最初出生时还是在进入诸神行列后，她都有爱神厄罗斯和美貌的愿望女神与之为伴”（《神谱》202—203），也即在卡俄斯之后出现的三个老资格的神（该亚、塔耳塔罗斯和厄罗斯）最初各自奔走，但在该亚最后一个孩子提丰的“来去”问题上，三神归拢在一起：该亚和塔耳塔罗斯因厄罗斯而爱，因爱而生的孩子提丰最后又被关在孩子的父亲塔耳塔罗斯的“地盘”受苦。

篇”，随之是“诞生篇”，“丹玛篇”，“赛马篇”，“取宝篇”，“公祭篇”，“降魔篇”，“降霍篇”，“降姜篇”，“降门篇”。显然，《格萨尔》是从“天界”谈起的，而其叙事的基本宇宙布局或者世界关系，是以佛教对世界的描述为基本轮廓的，因为这是该史诗叙述者精神世界的基本框架。

格萨尔的出现，是在观音菩萨领受阿弥陀佛授记①之后，观音菩萨随即运用善巧方便之法，一刹那间，来到了妙拂洲莲花光无量大乐自成宫殿前，由罗刹大臣引见罗刹莲花头鬘王。莲花头鬘王催请十方如来②发心，那位报身化土的罗刹大臣，以见即解脱③的奇妙方式，被度化到了安乐境界，观音菩萨也回到普陀山去。这是格萨尔降生前的最深层背景：阿弥陀佛—观音菩萨—罗刹莲花头鬘王—十方如来。

第二背景是：无死莲花头鬘王借会供轮④，入法界周遍三摩地⑤，以头顶放出的一道绿色光明，催动了法界普贤如来⑥的心意，后者心间的一柄蓝色金刚杵中的“吽”字射进三十三天喜乐园的神子德乔嘎波的顶门，“神子立即生起一种不可言状的快乐，感觉自己变成了勇夫马头明王的形相”。接着又从佛母虚空界自在母的心间，射出一朵十六瓣的红色莲花，花蕊中间有阿字庄严。阿字射出，从天女居玛德孜的顶门而入，她也感受到了不可忍受的快乐，现起自己变成金刚亥母的境界。马头明王和金刚亥母双身和合，在空乐双运的境界中进入等持定，发出的声音鼓动了十方如来的心意。于是，便从薄伽梵五部如来的心间放出各种光明，照向十方世界，净化了一切有情的五毒垢障。光明收转，显现为十方一切如来各种事业体性的交股金刚杵相，进入德乔嘎波的头顶，被大乐之火熔化，又进入居玛德孜的密道里面，加持成为智慧风性的化身。不久，一位威光闪耀，见者解脱，闻即欢喜的神子，便从居玛德孜的怀中化生而出。（文库本 1.6）此为《格萨尔》里核心人物——神子格萨尔在天界——的降生。随之是莲花生大师为神子灌顶和加持——依次从额头、心间、脐间、喉间和密处射光而照——净除一切“嗔恨”、“我慢”、“贪欲”和“嫉妒”等“垢障”。由此，神子“具有了在三

---

① 授记，即预言，事前推测明说未来事情之断言。

② 十方如来，东南西北及其四隅，以及上下各方所居住的如来。

③ 见即解脱，一经朝拜瞻仰，即能得到解脱。

④ 会供轮，佛教行者观想神力加持五欲及饮食品成为无漏智慧甘露，用以供养上师、本尊、三宝及自蕴、处、友分三座坛场，积集殊胜资粮的仪轨。

⑤ 三摩地，禅定，等持。于所观察之物或所缘之境，一心安住，稳定不移的心所有法。

⑥ 普贤如来，八大菩萨之一，是密宗观修的最高本尊。

界中无与伦比的功德威光”。（文库本 1.8—11）

在《格萨尔》中，凡人与非凡人的关系，处在一个清晰的层级框架中，也可以说，大小高低的层级关系非常清晰，神作为凡人不可怀疑和挑战的对象，是拯救者和普渡者[①]的形象，由西方世界的主宰阿弥陀佛到观音菩萨再一层层将神力传递到天界的神子脱巴嘎，最后到神子脱巴嘎在人间——角如的神奇降生。在这一系列任务的完成和空间的转移过程中，反映出的是凡人对神祇的无限崇敬和趋附，由此开始，可以清晰地感受到凡人的活动并非史诗中“动态的主宰”。史诗一次又一次循环往复地在做一样努力——多方面不厌其烦地试图确证——确证神祇救渡之力是无量的。由此看出，神祇的任务，由造神——实际是造人（人间英雄格萨尔）转移到救渡世人；与神祇无关的凡人的活动，在史诗中是淡出叙述者的视野的。

（二）《伊利亚特》：人神混在

与《格萨尔》相异的是，《伊利亚特》中尽管有宙斯作为“神和人的父亲”的至尊地位保证他对神和人的绝对统治，尽管在神的面前，凡人是渺小的，可是，从很多情况可以看到，层级或者说等级观念在《伊利亚特》中，相比于《格萨尔》是非常淡的，甚至是很大程度上展现出平等与民主的观念。这也正是《伊利亚特》中“吁权斗争”频繁出现的原因。

在默雷的眼里，尽管“社会历史表明，希腊人正如雅典人自己认为的那样，‘非常敬神’……而目前所保存的希腊文学则完全是世俗的”。尽管“荷马和赫西俄德经常谈到神；但是荷马把神当做构成传说故事的重要人物；赫西俄德把神当做编纂名册一事来处理。哪里有把神真的当作神一样来对待的”[②]。

在荷马史诗里，我们可以看到世人对超自然力量所持的态度——常见的是，爱奥尼亚人的大胆质问和勇敢怀疑的精神，他们一方面以这种精神来无视神秘的东西，敢于把神祇作为对话交流中的修辞装饰，甚至以之作为插科打诨的材料，但同时又有对真正神秘力量的惊惧与敬畏。不过，对待神祇的态度中还是以很强的民主与怀疑精神为主。“宙斯和赫拉都不大受人尊敬。伊里斯好似欧里庇得斯的‘鲁莽无礼的使者’。阿瑞斯显然为人当作一个嗜

① 格萨尔即将降生的人间处于一种“受迷乱而需救渡”的境地，这是《格萨尔》文库本起始时最主要的叙述内容，它也是格萨尔降生前的人间背景，交代格萨尔降生的必要性。相关内容参见文库本 1.1。

② 默雷：《古希腊文学史》，孙席珍等译，上海译文出版社 2007 年版，第 45 页。

血成性的色雷斯的懦夫加以憎恶。阿佛洛狄忒因为受到一位咄咄逼人的战神腓尼基女神阿绥泰罗茨的召唤，出而作战，遭人讥刺谴责。”① 所以说，荷马史诗里的凡人和神祇的关系在一定程度上是一种人神混同而存在的关系——有些在凡人的眼中本应很受敬仰的主神，却是被人轻蔑或嘲笑的对象。关于这种人神关系中人间英雄积极而勇敢的表现，可以参阅本书第二章第一节的相关内容。

所以说，从比较的视角来看《格萨尔》和《伊利亚特》这两部史诗对题材的处理、对人神关系描写等情况，两者区别较为明显：《格萨尔》重视最核心人物格萨尔由始至终的众多事件的始末交代，而《伊利亚特》重视材料的裁剪；《格萨尔》里的神祇至高无上、威力无边；《伊利亚特》里的神祇的出场，“仅作装点门面之用；他们彼此互不相容，在诗中他们都变成了普通人物”②。

---

① 默雷：《古希腊文学史》，孙席珍等译，上海译文出版社 2007 年版，第 25 页。

② 同上。

第二章　人神两界：英雄在场

第一节　生存—生命

这里所说的生存观念和生命意识，反映在《伊利亚特》中的就是“世俗人本意识”；反映在《亚瑟王之死》中的就是“名誉就是生命”、“生活幸福在于带给别人的快乐”；反映在《格萨尔》中的就是“苦难深重”与“企求解脱”的“待拯救”追求，以及“善恶两分”中的“善必胜恶”，还有“六道轮回”的生死观。所以说，《格萨尔》传递给世人的是：善良必将战胜狠毒、诚实必然打败奸诈，以及佛祖教化不容置疑、神祇威力不可限量的“唯神可救我”思想。一定程度而言，由于格萨尔王在《格萨尔》里地位的“第一英雄”或者“主英雄”特征，其他人（其他英雄）的形象就显得仅仅是起陪衬作用的正面或反面人物而已。角色的正—反、忠—奸、勇—怯等对立比照是赫然鲜明、无法模糊的。

在《格萨尔》里，众人的愿望就是对侵略的痛击和对和平的守望，对诚信与忠实的维护，对背信弃义者以及卖主求荣的叛贼的坚决惩处，还有对坚贞爱情的期盼，对锄强扶弱的侠义行为的赞扬。重心是对由天界而来的神子所投胎的人间英雄格萨尔的歌颂，歌颂和赞美格萨尔是《格萨尔》这部英雄史诗的主要意图，格萨尔身上集中体现了太多的近乎完美的英雄特质，一定程度而言，众人所拥护的格萨尔所具有的精神美，就是普通民众的精神寄托而形成的集中落点——神力不可质疑、凡人待神拯救。

一　生存追求与生命价值

生存追求，核心是“活着”（“活命”或“活下来”或“避免死去”）的问题，生存追求反映的是主人公如何试图活下来而非死去。这中间要涉及“生死”问题、民众及英雄等各方面对“生死”的看法、态度，尤其是史诗具体情节中人物的生死选择及相关评价。

在《伊利亚特》中，能活下来是很重要的。王者、斗士赫勒诺斯“为了保命，他退回己方的伴群”（《伊》13.596）。王者普莱奈斯的儿子哈耳帕利昂“为了躲避死亡，他退回己方的伴群”（《伊》13.648）。赫克托耳“于是退回己方的伴群，为了躲避死亡，只好……”（《伊》14.408）。英雄们为了保命，选择了撤退。

富有智慧的老人奈斯托耳曾出言呵责众人不敢应战赫克托耳，说：“但愿我依旧年轻，浑身都是力气，让头盔闪亮的赫克托耳即刻找到劲敌。”（《伊》7.157—158）奈斯托耳老人后来还有对青春易逝、豪壮不再的感慨：“我的肢腿弯曲，已失去早先的勇力。但愿我依旧年轻，浑身都是力气。”（《伊》11.667）[①] 这些话，表面是对“时不我待”、“青春不再”的慨叹，实际是对“人必有一老”的嗟叹。“神”是长生的，是“不死的”或“永生的”，“人”是“易老的”或“将死的”，这是“人”和“神”的最核心的区别。

同时，我们要留意，奈斯托耳的“叹老”和“忆壮”容易引起人们一般的思考，那就是人与神相比，有上述的“必死性”或“易老性”。这里其实有两个层面的东西需要留意。一是“必死”，一是“易老”。两者是相通的却不是相同的：“必死”对应的是“不能长生”；“易老”对应的是“不能永壮”。尽管常言“长生不老”，但确有两层意思在里面，需要仔细甄别：“长生”是求永生，“不老”是求“永壮”。尽管有人要说：能长生，即不老。其实，“求长生”是托词，“求永壮不老”才是最核心的意图。

（一）在生命与财富之间

在生命与财富之间，阿基琉斯选择的是生命，尤其在当奥德修斯五人“劝说团”前来替阿伽门农道歉并劝阿基琉斯出战特洛伊人的时候，阿基琉斯有很多理由拒不答应，其中一条就是“我以为生命比财富可贵，即便是按照传议，在过去的日子，阿开亚人的儿子们尚未到来的和平时期，伊利昂，这座人烟稠密的城堡拥有的全部金银，即便是弓箭之神用大理石门槛封挡的全部的珍稀，福伊波斯·阿波罗在山石嶙峋的普索藏起。牛和肥羊可以通过掠夺获取，三脚铜鼎和栗黄的骏马可以获赢，但人的魂息，一旦滑出齿隙，

---

① 相关情况，还可以比较《奥》11.394和《奥》21.283（是指《奥德赛》第十一卷第394行，和《奥德赛》第二十一卷第283行，本书下文引文缩写亦类似）。

便无法再用暴力追回，也不能通过争赢复归。”（《伊》9.401—409）生命和财富两者的价值孰轻孰重，历来是人们津津乐道、苦苦思量的话题，阿基琉斯却给出了令人惊叹的回答，而且进行了详细对比性描摹，他尤其强调了生命的可贵。从他的语言中，可以清晰体味到生—死间的距离是如此的迫近。这是一个视战杀敌人、攻城掠地而建立丰功伟业、名传青史为生命价值的英雄对“生命诚可贵”的诠释。从阿基琉斯的经历看，活着固然好，但活出生命的价值来，是最好的。

（二）“乞活”

在《伊利亚特》里，“乞活”似乎并不是一件丢脸的事情。这样的事情主要有三次：

第一次，是在《伊利亚特》第六卷中，“啸吼战场的墨奈劳斯将阿德瑞斯托斯擒拿”后“手提投影森长的矛枪”耸立在后者的身边时，阿德瑞斯托斯抱住墨奈劳斯的膝盖，恳切请求：“活捉我，阿特柔斯之子，收取足份的赎偿。家父殷实富有，财宝堆积在他的居家，有青铜、黄金和艰工冶铸的灰铁，他会用难以数计的赎礼欢悦你的心房，假如听说我还活着，在阿开亚人的船旁。”（《伊》6.46—50）陈中梅先生分析认为：壮士们有时似乎更愿“苟活”，而不想“宁死不屈”，从多次这种程式化的表达中似乎可以看出，荷马似乎并不认为“乞活”是件丢脸的事情。祈求时，当事人可用单手或双手抱住对方的膝盖①。阿基琉斯的母亲塞提斯曾向宙斯祈求：让阿开亚人受挫以使儿子阿基琉斯被补偿。在第一卷，作为永生的女神的她“左手抱住宙斯的膝盖，右手上伸，托住他的下颌”(《伊》1.500)祈求。可惜阿德瑞斯托斯的求乞虽然打动了墨奈劳斯的心，却被阿伽门农一枪刺翻，而且是“一脚踹住他的胸口，拧拔出梣木杆的长枪”（《伊》6.65）。可见，求乞是可以的，但并不一定会被答应。虽然诗人没有直接说明这个可怜的阿德瑞斯托斯到底是死了没有，但明眼的读者完全可以从阿伽门农在出枪前的话语里就可以知道，他是必死无疑。因为阿伽门农“跑步赶来，斥责”弟弟并说：“不，不能让一个特洛伊人躲过暴死……哪怕是娘肚里的男孩……让特洛伊人彻底灭亡，死个精光，……全然不留迹象！”（《伊》6.57—60）

第二次，在《伊利亚特》第十卷里。在第378—381行，赫克托耳夜间

①. 参见荷马《伊利亚特》，陈中梅译注，译林出版社2000年版，第154页脚注。

派遣的“探子”多隆被同样是刺探对方情报的奥德修斯和狄俄墨得斯抓获，他请求保命，想让家父“用难以数计的赎礼”来为自己赎命。这位动不动就很“木然”[①] 的多隆向此二人“请求宥宽”的样子，显然是被诗人嘲弄的。试图以情报换取活命的多隆在透露情报后的再次求乞，依然未能躲开“脑袋滚落泥尘，嘴里还在胡言”（《伊》10.457）的可悲下场。其中“胡言”正是荷马对这个可悲人物的临终努力的定位，何况还有简短的对比：脑袋—嘴巴的错位配合，“还在”一词把多隆的幼稚和胆怯表露无遗。一定程度而言，荷马也借此展示了战争的残酷性：“乞活”是可以的，但罕有因“乞”而“活”的。尤其是像多隆这样的“懦夫”，他还不仅仅是“不战而退”[②]，而且是“听闻蹬蹬的脚步”就已经“原地站住，木然”，而当“看清来者不善，随即撒开双腿，拼命跑开”，像这样的懦夫，在荷马的眼里，大抵是无资格活下去的，尽管他两番求乞活命[③]。

第三次，《伊利亚特》第十一卷安提马科斯的两个儿子的“乞活”。第131—135 行，阿伽门农逮获了安提马科斯的两个儿子裴桑德罗斯和希波洛科斯，兄弟两人不仅求乞的“话语柔和”而且“哭得悲伤”，尽管如此，阿伽门农却因为此二人的父亲安提马科斯曾主张杀死与奥德修斯一道出使特洛伊的墨奈劳斯，而让此二人“付出死的代价，为乃父的恶狂！”（《伊》11.142）一边是其父曾经“恶狂”的两个“只因闪亮的缰绳脱手”被逮的年轻的兄弟俩的求乞，一边是曾受死亡威胁却毫发无损的墨奈劳斯的哥哥阿伽门农的无情。此兄弟俩死得很惨：一个被阿伽门农“一枪捅进他的胸膛”，一个虽“跃向一旁”试图“避死”或“苟活”，却“被他杀倒在地上”，而且“狮子一样”的阿伽门农“杀倒”还不足兴，还要“挥剑截断双臂，砍下他的脑袋，像一根旋转的木头，倒在战场”。（《伊》11.146—147）显然，阿伽门农不仅是无情的，而且是嗜杀的。《伊利亚特》里的“乞活”现象虽

---

① 不知赫克托耳为何要派遣这么一个又“木”又“傻”的人来刺探情报。从《伊利亚特》第十卷第350行多隆自从进入奥德修斯和狄俄墨得斯的视野之后，就“木知木觉”、“傻乎乎”、“原地站住，木然”、“心想”、“才看清”、“撒开双腿，拼命跑开”、“大惊失色，站立木然”，而且“结结巴巴，出于入骨的恐惧，牙齿磕响的声音从嘴里传来”。他不仅“双腿在身下颤抖”，在向敌人答话时把主将赫克托耳的派遣说成是“赫克托耳误导我的心智”。如果说其他的主人公求乞是想活命而无所谓褒贬的话，那么此处对多隆的描述，就已经清晰看出荷马的贬抑性倾向：多隆是一个集“木”、“傻”、“怯”、“叛”与“丑”于一身的非英雄典型。

② 因为“不战而退是懦夫的行径”，见《伊》11.408。

③ 分别见《伊》10.377 和《伊》10.454—455。

然不稀罕，但也并不常见，仅有的几次“乞活”事件中，至少两次有阿伽门农参与，而且事件中的他都是无情而嗜杀的。对阿德瑞斯托斯，他是“踹胸拔枪”（显然，后者被当胸一枪毙命）；对裴桑德罗斯，他亦然；对希波洛科斯，他更是在“杀倒”对方之后还要对其尸体进行“截双臂”、“砍脑袋”的处理，将死者弄成“像一根旋转的木头”的样子才“丢下死者，奔向乱军最密的地方”。这就是战场上的阿伽门农。

战争的确是无情的，而阿伽门农的“心肠冷酷”可以参照《伊利亚特》第十三卷诗人在描述阿开亚人中的伊多墨纽斯时的两句话来理解：“此人必得心肠冷酷，方能感觉愉悦，目睹这场恶屠，不致悲痛。”（《伊》13.344—345）凶猛屠杀中的畅快和愉悦，显然唯有“心肠冷酷”或假装心肠冷酷的人才能感受到。

但在《格萨尔》里，“乞活”被认为是一件“丢脸”的、不光彩的事，只有不配英雄称号的人——懦夫才可能如此做事。《格萨尔》里写“乞活”的并不多，主要都集中在超同身上，譬如在“取宝篇”中，超同为了躲避内心恐惧跑到山沟夜宿，准备白天煨桑以取信于格萨尔，结果惹得群狼围困，超同向群狼求饶：“各位老狼求求你”（文库本 1.273）。超同是《格萨尔》中最集中体现人性中需要拯救之各方面的反面人物，所以，他的犯错作恶是经常的，讨饶“乞活”也是经常的。其他人物罕有此特征。

（三）生命价值

生命价值观照的是“如何有意义地活着”、“如何体现活着的价值”，尤其是“如何展示或留存这一次（已经活了这么长时间）的生命存在的意义或价值”，以及“如何进一步试图更大展示或留存（将要活的那些生命历程中）的生命存在的意义或价值”。换句话说，生命价值关乎两个区域：一个是已经活到现在（思考问题之时）的价值；一个是将要活过的生命区域（历程）的价值。前者是现在完成时，后者是将来完成时。

当然，这也涉及对别人的“生命”的“价值”的看法。也就是说，对别人的“命”[①] 怎么看的问题。

生命价值与生存追求，二者在某些时候是重叠的，因为都与“生”有关。如果简单想的话，可以认为“生存追求”重在指一个瞬间，是个点或者

---

① 或言“死活”，但主要是指“死亡”，提到“命”，总是涉及“死”：“要了命”那是“让其死”，“给了命”则是“让其活”。

一个截面，而“生命价值”则重在指一个过程及其终点，是个重视长度且考虑终结点的线段或独立体。

至于中西史诗中的民众是如何看待“英雄”以及如何看待“荣誉”的，这是个值得思考的问题。这一节中，重点思考的是对英雄的理解——英雄的定义，普通民众和英雄本人乃至神祇们对英雄的理解进行比对。

（四）西方的英雄观与名誉观

《伊利亚特》中的英雄基本上认为英雄是自己的，名誉也只是个人的。当然，一定程度而言，希腊一方和特洛伊一方在这个问题上是相反的。譬如阿基琉斯认为远赴特洛伊作战是为了自己的“名垂青史”或“流芳千古”，而特洛伊方面的英雄赫克托耳则是“为祖国而战”。不仅在将名誉归于谁的问题上，希腊方面与特洛伊方面有差异，而且在人生的基本准则方面，希腊统帅阿伽门农也与赫克托耳相反。

阿伽门农在爱情方面的准则是随心所欲、率性而为。他可以为了太阳神祭司之女而让希腊联军遭受瘟疫；他也可以为了阿基琉斯的女俘而让希腊联军败离特洛伊海滩，进而退至战船之上，众英雄尽皆负伤，乃至战船被特洛伊人点火焚烧，也就是说阿伽门农为此惨败到了无以复加的程度。而对于这种惨败，作为统帅的阿伽门农多少是预知的，然而，他颐指气使地任其发生了。可以说，他在前线对妻子不忠，相对应的是，他在后方的妻子也有二心，而且，他最后是在回家之后被其妻与情夫埃葵斯托斯合谋杀死在自家的浴缸里。

而赫克托耳的人生准则是“敬畏神灵、保卫祖国、忠于妻子”。在后来特洛伊城被毁灭后，赫克托耳的妻子安德洛玛克更是相应地做到了以忠于夫君、保护子嗣的准则而生。不过，此处他人的说法似有误，实际上是，阿基琉斯将安德洛玛克掳走，送给别人。

一定程度而言，《伊利亚特》中的英雄，需要分开来看，如果说特洛伊方面可以算是代表东方的话，那么希腊方面则是代表西方，两方面的差异反映的是东西方的差异。所以，不能笼统地就认为《伊利亚特》与《格萨尔》有着很大的差异。而且本文所探讨的两者的差异仅是相对而言的。

1. 英雄重视名誉

别林斯基说：“命运可以剥夺他的幸福和生命，却不能贬低他的精神，可以把他打倒，却不能把他征服。”①

① 别林斯基：《别林斯基选集》第一卷，时代出版社1953年版，第305页。

《伊利亚特》中的英雄重视名誉，在《伊利亚特》第八卷里，当大神宙斯在命运天平上称出阿开亚人的命运下沉的时候，他给阿开亚人用了炸雷以警告，“心里害怕”的奈斯托耳对着图丢斯之子狄俄墨得斯喊话让其不要“违抗”宙斯的“意志”（《伊》8.145），立刻撤回。狄俄墨得斯的反应却值得读者仔细咀嚼。

其时，啸吼战场的狄俄墨得斯对他答话：“是的，老人家，你的话在理，一点不差。但是，此事会给我的心灵魂魄带来剧烈的痛伤，须知赫克托耳，将来，会当着特洛伊人吹喊：‘图丢斯之子在我手下败退，被我赶回海船！’他会如此吹擂；哦，让广袤的大地裂开，把我吞藏！”（《伊》8.145—150）

图丢斯之子狄俄墨得斯在第八卷是如此担心，无独有偶，阿特柔斯之子阿伽门农在第四卷里替自己的弟弟墨奈劳斯也有类似的担心。阿伽门农看到弟弟墨奈劳斯“黑红、喷涌的热血”“浸染了”“强健的大腿、小腿，浇淋在线条分明的踝骨上面”而“怕得全身震颤”，而且“嗜战的墨奈劳斯亦感惊恐，颤抖得厉害”。面对弟弟的生命即将终结，阿伽门农一方面给弟弟安慰：神圣的伊利昂将被扫灭；宙斯将愤恨于他们的欺骗。最为重要的是，阿伽门农认为，一旦弟弟墨奈劳斯“撒手人寰”，“我将为你承受巨大的悲痛”，而且将“背着耻辱”回到家乡。因为“为此，我们只能把阿尔戈斯的海伦留给普里阿摩斯和特洛伊人，为他们争光。你的骸骨会在特洛伊的泥土里腐烂，撇下你的事业，没有做完”。（《伊》4.73—75）如果说这一点还仅仅是一种英雄战死疆场的“遗憾”，这种“遗憾”是阿伽门农替弟弟墨奈劳斯所抱的，阿伽门农用的是“悲痛”一词，其本质意思是相同的。

这里需要提及的是，我们会看到，《伊利亚特》里的英雄很会对英雄之死作一番奇特的想象。最为重要的是，他们往往顺势对英雄死后的情状作一般人很难做到的想象式描摹。阿伽门农在负了重伤的弟弟墨奈劳斯的耳边为弟弟死后情状所进行的想象性描述是：“某个特洛伊小子会兴高采烈，跳上了不起的墨奈劳斯的坟茔吹喊，趾高气扬：‘但愿阿伽门农如此息止对所有敌人的暴怒，像现在这样，徒劳无益地统领阿开亚人至此，然后劳师还家，回返他所热爱的故乡，海船里空空如也，把勇敢的墨奈劳斯撇下。’此人会这般胡说。哦，让广袤的大地裂开，把我吞藏。”（《伊》4.176—182）

在这里，阿伽门农看似为弟弟叫屈，实际从字里行间，明显可以看出他更为自己劳师袭远却要空返家乡而抱憾。因此，阿伽门农的这段话，完全可以看做他本人的英雄荣誉观的充分展现。

2. 名誉与何相关

英雄看重的是“名誉”，而名誉似乎往往又与“尊严”和所谓的“脸面”紧密相关。墨奈劳斯在看到无人敢迎战赫克托耳时，他：

> 讥刺众人，骂骂咧咧，心里着实伤悲：“哦，天呢，大话连篇！女人，你们不是阿开亚的男子汉！这将是何等的浊秽，耻辱与耻辱相近，如果达奈人中无人应战赫克托耳，无人出面。不！但愿你们统统烂成水和泥土，无一例外，你们，干坐此地，心灰意懒，脸面丢到了极点！”（《伊》7.95—100）

我们看到，这里的核心词汇是“伤悲”、“浊秽”、“耻辱”、“女人”和“脸面丢到了极点”。强调男子汉为了名誉就要奋勇向前、视死如归，然而，为了保命，几乎没有人（包括人类敬仰的英雄）乐于把赴死看得如同回家一样有吸引力。

在《伊利亚特》第十三卷，环绕和裂地之神波塞冬叮咛阿开亚人：“你们，每一个人，记住羞辱，不要丢脸。”（《伊》13.122）。

陈中梅先生认为：荣誉对于英雄是其第二生命（有时甚至比生命还要珍贵）①。当阿基琉斯的师傅和朋友福伊尼克斯在劝说阿基琉斯抛却与阿伽门农的恩怨前往赴战以迎击赫克托耳时，他说：“要是日后投入屠人的战斗，无有礼件，你的荣誉就不会同样显赫，尽管已把激战挡开。”（《伊》9.604—605）福伊尼克斯不仅强调荣誉对于英雄的重要性，而且强调荣誉的获得是要有分量的，而分量往往是与时机紧密相关的。也就是说，此时的阿基琉斯如果收了礼件答应和解，则是他的大度和识大体，而且可以被看成重视阿开亚人的危难而答应出战，简而言之，此时答应，于英雄的荣誉分量最足。可惜，阿基琉斯放弃了。

当阿基琉斯发现他的最亲密战友帕特罗克洛斯被赫克托耳杀死并被“剥卸”之后，他回答自己的母亲塞提斯说：“心魂已不再催促我生存，在凡人中间，除非我先杀倒赫克托耳，用我的枪尖，让他以生命偿付剥卸墨诺伊提俄斯之子帕特罗克洛斯的行为！”（《伊》18.90—93）。换句话说，这里看

---

① 荷马：《伊利亚特》，陈中梅译注，译林出版社2000年版，第249页注。

来，阿基琉斯认为荣誉比生命更为重要。不过，在阿基琉斯看来，生命比财富更重要，阿基琉斯曾说："我以为生命比财富可贵……但人的魂息，一旦滑出齿隙，便无法再用暴力追回，也不能通过争赢复归。"（《伊》9.401—409）简言之，在阿基琉斯看来：财富不及生命，生命不及名誉。

潜明兹说："我们知道，原始社会的解体，是因为生产力飞跃发展，出现了以交换为目的的生产。这时，也出现了贫富的差别。以亲属为纽带的部落跟部落之间的联盟，融合为一个民族的共同体。这个新的共同体团结紧密，为了对外作战，有专门进行战争的机构。谁最能作战，谁就可以当首领；谁的财宝最多，意味着谁的权力最大。"①

恩格斯说："他们是野蛮人：进行掠夺在他们看来是比进行创造的劳动更易甚至更荣誉的事情。以前进行战争，只是为了对侵犯进行报复，或者是为了扩大已经感到不够的领土；现在进行战争，则纯粹是为了掠夺，战争成为经常的职业了。"②

3. 如何看待逃跑

（1）阿伽门农之"逃"

希腊英雄阿伽门农和奥德修斯对于英雄的逃跑，还有激烈争论。

由于老人奈斯托耳赞成阿伽门农的话，认为不但特洛伊主将赫克托耳"杀人害命，放火烧毁船舟"的言论"所有的一切都在成真"，而且"即便是炸雷高天的宙斯也无法变更"。阿伽门农也确认"此乃力大无穷的宙斯的心意……让阿开亚人必死此地"。这时，阿伽门农提出"为了避灾，出逃并不可耻，即使在夜色之中"，其理由是"与其被灾祸逮住，不如逃离它的追踪"③。所以，阿伽门农主张逃走。

持如此主张的阿伽门农被奥德修斯骂成"你这招灾之人!"奥德修斯严肃地告诫这位"兵士的牧者"："现在，我由衷蔑视你的心智，鄙视你的谈论。"（《伊》14.95）"蔑视"和"鄙视"这么重分量的词汇被这位一向讲究"得体言谈"的王者奥德修斯选用，足见他眼里的"英雄"是"以逃为耻"的。然而阿伽门农却认为"出逃并不可耻"。显而易见，在希腊方面，

---

① 潜明兹：《英雄史诗简论》，选自赵秉理《格萨尔学集成》第一卷，甘肃民族出版社1990年版，第590页。

② 恩格斯：《家庭、私有制和国家的起源》，选自《马克思恩格斯选集》第4卷，人民出版社1972年版，第160页。

③ 荷马：《伊利亚特》，陈中梅译注，译林出版社2000年版，第375—376页。

“英雄—生命—逃亡”这是个有着复杂关系的命题，王者有不统一的意见并敢于提说，这就正式表明了：在希腊军中，这个问题的答案至少不是统一的。

（2）赫克托耳之“逃”

在特洛伊方面，当“埃阿斯举步逼近，荷着盾牌，墙面一样，赫克托耳见状退回己方的群伴”。赫克托耳这一“退回己方”的行为，被格劳科斯“斥喊”为“狠心的人”，其荣誉“与一个逃兵相伴”，“让人大失所望!”格劳科斯甚至还多次说他“你没有这个勇气”（《伊》17.153 和《伊》17.166），“既不敢……眼对眼地看着他，也不敢和他开打”（《伊》17.167—168）。

赫克托耳的反应很强烈。换言之，他对此番评论极其在乎。他“恶狠狠地盯着他，答话”（“告诉你，我不怕冲杀”）——追取并披挂阿基琉斯的铠甲——宙斯“弯颈点动浓黑的眉毛”、“战神阿瑞斯进入他的肢体”——“催鼓”伙伴“尽心出力”——“扑向达奈人”。① 很明显，格劳科斯的“斥喊”使赫克托耳“退守又返攻”，关键是说了“逃兵”这样的“有分量”的话。换言之，英雄赫克托耳是很反感人家给他“逃兵”这个评价的，这是个对英雄很有影响的否定性评价。

（3）狄俄墨得斯之“逃”

当狄俄墨得斯将使得特洛伊人被“像绵羊一样”“圈入伊利昂城里”而“毁败将至，不可挽回的事情将要做下”时，宙斯以炸雷警告他，奈斯托耳“心里害怕”地对他提醒：“快跑”，今日胜利已被宙斯判属对方，而且“谁也不能违抗”。

狄俄墨得斯答话不愿回返。他的考虑是：回返之劝在理，但回返之事令他心“痛”，因为他设想到“将来”此事会成为赫克托耳向特洛伊人“吹擂”② 并使自己蒙羞的把柄。

---

① 荷马：《伊利亚特》，陈中梅译注，译林出版社 2000 年版，第 472—474 页。

② 相关引文见荷马《伊利亚特》，陈中梅译注，译林出版社 2000 年版，第 204 页。请注意，相比于“败退”（回大本营）之事本身在自己心目中的感受，史诗中的众英雄更在意的是“别人的评说”，而“别人（不论何方）的评说”恰好就是“名誉”，而“好的名誉”（正面的评说）才是“荣誉”。另外，由于希腊军扎营“深旷的海船”而特洛伊军扎营在特洛伊城里，两军对垒于这两者之间的（前线、战场）空地。因此，这里的“大本营”是指：希腊军——“海船边”；特洛伊军——“（特洛伊）城里”。至于双方一般所言的“彻底败毁”则分别指的是：希腊军——空返希腊或被对方杀尽；特洛伊军——特洛伊城被抢尽（毁灭）。

奈斯托耳进一步的劝告实际是一种临行前的安慰：赫克托耳的说法不会让对方的普通民众尤其是那些因你而失去亲人的人相信。随之，他先身“逃亡”。

“反应迟钝”的狄俄墨得斯在对方众口“粗蛮怪诞的呼喊”声中聆听到了赫克托耳恰如其所“预料”的耻笑和威胁。只不过有两点需要注意：其一，针对狄俄墨得斯的“未退亦未攻”（推理为“不敢攻”）的姿态，赫克托耳以“耻笑”讥讽之。而且其所设想的耻笑性评价是来自于希腊人而非特洛伊人，这更让狄俄墨得斯无地自容而不敢后退，何况这番耻笑的表述还用了明快的反衬手法：“敬你”——“耻笑你”。其二，针对狄俄墨得斯的“未退欲攻”之态，赫克托耳以“威胁”警告之，不仅不会让其劫城得手而且要战杀他（“要让你和命运接洽”①）。

随之，狄俄墨得斯更加犹豫迟疑，他的三次回转马头的试图进攻，都被宙斯以炸雷警告，随之，赫克托耳向己方兵勇公告宙斯旨意并组织力量预备进攻，号召冲墙、跃堑、烧船。

在史诗《伊利亚特》的叙事中，对狄俄墨得斯此时行动的关注镜头，在接续宣告完特洛伊方面赫克托耳的攻击威胁之紧急关头，被突然摇动移开，镜头对准的是神和阿伽门农。也就是说，狄俄墨得斯犹豫于“逃离或留战”之间的言行，在此时的叙事安排和情节的轻重缓急处理中，仅仅算是个中间环节，并非叙事的重心之所在。不过，在随即出现的冲锋陷阵的兵勇的最前头，看到了狄俄墨得斯奔杀的身影。

其实，从这个角度更可以说明，《伊利亚特》是个以讲述故事情节为中心的史诗，而非以塑造人物形象为中心的小说，这也可以被看做是史诗与小说众多区别中的一个。

二　生态批评与英雄伦理

（一）《伊利亚特》中的伦理虚无

神界以各自喜好而选择支持对象。

《伊利亚特》中的主要天神各自选择希腊和特洛伊战争中的一方作为支持对象，其中宙斯、阿波罗支持特洛伊，而赫拉、雅典娜、波塞冬则选择支持希腊，为了让特洛伊人失败，赫拉还唆使睡眠神使宙斯入眠，而让

① 荷马：《伊利亚特》，陈中梅译注，译林出版社2000年版，第205页。

希腊人取胜，宙斯醒来后极为恼火，拎起众神抛甩一气以泄怒火、以示惩戒。

战争打了十年，众神几乎没有认为希腊联军死伤无数，多少妻子失去了丈夫，多少子女失去了父亲，多少父母失去了儿子，像赫克托耳的父亲普里阿摩斯老王、妻子安德洛玛刻那样经历亲人生离死别之苦的希腊人应当不在少数，而同样，相持不下的战争也给战争的另一方——特洛伊人以同样的伤害。然而，神祇们要使它延续下去，尽管神祇们知道宙斯要使得特洛伊方失败，但是还是要战争持续那样长。什么是“善”？什么是“恶”？似乎没有被思考和界定过，有的只有“我想”怎么样，而非“我该”或“我们该”怎么样。

简而言之，希腊方面和神们的价值观的中心趋于统一，那就是：我喜欢—我选择—可是我不负责。

所以，东方英雄有一种“使命感”，而西方英雄有一种“冲动欲”。

东西方英雄都有勇敢的牺牲精神。但西方英雄的牺牲是为了“我的欲望”和“我的名誉”：莎士比亚四大悲剧之一的《奥赛罗》中的摩尔大将奥赛罗在听到其旗官伊阿古说其妻苔丝狄蒙娜对其不忠时，奥赛罗这位英雄的第一反应是“我的名誉啊，伊阿古，我的名誉”。后来，奥赛罗不经调查地亲手在婚床上掐死了其坚贞无辜的娇妻，不久亦自杀。

东方英雄的牺牲是为了“我的使命”和“大家的名誉”。赫克托耳的单独迎战前来为帕特洛克罗斯复仇的阿基琉斯，就是为了特洛伊全城人的名誉和尊严。《格萨尔》中的格萨尔出征霍尔国，亦是为了全（岭）国人的尊严和名誉。

当然，我们也可以认为阿基琉斯愤而退出战场也是为了尊严和名誉，阿伽门农抢走阿基琉斯的女俘也是为了平衡自己的权威和尊严受到挑战的尴尬心理，也可以看作为了名誉。而且赫克托耳出战阿基琉斯也是为了自己作为王位继承人的尊严和名誉。从而可以说：不为名誉，无有英雄。

但是，无论怎么解释，东方英雄的“名誉观”中，其个人的成分要比西方英雄的“名誉观”中的个人成分要少而小。东方英雄的名誉感较多来自“使命感”的力量，而“使命感”来自于道德伦理中的“善恶之辨”。

所以，从英雄对名誉的珍惜，可以看到东西方的差别：西方崇尚的是名誉（“美名”）之“美”；东方重视的是名誉（“以善惩恶”）之“善”的使命。美丑关乎审美；善恶关乎伦理。

（二）获胜尚需神助

1. 主将希望是神子

（1）在《格萨尔》里，核心英雄格萨尔是神子，本身具有无限的神力，而且在建功立业的路径和时机把握等许多方面，他总能适时得到神祇主动授记的提醒和耐心指导，最重要的是，神祇的授记内容对事情的未来发展趋势有着预告性质。在凡人看来，唯有神祇才知道凡人不可预知对未来之事。在《格萨尔》里，格萨尔几乎没有生命短促的紧迫感，他的诸多游刃有余、沉着应对的事迹，都显示了他神力无穷，智慧超凡。格萨尔贵为神子的身份，令其周围众多英雄无限崇敬并追随靠拢。

（2）在《伊利亚特》里，如果某方的行为能够与神助相关，战争的优势就会顿时显现出来。从主要英雄的表现就可以看到这一点。在阿开亚人方面，阿基琉斯因为是海神塞提斯的儿子而不仅比他父亲勇猛，而且他是阿开亚人胜利与否的决定性人物①，因为他的愤怒退出，阿开亚人被特洛伊人杀到了船边并火烧战船。在特洛伊人方面，赫克托耳也希望自己是神子，在《伊》13.53—54 里，"赫克托耳正领着他们冲杀，火一样猛烈，叫嚷他乃宙斯之子，此神力大无比"。这种叫嚷，可以看做内心的一种期望，也可以看做自我鼓励，是英雄厮杀中的"壮胆"之举。但在《伊》13.825—826 里，赫克托耳却不仅仅是"壮胆"，他有期望强烈而直白："但愿今生今世，人们真的把我当做带埃吉斯的宙斯之子，而天后赫拉是我的亲妈。"可是实际上，他尽管受到宙斯和阿波罗的青睐，但他却绝对没有阿基琉斯那种双重的优势：一方面是神之子；另一方面又受赫拉、雅典娜和波塞冬的助佑。

宙斯作为"人和神的父亲"，处于对整个局势的绝对控制与支配地位，

① 普通读者可能会有疑问，众所周知，史诗是从倒数第五十天开始叙述的，既然阿基琉斯的出现与否就能决定战局的发展，说明他的作用已经重要到了"进则希腊胜，退则希腊败"的程度，那么，这一年的其余十个月里，他都干什么去了呢？他一直在愤怒么？那除过这一年的其余那九年呢？那九年他也是在旁边看热闹么？如果是，那希腊军早败毁船边了；如果不是，那希腊军早胜利凯旋了。可史诗的叙述背景却不是上述这二选一的情况。究其原因，是神在依照个人对阿开亚人和特洛伊人的喜好分成各自支持对战双方的两派，你争我抢，各不相让，无形中平衡了力量。从宏观层面看，此举正是无形中延长了"众神观瞻凡人打斗"的时间，战不停，实乃神们尚未尽兴也。另外，据阿伽门农分析，先前是宙斯"答应让我在荡劫墙垣坚固的伊利昂后启程乡还。但现在，他却谋设邪毒的骗局"，"不让我随心，挫毁了我的意愿。九个年头已经过完，受大神宙斯支配的时间"，"但战事仍在继续，还是那样缠绵"。（《伊》2.112—138）换言之，九年时光飞逝，那是宙斯支配的结果；九年来战事缠绵，那是宙斯谋设的骗局。

这是毋庸置疑的，左右众神的意志。

墨奈劳斯也曾经直呼“父亲宙斯”（《伊》17.19）。当潘苏斯之子欧福耳波斯对嗜战的墨奈劳斯喊叫时，他的称呼是：“阿特柔斯之子，宙斯的后裔墨奈劳斯，军队的率导”，而随后的墨奈劳斯的回话则是：“此事不妙，父亲宙斯”，随后又在《伊》17.45—46 如此说：“其时，阿特柔斯之子墨奈劳斯做过祈祷，对父亲宙斯，提着铜枪狠冲”，而这句话在第三卷墨奈劳斯战临帕里斯的时候同样用过，而且当时史诗是这样讲述的：“阿特柔斯之子墨奈劳斯手举铜枪冲刺，口诵对父亲宙斯的祈盼：‘允许我，王者宙斯，让我惩罚他，是他伤我在先。’”（《伊》3.349—351）不过，在第三卷里，受阿芙罗底忒搭救，墨奈劳斯当时杀帕里斯未成，而在第十七卷里，此次杀欧福耳波斯却并未落空。

《伊利亚特》里的英雄总喜欢将自己幻想成神祇之子，以获神助。

2. 神的“勾心斗角”

《伊利亚特》里的神祇之间多表现出一种俗世凡人的“勾心斗角”，这使得战争波诡云谲，在《伊》13.345—360 里，诗人给了充分的解释。总体上来说，是由于“克罗诺斯的两个强有力的儿子勾心斗角，使战场上拼搏的勇士尽受痛苦的煎熬”。可是，本来“宙斯意欲让特洛伊人和赫克托耳获胜，使捷足的阿基琉斯领受荣耀；但他并不希望阿开亚全军在伊利昂城前覆灭，而是只想让塞提斯和她心志莽烈的儿子争得光荣”。但这一点却不被波塞冬所理解，“其时，波塞冬从灰蓝色的海浪里悄然冒出，穿行在阿耳吉维人之中，督励他们，怒气冲冲，只因己方遭受特洛伊人痛打，愤恨宙斯的所作”。神从自己的愿望出发，而且自行选择一方作为“己方”私自助佑，可是“一辆车被四马拉四角”焉有不裂碎之理？此处，宙斯和波塞冬的争持，让叙述者荷马也感到为难：“确实，二位共有一个父亲，来自同一个家族，但宙斯先出，并且所知更多。所以，波塞冬明里不敢助佑，却用隐晦的方式，幻取凡人的模样，一直在阿开亚人的营伍里煽动。”就这样，神从一己私愿出发，随心所欲地左右战斗，结果，“就这样，二位在双方系牢了一根敌对和凶蛮争斗的绳索，拉紧两头，挣不断，解不脱，已把许多人的膝盖酥松”。（《伊》13.358—360）荷马再清楚不过地解释了宙斯和波塞冬二神的所为。如果要把诗人的最后这句话仔细理解的话，需要注意这其中的几个动词的巧妙使用：主动努力“系牢”并“拉紧”“一根敌对和凶蛮争斗的绳索”两头的，是此二神；制造“挣不断，解不脱”的尴尬与无奈的，也是此二神；而“膝盖酥软”（惨死）的却是双方被“煽动”起来“为名誉而战”的无数壮勇。这一场战斗的“二位”（或“双方”）是宙斯和波塞冬此二神。但整个特洛伊战场敌对双方背后的支持神祇：一边是宙斯、阿波罗，以及阿芙罗底忒和赫尔墨斯；一边是赫拉、雅典娜和波塞冬。而整个特洛伊战争背后，是更多神祇“个人意愿”的“催动”，战斗前线却是争先恐后的众英雄①。

“一位神明，介入凡人的争战”（《伊》16.726），这是荷马眼中神明对凡人争战予以搅扰的暗示性总结。该史诗中，神明介入凡人争战的描述是很多的，因为正是由于神明的一再介入，使得双方的争战此起彼伏。如果说，杀死帕特罗克洛斯会招致赫克托耳之死，那么，赫克托耳重返战场去杀死帕特罗克洛斯，则实际上是太阳神阿波罗的“教唆”与“帮办”。②

神祇参与这场战争的具体行为最多的，是第十七卷，其次是宙斯被赫拉哄睡的第十五卷。在《伊》17.322—595这两百多行里，除了凡人的厮杀与死倒，还先后有三次神祇幻取凡人相貌③来劝导，有一位神祇——宙斯直接“扔出一道闪电，一声霹雳轰隆，将埃吉斯摇动”的积极参与。宙斯的参与意图鲜明而直接——“惊惶阿开亚人，使特洛伊人建功”（《伊》17.595—596）。

在《伊利亚特》第二十卷的开始，宙斯命令塞弥斯召聚“所有的神祇集会”，只为让众神“分助交战中的双方”，以免阿基琉斯因独自冲杀而“冲破命运的制约”（《伊》20.30）。为此，众神“在他们自己中间展开艰烈的争拼”，其“对阵开战”如下：

---

① 在《荷马史诗》里，英雄们总是受神的“催动”而行动，而且，战斗中的英雄勇士总是以能在前排冲杀为豪，因为这样更能表明他们（这些为了“荣誉”而战的英豪们）所获荣誉“分量”之足。

② 阿波罗促使战局发生变化主要针对双方进行。对特洛伊方，在此时的所言（“教唆”和“怂恿”）主要表现为：“为何”、“不该”、“但愿”、“会为退离战场而即刻受到伤害”、“干吧”、“冲向帕特罗克洛斯身边”、“你能杀了他，阿波罗会给你这份荣誉”等来鼓动赫克托耳。对希腊方，先前是（用行动和警告性言语）阻止帕特罗克洛斯爬墙攻城（《伊》16.698—709），后又在赫克托耳被鼓动起来“投入战斗”（《伊》16.728）时，阿波罗自己“蹿入人群，把阿尔吉维人的队伍彻底弄乱搅翻，将光荣致送赫克托耳和特洛伊军汉”。

③ 这三次分别是：阿波罗幻取裴里法斯的相貌以催发埃内阿斯，雅典娜幻取福伊尼克斯的相貌以催发墨奈劳斯，阿波罗幻取法伊诺普斯的相貌以催发赫克托耳。

<table>
<tr><th>助战（特洛伊方）神名</th><th>作战方式</th><th>情势</th><th>作战方式</th><th>助战（阿开亚方）神名</th></tr>
<tr><td>［高空］神和人的父亲</td><td>“炸开可怕的雷霆”</td><td rowspan="2">蓄酿声势［天界、地面、冥府］</td><td>“震摇陡峻的群山险峰……陆基”</td><td>［地面］波塞冬</td></tr>
<tr><td>冥府的主宰埃多纽斯</td><td>“受惊，从宝座上跃起，嘶声尖叫”</td><td></td><td></td></tr>
<tr><td>福伊波斯·阿波罗</td><td>“手持羽箭站立”</td><td rowspan="5">“神祇对阵神祇”</td><td></td><td>王者波塞冬</td></tr>
<tr><td>厄努阿利俄斯</td><td></td><td></td><td>灰眼睛女神雅典娜</td></tr>
<tr><td>带金箭的捕者、猎手阿耳忒弥斯，远射手阿波罗的姐妹</td><td>“啸走山林”，“箭矢飘淋”</td><td></td><td>赫拉</td></tr>
<tr><td>“善喜助佑的赫尔墨斯”</td><td></td><td></td><td>莱托</td></tr>
<tr><td>“那条水涡深卷的河流”珊索斯（“斯卡曼德罗斯”）</td><td></td><td></td><td>赫法伊斯托斯</td></tr>
</table>

由此看来，表面说是阿开亚人和特洛伊人在打仗，其实双方比拼的是各自背后的神祇的力量与地位。

在《伊利亚特》第二十卷里，埃内阿斯回答幻取卢卡昂形貌的阿波罗时说：“不过，倘若神祇愿意平拉战争的绳线，他就不能轻易获胜。”（《伊》20.100—102）这说明在埃内阿斯的眼里，真正因神明的参与而显失公平：“他的身边总有一位神明，替他挡开死难。”（《伊》20.98）神明通过各种关系庇佑自己愿意偏向的凡人，而宙斯又想居中保持自己所维护的“命限的注定”趋势。但由于宙斯的“长期拆台者”——赫拉、雅典娜和波塞冬三神的对立性参与，使得宙斯总是忙碌奔波，既要维护“命限的注定”，又要顾全个人的情义与关系，很是不易。不过需要我们留意的却是：宙斯除了希望众神“分助交战中的双方，任随你们的心意”（《伊》20.25），还在众神“哪一方都不愿先开痛苦的战击”时，予以“催励”（《伊》20.155）。足见宙斯“唯恐天下不乱”，何况他还说“我仍将留驻奥林波斯的山脊，静坐赏析，愉悦我的心灵”（《伊》20.22—23）。简言之，宙斯以观凡人之苦斗与“正在死去”为快乐。

同时，凡人中的英雄获得胜算的机会与条件，可以从《伊》20.104—

131 中阿波罗的话和赫拉的话来理解。从中可以看到，英雄获得胜算的机会至少得依赖三点：其一，通过“对永生的神灵的求祈”；其二，借助于自己与神灵的关系；其三，“关系神”的“地位”。

从阿波罗给埃内阿斯的话和赫拉给波塞冬和雅典娜的话，可以看出埃内阿斯对阵阿基琉斯时的“力量对比”：

发言者	对阵项目	埃内阿斯	阿基琉斯	比较基点
阿波罗（幻取卢卡昂）告知埃内阿斯［施—受方：英雄—英雄］	母亲的地位	“人说你是阿芙罗底忒的儿子”	“出自一位地位低下的神明”	比较催使对象的出身和血缘，以励自信
	母亲的父亲的地位	“阿芙罗底忒乃宙斯之女”	“海之长老是塞提斯的父亲”	
赫拉（对己方的神明）“开口说起”［施—受方：神祇—神祇］	双方背后的关爱者	“那些眼下替特洛伊人……的他们，则是微如轻风的神辈”	“关爱他的来者乃地位最高的神明”	直接比较背后支持者（神祇）的地位，以安其心

由此看来，似乎是赫拉的姿态要高一些，因为她着眼的是宏观的力量对比。尤其是赫拉在叮咛、安慰阿基琉斯之后，随之有些简短而有意义的补充：其一，“日后”，他将接受出生时命运之神已为其铺就的命运；其二，“这些”，需要他“听自神的声音告知”，以免与对方某位神明开打时“害怕”；其三，“当神祇以真貌显示”时，事情就变得繁难起来（“此事艰酷”）①。赫拉考虑较为全面②，可惜她的话被波塞冬挡了回去，也就是说：在埃内阿斯和阿基琉斯对阵的紧要当口，分立两边的众神试图向其所支持的对阵英雄“注入巨大的勇力”的想法，在落实到位时显失均衡——埃内阿斯占了上风。因为他得到阿波罗注入的勇力，而赫拉同样欲助阿基琉斯的意图却受阻了。本来，阿基琉斯并没有担心埃内阿斯会打败自己，可是，结果却与愿望相反。

① 荷马：《伊利亚特》，陈中梅译注，译林出版社 2000 年版，第 547 页。

② 赫拉的考虑其实分为两个方面：其一，“让我们”把埃内阿斯“赶离”阿基琉斯；其二，“否则我们中有一位”要站临他，以“使他不致心虚”。而且最为重要的是，他考虑到了以免“神祇以真貌显示”时的“艰酷”。简而言之，赫拉欲采取的是保守安全的“两步走”。相比于哈勒的这种“以攻为守”的策略，波塞冬采用的则是“以守为攻”的策略：“如果……我们会即刻介入。”（20. 138—140）

3. 神和英雄的较量

在《伊利亚特》里，神和英雄以士兵为武器一试高下。关键时候，神祇甚至亲自直面凡人。“其时，黑发的波塞冬和光荣的赫克托耳将战斗紧收至最酷烈的拼争，后者为特洛伊人添力，前者则替阿尔吉维人加油。”（《伊》14.389—391）

如果说前面波塞冬和赫克托耳是以兵勇为武器一较高下，那么《伊》16.698—709的讲述，则展现了太阳神与帕特罗克洛斯的直面对抗。在这一对抗中，太阳神阿波罗“盘算着助佑特洛伊人，将他置于死地”，即使如此，人间英雄帕特罗克洛斯也毫不气馁，“一连三次，帕特罗克洛斯试图爬上高墙的突角”。这里的“一连三次”，表面是他在爬高墙，实际是“人神决斗”中，人在向神主动进攻，一次又一次，在神的面前[①]，他的表现是“像一个出凡的超人”，而且似乎是不知疲倦、不相信会败的“发起第四次冲击”。这种自信，令太阳神也无可奈何，只有用“令人不寒而栗”的“高声叫喊”以及“这不是命运的既定”这一最具终结性的定论来为其居高临下做注脚。在这次简单的对决中，神占上风。当然，在荷马所给定的基本思维框架中的人神之战，其结果必然是神获胜。尤其是人的勇猛与顽强，仅仅是为神力之可畏，作装饰而已。

不过，此处有一个耐人寻味的要点：那样勇猛而杀人众多的帕特罗克洛斯，却是被一个“初次赴战”、“学习打仗”的达耳达尼亚人欧福耳波斯的投枪击中的。

其实，企图与神对抗的，何止帕特罗克洛斯一人，在《伊》5.432—442中，阿波罗给狄俄墨得斯以警告，他的话是用可怕的吼声威胁：“小心，图丢斯之子，给我回去，不要痴心妄想，试图与神明攀比心计！神人不属于一个族类，神灵永生，凡人脚踩泥地。”这是骄傲的神灵的姿态的总体展示。

不过在人神对抗中，神祇也会受伤。阿芙罗底忒为搭救自己的儿子埃内阿斯，而被图丢斯之子狄俄墨得斯刺伤腕口而流血，“她丢下臂中的儿子，

---

① 当然，这里的“直面”可以有两点理解：其一，此处太阳神是不具形的，尽管很多情况下，《伊利亚特》中的神都是幻取人的形貌，但在这里，由话语之外的信息进行合理的推测，则可认为太阳神没有对帕特罗克洛斯以神的形貌展现，吓退他的是神那“长了翅膀的话语”以及这个话语之内容的分量；其二，太阳神在上述之言语之前，其针对帕特罗克洛斯之“试图”爬墙之行为的具体行为是：“站立”墙楼，用“蓄满神力的双手，击挡闪光的盾牌”，从而“将他打回”。但总归这两点理解，都没有提到太阳神的“形貌”。让帕特罗克洛斯意识到“神力”的，是神之“声”与神之“言”，而后者是最见“神力”的。

发出尖厉的惨叫”（《伊》5.343），同时，女神还遭受其语言威胁：“倘若……我想你会吓得发抖”（《伊》5.350）。

其实，啸吼战场的狄俄墨得斯之所以敢于对女神阿芙罗底忒施以一连串的言行攻击，那是基于如下考虑的：“心知此神胆小懦弱，不能战斗，不同于那些替凡人编排战阵的女神，既非雅典娜，也不是荡劫城堡的厄努娥。”（《伊》5.331—333）换句话说，人神一般不直接对打或攻击，尤其是人对神。人明知对方是神而对其实施直接击打的，除了上述，还有一例。

在《伊》5.846—870里，战神阿瑞斯被雅典娜帮助下的狄俄墨得斯的铜枪扎进肚腹，雅典娜不仅“把枪矛推入深厚的肉层”，而且还“动手绞拔”。这里很明显是雅典娜假凡人之手来攻击阿瑞斯，是女神对男战神的挑战。阿瑞斯的告状不仅未被宙斯采信，而且还遭到叱责。

神祇到底会不会死呢？公认的是：神是不死的，是永生的。而且在史诗叙述到《伊》5.901里，诗人有一句强调：“此君不是凡人，不会死去。”对于这种“永生性”，陈中梅先生在脚注中是这样补充的：“神可以受伤，但流出的却不是鲜血（见第340—342行）。此外，哪怕伤势再重，他（她）们不会死亡。‘永生的’（即‘不死的’）是修饰神的常见用语。”也就是说，永生是必然的。

但是，在《伊》5.885—887里，当阿瑞斯“满怀自怜之情”地向宙斯诉苦时，他曾有一句：“‘多亏我腿快，得以脱身，否则就只好忍着伤痛，长时间地躺在僵硬的死人堆里，或是因为受难于铜矛的击打，屈守飘渺的余生。’”这句话的前半句是说长时间地在死人堆里躺卧，带着伤痛；后半句是说“受难于”铜矛的击打而使其“余生”“飘渺”。本来，“永生”是一种永恒和没有尽头的、“无限的”时间延续，但这里却有了“余生”这个与“有限”相关的词。笔者的基本意思是：其一，永恒是一种绝对，它很难在习惯于“短暂”和“有限”的凡人的交流中被理解或被传递，因此总免不了要受“有限”的干扰和误解；其二，诗人本来意思是要强调阿瑞斯若未能脱身，则会活得“如同死了”一般的没意义。

这里有个问题：如何看待阿基琉斯对阿波罗的“顶撞”？在《伊》22.15和《伊》22.20里，阿基琉斯在知道自己所追逐的英雄阿格诺耳其实是阿波罗所幻取的时候，他“带着极大的愤恼”表达了自己对阿波罗的态度：《伊》22.15是“‘你挫阻了我，远射手，最狠毒的神明’”；《伊》22.20是“‘我一定会仇报此事，假如拥有那分勇力！’”柏拉图曾引用此两行（《国家篇》第三卷391A），用以批评阿基琉斯对阿波罗的顶撞。

初步看上去，阿波罗对阿基琉斯说过：“你杀不了我，绝对不行；我无有命定的死期。”（《伊》22.13）阿基琉斯脾气火暴，随之对神有不敬之语。而且，阿波罗类似的话也给图丢斯之子狄俄墨得斯说过：“神人不属于一个族类，神灵永生，凡人脚踩泥地。”后者的反应是“略作退却，以避开远射手阿波罗的怒气”（《伊》5.443—444）。同样，帕特罗克洛斯的类似反应是“退出一大段距离，以避开发箭远方的射手阿波罗的怒气”。（《伊》16.710—711）也就是说，狄俄墨得斯和帕特罗克洛斯的反应相同且有三点：“退后”；“避开”；不言。然而，阿基琉斯的反应，除了柏拉图上述所批评过的两行外，还有对阿波罗“夺走我巨大的荣誉”的遗憾，乃至有对“神明不受惩罚”这一“不公待遇”的不满情绪。[①] 因此看来，阿基琉斯的确是个易惹神怒的“另类”英雄。

但是，如果仔细分析，阿基琉斯的这番“另类”的“愤恼”之言，其实也是“激愤”之词——因“激挑”而“愤恼”。仔细品味阿波罗在“亮明身份”时对阿基琉斯的用语[②]，你会发现：它与给狄俄墨得斯和帕特罗克洛斯“亮明身份”时的用语有鲜明的区别：充满了“嘲弄”与“激挑”。

如果结合语境，仔细分析阿波罗的这段神对人的话，可以看到：首先，阿基琉斯是被“诱骗”[③] 的，在他的心里，他原以为自己的追击可以成就“荣誉”，所追击的是人而非神，所以，面对阿波罗“讥讽”他：“为何”“蹽开……快腿”“追我”（你乃人，我乃神），他首先感到的是被戏弄——神对人的戏弄和侮辱；其次，对方一再强调“人”、“神”之别，强调“而你却跑来此地”的徒劳，以及话语“未知我是神明”中所蕴涵的“无知”。

---

① 相关内容见史诗原句：“带着极大的愤恼，捷足的阿基琉斯对他说：‘你挫阻了我，远射手，最狠毒的神明，把我诱离城墙，弄到这里——否则，成群的特洛伊人，先于溜进伊利昂，已经嘴啃尘泥。现在，你夺走我巨大的荣誉，轻轻松松地救下特洛伊军兵，因你无须担心日后遭受惩击。我一定会仇报此事，假如拥有那分勇力！’”（22.14—20）

② 史诗原句是：“‘为何追我，裴琉斯的儿子，蹽开你的快腿，你，一介凡人，而我乃永生的神祇？你还未知我是一位神明，故而紧追不放，疯烈。眼下，你已不在乎和特洛伊人苦斗，那些被你击溃的军兵，他们正在城里挤着，而你却跑来此地。你杀不了我，绝对不行；我无有命定的死期。’”（22.8—13）

③ “惘骗，远射手摩仿得惟妙惟肖”，使得阿基琉斯“奋起，撒腿追赶，穿越……平原，将他逼转，跑向……总是领先一点——阿波罗以此诱骗，使他总想快跑，寄望于超前”。（21.599—605）

在聆听了阿波罗这些言辞之后，阿基琉斯的回答，要比人对神的直接击刺[①]温和得多。何况柏拉图所批评的第15行中阿基琉斯所用的“最狠毒”一词，是针对阿波罗的“挫阻”、“诱离”及“嘲弄”（此点阿基琉斯未明言）等言行而进行的“率真”评价，并无诅咒或亵渎之意，何况柏拉图所批评的第20行中的“仇报”之意也是被放在了“假如”的前提之下。换言之，阿基琉斯面对阿波罗的“强烈解构”式言行，仅有“率直”之词而无渎神之意。何况史诗说：“言罢，他大步朝着城垣行进，心志豪迈”。也即，他仅是对阿波罗之言的回答与评价，并无“继续对着干”或“逆其意而行”的意思，所以，无所谓“顶撞”。

当然，阿芙罗底忒和阿瑞斯是不能与阿波罗的地位相比的，况且史诗中还对阿芙罗底忒的地位和品性进行了描述，简言之，此二神相比于阿波罗，算是神界的弱势群体。

三 伦理与审美

总体而言，西方史诗中的是非观很明显，而中国史诗在善恶观方面则表现得更为明显。换句话说，《伊利亚特》里的英雄可以为了“是”而宁愿放弃“善”；而《格萨尔》里的英雄则是为了“善”而宁愿放弃“是”。

（一）伦理：是非善恶观

这一小节意在突出《伊利亚特》中的是非观是很明显的。譬如说，面对阿伽门农抢走自己的女俘这一事件，阿基琉斯重视的是他所认为的对与错、是与非的问题，既然阿伽门农做错了，或者说作为统帅的阿伽门农明知是错而为之，这就是阿伽门农的不对，他得为此付出代价——受到统帅阿伽门农侮辱的希腊战士阿基琉斯愤怒地退出战场。

阿基琉斯的愤而退出战场，在他自己看来是坚持了“真假”之辨中的“真”、“对错”之辨中的“对”、“是非”之辨中的“是”，为了自己认为“对”的，他选择退出他热爱的战场，甚至是忽略了自己此番远道而来特洛伊的“长远目标”。别人尽可以认为这是阿基琉斯的任性和冲动，但无论如何，这却是阿基琉斯重视和坚持“对的”而采取的选择。与此选择相关的行动的后果，他不是没有预见，但他选择了听任其出现。这种听任希腊兄弟惨

---

① 在史诗《伊利亚特》第五卷，人间英雄狄俄墨得斯不仅刺伤了爱神阿芙罗底忒（《伊》5.331—333），还刺伤了战神阿瑞斯（《伊》5.846—870）。

叫落败的行为俨然是“不善”的，但在阿基琉斯看来，却是“对的”。在对结果有着充分的预见之后，他以“不善”来换取“对的”，这是《伊利亚特》中代表性英雄阿基琉斯的选择，也即，在希腊英雄的眼里，善恶观轻于是非观。

而在《格萨尔》中的英雄的眼里，善恶观重于是非观。格萨尔对珠牡的考验，就是善恶观重于是非观的表现。

（二）审美：只论美丑，无关善恶

在《伊》24.628—632，在普里阿摩斯向阿基琉斯奉送了礼件，阿基琉斯将赫克托耳的尸体“抱上尸床”，交还给其父（“把尸床抬入溜光滑亮的骡车里”）后，阿基琉斯劝导普里阿摩斯用餐：“我们也一样，必须念想餐饮。”[①] 在“他们满足了吃喝的欲望”[②] 后，诗人描述了普里阿摩斯和阿基琉斯这作为敌对双方两个人对彼此的打量和欣赏：“达尔达诺斯之子普里阿摩斯凝目阿基琉斯，诧慕他的高大魁伟，俊美的相貌，看来像似神的外表。阿基琉斯亦在注目达尔达诺斯之子普里阿摩斯，惊慕他高贵的长相，聆听他的谈讨。当他俩看够，相互间凝视盯瞧。”（《伊》24.629—633）

这里的核心用词是“凝目”，区别用词是：阿基琉斯——俊美如神；普里阿摩斯——高贵。

陈中梅先生在脚注中这样说：“吃饱喝足后，二位英雄开始欣赏对方的美貌。敌人可以是美的，这不仅是一个‘现象’，而且还是一个事实。诗人可以借此展现人物的胸怀和情操（参考第三卷里普里阿摩斯对阿开亚将领的赞美）。荷马无疑继承并且亦可能发展了一种传统，一个把敌对和审美区分

① 可是，当初，当阿基琉斯看到挚友帕特罗克洛斯的尸体被运回之后，在《伊利亚特》第十八卷第23—27行，他悲伤欲绝：“他双手满抓污秽的尘土，洒抹自己的头颅脸庞，脏浊了俊美的貌相，灰黑的尘末纷落在洁净的衣衫。他卧躺泥尘，摊展，身躯强壮、硕大，抓绞和乱损自己的头发。”在《伊利亚特》第二十三卷第35—58行，阿基琉斯杀死赫克托耳并将其尸体拖回海船边时，当阿开亚人的王者们将阿基琉斯劝至阿伽门农处，“寄望于劝说裴琉斯之子洗去身上斑结的血污。然而，他态度顽蛮，拒绝”，他不仅认为此时澡水洗头“不妥”，也“厌恨”食物：“眼下，大家可饱餐我所厌恨的食物。”简言之，当阿基琉斯因失去亲友而悲伤时，他拒绝洁身洗浴、厌恨食物。可阿基琉斯却引用很长的劝说词来要求还未见到死去已十二天的儿子的尸体老人普里阿摩斯“必须念想餐饮”，而且要求对方回家再哭：“你可放声哭祭，待把心爱的儿子拉回伊利昂城里，让大串的眼泪淌滴。”此前，老人的一句“别叫我坐下……只要赫克托耳仍然弃躺营棚，无人看管”，就让阿基琉斯变得“恶狠狠盯着他”，并强调“不要惹我发火”（《伊》24.560），“你可别再惹我动怒”（《伊》24.568），从而使得“老人只有听从，怕悸”。（《伊》24.571）至少从这些方面可以看到，尽管阿基琉斯已经在怜悯这位老人，但他很难做到“推己及人”。

② 这是一个在每次盛宴“吃喝”之后的程式性用语。

开来的文学观。其结果是一种难能可贵的中性意识的产生，由此缩小了敌我之间的隔阂，升华了共性的风采，在摆脱狭隘的同时宽拓了作品的人文纵深，极大地增强了它的感召力。史诗人物对美的‘体验’极其敏感。即便置身紧要关头，即便有极为重要的大事有待处理，他们仍能念念不忘对美的细致察觉（和恰如其分的提及）。另参考第 376—377 行和第三卷第 161—198 行等处。”①

陈先生的话有两层意思：其一，这种在敌对双方之间出现的彼此“惊慕”对方的“事实”，的确是需要很大的勇气和很大的肚量的，这是人物的胸怀和情操，也是在这种特定情况下的“冷静”——敌对是底色，欣赏是涂色；其二，敌对与审美分开的文学观的继承与发展。这里牵涉到古希腊对美的定义（或者说内心里对美之含义的认定）：美是什么或者什么是美？美关涉什么？

这里涉及是非善恶与审美的关系，美到底是关乎功利的，还是无功利的，到底是无关是非善恶的，还是关乎是非善恶的。

当然，这里的是非善恶，其实已经不是单纯的是非善恶了，它其中的因果关系是复杂的、交错的。譬如说阿基琉斯杀死赫克托耳，是恶，那么赫克托耳杀死阿基琉斯的挚友帕特罗克洛斯，也是恶，而帕特罗克洛斯杀死萨耳裴冬，也是恶，可是赫克托耳追杀至阿开亚人的战船并开始烧船，也是恶，再追远一些，阿开亚人远征特洛伊，是缘起之恶？那帕里斯带走墨奈劳斯之妻海伦并带走大量财物是什么？恶恶相环，无法拆解。帕里斯的行为是受爱神阿芙罗底忒驱使的，而神明是永生的，凡人是只有接受而无权讨伐的。简言之，这笔连环账，凡人是无权追讨的。只有 accept，没有 receive 或 retreat 的选择。

第二节 命运—神谕

一 命运天平

命运，就是众神预先商量并确认了的一个决定，这个决定就是所谓的“注定”，但是这个决定到底在什么时候体现，由宙斯用“命运天平”随时称量出结果来，并及时使得其在现实中被“兑现”。

---

① 荷马：《伊利亚特》，陈中梅译注，译林出版社 2000 年版，第 680 页脚注。

可是，宙斯还是要遵照命运之神的安排的，这也是个不争的事实。关于宙斯的天平（或秤），另见《伊》16. 658 和《伊》19. 223 的具体描述。在《伊》22. 209—213 里，当阿基琉斯和赫克托耳争斗时，“迅捷的阿基琉斯继续追逼赫克托耳”以至于“第四次跑到两条溪泉的边旁”时，父亲宙斯“拿起金质的天平，压上两个表示命运的秤码，让凡人愁凄的死亡，一个为阿基琉斯，另一个为驯马的赫克托耳，提起中端称量，赫克托耳的末日沉重，指向哀地斯，往下垂压；福伊波斯·阿波罗离去，不再管他。”① 宙斯听凭“命运的秤码”的“指向”，阿波罗也无奈地放弃了对赫克托耳的争取。由此看来，宙斯所依照的命运之秤的显示，具有绝对的导向作用。

不过，命运天平所定的结果，似乎有的时候却还是可以被宙斯改变的。②不过，总体看来，死亡，是由宙斯和其他神明决定的，其死期也是由他们限定的。③

在《伊》8. 538—540 里，赫克托耳也同样有期望自己是神子的语言：

---

① 荷马：《伊利亚特》，陈中梅译注，译林出版社 2000 年版，第 600 页。

② 在第十六卷第 658 行注中，陈中梅先生有这样的提示：换言之，宙斯已改变战场上的局势，使其朝着不利于特洛伊人的方向发展。看来，宙斯不仅“参考”天平，而且可以在必要时变动天平两边的升降。另参考并比较第八卷第 69—74 行和第十九卷第 221—224 行等处。但是在第八卷第 69—74 行里，宙斯对“金质的天平”只是“提起中端衡量”并按照天平所示行动；在第十九卷第 221—224 行，却是“但宙斯倾调天平，使其几无收获”。简言之，前者是宙斯利用天平，后者是宙斯“倾调天平”，两者不同。问题是，既然宙斯能够“倾调天平”，那就是改变命运的安排了。可是，在希腊神话里，改变命运的安排，几乎是不可能的，因为宙斯都得遵循命运的安排，接受儿子萨耳裴冬之死所带给自己的痛苦（第 433 行有“唉，痛哉！”第 458 行有“神和人的父亲不予违驳”）。再结合《伊利亚特》第十六卷第 433—458 行的内容进一步思考，可以发现这样几个信息：其一，萨耳裴冬之死是“命定的”。宙斯说他“将注定要倒死在……帕特罗克洛斯手下！”赫拉也说“早就注定不能存活”。其二，宙斯是有能力实现自己救萨耳裴冬之命“让他活着”被“送回家园”之想法的，也即，宙斯是可以改变命运之“注定”的。只是经赫拉提醒，他顾及此举会“引起”“其他神明”“极大的愤恨”，“众神绝不会一致赞同”，所以才没有一意孤行。这是“个人专断”在与“集体民主”的较量中的落败。如果说宙斯预备个人专断时有“心灵的选择平分两半，到底是……还是……”，那么，其最终的选择——遵循“注定”并尊重“众神”，就是遵循“规律”并尊重“众议”的标志。宙斯一向是一个给人个人独断专行的印象的神，但至少这一次并非如此。

③ 在《伊利亚特》第十八卷第 116 行，女神塞提斯的儿子阿基琉斯给母亲的话中有“然后接受自己的死亡，在宙斯和其他永生的神明限定的任何时光，须知就连强健的赫拉克勒斯也不曾躲过死亡，虽然他是克洛诺斯之子、王者宙斯最钟爱的凡男”。这句话有三点值得思考：其一，凡人的死亡及其时间是由“宙斯和其他永生的神明”来限定的；其二，宙斯之子赫拉克勒斯的死亡也未能避免；其三，赫拉克勒斯是宙斯最钟爱的凡男。可是在《伊利亚特》第十六卷第 433 行，宙斯亲口说：“萨耳裴冬，世间我最钟爱的凡人。”那么到底谁是“宙斯最钟爱的凡人”呢？看来，要么是阿基琉斯的理解有误，要么只能理解为这只是一个比喻句，为了强调一种心情。否则，前后的表述就产生了矛盾。

“明天，当着太阳升起的时分。哦，但愿我能永存不灭，长生不老，一生中如同雅典娜和阿波罗那样受到敬重。”赫克托耳期望自己是神子的直接目的，从原句子中看来，是期望像神子一样“受到敬重”或受到像神子一样的敬重。同时，我们会看到，赫克托耳这三次的语言环境，都是在试图鼓舞士气，在语言和声势上造成“向心之力”和“归拢气势”，其核心目的乃是“给阿耳吉维人带来”[1] 败毁。

（一）命运之主掌

1. 关于命运之推理

《伊利亚特》第 22 卷开头，命运决定让赫克托耳立刻死[2]，而这个情况，早在史诗第 15 卷里就已经明确告诉给听众了。在《伊》15.67—68 里，宙斯给赫拉的话中，透露了赫克托耳将死的消息，以及他将如何死去的消息——“卓越的阿基琉斯将把赫克托耳除杀”。

可问题是：宙斯知晓某人或某事的未来发展（或命运），这是他本就知道、本就代表了命运？还是他得从命运女神那里得知？也就是说，宙斯一般知道人或事之未来发展的命运的信息，而信息是从哪里得来的？

同时，还有这样几个相应的问题：第一，如果说，宙斯本就知道命运的信息，那他为什么要在伊达山上用天平来称赫克托耳的“命息”？第二，如果说，这次称量，仅仅是为了确证一下（或者是荷马为了明确点明：听众都很喜欢的人物不得不真的要死了，是为了预先舒缓听众的紧张，或者是为了其死讯所作的铺垫），也是为了明确赫克托耳的死期将至？第三，本来说，神对人间的事是非常清楚的，神知道未来的事，既然这样的话，那为什么赫拉却不知，非得要宙斯点拨（《伊》15.68）才明白？是不是说，只有宙斯一个神祇，才有这样预知凡人与神祇未来命运的资格和能力。

（1）第一步推理。从《伊利亚特》中，我们明显可以看到这样一种权力隶属关系：兵勇和普通民众，听从英雄和王者的差遣；王者和英雄，受神的偏爱和鼓动；众神，却最终得听宙斯的安排；宙斯，最终决断靠的是命运的天平；而命运定了结局归向，却依然要靠人和神的努力才可以实现。

---

① “就像坚信明天将给阿耳吉维人带来横祸一样由衷！”（《伊利亚特》第八卷第540—541行），“就像坚信今天是阿耳吉维人大难临头的日子”（《伊利亚特》第十三卷第828行）。

② 史诗中说：“邪毒的命运把赫克托耳钉在原地，让他在伊利昂和斯凯亚门前站立。”（《伊》22.5—6）赫克托耳站立不动，自然失去了摆脱阿基琉斯战杀而逃生的机会。后来，他的逃跑已经迟了。也就是说，此时“邪毒的命运”使他死去。

在《荷马史诗》中，权力的隶属问题一向是很清楚的，但若我们系统地观察帕特罗克洛斯出战前的情节，就会有别种感受。

在凡间，当赫克托耳受宙斯的兆示而冲毁阿开亚人的墙垒并冲到海船边、杀死兵勇无数时，连阿伽门农都认为赫克托耳的目标[①]会实现，他打算“逃跑”，因此而与奥德修斯争执。

其实，虽然明确告知赫克托耳即将死去之命运，是在第22卷，但其他相关内容则从第15卷就已经开始，也就是说，从诗人的讲述中看，此前，宙斯也不知道赫克托耳将死之事，从而用了命运天平来获知这一信息，这一命运的信息，使得一向坚决支持赫克托耳的阿波罗，也放弃拯救他。阿波罗的放弃，意味着他深知此结果连偏爱特洛伊人的父亲宙斯也是无奈的，命运是任何人和神都无法违抗的。

（2）第二步推理。但是，若如上述思考，疑惑就出现了。因为，既然这个命运已定，那么赫拉“带着欺骗的动机”企图诱惑宙斯做爱、入睡的想法[②]岂不是多此一举[③]？理由是，赫克托耳即将死亡的命运（已被宙斯以天平确知之事）并未被赫拉所知，只是后来宙斯醒来（《伊》15.4—5）发怒时才告知了她。

既然命运已定如此，那宙斯还在观察什么？他还能改变什么？如果说，宙斯就是喜欢待在伊达山俯视，喜欢看战局进展，尽管他不做什么。那么，最关键的一个问题是：假如波塞冬不掺和进来、幻取老翁形貌以鼓动并阻止打算逃跑的阿伽门农，假如赫拉不设计哄睡宙斯，那么，面对赫克托耳一泻千里的攻势，阿开亚人能指望要逃跑的阿伽门农自己鼓起勇气来挽回此种颓败之势吗？不会。也就是说，战争局势将会就此失控。

问题的关键是，正是那两个不知赫克托耳将死之命运信息的神祇（波塞冬和赫拉）的主动参与（搅扰宙斯），才扭转了战局，无形中延长了激战的时间，给了帕特罗克洛斯的出场以时间，从而给了阿基琉斯为帕特罗克洛斯报仇以机会。换句话说，是赫拉和波塞冬的主观努力[④]成全了命运之预设。

---

① 这个目标就是火烧阿开亚人的战船，让他们惨败。

② 赫拉试图通过这种方式，让战场脱离（即使是暂时脱离）宙斯的控制，让情势危急的阿开亚人得以喘息并反扑，把特洛伊人占优势的局势倒转过来。

③ 既然命运要赫克托耳死，赫拉也就不必担心赫克托耳会把阿开亚人怎么样，从而无须费尽心思去消隐宙斯的控制。

④ 相关内容，参阅荷马《伊利亚特》，陈中梅译注，译林出版社2000年版，第378—390页。

（3）第三步推理。可是，再仔细想想，上述的结论又好像不完全对，或者干脆说，完全不对。因为，宙斯等在伊达山上要看的是命运预设中的这些环节的依次出现：赫克托耳把阿开亚人追赶得狼狈失措，回逃至阿基琉斯船边——阿基琉斯派遣密友帕特罗克洛斯出战——赫克托耳击杀他——阿基琉斯为他复仇而杀死赫克托耳——“阿开亚人依从雅典娜的计划攻下陡峭的伊利昂”[①]。赫克托耳不但得死，伊利昂城还得破，将由谁在什么情况下做什么，这是有秩序的。宙斯所担心的，是秩序被意外打乱。换句话说，荷马的推理是：尽管人和神的主观努力，有时会使命运的箭矢之镝略为摇晃，但命运已定，这是人和神永不可更改的总趋势，也是宙斯所要极力维护的。

（4）核心步骤。善于“谋划计算”（《伊》15.461）的宙斯不希望也不允许自己的计划被改变。他的计划中有很重要的两点是：第一，要让自己所答应的将给塞提斯儿子阿基琉斯以荣耀的诺言得到兑现；第二，要让“阿开亚人，依从雅典娜的计划，攻下陡峭的伊利昂”（《伊》15.70—71）。

只不过第二点的核心——“攻下陡峭的伊利昂”，在史诗第一卷就以阿基琉斯的假设性期望说出来[②]，并将这一结果的必定性，在史诗第十二卷明确指出来（《伊》12.15），然后在第十五卷第71行再次强调。

2.“命运的既定”

特洛伊城，一向以牢不可破著称。但曾经险些被帕特罗克洛斯所带领的“阿开亚人可能已经攻克”（《伊》16.698）。特洛伊城墙，“城门高耸”，有着“筑造坚固的墙楼”，却几乎要被帕特罗克洛斯“试图爬上高墙的突角”而“攻克”。

由此看来，特洛伊城墙并非牢不可破或不可攻陷。这次帕特罗克洛斯之所以没有攻陷，那是因为“一连三次，福伊波斯·太阳神阿波罗将他打回，用蓄满神力的双手”。太阳神不仅亲自动手，而且甚至在帕特罗克洛斯“发起第四次冲击”的时候，他忍不住“高声叫喊”以“令人不寒而栗”，最为关键的是，他直接将即使是宙斯也不可违抗的理由交代了出来：（不论）你（还是阿基琉斯）“破灭”特洛伊城，“这不是命运的既定”。换言之，并非特洛伊城牢不可破，而是命运没有“既定”给别人以“破灭”它的机会。

---

① 参见《伊》15.59—77具体内容。

② 在《伊》1.127—129里，阿基琉斯在劝告阿伽门农“你应把姑娘交还阿波罗”的时候，他说：“将来，我们阿开亚人会以三倍、四倍的酬礼回报，倘若宙斯允许，让我们荡劫墙垣坚固的特洛伊城堡。”

命运定了什么，连神也要竭力维护它的实现，即使是宙斯和阿波罗这样重要的神祇。宙斯曾经因为赫拉差点儿违背自己所主导的命运既定（让阿开亚人受挫）而“眼中射出凶狠的目光”（《伊》15.13），使赫拉也“感到害怕”（《伊》15.34）。这里的阿波罗不得已而直接“高声叫喊”并揭秘破城之人并非帕特罗克洛斯，即使是“远比你卓杰”（《伊》16.709）的阿基琉斯也不行。

在《伊》16.698—711里，我们看到，若非太阳神及时出面阻止并晓以利害，特洛伊城必破无疑。这里有这样几点需要总结：其一，神对命运是谨遵的，相应地，对命运的即将被违抗而感到紧张、惶恐不已。其二，更进一步地证明了，人和英雄得遵循神的旨意，而神祇得听从命运的“既定”召唤，并为了保证这一“命运的既定”不被违抗而心甘情愿、不辞辛劳地担负起维护任务。其三，不仅宙斯知道一些命运的“既定”安排，从太阳神的话语中似乎可以看出，阿波罗也知道一些类似的内容，因此这里就有了一系列的疑惑：知道“命运的既定”的，都有哪些神祇？宙斯算一个，阿波罗也应当算一个，是这样的吗？因为阿波罗在人间的神庙里的祭司，总是可以预言和传递神的旨意（“神谕”一词多是指凡人从阿波罗在人间神庙的祭司口中获知的有关于未来的信息，譬如俄狄浦斯王的“杀父娶母”）。而相应地，赫拉并无此能力。这一点从赫拉自作聪明地想让阿开亚人占上风之努力被宙斯点破“纯属徒劳”就可以看出，同样，从此事中，也可以看出海神波塞冬（《伊》14.135）也与赫拉一样并无此能耐[①]（《伊》14.159）。

神要是对人予以惩罚，人是很难“超越命限”的。譬如帕特罗克洛斯之死。帕特罗克洛斯是那样的勇猛且“急于杀戮”[②]，却被太阳神“间接”击杀。太阳神的作为是这样的步骤：其一，阻止其爬墙攻城并以其并非“命运的既定”来警告；其二，促使赫克托耳出战，在双方围抢开勃里俄奈斯尸躯

---

① 不知道“命运的既定”的神祇很多，甚至可以说，知道“命运的既定”的，大概也只有宙斯和阿波罗两位神祇了，而且宙斯似乎知道的更多更确切一些。而相反地，由其行为可以确定其不知“命运的既定”的神祇，还有这几个：第一，爱神阿芙罗底忒不仅没有预知“命运的既定”而且也和宙斯（《伊》14.300、《伊》14.312）一样未识破赫拉那“带着欺骗的动机”（《伊》14.197）；第二，睡眠之神。睡眠之神甚至厉害到了敢于使得“养育所有神祇的长河”之神俄刻阿诺斯“即刻入睡”，他的能耐应该不小，但他不知宙斯的安排，为了赫拉所答应的帮他“娶过”自己“每日思念”的女子帕西塞娅而愿意“将此类不可能之事操做”（《伊》14.262）。

② 从帕特罗克洛斯死后，荷马对其讲述中所用的语词来看，其最主要的死因是其“急于杀戮”（《伊》16.866）。

中阿开亚人“居然超越命限”地抢剥成功之时，阿波罗“隐身”“掌拍”那个“一连三次”冲击且“三次都杀死九名军男”的帕特罗克洛斯。

太阳神的直接行为包括：掌拍帕特罗克洛斯肩背以使其“目力糊乱”；捣落其帽盔给赫克托耳；使其枪矛“碎断”、“盾牌脱落”；“撕剥”其“衣甲”。

太阳神的行为使得帕特罗克洛斯最为直接的效果是：灾愁揪住心智，肢腿松软摇晃，懵里懵懂站着。①

简言之，太阳神直接促成了帕特罗克洛斯之死。

但是，命运与神意这两者之中，哪个最为重要？上文认为在命运和神意之间，似乎神意要顺从命运。

陈中梅先生在分析帕特罗克洛斯临死前对赫克托耳答话时认为：“宙斯（或神）的意志（见第845行）和命运（moira）的安排在此达成了统一。二者之中的一员（即神意或命运）即可决定凡人的生死存亡，何况如今二者合一（或合力）？参考并比较《奥德赛》里的相关注释。凡人有时或许可以暂时超越命限，但宙斯的决断具有最高的权威（参阅本书第十五卷第490—493行）。在荷马看来，神意决断生死，也最终决断战争的胜败。凡人的作用是有限的，并且通常不能在重大事件中发挥决定性作用。这既是人生的悲剧，也是人生的英烈之所在。”② 陈先生的话中强调了宙斯的决断具有最高的权威，但似乎应该再补一点，宙斯还是按照“命运的既定”执行的，所以，在“神意”和“命运”这二者中，后者的决定性更大一些。这一点一定要明确。

但凡人却是可以“超越命限”的，即使是暂时的。在《伊》16.780里，有“阿开亚人渐显强盛，居然超越命限”。似乎是阿开亚人能量够大，总是

---

① 帕特罗克洛斯这里的“懵里懵懂”，是史诗中习惯性地描述人物因惶恐不安而具有的普遍性表现。这种惶恐不安首先表现为“心智被揪”之内心里已经放弃抗斗。帕特罗克洛斯的这一表现，颇有些像《伊》13.435里阿尔卡苏斯被波塞冬所杀之前的样子。前者是太阳神阿波罗让帕特罗克洛斯“灾愁揪住他的心智，闪亮的肢腿松软摇晃，他懵里懵懂地站着”（《伊》16.806），后者是海神波塞冬对阿尔卡苏斯“迷蒙他的眼睛”，“使他光荣的肢腿变僵，让他既不能回跑，也不能躲闪，站着”（《伊》13.435）。神杀人，所用方法相同：使其木然站着，被对手杀死。只不过帕特罗克洛斯之死没有阿尔卡苏斯那么快，他先是在“懵里懵懂地站着”的时候，被欧福耳波斯“击中，却没有夺杀”（《伊》16.813），在“已被投枪和神的击掌打垮，退向己方的伴群，以求躲避死亡”之时，被赫克托耳阻断其“试图回跑”的努力，“逼近出枪”而“倒地，一声轰响”（《伊》16.816—822）。

② 荷马：《伊利亚特》，陈中梅译注，译林出版社2000年版，第463页注2。

能够超越命限，尤其是阿基琉斯复出之后。在宙斯看来："如果让阿基琉斯独自冲杀……他会冲破命运的制约"（《伊》20.30）。在《伊利亚特》第二十卷的开始，为了避免上述之"冲破命运的制约"的情况出现，宙斯命令塞弥斯召聚"所有的神祇集会"，要求众神"分助交战中的双方"。

3. 命运是什么

在《伊利亚特》第八卷，当阿开亚人面临宙斯授意下豪言进攻的赫克托耳的威胁下，在赫拉和波塞冬争论无果之后，赫拉唤起了阿伽门农的战斗激情。后者以愤怒之词激发勇士们的豪情，以求乞口吻吁请宙斯且"言罢悲声哭泣"，从而使得"父亲见状生发怜悯，点头答应，让他们活着，不会死去"。宙斯还遣苍鹰示兆值得"冲击"。也就是说，宙斯在答应给赫克托耳"杀屠的光荣"之后，又给阿伽门农"点头答应""阿开亚兵群""不会死去"。宙斯这里的做法，是最明显不过的"同助双方"使其互打，以致在这种拉锯战中，连天后赫拉和智慧女神雅典娜两位离宙斯最近的女神都看不懂宙斯的意图，故而"加鞭快马"要给阿开亚人帮忙。但当二位女神听闻神使伊里斯所传宙斯的威胁性口信后，放弃"为了凡胎"而"与宙斯开战"的做法，愿意"听由命运的安排；让他随心所欲，他有这个权威"[①]。在这里，从赫拉的话看来，似乎"命运的安排"与宙斯的"随心所欲"是统一的，或者说，宙斯的"随心所欲"就可以造就"命运的安排"。

从《伊》18.95—96里阿基琉斯母亲塞提斯的话中，似乎可以看到：即将到来的阿基琉斯死讯，可以从阿基琉斯本人的语言中看出。因为阿基琉斯的选择，指向的是"让赫克托耳死"。阿基琉斯的母亲——女神塞提斯的分析则是"你的死期将至，我的儿，从你的讲话判断，须知赫克托耳去后，注定便是你的死难"[②]。也即：选择杀死赫克托耳，也就选择了死期将至。不过，我们要留意，这里有个词："注定"。这个"注定"可以看成因"选择"而"注定"，是一种必定性，也可看成这一死期[③]是早就由神意决定好的，是"命定的"。

但是，我们知道，阿基琉斯注定只能有短暂的人生，但具体的死亡时间，在此之前一直是未定的。

---

① 相关引文见荷马《伊利亚特》，陈中梅译注，译林出版社2000年版，第216页。

② 荷马：《伊利亚特》，陈中梅译注，译林出版社2000年版，第501页。

③ "死期"，这里指的是英雄死亡的具体时间。

对于这个问题，陈中梅先生在译注中予以强调：

> 阿基琉斯注定只能有短暂的人生（参阅第一卷第352和415—418行），但他仍有选择的权利，虽然这种选择——从“本质”上讲——不能或不宜违背神意。自从帕特罗克洛斯死后，阿基琉斯即已抱定复仇和必死的决心，彻底放弃了回家和存活的希望（参考本卷第98—101和330—332行、第十九卷第328—330行和421—422行、第二十一卷第110—113和277—280行以及第二十三卷第150行）。另参考阿波罗、赫法伊斯托斯、珊索斯、赫克托耳和帕特罗克洛斯之魂魄的预言（第十六卷第707—709行、本卷第464—465行、第十九卷第416—417行、第二十二卷第359—360行和第二十三卷第80—81行）。[①]

综合陈先生的这些话，以及《伊利亚特》中多次对阿基琉斯相关情况的交代，笔者认为，在这个问题上，至少存在一个矛盾：一方面，阿基琉斯注定只能有短暂的人生[②]；但另一方面，在《伊利亚特》第十八卷，阿基琉斯得知帕特罗克洛斯死讯后，彻底放弃了（本可以选择的）回家和存活的希望，而选择了复仇和将死。如果说后者是一种不得已的选择的话，那么前者则是一种可以自愿选择的选择。简言之，在死—生二者的面前，阿基琉斯是有选择机会的，即使是在帕特罗克洛斯死后。

“命运”与什么紧密相关？笔者认为，命运与神相关，也与时间相关。

在阿基琉斯回答母亲塞提斯担心他将死的话时，他是这样说的：“然后接受自己的死亡，在宙斯和其他永生的神明限定的任何时光。”（《伊》18.115—116）这里有两点需要注意：其一，死亡与“限定的时光”紧密相关；其二，死亡的限定权归“宙斯和其他永生的神明”掌控。

---

① 荷马：《伊利亚特》，陈中梅译注，译林出版社2000年版，第501页注。

② 这一点，在《伊利亚特》第一卷（第352—356行）当阿基琉斯向母亲诉苦（宙斯“不曾给我丁点”“荣誉”；阿伽门农“夺走我的礼份”）时，就已经明言，随后，其母亲的答语对此更是直言不讳。甚至其母亲强调：“只因你剩时不多”，所以“但愿你无忧无虑”。尤其是其母亲塞提斯说：“现在看来，你不仅一生短促，而且受苦超过世人。”这句话一方面可以看做母亲对儿子当时所受痛苦的同情，另一方面更可以被看做对儿子性格中（在随后的战争中所表现出来的）“任性”后果的“现在看来”。从整个《伊利亚特》来看，阿基琉斯的确是“受苦超过世人”的凡人。这个“受苦”在《伊利亚特》中主要表现为“失去”（或言“失望”）：失去女友——失去名誉（“使我受辱”）——失去密友（帕特罗克洛斯）——失去命息。

另外，从阿基琉斯的话中可以看出：死亡是“命运”[①]。综合上述内容可以判定：关于死亡这一命运，是不由人来掌控的，而在宙斯和永生的神明那里。

但是，由于命运所涵盖的方面是很多的，那么，关于其他方面的命运，又由谁来掌控呢？是宙斯？是命运女神？还是由那个宙斯所依赖的天平？

在《伊利亚特》第二十卷对即将被阿基琉斯杀倒的埃内阿斯，是要搭救他还是任其而去，波塞冬强调了“他可以逃生，命里注定”(《伊》20.302)。赫拉对波塞冬的施救征询未予理睬：“此事……由你自个的内心定导。”(《伊》20.310) 陈中梅先生提请将埃内阿斯的“命息”与萨耳裴冬和赫克托耳进行比较：

比较宙斯对是否拯救爱子萨耳裴冬（第十六卷第431—461行）和赫克托耳（第二十二卷第167—176行）的思考。不过，宙斯最终还是让二位死去，只因前者“早就注定不能存活”（第十六卷第441—442行），而后者也一样(参见如出一辙的回答，第二十二卷第179—180行)，天平的称量表明他的“末日沉重，指向哀地斯，往下垂压”（同上第212—213行)。埃内阿斯不同，还不到死的时候——相反，“他可以逃生，命里注定”（本卷第302行)。换言之，他可以接受神的救援，脱离险境。参考第十六卷第461和849行注。[②]

也就是说，他也可能在神祇转念之间死去。因为“命里注定”他仅是“可以”逃生，并非必然能够逃生。若是神祇在“自个的内心定导”中选择不予施救，这个英雄则将死去，而这时的死去，是否就是“命里注定”的呢？“注定”强调的是一种必定性和必然如此；而史诗描述中却出现了选择性和或然性。这是一个疑惑。笔者以为，遵照史诗诗人的描述，“命运”基本与“厄运”相近，与“厄运”相关的“命运”是无可选择的，是命运天平或命运女神钦定、宙斯来负责维护执行；其余的，则由神祇们自行定夺。

（二）愤怒与荣耀

1. 阿基琉斯的愤怒

阿基琉斯的愤怒是缘于对阿伽门农所加给的耻辱。但从《伊利亚特》第十八卷的内容已经知道，阿基琉斯即使在自己的“祈愿”被宙斯兑现之后仍然拒

---

① 阿基琉斯说：“赫拉克勒斯……虽然他是……宙斯最钟爱的凡男，命运将他击倒……我也一样，如果同样的命运已替我备下，一旦死去。”（《伊》18.115—120）

② 荷马：《伊利亚特》，陈中梅译注，译林出版社2000年版，第554页。

不出战。如果说后者还可以算做“愤怒”的话，那么，后者之愤怒与前者之愤怒已有了区别：前者是英雄对名誉的珍惜和维护；后者是莽撞者的“撒野”。

首先，阿基琉斯的愤怒制造了自己“欲罢不能”的尴尬。因为他如果不因自己的任性而使得愤怒延伸到自己所期望的“祈愿”已经被宙斯兑现之后还一再罢战不出，他就不会失去自己至亲的好友帕特罗克洛斯。最重要的问题是：当他的愤怒或者说他对自己的情绪的失控，使得他自己在阿伽门农派遣的“五人劝说团”的劝说或者最佳和解时机被放弃，随后，他陷入了忐忑不安的进退两难之中。当拒绝了阿伽门农之后，情况就变得失控：他想要进入战场去为他所牵挂的阿开亚人拼战，他担心自己会成为阿伽门农耻笑的对象；他不进入战场，却又担心受伤者太多，阿开亚人不敌特洛伊人，所以他派了帕特罗克洛斯去探视马卡昂，最后不得已又只好派帕特罗克洛斯去出战。阿基琉斯不想拼死战场吗？不是。是他被自己的任性控制，或者说，他的惯于“愤怒”的脾性让他被动而无奈。

其次，阿基琉斯也很“愤怒”自己的“愤怒”。在《伊利亚特》第十八卷，当阿基琉斯从母亲口中听到“须知赫克托耳去后，注定便是你的死难”。他的反应便是“带着极大的愤烦”答话，而且从他的答话中看到他的这样几个方面：其一，急不可耐（“赶快”）；其二，后悔；其三，对“争斗”和“暴怒”的痛恨。对于“暴怒”，阿基琉斯是这样理解的：

> 它使最明智的人撒野，
> 这苦味的胆汁犹如烟云一样弥漫。
> 心胸，比垂滴的蜂蜜还要香甜。（《伊》18.102—110）

这里的比喻是经典无比的，它展现了主人公心中的三个方面的认识：

其一，它强调了“暴怒”的危害性或破坏性。这种破坏性的表现在于它诱使人裸露“豪莽”的一面，即使是“最明智的人”也由之“撒野”。

其二，诗人直接用了一个暗喻，将“暴怒”暗喻为“苦味的胆汁”，最有魅力的是诗人随之在此暗喻之上，又将暗喻作为一个本体，将“烟云”作为喻体而形成一个明喻，又更进一步地对此明喻进行动态性描述“弥漫心胸”。尤其重要的是，如果“苦味的胆汁”是一个名词性短语的话，那么，“烟云弥漫心胸”却是一个动词性短语，它强调“暴怒”是一个渗透性过程。所以，这一句是综合了三个小方面的复杂句：兼有暗喻、明喻和动态化描述。

其三，“垂滴的蜂蜜”是对“苦味的胆汁”的“拧扭”性转换，两者绝对是对立的，为何“苦味的胆汁”又变得“香甜”呢？其实，这恰好就是“暴怒”的本质：“苦味”是就其恶果而言的，“香甜”是就其诱惑性而言的。两者的着眼点的核心是一样的。

再次，阿基琉斯的意识有了两点转变，值得注意：其一，对于“争斗”，有了“消偃”的希望；其二，对于“怒气”，有了“要强压”的认识。经历了好友逝去的打击的阿基琉斯，尽管是“带着极大的愤烦”给其母亲塞提斯答话，但他却已然感到“神和人的生活里”“争斗”的多余性，以及“消偃”这种“争斗”的必要性，这无疑是需要很大的勇气的。何况他还明白了其“怒焰”尽管是面对别人的“激挑”，且“尽管有这许多痛伤”，但“我们要强压胸中的怒气，只能这样”。

毋庸置疑，阿基琉斯因好友之死发生了极大的转变：不仅明白了“怒气”的特征和原理，懂得了“强压”怒焰之理，更有了坦然“接受自己的死亡”的“静躺”准备。真可谓浴火重生。

但是，对于这次“愤怒”，后来阿基琉斯在准备出战的聚会上，他有一段开篇立论：对自己当初与阿伽门农“为了一个姑娘”而“双方心怀痛苦”这一件事深表后悔，甚至“但愿”这个姑娘被一箭“送断，死在船边”。这段话核心要点是：其一，与阿伽门农的“吵闹翻脸”和“愤慨”是毫无“进益”的；其二，愿她（布里塞伊斯）死，免去很多人因我的愤恨而死；其三，忘掉过去，强压“怒焰”和“与身份不配”的“无休止地愤恨”。①

相比于此前阿基琉斯愤怒的起因，显然，这里他的表述，是对原先自己的否定。简而言之，他丢弃了自己所在乎的，否定了自己所肯定的。

一般听众会理解为，阿基琉斯这样的否定与丢弃，都是因为好友帕特罗克洛斯之死而生气，是一时的生气之言，不能就此否定他对布里塞伊斯的感情。其实，笔者认为，荷马是暗含了阿基琉斯这个人“语言前后不一”的习惯的。

在《伊》19.207与《伊》19.257里就已经发生很大出入，甚至可以认为阿基琉斯是一个“信口雌黄”的人。在《伊》19.200—207里，阿基琉斯面对奥德修斯和阿伽门农要抬送礼物和献祭公猪的希望的回应是：“操办此事，你最好另找别的时辰……而你俩却要我们吃喝，不！现在我……要他们

① 荷马：《伊利亚特》，陈中梅译注，译林出版社2000年版，第526—527页。

冲锋，空着肚皮，忍饥挨饿。”而在奥德修斯的劝说和坚持抬礼与献祭行动的面前，在第257行，阿基琉斯说：“好了，回去填饱肚子，以便临战！”荷马在这一“饥”一“饱”之间的对比，要么是暗示阿基琉斯是个“随意更改意图并脱口而出”的人，要么是衬托奥德修斯的善于劝说或深孚众望，要么是说明阿基琉斯通情达理，要么是说阿基琉斯先前说要空着肚皮冲锋，仅是负气之言。

在笔者看来，荷马是在强调：阿基琉斯是一个最易“愚狂”的人，从行动到语言。

2. 放弃荣耀之兑现

让阿伽门农及其统领的阿开亚人亲尝“侵犯阿基琉斯尊严”的危险性后果，这是阿基琉斯期望母亲塞提斯为自己争取的荣耀。这个荣耀，其实在第十四卷中就已经实现。因为阿基琉斯的“屈辱”是阿伽门农横加的，“解铃还须系铃人”，“受辱”者之屈辱的洗刷是与“施辱”者的悔愧、道歉乃至受辱（在阿基琉斯看来）紧密相关的。简而言之，洗雪阿基琉斯的“屈辱”，就是要让阿开亚人在缺失阿基琉斯时损失惨重，借以显示阿基琉斯的“不可或缺”，从而实现塞提斯的儿子阿基琉斯的“荣耀”：（1）让阿伽门农及其统领的阿开亚人亲尝“侵犯阿基琉斯尊严”的危险性后果；（2）阿伽门农公开赔礼道歉并“使破坏被恢复原状”。（1）（2）两者缺一不可地结合，就应当是对阿基琉斯此番罢战的雪耻之荣。

实际上，上述之（2）在奥德修斯等“五人劝战团”来时就已明确实现①，阿基琉斯也明白这一点。但他还负气未答应出战，那是因为还缺乏证明上述之（1）的事实。而当史诗被讲述到第十四卷第80行（阿伽门农败退

---

① 在荷马史诗听众的心里，在《伊利亚特》第九卷里，的确已经再充分不过地展现了这里所述之（2）的内容，乃至连（1）的内容也已经展现了。首先，阿伽门农向阿开亚人中最受尊敬的长者奈斯托耳表达了自己的认错、自责、愧疚、悔罪、赔罪、道歉、赔礼等诸多方面的想法和意图，他所用的话语中的核心词是“我的愚狂”、“我是疯了”、“我当时瞎了眼”、“我愿意拿出……偿礼，弥补过错”；至于阿基琉斯“愤怒”的最核心问题是自己被抢走了所爱的女人布里塞伊斯，而阿伽门农对此则是：“连同从他那里带走的姑娘……我要庄严起誓，我从未和她同床，从未和她睡觉……这一切马上即可归他所获”。除此之外，他承诺在荡毁特洛伊之后的几项作为对阿基琉斯此番屈辱的“荣光”补偿：尽情装载财宝；亲挑美女二十名；回阿耳戈斯后，阿伽门农三个女儿任阿基琉斯挑一做妻；陪送超巨量嫁妆；送七座兴旺城堡。他说：“我会把这一切变为现实，只要他怒气平消”，而且他还说：“此外，我以为比他年长，若论岁数。”（《伊》9.115—161）这一切，的确把求情的话说尽说绝。

无路[①]、“预备逃走”）的时候，阿基琉斯的这种“荣光”已经齐备了。

宙斯把女仙塞提斯的“祈求”[②] 理解偏了，或者说，宙斯背离了自己当初的答允[③]，而把自己所答应的“塞提斯所请求的阿基琉斯的荣光”进一步夸大：不仅需要赫克托耳死，而且需要特洛伊城破。

因此，结合这里需要强调八个与阿基琉斯出战相关的理解：

其一，实际上，阿基琉斯内心决定出战的念头，应当产生在帕特罗克洛斯回返阿基琉斯身边进行劝战之前。

其二，阿基琉斯此前还不参战，从客观上推理，他几乎已无作战之兴趣。

其三，他派帕特罗克洛斯前去探问“伤者是否马卡昂”，就是他欲出战的表现。而且出征特洛伊，就再明确不过地强调了他是一个对搏杀疆场心驰神往[④]的人。可是，是否是由于他未能拉开情面主动要求出战呢？还是因为帕特罗克洛斯劝战力度不够呢？

其四，阿基琉斯当初给母亲塞提斯的请求是：“帮助特洛伊战勇，把阿开亚人逼向舟船大海，在那里送终……也能让……阿伽门农认识到自己的骄狂，后悔屈辱了阿开亚全军最好的英雄。”（《伊》1.408—412）也即，他是要让（等）阿开亚人（全军）送终。所以，从他的角度看，他将一直不战，直至阿开亚人死光（“送终”）。

其五，面对儿子的请求，塞提斯给儿子阿基琉斯的叮咛，也是与儿子的

---

① 因为在阿伽门农看来，如果自己能够求乞让阿基琉斯出战，他已经尽了最大努力（的确如此，他甚至以“比他年长，如论岁数”这样的话语来求情“让他让步”的可怜份儿上，足见他的极大诚心和让步的底线已到），在阿伽门农看来，那个“五人劝战团”的行动实际就代表（或宣告）了阿伽门农的“公开申明”，对此，阿基琉斯都没答应，所以，他失去了再求阿基琉斯的勇气。对此，阿基琉斯也应当是明白的。而无论如何，史诗的听众是绝对明白阿伽门农在这种情况下“颓败无路”的心情的。

② 塞提斯的“请求”在史诗里只有六行（《伊》1.505—510），其请求的理由是“阿伽门农侮辱了他，夺走他的战礼，占为己有”。希望宙斯做的是“让我儿获得尊荣。让特洛伊人拥有力量，直到阿开亚人补足我儿的损失，给他增添光荣”。请注意上述话语：塞提斯的核心请求是“让特洛伊人拥有力量……阿开亚人补足我儿的损失……增添光荣”。

③ 宙斯“早先点头答应，予以允诺的那样”（《伊》15.75）的实际内容是“我怎样帮助了特洛伊人作战”（《伊》1.521），而并非帮助阿开亚人杀死赫克托耳，乃至攻破特洛伊城。比较《伊利亚特》第一卷和第十五卷的相关内容，我们能够确认：塞提斯当初没这么祈求，他（宙斯）当初也没这么（《伊》15.74—75）答应。

④ 阿基琉斯对战争是热切向往的，而且阿伽门农敢于在他当面直陈其事：“‘宙斯哺育的王者中……争吵、战争，还有搏杀，总是让你心驰神往。’”（《伊》1.176—177）。

话语相通的："你可继续呆守自己的快船，不要参战，满怀对阿开亚人的愤恨。"（《伊》1.421—422）但是二者并不相同：母亲塞提斯只答应儿子"可以不战、满怀愤恨"，但绝没说"一直不战，直到把阿开亚人送终"死光。显然，"阿基琉斯愤恨的终了时机"要么自酌，要么别人（比如他母亲）敦促。可是，别人任由他决定，而他又任性倔犟，这才出了大问题：宙斯拿赫克托耳的命[①]以及整个特洛伊的毁灭供他消气（注：此"气"非彼"气"[②]）。

其六，由于宙斯看到阿基琉斯的愤怒一直未消，而他又记挂塞提斯曾经帮过自己[③]，也许想要报答她，就一直任由阿基琉斯（指向阿伽门农）的愤怒过长拖延，以致此愤怒变质转向为（指向赫克托耳的）痛恨，进而出战[④]是为（替帕特罗克洛斯）报仇（也为自己雪耻[⑤]）。

其七，从荷马（《伊》15.593—600）的讲述来看，宙斯"等待"着的所谓"彻底兑现塞提斯的祈望"的内容也即"火光照映……被焚的海船"。而且在海船被焚之前，有关赫克托耳的描述中，已是"火光四射"，"像肆虐无情的山火"（《伊》15.605），"通身射闪熠熠的火光"（《伊》15.623）。这些"带火"的语汇给听众一种暗示：火星四溅、随时起火。这是想增强史诗叙述话语的感染力和吸引力。

其八，在《伊利亚特》第十六卷第83—100行里我们看到：为了"最

---

① 注意，宙斯专注于不让别人杀了赫克托耳，而唯独将此权利留给阿基琉斯。可是宙斯的这番"谋划"只有他自己知道。赫拉冒冒失失哄睡了宙斯，使得"黑发的波塞冬和光荣的赫克托耳将战斗紧收至最酷烈的拼争"，赫克托耳在"回退之际"意外被埃阿斯的石头打得"猝倒泥尘"（《伊》14.418）、重伤不醒，特洛伊人被追逃，宙斯醒来发现此景，"心生怜想"（《伊》15.12），向赫拉发火。随后，（在众神会上只）告知赫拉他的谋划：让赫克托耳杀死帕特罗克洛斯，从而让阿基琉斯报仇。不知晓宙斯此番"谋划"之秘密的，不仅有神，还有凡人。英雄丢克罗斯一支"飞箭"瞄准了赫克托耳，欲"抢夺他的命脉"，被醒着的宙斯"扯断……弓弦"（《伊》15.463）予以阻止。

② 此"气"是指阿基琉斯气愤赫克托耳杀了帕特罗克洛斯；彼"气"是指阿基琉斯气愤阿伽门农夺走了自己的女伴布里塞伊斯。

③ 宙斯曾被赫拉、雅典娜和波塞冬等奥林波斯诸神试图捆绑，当时情况"紧急中"，在不死的神中，只有塞提斯"赶去为他松绑"、救过宙斯。（《伊》1.395—412）

④ 女仙塞提斯的请求的核心是：让阿开亚人认识到"缺失阿基琉斯是不可以的"，借此彰显儿子阿基琉斯的重要性，这就是阿基琉斯对阿伽门农的胜利，也就是阿基琉斯的光荣。换句话说，让阿基琉斯出战，这本非塞提斯之愿。她的愿望是罢战而非出战。

⑤ 阿基琉斯本来的耻辱是阿伽门农给的，所以塞提斯所请求的"雪耻对象"是阿伽门农；而当受宙斯指引，帕特罗克洛斯出战并被杀剥时，他的"雪耻对象"就一下子变为剥走帕特罗克洛斯（实际是阿基琉斯的）战盔的赫克托耳。这是宙斯为任性的阿基琉斯的随机安排。

终为我争回尊严和巨大的荣誉，在所有的达奈人眼里，送回那位漂亮的姑娘，辅之以闪光的偿礼"①。阿基琉斯要求帕特罗克洛斯"你要听我的话，切记"②。也就是说，只要帕特罗克洛斯遵其嘱而行，阿基琉斯所认为的"尊严和荣誉"，即可"争回"。而其叮嘱的核心是：一旦海船得救（"一旦把特洛伊人打离"海船），即刻返回。

宏观地说，阿基琉斯之所以"固守船边"，一方面是其性任，另一方面是神祇的话语不明确。确切讲，他的任性是超绝的，而这一点恰好是史诗中可以弥补很多相关缺漏的一个"万能胶"。但是，我们绝对不要忽略关于"阿基琉斯固守船边"一事的诸多方面的模糊：阿基琉斯所固守的思想底线（他真正的、明确的、可达成的要求）是什么？他听清并明白如何遵循母亲塞提斯的话了没有？以及塞提斯与宙斯在理解"阿基琉斯消气"这一吁求方面的错位。

而上述所有这一切，造就了阿基琉斯之机会的"痛失"与尊严的"争回"这两者的真正错位。

二　思想底线

（一）阿基琉斯的等待

阿基琉斯到底等待什么？似乎有这样一种情况：阿基琉斯在"五人劝战团"面前负气拒绝了阿伽门农的请求之后，在第十一卷里，他看到本方死伤遍地的惨象后，后悔了自己的拒绝。不过，他依然盼望阿伽门农主动"来祈援"。矛盾是：前次战争危急时刻，阿伽门农郑重派人来请，他拒绝了；此番即使阿伽门农仍想再来请，（阿伽门农内心则会）担心他仍会拒绝。情节

---

① 请注意仔细聆听阿基琉斯的吁求内容。这个吁求，明明已在史诗第九卷中回应并兑现给了阿基琉斯，具体内容见第九卷中奈斯托耳和福伊尼克斯的话语内容。其情之切，其理之真，史诗中无出其右。此二位实际不是在帮阿伽门农，而是在疼惜并帮助阿基琉斯，告诫他"毁灭总是跑到祈求的前面"，要他提防。

② 阿基琉斯的叮嘱的"切记"内容包含了太多的"要"和"不要"：在第87—100行这14行内，他分别在每个单行（第87、89、91、93、95、97、99行）用了"你要"、"你不能"、"切不要"、"以免"、"你必须"、"但愿"、"只有"这7个在荷马史诗中最频繁而密集使用的叮嘱之词。荷马的这番用词，主要是为了蓄势，为阿基琉斯"愤而出战"造势。但是问题就来了，既然与其"争回尊严和荣誉"如此密切相关之"帕特罗克洛斯马上返回"没有实现，那他的"出战之怒"应当一方面是为痛失好友，还有另一方面，那就是他愤怒自己痛失"争回尊严和荣誉的机会"。而宙斯却费尽心机地"谋划"这个结果以图"争回"。何为"痛失"又何为"争回"？宙斯和阿基琉斯两者的感受不同，目标相同却南辕北辙。这是史诗中易被忽略的一个问题。

中的阿伽门农担心被拒，情节之外的受众也是这个想法。所以，阿基琉斯的等待是无期的。也许是考虑到阿伽门农前次被拒，不会再鼓起勇气“来祈援”，而阿基琉斯没有台阶来下，也没法主动请战。所以，帕特罗克洛斯才在从奈斯托耳及欧鲁普洛斯那里回来后，几乎没有给阿基琉斯予以“恳劝”，而是在“陈情”之后即自己主动请命，阿基琉斯在这种情况下，更是不好提出主动出战了。

其中有一点要注意，阿基琉斯在《伊利亚特》第十一卷中曾给帕特罗克洛斯这样的话：“现在，我想，阿开亚人会来祈援，站立我的膝旁：情势危急，他们已忍受不下。”随后，他派出帕特罗克洛斯前去向奈斯托耳打听其所陪同的伤者是否是马卡昂，但是帕特罗克洛斯到了那里未及问起此事就已明白答案，所以他应该立即返回，可是他尽管认为阿基琉斯“为人”很“可怕”，“甚至会对无辜者动发脾气”。但是他却没有顾忌这个，仍然耐心听完了奈斯托耳长达 146 行的“往事感慨”，而这段与此时紧急的战场厮杀无丝毫关系的感慨，主要是对奈斯托耳自己“好汉当年勇”的回忆。在帕特罗克洛斯离开奈斯托耳后回返的路上，又遇见了带伤的欧鲁普洛斯，二者又有交流。尤其是帕特罗克洛斯细心照料后者并为其在营棚中进行外科治疗与护理。显然，阿基琉斯口中的“情势危急”，在帕特罗克洛斯心中，已经被淡化。

不过，这里的“情势危急”中的缓缓叙事，隔开了操切之音，独辟一方静谧的叙事场景，其效果，有利于对比和衬托之后回到战场时的紧张和喧嚣。可以看做荷马在叙事方面的有意处理。

（二）阿基琉斯的底线

阿基琉斯固守在船边这一行为的思想底线，应该是什么呢？对此，笔者认为，它应当存在于如下可能性的推测中：

可能之一：他认为母亲会给他提醒，他在战船边的苦苦等待（乃至煎熬），是在等待其贵为女神的母亲塞提斯对他的及时提醒——当出战时机刚到时。

可能之二：他因为对母亲塞提斯与宙斯的关系过于乐观而任性过度，任性地放弃在“五人劝战团”面前积极回应的最佳时机，当发觉自己已经错失这一最佳时机时，已不可弥补，从而只有一错再错。换句话说，阿基琉斯对自己的言行失去了控制的能力，此祸因其“冲莽”而致，故他在“拒战”时所表现出的“固守”，其实质是一种无奈的“放任”与自暴自弃。

可能之三：假如帕特罗克洛斯没有请战，或者假如帕特罗克洛斯能遵阿基琉斯之嘱，那么，阿基琉斯的“拒战”将会持续到什么时候？这的确是个问题。但是，按照当时的情况，他似乎将会无休止地让这种情况继续下去。

这里有个问题：当帕特罗克洛斯请求阿基琉斯允许自己出战时，阿基琉斯的话中强调了如果帕特罗克洛斯遵循自己的安排而只是将敌人逼离战船，那么，按照阿基琉斯的考虑和推理，其“尊严”和“荣誉”将可由此争回。也就是说，在帕特罗克洛斯出战之时，在阿基琉斯的眼里，至少存在这样一个既有事实的两个方面：宙斯还没有兑现阿基琉斯的“祈愿”；阿基琉斯的“尊严”和“荣誉”还没有争回。

何况，帕特罗克洛斯出战之后做出的，是与阿基琉斯临行叮咛相反的事情，不仅没有遵其嘱而行[①]，没有以之为阿基琉斯“争回”“尊严和荣誉”，而且连自己的性命也搭进去。

那么，从帕特罗克洛斯出战到其战死，按照阿基琉斯在其临行前的思考和推理，情况不仅未能有利于阿基琉斯“尊严和荣誉”的“争回”，反而更加地恶化了。但是，诗人借阿基琉斯的口的叙述却与此相反：阿基琉斯亲口对其母亲塞提斯说“奥林波斯神主确已兑现我的祈愿”[②]。阿基琉斯最后这个说法，是有问题的。难道因为帕特罗克洛斯的死，正是宙斯对阿基琉斯“祈愿”的“兑现”？否则，这个突然的转机绝对不符合逻辑。但是，按照阿基琉斯的理解，帕特罗克洛斯的死，又绝对不可以作为“祈愿”来“兑现”。所以，这是个矛盾，需要学者们留意。

（三）塞提斯的茫然

塞提斯是如何看待宙斯兑现其诺言？这个问题值得思考。

当“听闻”儿子的“吼叹”，塞提斯来到儿子身旁，表达了自己的关切，询问儿子“为何抽泣”，而且她强调：“宙斯已兑现你的盼想，按你扬臂祈求的那样，阿开亚人的儿子们已被如数赶回停驻的海船，由于你不在场，已经遭受惨重的击打。”[③] 塞提斯的这番话，至少有两个重要的信息：其一，虽然塞提斯不在战场，但女神知晓儿子的生活（儿子不在战场，阿开亚人“遭受惨重的击打”）；其二，在塞提斯看来，儿子阿基琉斯的“盼想”，已

---

① 一旦海船得救（“一旦把特洛伊人打离”）即刻返回。

② 荷马：《伊利亚特》，陈中梅译注，译林出版社2000年版，第500页。

③ 同上。

被宙斯“兑现”，而且是“按你扬臂祈求的那样”。换言之，女神塞提斯是清楚儿子“盼想”已被兑现却“拒不出战”这一事实的。既然她知道这一点却任其继续，就证明女神并不担心（或者并不在乎或者无力改变）儿子“拒战”这情况的下一步发展。

尽管女神塞提斯聪明，却不知儿子为何忧愁，这是史诗给读者的一个疑点。一般而言，神对凡人的事情应该知晓的，可是儿子的战友帕特罗克洛斯死去，女神塞提斯却只知儿子抽泣忧伤而不知“为何”及“有什么忧愁”（《伊》18.73）。这是为什么呢？只能有一种解释：这仅仅是一种口头禅，是女神塞提斯向正在哭泣的儿子阿基琉斯搭话时的开头语。除此之外，别无解释。

还有一个疑惑。阿基琉斯确认：自己的祈愿已被兑现。阿基琉斯在史诗第十八卷对自己的母亲说：“奥林波斯神主确已兑现我的祈愿，我的妈妈。”（《伊》18.79）[①] 而且这句话的意味绝非含糊其辞的应付，而是清晰明确的答话。阿基琉斯确定无疑地回答了曾经向宙斯为此而祈请的女神——母亲塞提斯。

如果说阿基琉斯不知道自己的祈愿已被兑现，那么，他的拒不出战，尚可理解为受神的指点而在等待出战时机。可是结合阿基琉斯上述给母亲的话来看，阿基琉斯的拒不出战就显得既不合理，也不合情。

于理，他明知自己的祈愿已经被宙斯兑现，却仍旧拒绝出战，是基于何种考虑呢？显然是不合理的；于情，他明知自己的祈愿是“阿开亚人的儿子们”“被如数赶回停驻的海船”，按他母亲塞提斯的话说：这是按他“扬臂祈求的那样”来兑现的。问题是，阿基琉斯随军进攻特洛伊的目的并非是让他所属之阿开亚人败退，换言之，于情，他祈愿的是自己内心并非真正期望之事，然而他不仅任其发生还任其在自己的目标达成之后继续蔓延肆虐，直至好友帕特罗克洛斯惨死。这说明什么？这至少说明阿基琉斯是一个感情大于理智的人，甚至可以说：他是一个自私任性而且缺乏自制力的人。

---

① 荷马：《伊利亚特》，陈中梅译注，译林出版社2000年版，第500页。

第三章　人物描写

第一节　貌丑二人胡言

《伊利亚特》中被明言“丑人”的，阿开亚人中和特洛伊人中各有一个。阿开亚人中的“丑人”，是塞耳西忒斯，特洛伊人中的“丑人”是多隆。两个人共性有二：一是丑，二是“胡言”[①]。但具体情况又差别极大，或者说，二人除此之外，几乎没有共性可言。

一　塞耳西忒斯

在荷马的描述中，塞耳西忒斯是《伊》2.211—277 中着力表现的一个人物。从中看出这个人的一些特点：

（一）不识相，或不识趣

秩序井然的集会中，他“多嘴快舌”、“骂骂咧咧”、“满脑门的颠词倒语，一派胡言，不时语无伦次”，而且“用词不计妥帖，但求能博得阿尔吉维人一笑了结”[②]。换言之，塞耳西忒斯的不识相或不识趣主要表现在语言上的不讲究，态度上的博人一笑，他似乎是个插科打诨式的小丑一类人物。

（二）外相最丑

荷马直言不讳地说：“围攻伊利昂的军伍中，他是最丑的一员：两腿外屈，一脚偏拐，双肩突起前耸，成堆地挤在胸前，挑着一个尖翘的脑袋，上

---

① “胡言”一词仅为作者各提及一次。提及塞耳西忒斯的“胡言”是在一开始说他时，就说他“颠词倒语，一派胡言”（第二卷第 213 行）。提及多隆的“胡言”是在多隆的脑袋滚落泥尘时，“嘴里还在胡言”（第十卷第 457 行）。前者的“胡言”大概是指“（说的全是些）没有道理（理由）、混乱的话”；后者的“胡言”大概主要是指“同时祈求饶命”时嘴里嘟哝不清的话，或者是指“痴心妄想的祈求”之意。

② 荷马：《伊利亚特》，陈中梅译注，译林出版社 2000 年版，第 37 页。

面稀稀拉拉地歪倒着几绺发线。”丑的核心在腿、脚、肩、胸、脑、发六个方面。

（三）辱骂首领，众人痛恨[1]

“阿基琉斯恨之最切，奥德修斯亦然，两位首领始终是他辱骂的目标，受他攻击。现在，他又嚎叫骂人”，指向阿伽门农，从而冒犯了阿开亚人。其实，仔细阅读此人的“辱骂”内容，分析其“语无伦次”的一派胡言，似乎可以发现，他的话语和行为似乎还有很多可贵之处：（1）傲视权贵，伸张正义。敢于在集会上向王者“直言”，的确是需要勇气的。如果不读荷马在陈述此人的话语前之先行评价的话，那么，听完他的话语，一般人完全会认为他是一个替阿开亚人说真话的人，他是一个直面危局的人，而应当没有人会认为他是一个值得贬斥的人。（2）尊重勇士，晓以利害。如果说他“始终”辱骂阿基琉斯，那也不对，至少在荷马所提供的本段最能证明他“喜骂首领”的陈词中，不仅没有看到对阿基琉斯的“辱骂”，相反却领受到了对阿基琉斯的“抬爱”和为阿基琉斯“叫屈”的深明大义。不知道荷马是以什么样的标准来评判人物的。且看此人的话中涉及阿基琉斯的内容：“眼下，他已屈辱了阿基琉斯，一位远为杰出的斗士，夺走他的礼份，自己霸占。然而，阿基琉斯并没有记恨，而是疏通心怀；否则，阿特柔斯之子，这将是你最后的横蛮！”[2] 短短的四行话语中，至少有这样几个层面的意含：其一，以“眼下……然而……否则”为标志词的提醒和敬告；其二，点明关涉阿基琉斯的四个要点：“屈辱”——愤怒之因；“远为杰出的斗士”——不可或缺；“礼份”被“霸占”——本分之获与僭越之祸；“没有记恨”、“疏通心怀”——赞誉而期望。也就是说，这些话一方面指出阿伽门农要警醒：“否则……最后”，另一方面又赞誉、安慰并引导了阿基琉斯，说他没有记恨，

① 其实，对于塞耳西忒斯这个人，较少有人注意到他的正面性方面。程志敏先生曾给他这样一个注释：“希腊联军中最丑陋的人：罗圈腿、跛脚、驼背、鸡胸、尖脑袋、稀疏的软头发，此公‘舌头不羁’，尖酸刻薄，爱说风凉话，在《伊利亚特》中曾责骂统帅阿伽门农，遭奥德修斯修理（2.211 以下）。”（见程志敏《荷马史诗导读》，上海：华东师范大学出版社 2007 年版，第 339 页注 1）陈中梅先生则在注释中提请注意这个人物的“并非无足轻重”：“请注意，诗人没有提及塞耳西忒斯的宗谱或父名和出生地。有学者认为，塞耳西忒斯是一个普通士兵，是下层的‘众人’在作品里的代表，但似论据不够充分。塞耳西忒斯的口气表明，他不是个无足轻重的人物（尽管没有勇士所‘应该’具有的相貌堂堂）——至少可以在战斗中冲在前面，抓到俘虏（第 231 行）。”（见［古希腊］荷马《伊利亚特》，陈中梅译注，译林出版社 2000 年版，第 37 页注）

② 荷马：《伊利亚特》，陈中梅译注，译林出版社 2000 年版，第 38 页。

是希望他不要记恨，要“疏通心怀”。可惜，这一席话被一笑置之。奥德修斯不仅“怒目而视，大声呵叱”了他，而且威胁他“如果你装疯卖傻，让我再次看见”，并当众“扬起权杖”“狠揍他的脊背双肩”。仗义执言的塞耳西忒斯被当众如此“善待”，他“佝偻起身子，豆大的泪珠顺着脸颊流淌……带血的条痕，隆起在双胛的中央”，可怜的“他缩身坐下，忍着疼痛，害怕，呆呆地望着，抹去滚涌的泪花”。对此，“人们……都咧嘴哈哈”，且有人喝彩“嘿，真棒！”这是悲剧，而荷马却故意用喜剧乃至闹剧的效果处理了它，他应当有自己的另外思考。

阿基琉斯被当众霸占礼份，其申诉者遭受威胁和庭杖，阿伽门农一意孤行、拒不认错直到阿开亚人死伤惨重，以致无以为继，才派了奥德修斯那个“五人劝战团”私下劝阿基琉斯出战。权力的“泄洪”都只在“当众”，权利的“申诉”都易被“起哄”。阿伽门农是王者，奥德修斯也是“手握王杖”者，可阿基琉斯仅是个“斗士”，而塞耳西忒斯呢，充其量是个“辩士”，而且是个“不该鼓唇弄舌，与王者争辩”的“压底的坏蛋”，唯有被“赶出集会，封住……嘴巴”[①]。

（四）沦为众人的笑柄

“秩序井然”的集会，可以让王者“呵叱”、威胁要把言者“剥脱”得“一丝不挂”，王者可以“狠揍”，众人可以“咧嘴哈哈”，“眼见”被打（辱）者流泪、害怕而呈“窘态”，人们可以喝彩“嘿，真棒！”

最为重要的是，众人都忘了奥德修斯对阿伽门农“霸占”一事，所作的冠冕堂皇的解释：“阿伽门农，兵士的牧者，只因达奈人给了他大份的战礼，你便恶语中伤，口出狂言。”话中至少有三点要留意：其一，其中的“只因……你便”足见奥德修斯面对塞耳西忒斯时的“霸道”气势；其二，语中将“霸占”一词准确置换为“（达奈人）给了”，显然是明目张胆的欺瞒；其三，语中“恶语中伤”一说，是补充王者对“霸占”一词的厌憎，也是教育众人：要说“给了”而不能说“霸占”。“霸占”是王者主动掠夺，不够雅致和冠冕堂皇，而“给了”则是王者被动地接受“敬献”的战礼，王者只有笑纳，赐送那“给”者以荣耀。

作为公诉人的塞耳西忒斯被压制打击直至被“封口”，作为受害者的阿

---

① 上述多处引文，参见荷马《伊利亚特》，陈中梅译注，译林出版社2000年版，第38—39页。

基琉斯的冤屈就这样在有人勇敢申诉时，被断然否决，嫌疑人阿伽门农被无罪开脱。那真相是什么？到底是“霸占”还是“给了”？如果说塞耳西忒斯是“胡言”，那么，一当阿基琉斯能够有机会直面奥德修斯时，他本人当着“五人劝战团”的话，是最严肃最可靠的口供：“他夺走并强占我的床伴，心爱的女人……现在，他已从我手中夺走战礼。”[①] 请注意其措辞中的“夺走并强占”和“从我手中夺走”的意涵：不只是（先占不让之后的）霸占，而且是（从手中夺走的）劫（抢）占。二者有本质区别。毫无疑问，塞耳西忒斯不是把阿伽门农“重说”了，而是“轻说”[②] 了。

显而易见，奥德修斯之言行是“媚权而附势”[③] 的，尽管他本人也是王者，但他隶属于“兵士的牧者”阿伽门农。奥德修斯也许忘了当初阿伽门农本人可是当众说出“我将带走……你的战礼……亲自造访”（《伊》1.184—185）这句话并付诸实践的。[④] 奥德修斯现在又当众以“达奈人给了”为表述重点，难道不怕众人识破？

众人中有人的话值得仔细思量：“奥德修斯做过的好事成千上万，……但他在阿尔吉维人中所做的一切，全都比不上这一件风光。”（《伊》2.272—274）这个“风光”就是因趋炎附势而文过饰非？就是冠冕堂皇地颠倒是非以混淆视听？

笔者认为，荷马对塞耳西忒斯事件的安排是这样的：先给塞耳西忒斯一个评价，尤其是其外貌描写，让听众明确他是一个丑角；然后才让他开口说话，让会场上（以及史诗演述场域中的听众）自己评判；然后让奥德修斯叱责、杖打；然后，再让众人以哄笑的态度，给出总结。

看上去，这是一个“焊接完好”的系列喜剧情节，再仔细看，它其实是个“破绽百出”的悲剧插曲。

---

① 荷马：《伊利亚特》，陈中梅译注，译林出版社2000年版，第237页。

② 而且，阿基琉斯曾经向母亲女仙塞提斯“含泪泣诉”的时候，也说的是“使我受辱，夺走我的礼份，自己霸占。”（《伊》1.356）

③ 奥德修斯对这位王者的敬重，直到《伊利亚特》第十四卷时，才初次出现了危机，一向极其注重“得体言谈”的王者奥德修斯，也“恶狠狠地盯着”阿伽门农，不但骂他为“你这招灾之人！”而且以受阿伽门农节制而羞：“但愿你不是王统我们。”更为重要的是，他说：“现在，我由衷蔑视你的心智，鄙视你的谈论。”（第十四卷第95行）“蔑视”和“鄙视”是奥德修斯第一次用在阿伽门农身上，也是奥德修斯用在所有王者身上最激烈的词汇。

④ 阿伽门农虽然没有亲自造访（派遣他的两位使者前去“操办”），但他的决意已定，形同亲自前往。他说：“去吧，速往……倘若他阻止你等执令，那么我将亲自去取，带回姑娘，引着大队兵男”（《伊利亚特》第一卷第320—325行）。

从其喜剧性巧设来看的话，史诗为此喜剧效果，做了如下层递式展现：丑角露丑——“正义”申斥——（剧内）众人（代表观众）嘲笑丑角、赞美“正义”——（剧外）众人（必然共鸣）同声哄笑。

笔者认为，其实，最后还应当再加一个“荷马凄然而笑”。高明的荷马为太多的人而悲哀，人们是那样容易被权力震慑、被表象迷惑，以致满足于被他人的笑声“挠痒”而自欺欺人，忘却实情。换句话说，奥德修斯忽视事实、文过饰非，众人以哄笑表示苟同，这一现象的出现，才是荷马不着痕迹的“凄然”表露。

二　多隆的丑陋

与塞耳西忒斯相比，多隆是另一种人。因为荷马对二者的“丑”相描写从篇幅到内容都差别极大，对多隆的表述只有“长相丑陋”一句话，而且还在旁边附缀一句“但腿脚轻捷”。

如果要把荷马在《伊利亚特》里对此二位“丑人”进行比较，则可有以下几点差异：第一，从整体上看，对塞耳西忒斯，重心是其丑相和恶语；对多隆，重心是其“木然”和求乞。第二，从作者所用语言表面看，一个着重写塞耳西忒斯的喜剧化被“杖逐”；一个着重写多隆的悲剧化被“骗杀”。第三，从环境和人物的心理反应来看，塞耳西忒斯在白天众人集会的厅堂上出现，因抨击时政而被斥责、杖击；而多隆是“贴近”阿开亚人的海船去刺探军情，是在晚上尸体成堆的旷野里，他一次行动而两边受骗（一边是受赫克托耳的骗[①]，一边是受奥德修斯和狄俄墨得斯两人的哄骗，透露己方军情）、两次乞活。

多隆的可悲在于：一方面不但未能成功刺探对方军情反倒让对方知晓了己方的详细军情；另一方面不但阿基琉斯的骏马和战车未得到，而且还搭上了自己的性命。对于“迷恋”“厚礼”而“匆匆上路”的多隆而言，“急不可待”和“怯懦”是他不幸之剑的双刃。

最为有意思的是，作者为听众设置了三层保险，以为多隆可以活下来：第一层，作者强调他“腿脚轻捷”，那么当他“撒开两腿，拼命跑开”时，逃脱当不是问题；第二层，他是“独子，有五个姐妹”，而且“其父拥有大量的青铜黄金”，那么被抓俘的他，最易被“交赎放生”；第三层，他透露了

---

① 赫克托耳表面“握紧权杖，口出誓议”，实际是“空说一番誓言，催励多隆跑开”。

那么多己方军情，而且三番两次用“标准的姿势”“祈求饶命”，当能侥幸活命。然而，他最终还是被砍剥了。

第二节　两对弟兄的对比

《伊利亚特》里的“弟兄组合”是一个非常重要的现象，值得思考。

最为重要的两对弟兄，一对是阿伽门农和和弟弟墨奈劳斯；一对是赫克托耳与弟弟帕里斯。值得注意的是：前者关系和睦、彼此心系，后者则总是见到赫克托耳对弟弟的辱骂和诅咒。

一　赫克托耳与帕里斯

（一）赫克托耳羞辱和咒骂弟弟

在赫克托耳的眼里，他的弟弟帕里斯（亚历克山德罗斯）是“可恶的”，是“俊公子，诱骗狂，女人迷！”（《伊》3. 39）在史诗《伊利亚特》里，赫克托耳仅有的几次对弟弟帕里斯的说话中，不是谆谆教诲和温和叮咛，而是“用讥辱的语言”（《伊》3. 38）来诅咒。

在第三卷里，当“神样的”亚历克山德罗斯因为看到墨奈劳斯时“吓得浑身发抖，面色青白，急欲躲避，连连后退”而“隐没在高傲的特洛伊人的队列”时，他的兄长赫克托耳认为让弟弟跟着队伍，却又如此作为，实在是“招人辱骂，丢人现眼”。赫克托耳的话（《伊 3. 39—57》）主要在这样几个方面：首先，盼弟弟早死，“未婚而卒”；甚至希望他“不曾出生在人间”，总比遭阿开亚人讥笑要“远为可取”。因为他们之所以“以为你是我们中最勇的杰英”，那只是因为“你看起来潇洒”而已，可惜你“没有豪壮的心胸，缺少勇气”。其次，责怪弟弟的无知和目光短浅，因美女而招惹了外邦“投枪的军兵”，给“父亲、城市和全民”带来“剧痛”，给自己带来“耻辱”，让敌人“欢悦”。最后，指责弟弟将苦果自尝，无人能帮。赫克托耳的话激发起了弟弟帕里斯强烈的自尊心，后者情愿与墨奈劳斯对决高下，以战果来结束战争，对此“赫克托耳听后很是高兴”（《伊》3. 76）。

赫克托耳这次给弟弟的话尽管严苛，但在其弟帕里斯看来，“你的指责不算过分，说得在理”。（《伊》3. 59）

后来在第十三卷，赫克托耳又走到弟弟帕里斯的身旁，“用羞辱的语言咒骂”：“可恶的帕里斯，俊公子，女人迷，诱骗狂！……陡峭的伊利昂完了，彻底完蛋！至于你，你的前程必定是暴虐的死亡！”（《伊》13.765—773）赫克托耳除了“羞辱”和“咒骂”弟弟“必死”，还预告了伊利昂的“彻底完蛋”。在赫克托耳的眼里，弟弟帕里斯是“俊公子，女人迷，诱骗狂”，而在帕里斯的最大仇敌墨奈劳斯的心中，帕里斯是个“恶棍”（《伊》3.28）。

（二）弟弟帕里斯对哥哥的回答

在第三卷里，帕里斯尽管认为哥哥的心灵“如此刚烈，似一把斧斤”，“胸腔里的雄心，着实坚硬”。但还是肯定哥哥的指责“不算过分，说得在理”。（《伊》3.69）并且按照哥哥的提议，负责任地勇敢挑战墨奈劳斯，后来幸亏爱神阿芙罗底忒救助，否则，性命已丢。

在第十三卷里，在哥哥赫克托耳羞辱和咒骂之后，弟弟帕里斯强调了自己的“无辜”，并对哥哥的习惯性指责，表示了烦怨：“你在指责，赫克托耳，不该受责的无辜者，你爱这样。我会撤离战斗，在别的时候，但不是眼下；母亲生下我来，并非一个十足的懦汉。自从你在船边鼓动起伙伴们的战斗情怀，我们就一直拼搏在此，面对达奈兵壮，从未息缓。”（《伊》13.775—780）。

看来赫克托耳似乎对弟弟很有成见，尤其是对弟弟“诱骗”海伦并带了很多财物回来从而引发希腊人的进攻，非常痛恨。而帕里斯则相比于赫克托耳较为冷静和理性一些并且用实际的话语为自己作了申辩，但他绝未回骂。

尽管赫克托耳对弟弟的语言比较急躁而狠毒，但是，他在弟妹海伦的心目中，却是“我丈夫的兄弟中”“我最亲的至爱”，“从未听你对我出言羞辱，从无苛厉的言谈”，是一个有着“善良的心地和温文尔雅的论谈”的人，甚至海伦有着这样真挚的哭悼：“所以，我为你哭悼，心里伤悲，也为自己的厄运举哀。在宽广的特洛伊大地，再不会有人对我亲好，友善；所有的人见我后颤抖，表示弃嫌。”（《伊》24.762—775）赫克托耳羞辱弟弟帕里斯，却从未羞辱过海伦，其言谈也不“苛厉”。

二 阿伽门农和墨奈劳斯

在《伊利亚特》里，阿伽门农和弟弟墨奈劳斯的关系是亲密的，两人和睦相处。阿伽门农为帮助弟弟墨奈劳斯夺回弟媳海伦而率兵出征，本身就证明了兄弟二人的关系，而且史诗中两人的言行表现更是证明了这一点。当然，阿伽门农攻伐特洛伊的目的，不仅仅是为助弟夺妻，劫掠特洛伊财宝和美女是其隐含的目的。

不过，阿伽门农他们来到特洛伊，到底是为了什么，不好给出确定答案。至少，阿伽门农和墨奈劳斯两兄弟在这一点上，意见并不完全一致。

在《伊利亚特》第二卷里，从史诗诗人的口吻来看，似乎“主帅的兄弟、啸吼战场的墨奈劳斯镇管，统辖六十条海船”，“催督部署向前”要攻打特洛伊的原因和目的，似乎是为了报仇——“因他渴望报仇，比谁都心切：为仇报海伦的悲哭，为她所遭受的苦难”。（《伊》2. 586—590）也就是说，在史诗诗人的视角下，“他”（墨奈劳斯）是报仇心切，因为海伦遭受苦难、心情悲伤，所以“他”一方面是为了把海伦从苦难中救出，另一方面是为了海伦曾经遭受的苦难，而进行惩罚性复仇[①]。

不过，神们让特洛伊遭殃的原因[②]，与阿开亚人攻打特洛伊的原

---

① 但是，似乎不应当从此处墨奈劳斯内心里的复仇愿望，推知“希腊人要为她‘报仇’”。因为史诗诗人一再强调的是（主帅的兄弟、啸吼战场的墨奈劳斯）“他行走在……坚信自己……因他……报仇……心切：为……海伦的悲哭，为她……的苦难”。（《伊》2. 586—590）所以，在这里，诗人提到的仅是墨奈劳斯的攻打特洛伊的意图。希腊人跟着墨奈劳斯，是为了什么呢？暂时还不好说。因此，陈中梅先生直接从墨奈劳斯意图推理到“因此希腊人要为她‘报仇’”。似乎略有不妥。当然，陈先生认为关于海伦到底是怎样来特洛伊的原因，《伊利亚特》与《奥德赛》里的信息有出入，却是很有眼力的。陈先生说：“在这一点上，《伊利亚特》和《奥德赛》的描述似乎略有出入。在《奥德赛》里，海伦是自愿跟随帕里斯出走——受阿芙罗底忒（即爱情）的驱怂（参阅《奥德赛》第四卷第261—263行）。不管（她）自愿与否，特洛伊老王并无责备海伦之意，倒是颇为贴切地强调了神的‘作用’：‘我没有怪你……该受责备的是神’（本书第三卷第164行）。”（荷马《伊利亚特》，陈中梅译注，南京：译林出版社2000年版，第53页脚注1）在帕里斯的眼里，海伦来到特洛伊，其责任应该是“神们”的：“你可不宜嘲责金色的阿芙罗底忒给我的赠礼，神赐的礼物不能丢却，……神们自己愿给，凡人的一厢情愿不可得及。”（《伊》3. 64—66）由此看来，似乎是爱神阿芙罗底忒使得海伦情愿跟随帕里斯出走。但在史诗诗人的口中，海伦心中有着对前夫和故乡的“甜美的思念”，听到有机会返回故里，她显得迫不及待：“她穿上光亮的裙袍，动作很快，当即走出房间，挂着晶亮的眼泪。”（《伊》3. 139—142）由此看来，似乎她又是被迫来的特洛伊。其实，对于海伦到底是情愿还是不情愿，应当这样看：尽管海伦的忧伤（“眼泪”）一再被提及：“我只能在泪水中磨损。”（《伊》3. 176），证明她在异乡思家、恋子、念夫中苦苦度日，即使她对自己当初跟随帕里斯来特洛伊行为很后悔或怨恨（参见《伊》3. 173—175），但不可由此推理当初她不是心甘情愿的。

② 当史诗叙述到第二十四卷的时候，从赫拉、波塞冬和灰眼睛姑娘（雅典娜）“仍像当初那样痛恨神圣的伊利昂，痛恨普里阿摩斯和他的兵民，只因帕里斯的恶行”的话里，似乎可以认为，帕里斯的恶行就是掠走了海伦。可是，史诗随之却说：“后者屈辱二位女神，当她俩在他的羊圈落临，反倒垂青那个，催怂情欲，引向灾祸致命。”（《伊》24. 27—30）也就是说，赫拉和雅典娜在帕里斯的羊圈里没有得到帕里斯的垂青而觉得屈辱，帕里斯垂青了那个“催怂情欲”的神——阿芙罗底忒，因此，就引来了灾祸。简言之，赫拉和雅典娜是“记仇”的，这个仇，是因嫉妒阿芙罗底忒被垂青而起的。此二神具体的报仇方式，就是让特洛伊人遭殃。

因①，不是一回事。

首先，阿伽门农和弟弟墨奈劳斯在战场上可谓一唱一和，相互默契配合。在《伊利亚特》第三卷，当墨奈劳斯即将结果帕里斯的性命的时候，爱神借大雾救走了帕里斯，当弟弟墨奈劳斯像“野兽一样”奔走寻找帕里斯而不见时，阿伽门农在人群中宣布了墨奈劳斯“已获胜战场”。阿伽门农的讲话，赢得了阿开亚人的“赞扬”（《伊》3. 449—461）。

其次，阿伽门农和弟弟墨奈劳斯相互慰勉、彼此疼惜。在《伊利亚特》第四卷，当墨奈劳斯被特洛伊人潘达罗斯偷射中箭，阿伽门农看到弟弟墨奈劳斯“黑红的血浆从伤口里冒涌出来”时，他“怕得全身震颤”，其弟“亦感惊恐，颤抖得厉害”。但是，阿伽门农的反应却是“握着”弟弟的手而“高声吟叹”：“‘亲爱的兄弟’”，动情地安慰弟弟。而他的弟弟墨奈劳斯则以“箭镞没有击中要害”而“宽慰兄长：‘勇敢些’”（《伊》4. 148—187）。

其他关于阿伽门农和弟弟墨奈劳斯彼此温和勉励的言行，此处不再一一提及，但这兄弟俩的感情和睦，与赫克托耳对弟弟帕里斯的辱骂诅咒，形成了明显的对比。也许诗人是想通过赫克托耳对弟弟的辱骂和诅咒，表达特洛伊人对这场给他们带来灾难的战争由帕里斯引起的强烈不满与愤恨。的确，结合赫克托耳自始至终义无反顾的顽强作战，以及史诗对他后来被阿基琉斯战杀与辱尸的描述时的悲壮，可以理解赫克托耳被迫应战时的愤怒。

第三节 阿基琉斯的恶狠与微笑

一 阿基琉斯的恶狠狠

阿基琉斯总是给人一种恶狠狠的印象。史诗中习惯于用这样一句话来开启阿基琉斯的发言：“捷足的阿基琉斯恶狠狠地盯着他，答道”。

（一）对阿伽门农

当阿基琉斯向阿伽门农申明事理：“现在，你应把姑娘交还阿波罗。将来，

---

① 在特洛伊主将赫克托耳的心中，他的弟弟帕里斯罪责难逃，“他是这场恶战的起因”。（《伊》3. 87）而且史诗诗人说：“为了她，双方在战神的击打下受尽了苦难。”（《伊》3. 128）

我们……会以三倍、四倍的酬礼回报”[①]，阿伽门农却扬言要带走阿基琉斯的“战礼”时，便有了“捷足的阿基琉斯恶狠狠地盯着他，答道”（《伊》1.148）。值得一提的是，在阿基琉斯的口中，他由此生起的“愤怒”直到《伊》19.67才“罢息”[②]。诗人的描述口吻，是“消弃怒怨”（《伊》19.75）。

（二）对赫克托耳

一处是在《伊》22.260里，当赫克托耳希望誓约：战死者的尸体不被对方“蹂辱”，阿基琉斯表现出了很不“英雄”的一面。陈中梅先生说他“口气远为强硬，态度相当恶劣”。一处是在《伊》22.344里，面对赫克托耳“奄奄一息”时的乞求：“求你了，看在你的生命和膝盖的分上，还有你的双亲，别让犬狗食我”，阿基琉斯竟然还是“恶狠狠地盯着他”，用“别再对我求祈，犬狗”来回答赫克托耳的求祈。这句话中的“犬狗”的确是阿基琉斯用来辱骂赫克托耳的，而非他引用赫克托耳原话中的词语“犬狗”。因为在《伊》20.449里，阿基琉斯就已经对赫克托耳用了一次，当时说：“这回，你这犬狗，又让你逃离死亡。”从这里可以看出，阿基琉斯用语粗鲁，缺乏对将死者起码的同情与怜悯。尽管史诗中经常有人对“乞活”者照样杀死，但用语很少像这样的粗鲁，尤其是对这样声名显赫的英雄。当然，他还用相似的词语责辱过阿伽门农[③]。

---

① 从阿基琉斯对阿伽门农的劝导来看，他是认为“酬礼”可以帮助英雄平慰情绪，尤其他认为“三倍、四倍的酬礼”是一个很大、很了不起的数目和能够给予英雄莫大荣耀的分量。然而，在他自己狂烈的时候，他却很蔑视这些酬礼，即使是他给阿伽门农所开列酬礼分量的很多倍也无济于事，当被他击打得“奄奄一息”的赫克托耳向他乞求能够让自己的遗体被赎回时，他的反应极其令人瞠目：“‘别再对我求祈，犬狗，别提膝盖、双亲！我真想挟着狂烈，卷着我的激情，割下你的皮肉，生吞活剥，仇报你的所作所为。所以，谁也不能挡开狗群，从你的头边挡离，哪怕他们搬来多出十倍、二十倍的赎礼，并答应还有更多的东西，哪怕达耳达诺斯之子普里阿摩斯给我与你等重的黄金——即便如此，你那尊贵的母亲，是她生你养你，也休想把你放上尸床悼泣。不，特洛伊的犬狗和兀鸟会将你饱餐，食尽！’”（22.345—354）

② 阿基琉斯的原话是这样的：“算了，过去的事就让它过去吧，尽管已对你我伤害，我们必须强压心胸中腾升的怒焰。我将罢息愠怒。”（《伊》19.65—67）

③ 《伊利亚特》第一卷第159行“你这狗头”；《伊利亚特》第一卷第225行“酒鬼，长着狗的眼睛，只有牝鹿的心脏”；《伊利亚特》第九卷第373行“像狗一样勇莽，他不敢对我的脸面盯瞧”。另外，史诗中也有骂人“狗”的：《伊利亚特》第八卷第299行丢克罗斯回答阿伽门农的话时，话指赫克托耳说道：“只有这条疯狗”；《伊利亚特》第十一卷第362行狄俄墨得斯言指赫克托耳说道：“这回，你这犬狗”。但这最后一句话来自于一个程式性段落，在《伊利亚特》里分别用在狄俄墨得斯和阿基琉斯对待赫克托耳的时候。原话说：“这回，你这犬狗，又让你逃离死亡，尽管灾难几乎贴上——福伊波斯·阿波罗再次救你，这位神仙，你在投身枪矛的撞击前必定对之祈讲！但是，我会胜你，倘若今后还会相遇再战，要是我的身边也有一位神明帮忙。眼下，我要去追杀别人，只要能够赶上。”

其实，阿基琉斯的恶狠狠不单对敌方人物，即使是给他的密友帕特罗克洛斯也留下了“可怕”的印象。当后者被阿基琉斯派往奈斯托耳那里问伤者是不是马卡昂时，帕特罗克洛斯为了急于回返，他在给奈斯托耳的话中表达了他对阿基琉斯叮嘱的遵从乃至惧怕。当奈斯托耳将他握手引进，“嘱他坐定”时，他“谢绝敦请”：“不用了，宙斯钟爱的老人家，你不能让我听你。此人可敬，但易发怒气，他差我弄清，那位由你带回的伤者是谁。现在，我已见明，他是马卡昂，放牧士兵。我要即刻赶回，向阿基琉斯报告信息。你知道他的为人，宙斯钟爱的老人家，可怕呀，甚至会对无辜者动发脾气。”（《伊》11.645—653）

陈中梅先生的注释中说：“连好友帕特罗克洛斯都怕他三分，可见阿基琉斯的脾气确实不小。阿波罗会抱怨阿基琉斯的酷劣；在第二十四卷里，赫尔墨斯（以幻取的阿基琉斯随从的身份）证实了这位头号英雄的严厉（详见该卷之第434—436行）。”[①]

二　阿基琉斯的轻松表情

阿基琉斯在《伊利亚特》中一直有着凝重的神色，甚至总是纠结着“愤恼”、“悲痛”或“仇报”，对人总是“恶狠狠”的神情或言行[②]，似乎从不知什么叫“调节”或“让步”。

（一）调节让步

在《伊利亚特》第二十三卷，阿基琉斯安排挚友帕特罗克洛斯牺牲后的堆柴焚尸之后，组织了“驭马车赛”。当埃阿斯和伊多墨纽斯在观赛中因观点不同而互相“用难听的话语”指骂争吵的时候，阿基琉斯“亲起调停”

---

① 荷马：《伊利亚特》，陈中梅译注，译林出版社2000年版，第308页脚注。

② 在《伊利亚特》里，阿基琉斯的主要情绪及其外在表现有以下方面：(1)“发怒”（《伊》1.489）或“盛怒”（《伊》16.202）；(2)“无情”（《伊》21.98）；(3)“恶狠狠”（《伊》1.148、《伊》1.292、《伊》22.260、《伊》22.344）；(4)“仇报”（《伊》22.347）；(5)“带着极大的愤烦”（《伊》16.48、《伊》18.97）；(6)焦急的动作——“抡起巴掌，击打两条腿股”（《伊》16.124—125）；(7)“严厉”（《伊》16.199）；(8)“贪恋热血、屠杀和恶战中将士的吟呻!”（《伊》19.214）；(9)“含泪泣诉”（《伊》1.357）或“抽泣”（《伊》18.73）；(10)“拨弄竖琴”、“唱颂”（《伊》9.186—189）；(11)“害怕”（《伊》21.247）；(12)“亲起调停”（《伊》23.491）；(13)“微笑”（《伊》23.555）；(14)“惊喜过望”（《伊》9.193）；(15)“心生怜悯”或“怜悯”（《伊》16.5、《伊》23.534、《伊》24.516）。其中，上述之(1)至(8)可算作第一类“任性嗜杀”方面；(9)至(10)可算作第二类“哭泣忧郁”方面；(11)可算作第三类“害怕胆怯”的方面；(12)至(14)可算作第四类“微笑调和”方面；(15)可算作第五类“恻隐同情”方面。

(《伊》23.491)、止纷定争，而且他的“调停”很有层次和风度，首先是用“别再”来阻止；其次是总体评价“此举不好”；再次是以“假如”句引发争吵者从其他旁观者的角度思考自己的言行及其影响；最后是劝导争吵者“坐下”观看，用“即刻”和“亲眼”等词汇慰安其心，从而引导其注意力，达到“调停”的目的。整个表述显示了极强的理性，仿佛是另外一个人。

（二）“微笑”

阿基琉斯的温和不仅表现在上述的“调节让步”方面，还表现在他在史诗中绝无仅有的一次“微笑”上。在《伊》23.555里，诗人用了“微笑”一词，并且随之补充说：“喜欢安提洛科斯，因为此人乃他钟爱的伙伴。”

其实，他的这次微笑有两个含义：其一是“喜欢安提洛科斯”之“钟爱”成分使他因喜爱而微笑；其二是解嘲的微笑，因为安提洛科斯对阿基琉斯此前的“起身站立”并用那番“长了翅膀的话语说道”的内容颇为不满，按最终“跑到”的次序来看，获得“第二名”的应当是安提洛科斯而非“迟于他者跑到”的欧墨洛斯，尽管诗人曾在此前类似于“现场报道”式的描述中明确说安提洛科斯是“凭靠巧诈而非速度”赶超的，但从比赛的实际结果看，安提洛科斯的确排名第二。所以，阿基琉斯的话，存在着引发争议的歧义性：也许，阿基琉斯是要“改判”比赛结果，把本属安提洛科斯的第二名当众决定[①]判给欧墨洛斯，安提洛科斯则可能被后置到第五名，诗人的措辞中只提到阿基琉斯因“心生怜悯”而作此决定，阿基琉斯的宣判中并未提及理由[②]。也许，阿基琉斯仅仅是想给这位“最好”却“最后”的驭手一个“奖品”以示“同情”[③]，其奖品的分量被提升到了第二名的级别[④]而已，并未有将安提洛科斯之第二名送给欧墨洛斯给置换而去的意图。

---

① 阿基琉斯对“迟于他者跑到”的驭手阿德墨托斯“心生怜悯”，所以“见瞧，起身站立阿尔吉维人中，用长了翅膀的话语说道：‘一位最好的驭手，策赶坚蹄的驭马最后来到。这样吧，给他一份奖品，不多不少，第二名的——头奖已让图丢斯之子揽包。’”

② 比如说，阿基琉斯考虑到安提洛科斯是因“巧诈”而获得第二名，因此为显示公平并为奖励阿基琉斯本人眼中“一位最好的驭手”(《伊》23.536)而“改判”，等等，都可能是理由，但诗人未明言。

③ 因为诗人说阿基琉斯“心生怜悯”。

④ 譬如阿基琉斯作如此之思：“视同并列第二，发给与第二名等份的奖品”。因为阿基琉斯说“给他一份……不多不少，第二名的”，重心似在“分量”上，而非如安提洛科斯所在乎的“名次”上。

但是，此论可能会受抨击，认为阿基琉斯本就是要改判——把第二名的奖品给第五名的。因为，从史诗的叙述来看，既然阿基琉斯欲施奖励给排名第五的欧墨洛斯，而且说“给他第二名的——头奖已让图丢斯之子揽包”①，言下之意，若是第一名的奖品没有领走，就给他——欧墨洛斯第一名的，只可惜已被领走。所以，现在只有将第二名的奖品给他。简言之，从诗句来看，阿基琉斯是要剥夺安提洛科斯的第二名奖品而给欧墨洛斯的，本无替换之意，亦无“并列”或“等份”之念。只是在安提洛科斯提出异议之后，才报以自我解嘲式的微笑，答应从自己的营棚里给欧墨洛斯“一件胸甲”，“作为特殊的礼物对欧墨洛斯封赏”。这证明阿基琉斯欲改判的愿望未能实现，只是以“特殊”的形式封赏而非以打破“赛榜排名”的方式来践诺。所以，阿基琉斯的“微笑”，首先当理解为诺言兑现受阻时的无奈解嘲。当然，这种无奈又并非因很强烈的尴尬而生，因为阻挠他践诺的英雄，是他很“钟爱”的安提洛科斯，所以，他接受后者的建议，说“我愿意照办”，乐观其成。因此，阿基琉斯这个处理法，是个最温和的折中方案，可见他不仅善于给别人“调停”，而且善于在自己和别人之间“调停”。

要知道阿基琉斯预备把第二名的奖品给欧墨洛斯的想法虽然有了“改判”性质，但是诗人用了“提议”一词来温和表述，而且该提议在“得到众人的赞赏”之后即付诸实施，诗人说：“因为阿开亚人均已同意奖赏。”所以说，阿基琉斯在这个时候能接受一个敢于推翻他在众人面前已受赞赏的提议的人的“违逆”言行，并微笑着向对方答话，当众宣布照其“违逆”之言办理，实属意外。也足显其内心的平和与淡定。

当然，实际情况是阿基琉斯和众多观众都知道：其一，安提洛科斯是依靠“巧诈”（《伊》23.515）和“使坏，歪阻”（《伊》23.585）的手段排名第二的，而且史诗后来的叙述中，通过墨奈劳斯与安提洛科斯的“交涉”过程来进一步予以证明；其二，阿基琉斯之所以为欧墨洛斯叫屈，那是因为前者感觉到了神祇的“使坏”使得本该得第一的欧墨洛斯被摔倒而屈居最末位，诗人先明确叙述车赛中的真实情况，后又呈现安提洛科斯的“得理不饶人”，继而将阿基琉斯“顾大局、识大体”以及其温和折中的一面展现到位，

---

① 从诗人的叙述来看，大概由于排名第一的狄俄墨得斯到得太早，在他领完奖品且“释马轭架，离套”之后，才有“接着，奈琉斯的后代安提洛科斯驱马来到”。所以，陈中梅先生的译文“揽包”盖与“领走”同义。

最后还安排了墨奈劳斯与安提洛科斯的“交涉”一幕，以及阿基琉斯把第五名奖品送给奈斯托耳并有“通情达理”的体己的赠言附上，整个车赛环节，的确可谓“完美无缺”。

（三）“惊喜过望”

在《伊利亚特》第九卷，当阿伽门农派遣来的、由奥德修斯所带领的几位使者来到阿基琉斯身边时，阿基琉斯表现出了“惊喜”，但诗人并未提及其神色是否有“喜色”，只是说：“阿基琉斯惊喜过望，跳将起来，手握竖琴，离开方才的坐处”，而且有“捷足的阿基琉斯开口招呼，对来者道说：‘欢迎，朋友们，你们来了，在这亟需的当口，你们是我最亲爱的阿开亚人，即使在生气的时候。’”（《伊》9.193—198）也就是说，这个时候的阿基琉斯是“喜”的。

所以，从阿基琉斯的情绪实际看来，他有五个方面[①]的情绪流露乃至性格特征：其一，任性嗜杀的一面；其二，哭泣忧郁的一面；其三，害怕胆怯的一面；其四，微笑调和的一面；其五，恻隐同情的一面。

---

① 具体各个方面的表现见上文的脚注。

第四章　战将关系

第一节　阿基琉斯与赫克托耳

一　阿基琉斯的影响与威力

（一）别人眼里的阿基琉斯

可以从以下四个神祇或凡人视角来看。第一，在赫克托耳的母亲赫卡贝眼中："那家伙生性粗野，背信弃义，既不会怜悯你，也不会尊仰。"（《伊》24.207—208）第二，在阿基琉斯部下（赫尔墨斯所装扮的阿基琉斯的随从）的眼中："我打心眼里怕他，敬畏，断然不敢抢夺他的东西，害怕日后它会给我带来悲难。"（《伊》24.435—436）第三，在阿基琉斯最亲密的伙伴帕特罗克洛斯的眼中："可怕呀，甚至会对无辜者动发脾气。"（《伊》11.653）第四，在太阳神阿波罗的眼中："此人的胸腔里呀，无有正直的用心，偏执、固执，像一头狮子，沉溺于自己的高傲"，"已荡毁怜悯，把羞耻抛弃"，"他正泄发狂虐"。（《伊》24.40—54）

（二）阿基琉斯的威力

当普里阿摩斯在阿耳吉丰忒斯的带领下到达阿基琉斯的大院前面时，诗人强调了那个"需要三个阿开亚人将其送入孔眼"的"门闩"是"三个人的力气方能拉出硕大的长杆——三个普通的阿开亚人；至于阿基琉斯，仅凭一己之力，便可合关"。充分强调了阿基琉斯力气之大。

陈中梅先生在注释里强调："阿基琉斯乃《伊利亚特》里的头号英雄，自然力大，非一般人可以比及。诗人迎合了听众的接受心理，对阿基琉斯的豪力进行'可接受'的夸张（另参考第十六卷第140—142行、第十七卷第76—78行和第十九卷第387—389行）。阿基琉斯亦非'当今之人'，后者一般不如古时的勇士豪强，所以他的伟力肯定（在诗人看来）也远非当今之人所可以比攀（比较第五卷第302—304行等处）。”①

陈先生这里的分析，最重要的是分析到了《伊利亚特》作为吟唱史诗所要面对的受众——听众的接受心理。听众心目中作为神子的阿基琉斯，是令高贵的赫克托耳都恐惧而逃的“超常”英雄，他的力气应当与此前听众所听到的关于阿基琉斯各方面的“超常”特征相匹配，譬如他由裴琉斯传下来的驭马乃神马；譬如他的甲械被赫克托耳抢走之后由匠神赫法伊斯托斯特定连夜赶制而成的一套精致的甲械；譬如《伊》18.217—221里，为避免帕特罗克洛斯的遗体被敌人抢走，赫拉差伊里斯带信给阿基琉斯催励他出面威胁敌人。结果“一连三次，卓越的阿基琉斯隔着壕沟啸喊，一连三次，特洛伊人和著名的盟军部众吓得惊散”，以至于“其间，他们中十二个最好的战勇即可毙命，扑身自己的战车和矛尖”。也就是说，阿基琉斯的啸喊可以吓死特洛伊“十二个最好的战勇”。相比于上述所言的“可接受”的夸张，这里对阿基琉斯的描述，的确有些“难以接受”的夸张。不过，仔细理解，这里的话是“即可毙命”而非“即毙命”，似乎可以理解为“能够毙命但未毙命”。

二　阿基琉斯和赫克托耳的比较

（一）赫克托耳也恶狠狠

不仅阿基琉斯经常“恶狠狠”地对人，赫克托耳也有“恶狠狠”的时候。在《伊》18.254—255里，普鲁达马斯劝导战友“朋友们，我劝大家返回城里”。赫克托耳对此非常不满，他“恶狠狠地盯着他，斥评”（《伊》18.284）。普鲁达马斯作为特洛伊的主要战将，却要将好不容易才鼓动起来的兵勇劝返城里，违反了赫克托耳的作战意图，也懈怠了勇猛前冲的赫克托耳对众兵勇的催迫，所以，赫克托耳甚为光火。

（二）阿基琉斯和赫克托耳的地位比较

首先，赫拉认为两个人有根本的不同，需用不同的待遇：“银弓之王，你的话或许在理，倘若你等愿把阿基琉斯和赫克托耳放在同样尊荣的地位。不过，赫克托耳是个凡人，吸吮凡女的乳汁，而阿基琉斯乃女神的儿子。”（《伊》24.56—59）

其次，宙斯的观点，其实只是情感倾向不同而已，但本质看法和赫拉差别不大，即出身根本不同：“这两个凡人的光荣自然不会等立。但是，赫克

① 荷马：《伊利亚特》，陈中梅译注，译林出版社2000年版，第672页脚注1。

托耳也一样，在特洛伊人中他最受宠于神灵。我亦钟爱此人。”（《伊》24.66—68）

尽管宙斯强调了“但是，赫克托耳也一样，在特洛伊人中他最受宠于神灵。我亦钟爱此人”的意见，但是他毕竟认为“这两个凡人的光荣自然不会等立”。而这就是在他心目中两人的地位的差异——自然不会等立。

其实，并不是赫拉如此，也并非宙斯如此，而是在整个《伊利亚特》中，荷马似乎要更为偏爱阿开亚人，而对特洛伊人的感情较为淡漠。

第二节 反驳帕—阿“同性恋”之论

帕特罗克洛斯死后，阿基琉斯悲愤异常，这令很多论者诧异万分，进而有人认为这同性的二者之间存在着超乎朋友之情的别种感情。

一 两人感情非同一般

阿基琉斯在对帕特罗克洛斯的死难痛苦不已，且在对其母亲塞提斯答话的时候说：“我亲爱的伴友已经死难，帕特罗克洛斯，我爱他胜过对其他所有的伙伴，甚至超过对自己的性命生家。”（《伊》18.80—82）对此，陈中梅先生说，阿基琉斯与帕特罗克洛斯的友谊（或情谊）确实非同寻常，超过了一般战友或主将与副手（如伊多墨纽斯和墨里俄奈斯）之间的关系。但诗人在此间的描述仍不足以使我们得出阿、帕两人之间存在同性恋关系的结论[①]。

在影片《特洛伊》（Troy）中文译本中，当阿基琉斯向奥德修斯介绍帕特罗克洛斯时，说“这是我表弟”。其实，在重视伦理秩序和婚姻亲情的中国人的阅读习惯中，很早就已经将与阿基琉斯有着“爱”与“亲密”关系的帕特罗克洛斯作为其“表弟”来理解了，而且，似乎只有这样，才符合中国人的阅读和接受心理。

可是，在《伊》16.95—100 里，阿基琉斯在叮嘱临行前的帕特罗克洛斯时说：“你必须回来……但愿特洛伊人全都死尽，阿耳吉维人无一脱逃毁灭，只有你我余生，你和我，仅此而已。”于是，在阿基琉斯对帕特罗克洛斯非同寻常的“爱”里，有些学者更加“顺理成章”地感悟到了“同性恋”

---

① 荷马：《伊利亚特》，陈中梅译注，译林出版社 2000 年版，第 500 页脚注 2。

这个迹象。陈中梅先生客观地认为：帕特罗克洛斯比阿基琉斯年长（可能略长几岁），不仅是后者的副手和亲密伙伴，而且负有“给他明智的劝议，为他指明方向”（《伊》11.787—788）的责任。两人的关系十分密切（或许超过了一般的主将和副手之间的情谊），有人据此推测他们是一对同性恋伙伴，尽管荷马从未就此作过明确的告示（或暗示）。战斗是一种“亲密”的行为[①]，但这种比喻式的“贴身”仅指在敌对或近战的双方之间。强调阿基琉斯和帕特罗克洛斯的亲密关系，或许主要是出于情节发展的需要，因为唯有强调他俩关系的亲密才能为决意不战，甚至打算返航回家的阿基琉斯的复出战斗，作出可信或顺理成章的铺垫。

而且，若认为阿基琉斯和帕特罗克洛斯间是“同性恋”关系，那《伊》9.662—667 的描述该如何理解？阿基琉斯准备第二天就返航回家，他把受阿伽门农派遣来履行劝说“使命”的、自己的师傅福伊尼克斯留在帐中夜宿，预备翌日同归故里。“老人卧躺床上，等待神圣的黎明。阿基琉斯睡息坚固的营棚，棚屋的内里，身边躺着一个女人，得之于莱斯波斯的战礼，福耳巴斯的女儿，狄俄墨得，脸颊俊美。帕特罗克洛斯睡在对面，身边亦有一位女子，束腰秀美的伊菲斯，卓越的阿基琉斯的送礼。”（《伊》9.662—667）

从种种迹象来看，阿、帕二人都不可能是“同性恋”。首先，我们不能忘了阿基琉斯的“愤怒”是因何而起？或许有学者会认为阿基琉斯的愤怒是因为他认为自己的尊严受到了挑战，蒙受了屈辱。可是，这种屈辱和愤怒不仅仅因为被夺走的布里塞伊斯是自己的“战礼”，更因为“他夺走并强占我的床伴，心爱的女人。让他睡躺此女身旁，享受欢乐！”（《伊》9.336—337）也就是说，阿基琉斯不仅因为有对“异性”的爱，而且因爱被夺而生“恨”，并因“睡躺此女身旁，享受欢乐”的是“他”而不是“我”而生“妒”恨。这就是“异性恋”的明证。在阿基琉斯的叙述里，对该女子之爱

---

① 在《伊利亚特》第十三卷第 291 行，荷马借克里特人的首领伊多墨纽斯回答头脑聪颖的墨里俄奈斯时的比喻修辞来描述战斗的“亲密”和“近身性”的：metapromachonoaristun. 与 oar（“妻子”）紧密相关的 oaristus 的意思就是“追求”、“亲近”、“爱抚”，译者将其译为“潇洒”。上下句联系起来依然与“身体”紧密相关：“落点也不会在脖后或者胸背，而是击捣在你的前胸或肚腹上头——你正向前冲打，潇洒在前排壮勇之中。”译注者分析说，作者用 oaristun 就是喻指“近战”、“战斗”。战斗就似性爱一样，是一种临近或贴身进行的行为。战斗就是“亲近”，犹如情侣的调情做爱，但前者在仇敌之间进行，而后者则能使当事的双方在贴身爱抚中享受愉悦。诗人老到和娴熟的修辞功夫已达炉火纯青的境界。（荷马：《伊利亚特》，陈中梅译，译林出版社 2000 年版，第 349 页）

的“坦言”不止一处[①]。

最为重要的是，荷马在描述阿基琉斯留宿师傅福伊尼克斯的营帐内部的“私密空间”的时候，再明确不过地告示过：阿、帕二人各有一或“俊美”或“秀美”的“异性”同床。再说，阿、帕二人在这方面并无“隐私”，且同在一个“棚屋”的“内里”公开生活，何况帕特罗克洛斯“束腰秀美的伊菲斯”还是阿基琉斯送的。简而言之，二人各自不仅有“异性”，而且是对对方公开的，更是受对方支持的。故有些学者认为此二人“同性恋”的观点就有些随意了。

二 一夫一妻制度的实行

恩格斯曾说：“正如马克思所指出的，神话中的女神的地位表明，在更早的时期妇女还享有比较自由和比较受尊敬的地位，但是到了英雄时代，我们就看到妇女已经由于男子的统治和女奴隶的竞争而降低了。只要读一下《奥德赛》，就可以看到特里曼珠是怎样打断他母亲的话并迫使她缄默。”[②]在那个时代的一夫一妻家庭里，男子是自由的，只是对女子要求贞操，还不是真正的一夫一妻制。恩格斯说：“为此，就需要妻子方面的一夫一妻制，而不是丈夫方面的一夫一妻制，所以这种妻子方面的一夫一妻根本没有妨碍丈夫的公开的或秘密的多偶制。”[③]“这种情况，在蒙古族当众流传的《格斯尔》中也有所反映。《格斯尔》里，对格斯尔的妻子吐门吉尔嘎郎要求很严，当她被驱逐到芒古都斯那里以后也要求她保持贞操。可是在作品里对待格斯尔却是另一种态度，用相当的篇幅歌颂格斯尔每降服一个国王就娶她的公主为妻的场面。所以我们不能把一夫一妻制初期的对女子单方面要求她保持贞操的行为当成爱情，爱情的萌芽还是一夫一妻制发展到封建社会后的事。”[④]

阿基琉斯到底是不是家里还有妻子，是个问题。

同时，阿伽门农家里是有妻子的，但是他却将太阳神祭司克鲁塞斯的女儿克鲁塞伊斯据为己有，引得祭司求助于太阳神阿波罗惩罚阿开亚人，不得

---

① 他说：“凡人中，难道只有阿特柔斯的儿子才知道钟爱妻从？不，任何体面、懂事的男子都喜欢和钟爱自己的女人，像我一样，把她爱在心窝，虽然是我用枪矛掳来的女俘。”（《伊》9.340—343）

② 恩格斯：《家庭、私有制和国家的起源》，《马克思恩格斯选集》第四卷，第57—58页。

③ 同上书，第71页。

④ 选自宝音和西格《谈史诗的特征及其价值——学习马克思、恩格斯有关史诗的论述》，选自赵秉理《格萨尔学集成》（第一卷），甘肃民族出版社1990年版，第531页。

已阿伽门农又劫走阿基琉斯的女俘布里塞伊斯。

而且史诗《伊利亚特》的两个矛盾都是因男人自己不遵守一夫一妻制而要求女人遵守一夫一妻制而引发的。首先，斯巴达王后海伦被帕里斯带走，引发国王墨奈劳斯的哥哥阿伽门农带希腊联军进攻特洛伊；其次，阿伽门农带走阿基琉斯的布里塞伊斯，引发阿基琉斯退出战场，从而令希腊联军遭受重创。简言之，男人在维护属于男人的一夫一妻制，女人则属于附属地位。

第五章　关于神祇

第一节　神祇幻取其他形貌

一　神祇幻取凡人形貌

《伊利亚特》里的神祇经常幻取凡人的形貌，以实现交流和传递信息的目的。在《伊利亚特》中，如下神祇曾幻取凡人的形貌以传递信息。

（一）裂地之神波塞冬

第一，曾幻取老翁的形貌（《伊》14.136），对阿伽门农说话。第二，曾幻取卜者卡尔卡斯的形貌（《伊》13.45），对两位埃阿斯发话。第三，曾摩仿安德莱蒙之子索阿斯的声音（《伊》13.216），对克里特人的首领伊多墨纽斯发话。

（二）阿芙罗底忒

曾以老妪的模样出现（《伊》3.386）。

（三）雅典娜

第一，曾幻取长者福伊尼克斯的身形面貌并模仿他不倦的话声（《伊》17.555），鼓励墨奈劳斯前冲。第二，曾幻取“一个男人的身形”（《奥》8.194），对奥德修斯抛掷的石饼的距离之远，进行赞美。第三，曾幻取“一只鹞鹰的形象”，“把奈克塔耳和甜润的仙液滴入阿基琉斯的胸腔，使难忍的饥饿不致临附膝盖”。（《伊》19.352—354）

（四）赫尔墨斯（阿耳吉丰忒斯）

曾“幻取一位年轻人的模样，高贵，留着头茬的胡子，正是风华最茂的人生”（《伊》24.347），为的是假借自己是阿基琉斯的一个随员，来完成宙斯的任务“伴引凡人”普里阿摩斯赴阿基琉斯军帐取回儿子赫克托耳的尸身。

多，亦很神奇。第一，香水之味，护肤之膏。赫拉为了引得宙斯与其做爱，以香水沐浴，并将其抹在身上，“芳香阵阵”、“香气……飘袅，溢满人间天穹”（《伊》14.170—174）。第二，美容化妆。赫拉曾用它抹“娇嫩的肌肤”（《伊》14.175），可见它也能使皮肤娇嫩，有光泽。在《奥德赛》里，雅典娜曾用安伯罗西亚涂抹佩奈罗佩的脸面，女神阿芙罗底忒亦以此物美容化妆（《奥》18.192—196）。第三，防腐。安伯罗西亚还有防腐的功用，阿芙罗底忒曾用它遍抹赫克托耳的遗体，使其免于毁坏（《伊》23.185—187）。女神塞提斯“在帕特罗克洛斯的鼻孔滴入仙液和鲜红的奈克塔耳，使肌肤不致毁败”（《伊》19.38—39）。从这里看出，使用仙液（安伯罗西亚）和奈克塔耳的女神似乎不止一个。阿波罗给萨耳裴冬的尸体上“遍抹神界的脂膏”，这里的“脂膏”也是安伯罗西亚。第四，饮用。诸神所饮用的都是奈克塔耳。在第一卷第597行里说“赫法伊斯托斯从兑缸里舀出甘甜的奈克塔耳”，在第四卷第3行里说在宙斯身边的“女神赫蓓给他们逐个斟倒奈克塔耳”。

总体来看，安伯罗西亚具有防腐的功用，而奈克塔耳也有防腐的功用，但后者主要是神界的饮品。

（二）埃吉斯

这里的埃吉斯，就是“流苏飘荡的埃吉斯”（《伊》15.229）是宙斯的独占之物，也是宙斯身份的标志之一。

宙斯在第十五卷命嘱阿波罗提用他的（即宙斯的，见《伊》15.308—311）埃吉斯（aigis，字面意思似为“山羊皮”，一说与“暴风雨”相关），奋力摇动，吓退阿开亚兵勇。所以，埃吉斯的内在特征：便是神奇、“可怕”（第308行）；外在的样子是：边圈的穗条“粗蛮”（第309行，比较《伊》24.20）；它的效果和魅力：实际上是“一种‘超常规’的兵器，可起盾牌的防卫作用，亦可用于进攻。宙斯的属物，但也常由雅典娜和阿波罗使用”。（《伊》1.202注）。其实，埃吉斯的“进攻”之用，主要是“恐吓”，未见直接如剑、箭、矛等可直接攻击神祇或凡人的。

埃吉斯是“金制的”吗？是的。在《伊》24.20—21里，诗人说：“使其免遭各种豁凌，用金制的埃吉斯遍遮尸躯，使阿基琉斯的拖拉不能把它毁裂。”在这里，宙斯的埃吉斯实际上是一种柔可贴附、刚可防穿的防护用具。

二 神力

神祇的神力，令凡人敬畏；神祇或与神祇所用之物相关的，都神奇无比。此处留意几个容易被研究者们忽略的能见出神力的方面。

（一）赫尔墨斯所司何职

赫尔墨斯在一般人的印象中，是一位信使。其实，他还有别的方面。第一，赫尔墨斯是专司偷窃的神祇。史诗中明确交代："就这样，阿基琉斯蹂躏高贵的赫克托耳，挟卷怒气。眼见他的处境，幸福的神明产生同情，再三催促眼睛雪亮的阿耳吉丰忒斯偷盗尸体。"（《伊》24.22—24）第二，赫尔墨斯又名阿耳吉丰忒斯（见《伊》24.334 和《伊》24.345），有时被称为"导者"。他有一个"节杖"，这个节杖"用以催睡凡人，弥合他想合拢的瞳眸，亦可使睡者眼睛开睁"。（《伊》24.343—344）第三，赫尔墨斯又被称作"善喜助佑的神明"（见《伊》24.360 和《伊》24.440）。所以说，赫尔墨斯这个神祇虽地位边缘，却能耐不小。

（二）阿基琉斯的神马

阿基琉斯的神马在阿基琉斯再次进入战场的时候开始对阿基琉斯答话，这是"白臂女神赫拉使它发音说话"（《伊》19.407）。最为关键的是：阿基琉斯希望的是两匹驭马能够小心地避免新驭手如帕特罗克洛斯之死，而驭马的答话却"答非所问"，重点强调阿基琉斯的末日逼近，而且强调这个末日之期取决于两点：一个是"一位了不起的神明"；一个是"强有力的命运"。而且预告：尽管"我们会救你性命"，你仍将"被一位神和一个凡人杀灭"。（《伊》19.408—410）

简而言之，这位了不起的神明和命运，还有那位神和一个凡人，到底是谁，荷马没有告诉，这种告诉就是预告，在史诗描述中，它首先起到的是一种吸引听众聆听兴趣的效果。预告在"演—观"场域中，极其重要，相比而言，在"写—读"场域中，倒是较淡的。

需要留意的是，两匹驭马的这番"答非所问"般的对阿基琉斯死亡的预言，被"复仇女神"堵住（《伊》19.418）。这个复仇女神，在荷马史诗里是极少出现的，需要留意。

（三）受神善待遗体的英雄

在《伊利亚特》里，其死后的遗体受到神祇眷顾的，主要有两个英雄：萨耳裴冬，赫克托耳。这两位英雄死后，受到了神祇的善待。

1. 萨耳裴冬。萨耳裴冬死后，特洛伊人为了“护尸”，在赫克托耳带领的军勇们的竭力争取后，尸体依然被阿开亚人抢剥[①]。在其尸体被剥去铠甲之前，萨耳裴冬的尸体已经“从头至脚，压埋在成堆的枪械下，掩卷在血污和泥尘里”。（《伊》16.639—640）但是宙斯派遣阿波罗去“救出萨耳裴冬，从枪械下面，洗去他身上的乌黑的血迹”，“用畅流的河水净涤，遍抹神界的脂膏，穿上永不败坏的衫衣”。（《伊》16.667—670）

2. 赫克托耳。赫克托耳死后，阿基琉斯原来一再强调[②]要让其遗体被犬狗撕咬，但实际上他并未能做到：他如此威胁，但犬狗不曾碰触赫克托耳的身体，阿芙罗底忒，宙斯的女儿，为他挡开狗的侵袭，夜以继日，用玫瑰香的仙油涂抹他的遗体，使阿基琉斯的拖跑不致豁裂他的肤肌。福伊波斯·阿波罗从天上采下一朵黑云，降落平原，遮住死者卧躺的整片地皮，阻挡太阳的暴晒，不致缩萎他的肢腿筋腱和躯体。（《伊》23.184—191）

从这段话看来，阿芙罗底忒和福伊波斯·阿波罗分别从“防袭”、“防腐”和“防缩”三个方面保证他的遗体的完好。阿基琉斯辱尸的想法自然要落空。若神中的阿芙罗底忒还不足以使得阿开亚人中的英雄比如狄俄墨得斯等人诚服的话，那么，福伊波斯·阿波罗是完全可以让他们屈服的，哪怕是莽烈的阿基琉斯。

（四）人—神交流

在《伊利亚特》里，神基本上代表的是“客观”，而人基本上代表的是“主观”，人的主观必须得顺从客观，不能违拗。

在《伊利亚特》第24卷，当宙斯决定让阿基琉斯接受普里阿摩斯前来赎回儿子赫克托耳的遗体，派“使者”以明确的“声音”传递神谕之后，普里阿摩斯说：“我的心绪和勇力一个劲地催我前往阿开亚人的海船，进入他们宽阔的营防。”（《伊》24.198—199）

对此，陈中梅先生注释道：“换言之，普里阿摩斯的愿望和神的意向完全一致。在荷马史诗里，神意和人意有时趋于一致，形成主客并举、内外合一的‘动因’（另参考第八卷第218—219行、第九卷第702—703行和第十一卷第713—716行等处）。尽管如此，在类似情况下，神意似乎仍是第一动

---

① 阿开亚人抢剥萨耳裴冬的肩头，卸下璀璨的青铜甲衣，这些东西被帕特罗克洛斯“交给自己的伙伴，送回深旷的海船收起”。（见《伊》16.663—665）

② “不，特洛伊的犬狗和兀鸟会将你饱餐，食尽!”（《伊》22.354）“至于赫克托耳，普里阿摩斯的男丁，我将让犬狗，而非柴火啖尽!”（《伊》23.182—183）

因，是起引导作用的因素，尽管它常常会符合并顺应人的意愿，能直接或间接地调动人的积极性。参考并比较《奥德赛》里的相关注释。诗人显然更愿意避繁就简，借用神的干预简化心理图象和内心活动的复杂性。”①

其实，很多的情况下，人的愿望都与神的欲望不相一致，因为人分属不同的群体，何况同一群体中的人的愿望很多情况下都是不一致的，甚至是对立的。只不过，很多情况下，聪明的人在神的意愿表露出来后，善于顺应罢了。陈先生上文所说的“普里阿摩斯的愿望和神的意向完全一致”，仅仅是在前去阿开亚人阿基琉斯营防赎回儿子赫克托耳遗体的事情上暂时一致而已，何况还是不一致基础上的一致。这里的“不一致”就是儿子赫克托耳之死，以及儿子的十二天被凌辱等方面，简言之，众多的“不如所愿”中的小小的“如愿”，是可能的，甚至是必然的，只不过其时空不定而已。

在普里阿摩斯去赎儿子遗体之前的“求神遣送一只示兆的羽鸟”的事情上，的确算是神—人交流中一件很值得留意的大事。因为一般情况下，神所给人的兆示，都是主动给予，而非被动给予，换言之，人在求取兆示（神谕）的情况下，只有对神之主动给予的兆示进行被动解读，（按照众所周知的思路）理解之后，遵照执行即可。从未有在祈祷中主动给神定下兆示的要求，要神照办，并且神“随即”照办②的。

在《伊利亚特》的人神交流中，除神之子阿基琉斯可以直接见到自己的母亲银脚女神塞提斯并与之直接交流之外，其余的凡人，即使是祭司也没有与神直接交流尤其是“要神做什么且如何做”的资格。

在《伊》1.11 里，阿波罗的祭司——克鲁塞斯要求赎回女儿克鲁塞伊斯的愿望被粗暴挡回的时候，他“由衷”地“求祈”太阳神阿波罗“让达奈人赔报我的眼泪”，阿波罗降给“达奈人丢脸的瘟疫”——一连九天的“箭雨”。请注意，这里求祈太阳神阿波罗的时候，祭司并未指定“要神做什么且如何做”。祭司克鲁塞斯只祈求太阳神“赔报”自己的眼泪，而神的赔报方式是“射箭”“一连九天”。目的达到则已。但普里阿摩斯上述之举却不是。

---

① 荷马：《伊利亚特》，陈中梅译注，译林出版社 2000 年版，第 661 页脚注。

② 这里的求祈、指定兆示方式、神“随即”兑现的过程，是这样的：第一步，当普里阿摩斯在“污秽”里痛苦欲绝时，神使伊里斯“站临”他的身边，亮明身份并传宙斯的话给他；第二步，他告诉夫人赫卡贝实情，但夫人“尖叫哭喊”不放心，劝他祈求宙斯以特定的方式兆示，否则将阻止其前去；第三步，普里阿摩斯求祈，宙斯“随即”应诺，“人们翘首仰望，无不为之振奋”，老人出发；第四步，赫尔墨斯受宙斯派遣，负责导引并保护普里阿摩斯老人“抵达阿基琉斯的营棚”。

第六章　关于死亡

第一节　命限与死亡

一　命限与时间

（一）"死亡"与"时间"相关

《伊利亚特》里的"命运"与什么紧密相关？与神相关，也与时间相关。

在阿基琉斯回答母亲塞提斯担心他将死的话时，他是这样说的："然后接受自己的死亡，在宙斯和其他永生的神明限定的任何时光。"（《伊》18.115—116）这里有两点需要注意：其一，死亡与"限定的时光"紧密相关；其二，死亡的限定权归于"宙斯和其他永生的神明"掌控。

另外，从阿基琉斯的话中可以看出：死亡是"命运"①。综合上述内容可以判定：死亡这一命运，是不由人来掌控的，而在宙斯和命运之神那里。

但是，由于命运所涵盖的方面是很多的，那么，其他方面的命运，又由谁来掌控呢？是宙斯？是命运女神？还是由那个宙斯所依赖的天平？这是个大问题。在本书"命运—天平"一节已明确回答。

《伊利亚特》里的时间，往往是以明确的时间标志词按照时辰来推进的，譬如早晨、中午、傍晚和夜晚。这些很明显的标志词，最主要的作用是提示史诗事件时间的推进进程。在《伊》11.84 里，有一句提示时间推移的语句："伴随清晨的中移和渐增的神圣的日光。"史诗情节时间的演进，推动着情节发展，亦逼近命运既定的不幸人物的命限。

---

① 阿基琉斯说："赫拉克勒斯……虽然他是……宙斯最钟爱的凡男，命运将他击倒……我也一样，如果同样的命运已替我备下，一旦死去。"（《伊》18.115—120）

（二）冲破命限——总是阿开亚人

能够冲破命运的限定，阿开亚人居多。在《伊》17.319—323，若非阿波罗幻取凡人形象提醒埃内阿斯，“阿尔吉维人则会冲破宙斯定导的命限，争得光荣，以自己的刚勇和力量”。在此前，也至少有一次，也是阿尔吉维人冲破命限的行动。但是，特洛伊人也有可能冲破命限。在《伊》20.336，幸亏海神波塞冬眼快，救起了埃内阿斯，否则，就会逾越自己的命限而早死（被阿基琉斯杀死）。不过，特洛伊人“冲破命限”的结果，是“早死”；阿尔吉维人“冲破命限”的结果，是“晚死”。二者截然相反。换言之，荷马情感偏向阿尔吉维人。

与此相比，也可以看到荷马对特洛伊人的情感倾向。第一，在史诗中，每当特洛伊人被杀死时，描述极其详尽，而阿开亚人被杀死时，则较为模糊。譬如，《伊》21.34—135 行是描述普里阿摩斯的儿子卢卡昂“乞活”无果而被阿基琉斯杀死的经过。这一被杀的详细经过，与史诗中其他众多被杀的特洛伊人一样悲惨。还有多隆的死，以及萨耳裴冬的死，等等。整个《伊利亚特》里，痛苦的、惨死的人物，多是特洛伊人。第二，从史诗中所描述的被杀死者的频次与数量来看，特洛伊人较重。帕特罗克洛斯杀死 41 人。在帕特罗克洛斯杀人的过程中，诗人择要仔细描述这些人被杀死的经过和详细情状，另一些被杀死的人，仅有姓名被提及，剩下的，只简要统计了被杀者的数量。除了诗人为了强调英雄的“无敌”或是“威慑力极大”以营造一种战争气氛之外，其他因素恐怕就很少了。阿基琉斯重新冲进战场的时候，也一路杀人极多。

单是《伊》20.382—487 行中所描述的阿基琉斯所杀的已有 13 人之多①。在《伊利亚特》第二十一卷，诗人首先重点描述了阿基琉斯是如何战杀两位主要英雄——鲁卡昂和阿斯忒罗派俄斯，之后，又一口气列举了阿基琉斯一连杀死的七个英雄的名字：塞耳西洛科斯、慕冬、阿斯图普洛斯、慕奈索斯、斯拉西俄斯、埃尼俄斯、俄菲勒斯忒斯。他的杀戮使得“宙斯哺育的斯卡曼德罗斯”这位河神都惶恐不已：“我已深感恐慌。”（《伊》21.221）即使如此，阿基琉斯还“试图站稳脚跟，对河流开战”（《伊》21.266），让

---

① 其先后顺序是：1. 伊菲提昂；2. 德摩勒昂；3. 希波达马斯；4. 波鲁多罗斯；5. 德鲁俄普斯；6. 德慕科斯；7. 达耳达诺斯；8. 劳格诺斯；9. 特罗斯；10. 慕利俄斯；11. 厄开克洛斯；12. 里格摩斯；13. 阿雷苏斯。

凡人死者累累，又向神祇开战，由此足见阿基琉斯的疯烈。在诗人这一卷的叙述中，死于阿基琉斯手下的特洛伊英雄共 9 人。其中，诗人用了较多的话语（《伊》21. 34—135 共 102 行）来描述特洛伊人鲁卡昂是如何“乞活”不得而被阿基琉斯战杀的详细经过，尤其是二人的语言描述。

在《伊利亚特》第二十二卷，史诗中最重要的战杀——阿基琉斯对赫克托耳的战杀得到了一气呵成的、最为详尽的描述（详见《伊》22. 5—404）。这整整 400 行的篇幅，是特洛伊受死者中，惨死过程最为漫长的描述。

再加上《伊利亚特》第二十三卷中被阿基琉斯杀死殉葬的那十二名特洛伊“青壮活人”，阿基琉斯在帕特罗克洛斯死后出战中所杀死的特洛伊英雄，被诗人述及的，就已达 35 人之多。只不过那十二名“青壮活人”被当做一个集体描述而已。可以说，战场的血腥与杀屠者的残忍已被赫然展现。

（三）人可“藏”，死可“避”

当阿基琉斯的母亲塞提斯向匠神赫法伊斯托斯请求为自己“那短命的儿子铸制”盾甲时，对方的回答是：“但愿我能把他匿藏，使其避离痛苦和死亡，当他那可怕的命运临降的时光，但愿此事确凿”（《伊》18. 464—465）。也就是说，在匠神赫法伊斯托斯的理解中：即使是“可怕的命运临降的时光”，赫法伊斯托斯也可以借“把他匿藏”来“使其避离痛苦和死亡”。那么，既然这个死亡能够“避离”，就说明无论是因为匠神所要铸造的盔甲之力，还是因为匠神作为神祇的威力，这位神祇言语中的死亡，尽管是“命运临降的时光”，但仍具有“可避离性”（或言“可人为性”）。简言之，有的神，可以让人避离死亡之时限。

不过，这里还需要注意的是：其一，匠神的话是他的“但愿”，愿望不可以当做必然的能力；其二，死亡可以避离，其实质指的是对死亡之“时限”的“延缓”或对死亡之场合的“另择”而已。所以，这种理解又可转回来：死亡是命运预设的不可更改的必然。

二 死亡与原因

（一）赫克托耳之直接死因——剥卸帕特罗克洛斯

在阿基琉斯的口中，他之所以要杀死赫克托耳，是因为赫克托耳剥卸了帕特罗克洛斯这一行为。换言之，若不是因为赫克托耳剥卸帕特罗克洛斯，那么他应当还不至于在和阿基琉斯对决时，显得如此地你死我活：“心魂已不再催我生存，在凡人中间，除非我先杀倒赫克托耳，用我的枪尖，让他以

生命偿付剥卸墨诺伊提俄斯之子帕特罗克洛斯的行为!”（《伊》18.90—93）

问题的重心是，剥卸帕特罗克洛斯这一行为之所以惹怒了阿基琉斯这个甚至在宙斯兑现其“祈愿”之后仍拒绝出战的人，其原因可以有两重解读。

其一，阿基琉斯在乎的是自己的美名，杀死赫克托耳是为了顾全自己的名誉，而“名誉”虽然因看不见摸不着而显得抽象，但它却是战场上战争双方最为关注的一样东西。在这里，赫克托耳表面剥卸的是帕特罗克洛斯，但后者被剥卸的铠甲和盾牌是阿基琉斯的。所以，赫克托耳剥卸行为所侵犯的对象，实际是阿基琉斯；所毁败的，是阿基琉斯的美名。因此，如果说阿基琉斯在自己的祈愿被宙斯兑现之后仍拒不出战，是对自己错过战机之任性后果的不知所措，那么，他则紧紧地抓住了帕特罗克洛斯这根“救命稻草”，从而以自己的甲械被剥卸为理由，愤而再进战场。

其二，阿基琉斯在意的是好友帕特罗克洛斯的性命，换言之，好友帕特罗克洛斯的命须由其剥夺者赫克托耳来偿还。但是，这种想法，未能从阿基琉斯上述话语中看到。不过，也可以这样去想：剥卸须在杀死后由战杀者亲为，故，阿基琉斯的话语中的“剥卸”，不仅指词面意思，也暗含了“战杀”在内。所以，阿基琉斯是想为好友复仇而出战的。

其实，仔细看来，上述其一和其二两个方面的分析又可以合为一点，那就是阿基琉斯为好友复仇是真情促使下的不二选择，而这也恰好给了他了却自己的无奈与尴尬的机会，因为他在那次拒绝阿伽门农所派“五人使团”之言和条件后，处于一种既关心战事进展又“无理拒战”[①] 的两难境地。

（二）阿基琉斯之死

从《伊》18.95—96行阿基琉斯母亲塞提斯的话，似乎看到的是：阿基琉斯即将到来的死讯，可以从阿基琉斯的“话”中看出。因为其行为之选择性指向是“让赫克托耳死”，而其母亲的分析则是：“你的死期将至，我的儿，从你的讲话判断，须知赫克托耳去后，注定便是你的死难。”（《伊》18.95—96）也即：选择杀死赫克托耳，选择死期将至。不过，我们要留意，这里有个词“注定”。这个“注定”可以看做因“选择”而“注定”之决定

① “无理拒战”是指：一方面，“祈愿”已被兑现，却仍旧拒不出战；另一方面，阿伽门农的道歉与悔罪已至极致，讲和仍被拒绝。结合这两方面看，“拒战”当属“无理”。而当这种最佳和谈时机错过而双方都难以再先行重启和谈之门时，“拒战”将会被更加“无理”且无限期地推延。

性，也可以看做这一死期是早就由神意决定好的，是“命定的”。

但是，我们知道，阿基琉斯注定只能有短暂的人生。对于这个问题，陈中梅先生在译注中予以强调：“阿基琉斯注定只能有短暂的人生（参阅第一卷第352行和415—418行），但他仍有选择的权利，虽然这种选择——从‘本质’上讲——不能或不宜违背神意。自从帕特罗克洛斯死后，阿基琉斯即已抱定复仇和必死的决心，彻底放弃了回家和存活的希望（参考本卷第98—101行和330—332行、第十九卷第328—330行和421—422行、第二十一卷第110—113行和277—280行以及第二十三卷第150行）。另参考阿波罗、赫法伊斯托斯、珊索斯、赫克托耳和帕特罗克洛斯之魂魄的预言（第十六卷第707—709行、本卷第464—465行、第十九卷第416—417行、第二十二卷第359—360行和第二十三卷第80—81行）。”①

综合陈先生的这些话，以及《伊利亚特》中多次对阿基琉斯相关情况的交代，笔者认为，在这个问题上，至少存在一个矛盾：一方面，阿基琉斯注定只能有短暂的人生②；但另一方面，在《伊利亚特》第十八卷，阿基琉斯得知帕特罗克洛斯死讯后，彻底放弃了（本可以选择的）回家和存活的希望，而选择了复仇和将死。如果说后者是一种不得已的选择的话，那么前者则是一种可以自愿选择的选择。简言之，在死一生二者的面前，阿基琉斯是有选择机会的，即使是在帕特罗克洛斯死后。

第二节　痛苦与净身

一　极度痛苦

古人极度痛苦的表现有很多种，其中最为主要的是撕抓头发，另外还有喊叫，以及击打头脑和击打自己的胸膛等多种形式。

---

① 荷马：《伊利亚特》，陈中梅译注，译林出版社2000年版，第501页注。

② 这一点，在《伊利亚特》第一卷（第352—356行）当阿基琉斯向母亲诉苦（宙斯“不曾给我丁点”“荣誉”；阿伽门农“夺走我的礼份”）时，就已经明言，随后，其母亲的答语对此更是直言不讳。甚至其母亲强调：“只因你剩时不多”，所以“但愿你无忧无虑”。尤其是其母亲塞提斯说：“现在看来，你不仅一生短促，而且受苦超过世人。”这句话一方面可以看做母亲对儿子当时所受痛苦的同情，另一方面更可以被看做是对儿子性格之（在随后的战争中所表现出来的）“任性”后果的“现在看来”。从整个《伊利亚特》来看，阿基琉斯的确是“受苦超过世人”的凡人。这个“受苦”在《伊利亚特》中主要表现为“失去”（或言“失望”）：失去女友——失去名誉（“使我受辱”）——失去密友（帕特罗克洛斯）——失去命息。

（一）撕抓头发

在《伊利亚特》里，有着强烈痛苦表现——撕抓头发的，有这样四处。第一，赫卡贝与安德罗玛刻。当赫克托耳的遗体被普里阿摩斯赎回运到城前时，他的爱妻和生母“首先扑向轮圈溜滑的大车，撕绞自己的发根”（《伊》24.710—711）。第二，普里阿摩斯。赫克托耳的父亲普里阿摩斯看到劝告儿子回返无望时：“老人说诉，手抓头发的灰白，将其拔出头皮，但却不能使赫克托耳回心。”（《伊》22.77—78）第三，赫卡贝。当赫克托耳被阿基琉斯杀死并挂在车后倒拖而去时，他的生母赫卡贝痛苦至极：“他的娘亲绞拔头发，将纱巾远远甩在后面，大声嚎啕哭喊，看视心爱的儿男。”（《伊》22.405—407）第四，阿基琉斯。当阿基琉斯被安提洛科斯告知帕特罗克洛斯已被赫克托耳杀死时，阿基琉斯痛苦至极：“他双手满抓污秽的尘土，洒抹自己的头颅脸庞，脏浊了俊美的貌相，灰黑的尘末纷落在洁净的衣衫。他卧躺泥尘，摊展，身躯强壮、硕大，抓绞和乱损自己的头发。”（《伊》18.23—27）阿基琉斯的核心反应有三：抓土抹脸，卧躺摊展，抓损头发。上述四处中，前三处是特洛伊人的，最后一处是阿开亚人阿基琉斯的痛苦。

（二）“击打头脑”

在《伊》22.33—34行，赫克托耳的父亲普里阿摩斯发现“凡人称其为俄里昂的狗”、“然而却是恶难的象征”的阿基琉斯“穿跑平原”时，他担心儿子赫克托耳的生命：“老人长叹一声，双手高高举起，击打头脑，复又叹息。”

（三）“击打自己的胸膛”

第一，阿基琉斯和帕特罗克洛斯的女仆们。“阿基琉斯和帕特罗克洛斯的女仆们心痛、悲伤，哭叫着冲出棚房……全都扬起双手，击打自己的胸膛。”（《伊》18.28—31）第二，“奈柔斯的女儿们，所有生活在海底的仙家”。“她们挤满银光闪烁的洞府，一起击打各自的胸膛，塞提斯领头，把悲惋的情绪表达。”（《伊》18.50—51）

（四）“吼叹”、“啸喊”或“哭叫”等

把自己内心的悲伤和痛苦以“叫喊”的方式表达出来的，在《伊利亚特》中，主要有以下几种：第一，“哭叫”——阿基琉斯和帕特罗克洛斯的女仆们。“阿基琉斯和帕特罗克洛斯的女仆们心痛、悲伤，哭叫着冲出棚房……全都扬起双手，击打自己的胸膛。”（《伊》18.28—31）第二，“吼叹”——阿基琉斯。“阿基琉斯发出可怕的吼叹。”（《伊》18.35）第三，

“啸喊”——塞提斯。“她报之以尖厉的啸喊。”（《伊》18.37）第四，“号啕”、“哭喊”——赫卡贝。“他的娘亲……大声号啕哭喊。”（《伊》22.407）赫克托耳的爱妻和生母“抚摸他的头颅，……号啕出声”。（《伊》24.712）第五，“悲声长叹”、“呼喊”——普里阿摩斯。“受他钟爱的父亲悲声长叹。”（《伊》22.408）“叫着每一个人的名字，对他们呼喊。”（《伊》22.415）第六，昏倒、“悲喊”——安德罗玛刻。“黑沉沉的迷雾飘来，蒙住了安德罗玛刻的眼眶。”（《伊》22.466）“她放开喉咙，对特洛伊妇女悲喊。”（《伊》22.476）

这些极度的痛苦，都缘于对自己最牵挂的人的痛惜，是生命中最为悲伤的表达，诗人表达得很直白，也很真切。

二 需要净身

净身这一行为，在《伊利亚特》里仅出现过两次，但效果却不一般。这两次净身，分别表现如下。

1. 为死者洗身。为死者净身，是一种习俗。在《伊利亚特》第十八卷，阿基琉斯洗涤了帕特罗克洛斯的遗体。“言罢，卓越的阿基琉斯命嘱伙伴们架起一口大锅，就着柴火，以便尽快洗去帕特罗克洛斯身上斑结的血污。他们把容器架上炽烈的柴火，添注澡水入锅，填塞木块，燃起火苗；柴火煨舔锅底，使水温增高。当热水沸滚，在闪亮的铜锅，他们清洗遗体，用滑软的橄榄油擦抹，平填创口，涂用陈年的油膏，然后停尸殡床，用轻软的麻布盖好，从头到脚，用一件白色的批蓬遮罩。”（《伊》18.343—353）从这段话可以看出这么几点当时关于初步处理战死者遗体的“洗涤”习俗：

总体：死者的尸体是需要尽快洗涤的。过程：架大锅，就柴火，洗血污。第一步：注澡水，填木块，燃火苗，铜锅水沸，用热水清洗遗体；第二步：“用滑软的橄榄油擦抹”遗体，“平填创口”；第三步：全身“涂用陈年的油膏”；第四步：“停尸殡床，用轻软的麻布盖好”；第五步：“从头到脚，用一件白色的批蓬遮罩”。这是阿基琉斯为帕特罗克洛斯准备葬礼前的净身过程，由此可见当时的死葬习俗之一斑。

2. 活人洗身。当阿基琉斯杀死赫克托耳，“回到船边”（《伊》23.2），杀屠许多肥壮的牛羊猪，“备下丰盛的丧宴”来“招待”（《伊》23.29—30）众人的时候，他被众王者引向阿伽门农住处，希望后者成功劝说他“洗去身上斑结的血污”，“然而，他态度顽蛮，拒绝，发誓说诉：‘不，我要对宙斯起誓，他乃至高的天神至尊，我不要澡水淋头，此举不妥'。”（《伊》23.41—44）他认为直到把死者送进地府，才能心安。众人只有遵从。

从众王者的行为来看，阿基琉斯该净身。但从阿基琉斯反应来看，净身似乎是一种享受，他不愿意在安顿好挚友的遗体之前去接受这一点。

第三节 吃喝与死葬

一 吃喝的欲望

也许这一点在中西方的某些历史时期的某些地域，都有相近的礼俗，那就是在亲人死后，在办丧事的中间很注意“吃喝”。在中国，讲究的是“招呼”来客，是在为死者举“仪”之时对生者尽“礼”。

在《伊利亚特》里的类似场合，诗人多处有意描述了“吃喝”。

在《伊》24.628，携礼赎回儿子尸体的普里阿摩斯，和大家一起“满足了吃喝的欲望”，不仅如此，这个“心安理得”的父亲还主动要求让阿基琉斯给自己“安排一个地方息脚”，要“好好地睡上一觉”。而阿基琉斯此前的一次“吃喝”是在《伊》24.476。也就是说，阿基琉斯在两次“吃喝”之间的活动，仅仅是会见普里阿摩斯、为赫克托耳洁身并放于骡车上而已，随后就是劝其“吃喝”，随后就是“吃喝”。频繁的“吃喝”是值得注意的问题。

在《伊》23.57，阿开亚人“遵从”阿基琉斯的要求，“当大家满足了吃喝的欲望，他们分手寝睡”。很明显，也是先“吃喝”后寝睡。

在《伊利亚特》第一卷，当奥德修斯将克鲁塞斯的女儿送还的时候，众人“作过祈祷”之后，就“整治”“盛宴”，“他们开始餐食，人人都有足份的佳肴。当大家满足了吃喝的欲望”，就开始唱歌，随后是“躺倒入睡”。（《伊》1.458—476）

从上述描述似乎可以看出，古希腊人的战场有这样一个习俗。在获得自己的愿望满足的时候，常常是以“先吃喝后入睡”来对待，即使是深入敌营的普里阿摩斯老王，在诗人的叙述中也是如此，如果说要普里阿摩斯留下来餐食，是阿基琉斯的邀请，那留下来寝睡，则是普里阿摩斯自己的选择。所以，乍一看，这是普里阿摩斯的“荒唐”，可细一想，则会发现那是诗人为普里阿摩斯安排的“入乡随俗”。

二 丧葬的礼仪

(一)祭仪与焚尸

在《伊利亚特》第二十三卷，有阿基琉斯对帕特罗克洛斯的送葬，后来还有特洛伊人对赫克托耳的送葬，而这些都值得仔细研究。

在阿开亚人这边，阿基琉斯送葬帕特罗克洛斯时，有如下十八个重要环节：第一，“三绕躯身”(《伊》23.13)。拖拽“凶手”的尸体绕遗体三圈。第二，“领头唱响挽歌，曲调凄楚”(《伊》23.17)。第三，伸手“贴抚挚友的胸脯”道别。(《伊》23.18)第四，“让犬狗生吞活剥”杀人者，“在燃烧的柴堆前砍掉十二个”敌人的“头颅”。(《伊》23.21—23)第五，“不要澡水淋头，此举不妥”(《伊》23.44)。第六，“牵出骡子”、“伐运树木”，将“橡树”“树干劈剖”后驮回，“整体地堆放在滩头”。(《伊》23.111—125)第七，在“选定的位置”堆筑“高大的坟冢”。(《伊》23.125—126)第八，“车马先行”，步兵在后，“扛着”“躯身”。(《伊》23.133—134)第九，“众人割下发绺，铺抛”，以之“遍盖遗体”。(《伊》23.135—136)第十，从“后面托起头颅”送别。(《伊》23.136—137)第十一，“放下遗体”，“堆垒”柴堆。(《伊》23.139—141)第十二，主祭者(阿基琉斯)“割发”“放入”死者的“手心”。(《伊》23.141—153)第十三，解散“千人”队伍，“主要悼祭者们仍然留在原地”，“垒起一个长宽各达一百步的柴堆，将遗体搁置顶面”。(《伊》23.158—165)第十四，“柴堆前”，“剥杀和整治”“众多肥羊”“和壮牛”；主祭者(阿基琉斯)“扒下所有牲畜的油脂，缠裹尸躯，从头到脚”，“将去皮的畜体堆放在死者周围”。(《伊》23.166—169)第十五，“贴依尸床”“妥放”“分装着油和蜂蜜”的“双把的坛罐”。(《伊》23.170—171)第十六，死者生前所“豢养的九条好狗中的两条”抹了脖子，扔上柴堆，还有“四匹骏马”，“叫喊哭泣”。(《伊》23.171—174)第十七，杀十二人丁①，“付诸柴火”。(《伊》23.175—177)第十八，主祭

① 陈中梅先生在译注中强调：“提及杀人祀祭死者以及用马、狗陪葬，此乃荷马史诗中绝无仅有的一例。从第176行的用词来看，我们似乎有理由相信荷马不赞成这种杀人殉祭的野蛮行为。”其中史诗第175—177行，诗人的话是：“他还杀了心胸豪壮的特洛伊人十二个高贵的儿子，心怀凶虐的歹意，用铜剑杀击，把他们付诸柴火铁一样的莽烈。”其中第175行的“心胸豪壮”和“高贵”是对特洛伊人这十二个儿子的修饰，而“心怀凶虐的歹意，用铜剑杀击”和“铁一样的莽烈”强调了阿基琉斯的“凶虐”以及诗人内心的不忍与同情。

者悲叹，呼叫死者“英名”，哭诉道别。(《伊》23. 178—183)

另外，需要注意个问题：在阿基琉斯向帕特罗克洛斯被放在柴堆上的遗体告别的时候，他说了“（祝）贺”这样一个语汇。原话说：“别了，帕特罗克洛斯！我呼你贺你，即使你去了哀地斯的宫邸，因为早先对你许下的一切，我现在正在践理。”(《伊》23. 178—180) 痛失密友的阿基琉斯，为什么要用“（祝）贺你”的表达呢？

（二）并非重复“堆坟”

在《伊》23. 125—126 行，在帕特罗克洛斯死后，阿基琉斯命人伐运树木，“整齐地堆放在滩头，在阿基琉斯原定的位置，为他自己和帕特罗克洛斯堆筑一座高大的坟冢”。随之，诗人说：“他们从四面甩下大批树段，在原地汇聚，屈腿下坐。”由此是否可以这样确定：这个在阿基琉斯原定的位置“堆筑”起来的“一座高大的坟冢”，是用“树木”的“大批树段”“堆”成的，仅仅是一个“坟冢”的样子而已，并非真正的“坟冢”。因为在《伊》23. 245—247 行，阿基琉斯又一次提到了“修坟”的话题：“我要你们修一座坟茔，不必太大，只要合适就行；将来，阿开亚人会把它增高、加宽，在我死后。”

其实，这是一个误解。应该这样理解整个“堆坟”的过程：其一，树木伐运到滩头时，阿基琉斯希望众人（在别处已经“选定”的位置）为自己和帕特罗克洛斯“堆”一座坟冢，预备两人合葬。结果发现大家坐下休息，就下令即刻扣甲、套车、扛尸、抛发，到“指定的去处”(《伊》23. 138)。其二，在指定的地方燃柴焚尸后，要求为帕特罗克洛斯修坟，预备在自己将来死后入埋时，“阿开亚人会把它增高、加宽”，以与前者合葬。其三，该坟被“规划”、“围着柴堆筑起”(《伊》23. 255—257)。

第七章　群体活动

第一节　高呼与阵战

一　阵前高呼

在《伊利亚特》里，双方都有高声呼喊的行为，而且多次描述到这一特征，兵勇们的高声呼喊到底有什么作用呢？从史诗看来，大体可以分为以下几个方面。

（一）高声呼喊可壮军威

陈中梅先生认为，高声呼喊可以激励将士，雄壮军威，震慑敌人。

1. 震慑敌人。在《伊利亚特》第十八卷，阿基琉斯谨遵母亲塞提斯的叮咛，单等赫法伊斯托斯打造的盾牌等武器的到来以重返战场，赫拉差伊里斯带信给阿基琉斯为避免帕特罗克洛斯的遗体被敌人抢走，催励他出面威胁敌人。随之，“一连三次，卓越的阿基琉斯隔着壕沟啸喊，一连三次，特洛伊人和著名的盟军部众吓得惊散”，以至于“其间，他们中十二个最好的战勇即刻毙命，扑身自己的战车和矛尖”。（《伊》18.217—221）这里的高声呼喊，起到了“震慑敌人”的效果。在第二十卷里，当雅典娜和阿瑞斯对立的时候，彼此试图以啸叫来威慑对方：“雅典娜大吼出声，时而站立墙外，挖出的沟边，时而又在海涛轰响的滩沿伫立，发出疾厉的啸音。对面，阿瑞斯像乌黑的风暴咆哮，劲吹。”（《伊》18.48—51）

2. 激励将士。在第十一卷，宙斯“命嘱”（《伊》11.3）黎明女神“站临奥德修斯乌黑、宽大、深旷的船边，停驻在船队中间，以便让呼声向两翼传开”，当时是“女神站定船上，发出一声尖厉、可怕的嘶喊，在所有阿开亚人的心里催发巨大的力量，激起拼搏和持续作战的刚健”。（《伊》11.5—12）

（二）表示齐声赞同

在《伊利亚特》里，战阵前的高呼，经常用来营造齐声赞同的战场氛围。在《伊》18. 310行，赫克托耳杀死帕特罗克洛斯之后，凭借阿基琉斯吼声的威慑效果，死者的遗体被成功抢回到阿开亚人中。随后，特洛伊主将赫克托耳向己方兵勇们努力传递这样一个信息：自己“绝不会面对他逃离……我会稳稳站立”[①]。赫克托耳强调了自己将勇敢迎战对方一号主将阿基琉斯。这种宣示，令“特洛伊人报之以赞同的吼声”。同样，在赫克托耳“言毕”，类似的“呼吼”也在《伊》8. 542行出现过。

二 战场赛事

战场上战争曲调的拉高与降低，有利于调整史诗叙述的节奏，更加吸引受众。它往往借助于生活的恬静与和美，形成战争曲调的低缓区间；而借助于战争的激烈与残酷，形成战争曲调的高昂区间[②]。

（一）赛事蕴含—战争与和平

在《伊利亚特》第二十三卷里，阿基琉斯为挚友帕特罗克洛斯筑坟之后举行了一连串的赛事。这个赛事中间有很多可分析之处。

1. 从叙事角度看，整个赛事的设计是为了将拔高的调子降低，将众多积怨化解；从审美教育角度看，赛事是为了教诲民众“学会宽容与和解”，换言之，长达二十四卷的史诗即将结束，战争与怨怒占去了太多的分量，而生活需要它的反面——和平与谅解。所以，甚至可以说：前二十二卷是“战”，后两卷是“和”。并且强调了“和”是民众所乐于接受的结果（尽管不是最终的结果）。尤其是第二十三卷的“车赛”一节充分展现了“谅解”美德。

2. 从车赛描述中的具体情节而言，“纷争化解”具体有这样几个：

---

① 但是，实际上，在赫克托耳真正面临阿基琉斯的时候，真正与其对打的时候，赫克托耳首先选择的是“逃离”。也即其“站立”是瞬间的，逃离是顽强的（绕行三圈）。

② 陈中梅先生在（第十五卷508行）注中提到：舞蹈与阵战构成了群体活动的两极，前者展示生活的甜美与和谐，后者则显示战争的残酷与无情。荷马不止一次地连用二者，有意识地将包含共性而又代表对立势态的二者（即舞蹈和战争）“连”在一起。阿芙罗底忒称墨奈劳斯不是刚从“决斗归来”，而是“想去跳舞”（第三卷第393—394行）；赫克托耳宣称自己知晓“如何踏走节拍，展示战争的烈狂”（第七卷第241行）。然而，跳舞的高手并不一定都会打仗——这显然是埃内阿斯对墨里俄奈斯的嘲讽（第十六卷第616—618行；另参考第二十四卷第261行）。比较第十三卷第291行注。

（1）埃阿斯与伊多墨纽斯。

矛盾：俄伊琉斯之子、迅捷的埃阿斯与图丢斯之子、强健的狄俄墨得斯在观战中因观点不同而“怒火中烧”、争吵不已。

和解：“阿基琉斯亲起调停”。

（2）安提洛科斯与阿基琉斯。

矛盾：安提洛科斯利用“巧诈”获得车赛第二名，而欧墨洛斯在与狄俄墨得斯争第一的过程中被雅典娜使坏而“被甩出马车”（《伊》23.394），落得末尾。阿基琉斯“心生怜悯”，欲把第二名的奖品给他，此“提议得到众人的赞赏”。但排名第二的安提洛科斯对阿基琉斯的“调拨”“非常生气”，声言“我绝不会放弃”，准备与领奖者“开打”。（《伊》23.543—554）

和解：阿基琉斯“微笑”，以“特殊的礼物对欧墨洛斯封赏”，“后者高兴”。

（3）墨奈劳斯与安提洛科斯。

矛盾：墨奈劳斯在车赛中被安提洛科斯以“巧诈”[①] 超出，从而“怀着对安提洛科斯难消的愤恨”（《伊》23.567），当看到安提洛科斯拒不让出第二名的奖品给本是第一名的欧墨洛斯时，当众要求安提洛科斯对神起誓：“说你不曾使坏，歪阻我的赛车”（《伊》23.585）。

和解：安提洛科斯说：“你比我年长，也更为杰出”，“当即让出”奖品并亲自“牵马走去，交到墨奈劳斯手中”；而墨奈劳斯则“谅你过去一向谦达、稳重”，“把牝马交给”（见《伊》23.586—613）安提洛科斯。

（二）赛事疑惑

1. 奈斯托耳父子两人在车赛中“一奖一赠”。

安提洛科斯是奈斯托耳的儿子，他“凭靠巧诈”获得第二名，而且在被阿基琉斯当众点破之后还拒不让出，尴尬的阿基琉斯只好再取一份特殊的礼物给欧墨洛斯以封赏，直到墨奈劳斯以对神发誓来提醒，安提洛科斯才交奖品给墨奈劳斯，后得以原谅才拿稳（回）奖品。其父奈斯托耳则在“所剩第五份奖品……尚无得主”时受赠，“后者高兴，接过”。因此有人说，这父子

---

① 安提洛科斯的这个被诗人称作“凭靠巧诈而非速度”《伊》23.515）的行为的具体做法极具冒险性，其核心动作是把驭马“赶离，少许偏出车路，复又折闪回去，追扑”，以造成“撞车”（《伊》23.428）之势来迫使墨奈劳斯“主动松缓”而“让出”（《伊》23.434）。这种做法与现代竞技体育中的“合理逼抢”不同，是一种“有我无你”乃至“同归于尽”式的“拼抢”，其性质类似于现代足球中的“背后铲人”，理应被“红牌罚下”。

二人获得奖品和礼物似乎都不算很“光彩”。但综合诗人的叙述和其父子的一连串表现，此想法就显得多余而复杂。

因为诗人说过，阿基琉斯很喜欢安提洛科斯[①]，而且对奈斯托耳这个以父辈年龄和资历出战的老人，阿基琉斯完全是一种理解和尊敬。至于父子同时出现在这种场合，也不是巧合而是必然。因为奈斯托耳是老一辈车战者的代表人物，在这里出现，不仅仅是作为安提洛科斯的父亲来关注儿子的车战较量，更重要的是带有关切阿开亚人目前车赛水平的一个老辈车战者身份。

从奈斯托耳对阿基琉斯的答话中，我们看到的完全是老人对阿基琉斯的“感激”：“我接受你的礼物，感激你的情长，心里高兴，你没有把我遗忘，给我荣誉，使我在阿开亚人中得享应有的荣光。为此，愿神明报答，使你幸福、昌达。”（《伊》23.647—650）所以，诗人设计这个情节，让阿基琉斯安排这场赛会，并让阿基琉斯对安提洛科斯“微笑”，在展现了阿基琉斯一系列的宽容和大度之后，还要让他表现出对老人参战的感念。总体看来，诗人为了在有限的篇幅里展现阿基琉斯性格的多面性，以及阿开亚人丰富的人文素养，可谓煞费苦心。

另外，这里需要强调一点，由于奈斯托耳的儿子安提洛科斯凭靠了“巧诈”而非速度获得了车赛第二名，有些读者认为：这是与其父此前“临近他的身边，道出明智的劝诫”和“叮嘱”紧密相关，因为他的父亲曾不止一次地强调了“巧智”或“技巧”，而且他父亲的“叮嘱”长达53行（第306—358行）。所以，安提洛科斯与父亲奈斯托耳都属“尚巧”一族，都属于诗人批评的对象。

其实，并非如此，安提洛科斯的“凭靠巧诈”并不与其父奈斯托耳的临战叮嘱有关，或者至少后者并非此愿。再进一步明确：同为“巧”，儿子安提洛科斯凭靠的是“诈”，父亲奈斯托耳叮嘱的是“技”。甚至在关键环节上，父子相左。

我们先来看奈斯托耳“叮嘱”的主要内容：（1）叮嘱的必要性：“你的马最慢”，“我想，于你不太好”；（2）叮嘱“技巧”很重要：“巧智”、“心术”、“技艺”、“技术”、“技巧”（见《伊》23.314—318），“而非莽鲁”；

---

① 安提洛科斯的确很惹阿基琉斯的喜欢，不仅表现在第二十三卷第555行的“微笑”，还表现在下一行的一再强调“喜欢”（“喜欢……因为……钟爱”），而且在第795—796行，阿基琉斯还因安提洛科斯对他的“赞誉”而特意“犒劳”给“半塔兰同黄金”。

（3）强调“紧贴”、“转马的坐标”和“驱车拐弯”的方法及其重要性；（4）提醒“贴近转弯的桩标”，“像似擦着它的边沿”，“切莫真的碰着，否则，你会伤损驭马，碎毁赛车”；（5）总结性叮嘱：“所以，亲爱的孩子，要多思、谨慎。”（见《伊》23.306—358）

由此看来，奈斯托耳的叮嘱核心不仅在于成“巧”之“技”，更在于“贴桩转弯”之“技”，还叮嘱“勿鲁莽，切谨慎”。而其子安提洛科斯的言行则与其父相去甚远[①]。何况，实际上诗人并未对安提洛科斯是否按照父亲的叮嘱“贴桩转弯”予以描述，显然，诗人已在对父子言行的前后比照中，很明显地由其子言行偏离其父所愿，点明了其“不肖”的特点。

2. 跑赛——最快者“拿走末奖”。

诗人似乎是在说明：最快的，其实是最慢的；初始占先的人，往往都要落败。

如果诗人真有这个想法的话，那么，他就是在《伊利亚特》第二十三卷借赛事而予以充分地展现这个想法。尤其是在众多赛事项目中的“跑赛”一项中：

当奈斯托耳之子安提洛科斯站起准备参赛时，诗人介绍说“年轻人中腿脚最快的是他”。然而，整个跑赛中，这个被誉为“最快的”人，却没有被述及，只是在埃阿斯逗得全场“捧腹大笑”之后，安提洛科斯“拿走末奖，走过”并嬉笑着说了一段话——慨叹“长生者”偏爱“年长的”，因而“老一辈的”奥德修斯无敌，除非阿基琉斯参赛。言下之意，由于神的搅扰，年轻人中，除阿基琉斯外，若不受神助，则难获头奖。

对于这一点，诗人叙述中的主人公似乎采取的是这么一种态度——因为明知无可奈何，所以懒得争论，戏谑“笑谈”，轻松接受。

3. 埃阿斯与安提洛科斯对“神助”的戏谑与笑谈。

占先的埃阿斯，“被雅典娜搅乱步伐”而“滑到”，“嘴里鼻孔塞满牛的粪便”。对于埃阿斯的情况予以仔细描述之后，整个赛跑中，未给安提洛科斯一个镜头，直接让他“拿走末奖”并发表“嬉笑”之谈。这样简洁有致，题意自明。

---

① 安提洛科斯的“言”：对驭马“交底”——“我自己亦会想方设法，做点什么，在路面狭窄之处抢先——他呀避不过我的冲争。”（《伊》23.415—416）安提洛科斯的“行”：“赶离，少许偏出车路，复又折闪回去，追扑……越加起劲狠冲”，从而迫使墨奈劳斯“让出”。（《伊》23.424—434）

跑赛结局的描述有三个环节：第一，埃阿斯领奖，“站着”发言；第二，安提洛科斯领奖，“走过”发言；第三，阿基琉斯“犒劳”安提洛科斯的“赞誉”。

最具喜剧性的是诗人的这段描述：“光荣的埃阿斯牵得牧牛作赏。他站着，将牧放的畜牛，它的犄角抓在手上，吐出嘴里的牛粪，对阿尔吉维人嚷嚷：‘呸，臭死我了！女神作梗，将我绊翻，总是站在奥德修斯身边，疼爱，像似他的亲娘。’”（《伊》23.779—783）这段话里对埃阿斯这个领到奖品的英雄的“颁奖留影”和“获奖感言”的描述，最有深意：“站着”——抓着牧牛的犄角——“吐出嘴里的牛粪”——“嚷嚷”。

第二节 餐饮与祭神

《伊利亚特》里的餐饮和祭神描述，都在阿开亚人这一方，它是史诗中体现古希腊人生活习俗的重要内容。

一 餐饮描述

宰杀的可能是绵羊，烤肉之外，还有面包。在第二十四卷里，阿基琉斯招待前来赎回儿子遗体的特洛伊老王普里阿摩斯：“把一只白亮的绵羊宰掉，伙伴们剥皮整治，做得井井有条，然后把羊肉切成小块，动作精巧，挑上叉头，仔细炙烤后脱叉备好。奥托墨冬拿出精美的条篮，放于食桌，装着面包，由阿基琉斯分放肉烧，各位伸出手来，抓起面前佳美的餐肴。”（《伊》24.621—627）

宰杀牲畜与切肉细节也有描述，老祭司和年轻人各有分工。在第一卷里，奥德修斯等众人和老祭司克鲁塞斯祈祷阿波罗，后享祭畜。“他们首先扳起祭畜的头颅，割断喉咙，然后剥去皮张，剔下腿肉，用成片的油脂包裹，双层覆盖，铺上精切的碎肉。老祭司将肉包放妥，在劈开的木块上焚烤，洒上闪亮的浆酒，年轻人手握五指尖叉，一旁守候。焚烧了祭畜的腿件，品尝过内脏，他们把剩余部分切成小块，挑上叉头，仔细烧烤后，脱叉备用。其时，一切整治完毕，盛宴已经摆妥，他们开始餐食，人人都有足份的佳肴。”（《伊》1.459—468）

牛肉是最常享用的佳肴。第七卷里，当天黑时，赫克托耳与忒拉蒙之子埃阿斯互赠礼品而各归其营，阿伽门农给宙斯祭奉了“一头五年的公牛”：

“他们剥去祭畜的皮张，收拾停当，肢解了大身，把牛肉切成小块，动作精巧，挑上叉头，仔细炙烤后，脱叉备用。当一切整治完毕，盛宴已经摆妥，他们开始食餐，人人都有足份的佳肴。”（《伊》7.316—320）

绵羊、山羊肉为主，肥猪肉作为搭配，悬架烤肉，外撒盐末。阿基琉斯设宴招待“五人劝战团”成员：“搬移一大块剁木，借光燃烧的柴火，铺上一只绵羊和滚肥山羊的脊背，外搭一头肥猪的脊肉，挂着厚厚的肥膘。奥托墨冬抓拿畜肉，卓越的阿基琉斯肢解动刀，仔细切成小块，用叉尖刺挑，墨诺伊提俄斯之子，神样的凡人，燃起熊熊的柴火。当木段烬竭，熄灭火苗，他把炭块铺开，将肉叉送出炙烤，置于悬架之上，细撒神圣的盐末咸调。他把所有的肉块烤熟，在盘里装好；帕特罗克洛斯拿出精美的条篮，放于食桌，装着面包，由阿基琉斯分放肉烧。”随之是餐食之前的祭祀神明：“随后，他在神样的奥德修斯对面下坐，靠着另一边的墙角，吩咐伙伴帕特罗克洛斯祀祭神明，后者把割下的熟肉投进柴火。”随之就是大家开吃时的程式化表达：“众人伸出手来，抓起面前佳美的餐肴。”（《伊》9.206—222）继而以“当他们满足了吃喝的欲望”这样的引导词接续下一个言语或行动。

这种盛宴餐饮[①]习俗的完整过程，主要包括这样几个关键环节：“宰杀—烧烤—祭献—吃喝—睡躺”。其中应当以“吃喝”为这一餐饮过程的主环节，而实际上，“吃”还有描述，而“喝”的内容就被淡化处理[②]了。仔细比较《伊利亚特》和《奥德赛》中有限的几处对餐饮的描述，我们可以看到，诗人其实对众人“吃喝”之前的“宰—切—烤—祭”环节最为重视，尤其是“切—烤”是最为细致用心的。也就是说，如何“吃”，并不重要；如何“准备吃”[③]，才是最重要的。

---

① 《奥德赛》里也有这样的内容：“他们当即牵来一头五年的公牛，杀毕，剥去祭畜的皮张，收拾停当，肢解大身，动作精巧，把牛肉切成小块，挑上叉头仔细炙烤后，充作餐份安排。”（《奥》19.420—423）

② 《伊利亚特》里较少提到“喝酒”，但在第一卷里，却提到了“老祭司将肉包放妥，在劈开的木块上焚烤，洒上闪亮的浆酒”（《伊》1.461—463），从这里似乎可以看到，阿开亚人吃肉时，似乎有把浆酒洒于待吃之肉上的习俗，也许这样吃肉，会更美味一些。不过，年轻人在“满足了吃喝欲望”之后，先兑酒，再略倒杯酒以祭奠，再斟满酒盅以自享。所以说，史诗中较少提到“喝酒”，并不可理解为古希腊人不怎么喝酒。古希腊人较少喝“纯”酒，而喜欢饮前勾兑，以一比三或二比三的比例，在“兑缸”（《伊》1.470）中勾兑（参见陈中梅先生对此词的脚注）。

③ 其中“切成小块—挑上叉头—仔细烧烤—脱叉备用”是最核心的吃烤肉的环节。

二 祭祀神明

(一)"五年公牛"

宰杀以做盛宴的,"五年公牛"似乎算是最好的。在《伊》7.314—315里,宰杀的是阿伽门农祭献给宙斯的"五年公牛";在《伊》9.207—208里,宰杀的是阿基琉斯为神明祭献的分别是一只"绵羊"、一只"山羊"和一头"肥猪";在《奥》19.420行,奥德修斯为神明祭献的"一头五年的公牛";在《伊》24.621—622行,阿基琉斯"宰掉"的是"一只白亮的绵羊"。从这些用来做祭畜的动物来看,其中绵羊、山羊和肥猪是最少的,而"五年公牛"使用最多,牛——公牛——五年公牛,这中间体现了当时人们普遍对"大块头"的强力代表——五年公牛,最为看重,一方面它是对神明的虔诚与敬重,另一方面也是因为它代表的是生殖力与冲击力的最佳结合。

(二)祭祀神明

《伊利亚特》中经常有祭祀神明的行动,一般而言,祭祀神明时的行为主要有如下两个:其一,"祀祭神明,后者把割下的熟肉投进柴火。众人伸出手来,抓起面前佳美的餐肴。"(《伊》9.220—221)也就是一部分投入火中以祭献神明,一部分留给自己餐用;其二,献祭之后再宰杀,或者宰杀之后再享用。在第七卷里,由于"夜色已经降临"(《伊》7.293),当埃阿斯在战场上与赫克托耳"互赠光荣的礼件"后各自返回的时候,诗人说起埃阿斯等人的情况:"当他们来到阿特柔斯之子的营棚,民众的王者阿伽门农祭奉了一头五年的公牛,给宙斯,克罗诺斯之子,力大无穷。"(《伊》7.313—320)随后就叙述"宰杀—烧烤—享用"的内容,并未提到具体的"祭奉"。所以说,这里的具体"祭奉"活动,应当是被略述了,或者说,此项活动,已经在此祭牲被宰杀之前就已经进行。当然,在宰杀之前进行的应当是"祷诵"神明;宰杀后则切片投诸火里,以祭奉。

不过,不论怎么说,祭献永生的神明,这一活动都是公开的,是为了邀请神明领享凡人的盛情款待。但是,在《伊》24.462—464行的几句话,却似乎与此不太协调。赫尔墨斯护送普里阿摩斯来到阿基琉斯的营棚门前,准备离开时说:"现在,我要就此回还,不愿出现在阿基琉斯眼前——此举会激起愤怒,让一位永生的神明公开接受凡人的款待。"这句话的意思不太容易理解。但其主要意思应当很清晰:神明公开接受凡人的款待,会令阿基琉斯愤怒。为什么?阿基琉斯的愤怒,会让神明也怕吗?当然,阿基琉斯愤怒，对普里阿摩斯赎回儿子尸体不利，所以赫尔墨斯是为普里阿摩斯着想。可问题是，就算阿基琉斯是个很容易被惹怒的人，那何来“神明公开接受凡人的款待”一说，因为赫尔墨斯根本就没有在这个事情上被普里阿摩斯等人“款待”。再说，神明接受凡人的款待，这是天经地义的事情，阿基琉斯应该是明白这一点的，否则，他就不用献祭神明了。在《伊》9.207—208行就提到阿基琉斯宰羊献祭“神明”一事。所以说：“不愿出现在阿基琉斯眼前——此举会激起愤怒，让一位永生的神明公开接受凡人的款待”这句话容易引发误解，似乎是：要么神明不能公开接受凡人的款待；要么是阿基琉斯不懂得款待神明。

其实，上述问题可能的原因是：其一，大概是赫尔墨斯考虑到阿基琉斯脾气暴躁易怒，若见到对方是受神助而来，会不高兴，可能会使两方为赎回赫克托耳尸体的事好不容易达成的一致意见节外生枝；其二，大概是赫尔墨斯知道自己是神祇中的末流，傲慢的阿基琉斯可能会对自己不礼貌（不款待），故识趣抽身。

第八章　数字与职业

第一节　数字

一　特殊数字

史诗《伊利亚特》里有一些常用的特殊数字，这些数字多次出现，表现出诗人的用词习惯。这些特殊数字主要是“三”、“十二”、“九”、“二十”等。

（一）“一连三次”

“一连三次”这个短语在《伊利亚特》中是很常见的，往往是用来表达一种“屡次”或“接连不断”的程度。如在第十八卷，有“一连三次，卓越的阿基琉斯隔着壕沟啸喊，一连三次，特洛伊人和著名的盟军部众吓得惊散”（《伊》18.228—229）。在第二十卷，有“一连三次，捷足和卓越的阿基琉斯向他冲杀，手握铜枪，但一连三次，只是对着厚雾击打”（《伊》20.445—446）。在第二十三卷里，当埃阿斯与狄俄墨得斯进行枪战比赛时，有“一连三次冲击，一连三次扑打”（《伊》23.817）。显然，“一连三次”多出现在与阿开亚人相关的表述中，它表达的是一种连续不停、屡次出现的动作，强调战斗中的勇敢行为的坚持与重复。

（二）“十二个”

“十二个”这一数量词在《伊利亚特》里多次用到，给人印象最深刻的是与特洛伊人相关的叙述。第一，由于阿基琉斯的啸喊而使得“特洛伊和著名的盟军部众吓得惊散”，以至于“其间，他们中十二个最好的战勇即可毙命，扑身自己的战车和矛尖”。第二，阿基琉斯“还杀了心胸豪壮的特洛伊人十二个高贵的儿子”以殉祭挚友帕特罗克洛斯。第三，另有两次，一次是阿基琉斯声明要杀死特洛伊人十二个高贵的儿子，一次是阿基琉斯捕获这十二个人时诗人的叙述。由上述内容来看，“十二个”总是用来表示人数众多，而且在《伊利亚特》里，诗人总是用“十二个”来表达如此数量之多的特洛伊人在阿基琉斯的勇力面前的柔弱无力。第四，似乎特洛伊人比较喜欢用“十二”这个数量词。在《伊》20.225行，当埃内阿斯向阿基琉斯发话时，前者强调自己的宗谱时讲述到了达耳达诺斯是宙斯的儿子，其子厄里克索尼俄斯是会死的凡人中最富有的人，北风爱上了他家的牝马而使其受孕，“生下十二匹马驹”。“这些好马”神奇无比。十二总被用在与特洛伊人相关内容的表述，还有多处：在第二十卷里，混战中的阿基琉斯“从河里择擒了十二名青壮活人，作为血酬，给墨诺伊提俄斯之子帕特罗克洛斯祭奉”（《伊》20.27—28）；在第六卷里，诗人为了强调普里阿摩斯是东方一个有很多子女[①]的君主，说：“女儿们的睡房，总数十二”（《伊》6.248）。陈中梅先生在译注中强调：“十二是诗人喜用的数字”。在第十五卷里，埃阿斯在“近战中，海船前，他放倒了十二个军兵”（《伊》15.746），诗人通过这样的表述来显示埃阿斯的勇猛。关于“十二个”的使用，另参见《伊利亚特》第六卷第93行、第274行和第308行，以及第一卷第493行、第十一卷第691行和第二十四卷第31行等处。

（三）“九”、“十”和“二十”

至于《伊利亚特》里对数字的使用，此外还有“九”（《伊》6.236）“十”和“二十”等数字。“二十”是荷马惯用的数字。海伦说：“我的侨居，至此已是第二十个长年。”（《伊》24.765）“二十”另见《伊》13.260行，《伊》16.847行，《奥》4.360行和《奥》5.34行等处。

概而言之，《伊利亚特》里的上述这些数量词，都是大词，不过都基本上带有确指的色彩，其词之“大”，还未到夸张乃至极端夸张的程度，有些民族的早期史诗中，数量词所指程度之“大”，令人惊奇。

---

① 陈中梅先生在译注中说：“《伊利亚特》提到普里阿摩斯二十二个儿子和两位女婿的名字”。再加上这里所提到的十二个女儿，的确可以算做“有很多子女的”东方君主。而且在《伊》24.495行，普里阿摩斯对阿基琉斯说：“我有五十个儿子，当阿开亚人进兵前来。”意思是说，直到阿开亚人进兵特洛伊的时候，他还有五十个儿子，也即：他的儿子总数要比五十个多。不过，儿女中间，赫克托耳是他最疼爱的儿子。因为在《伊》22.416—428行对赫克托耳的哭诉中，很明显地表达了此点，尤其是他说：“（阿基琉斯）杀了我这许多风华正茂的儿男。然而，尽管痛心，随所有的他们我不会过多悲哀，难比我对此儿的伤怀，赫克托耳，绝顶的悲痛会把我带往哀地斯的房院。”真可谓“深爱此儿，其死痛杀我心，伤痛欲绝”。

二　理解数字

（一）正解数字

1.《伊利亚特》里的数字结构

《伊利亚特》里战事描述主要集中在这四天：第23天、第26天、第27天和第28天。同时，这四天也是史诗详述程度最强的日子。而同时，《伊利亚特》里另外一些日子则相对属于略述。这些被略述的日子及其所占的诗行总数分别是：第1—9天（9天53行），第11—21天（11天16行），第31—39天（9天17行），第41—50天（11天110行）。如果稍加留意，则会发现：第1—9天和第11—21天，这是除第10天外的前20天；第31—39天和第41—50天，这是第40天外的后19天。《伊利亚特》所涉及的50天中，剩下的也就是中间（第22天至第30天）那9天了，这9天，是从史诗的第一卷叙述到第二十四卷，因此甚至可以说，史诗基本就是为这9天而叙述的。

这里有个有关"天数"之数字的链条值得注意。下列左右图分别是以史诗情节涉及51天和50天两种（争论性）论见为基础来分别分析的。

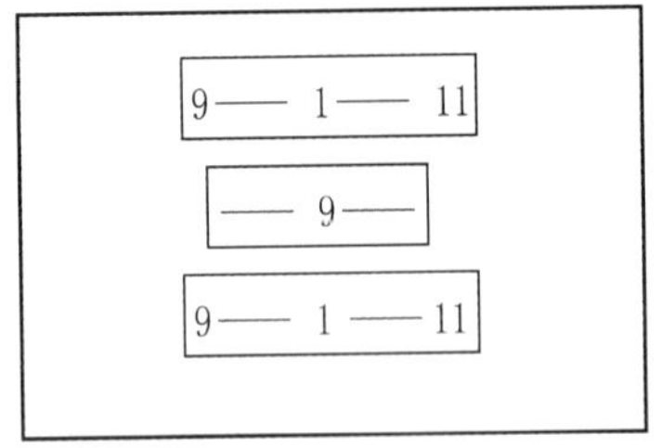

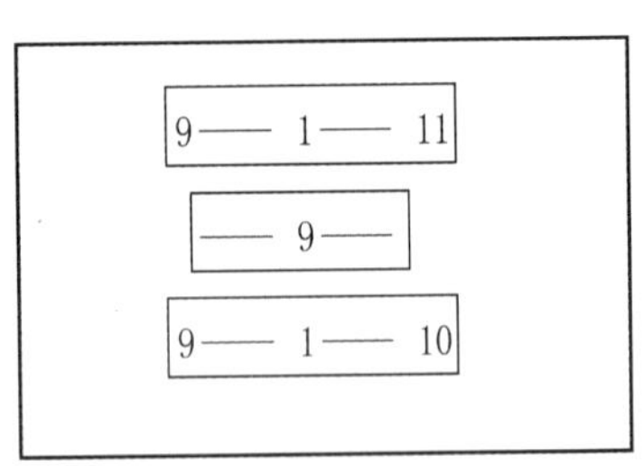

图中的数字分别代表史诗中依次出现的天数。尽管从上面左右两图的对比来看，左图似乎更具整体对称性建筑美感。但如本书其他章节所述，笔者认为，《伊利亚特》涉及的情节时间，的确只有50天。

如果说数百年流传下来的史诗传统中的数字，并非是偶然的或随机的话，那么，这些数字中间应当另外有什么特殊的含义，尤其是在上图之中。

2.《奥德赛》里的数字结构

在史诗《奥德赛》中，41天里，第8—28天这21天共占49行。另外，比如第4天1天86行；第8—11天4天34行；第12—28天17天15行；第34天1天74行；第36天1天132行。而另外有些天，则属于"特写"：第

33天、第35天、第39天和第40天。这几天共占13卷半的篇幅。第33天1天5卷；第35天1天2卷；第39天1天3卷；第40天1天3卷半。这些天是详述。

（二）误解数字

1. 并非拖尸绕城三匝

在古希腊神话或是其他介绍性作品中，赫克托耳被阿基琉斯杀死之后，前者被拖尸围绕伊利昂城三圈。但在《伊利亚特》中，从未见到有这样的描述。阿基琉斯杀死赫克托耳之后，将尸体倒拖回自己的营防，在《伊利亚特》第二十三卷第13行，是驱赶驭马“三绕躯身”；而在《伊利亚特》第二十四卷第15—16行，则是“将赫克托耳的尸躯绑在车后，赶马拉起，绕着墨诺伊提俄斯阵亡之子的坟冢连跑三圈”，而且这样持续了11天。到“第十二个黎明”的神明们开会商议，最后决定派伊里斯叫来塞提斯，宙斯告诉塞提斯让阿基琉斯同意普里阿摩斯来赎回儿子尸体，宙斯又派伊里斯告诉普里阿摩斯准备，宙斯又遣送神鹰示兆老王夫妇可行，又派赫尔墨斯导引，后者幻取阿基琉斯随从的形象导引普里阿摩斯安全抵达阿基琉斯的营棚。

总而言之，《伊利亚特》里的阿基琉斯并未拖尸绕城三匝，仅有拖尸绕身、绕坟三匝的举动。

2. 12天还是11天

赫克托耳的葬礼到底占用了12天，还是11天？

一般所留意到的赫克托耳的葬礼，阿基琉斯给留了12天。其实，在《伊》24.664—670行，普里阿摩斯的要求是11天，阿基琉斯当即答应了。也就是说：双方所同意的休战时间是11天。

为何说这个时间是准确的，因为首先是阿基琉斯要普里阿摩斯准确计算需要多少时间，对方当面分项准确计算①的，而且明确说：“第十二天上可以再战，倘若必须拼争。”（《伊》24.667）随即，阿基琉斯答应：“一切按你说的去做。在你需用的时间内，我将按兵不动。”（《伊》24.669—670）按照普里阿摩斯的“准确地计数”，是第十二天是“可以再战”日，不在普里

---

① 普里阿摩斯说：“我们要用九天时间哭悼在房宫，第十天上葬人，大家伙丧宴一顿，第十一天上我们将为他垒土筑坟，第十二天上可以再战，倘若必须拼争。”（《伊》24.664—667）而且他在回到特洛伊之后还强调：“保证决不伤害我们，在第十二个黎明到来之前。”（《伊》24.781）

阿摩斯所“需用的时间内”，那么按照阿基琉斯的允诺，这一天（第十二天）就不是阿基琉斯所说的“我将按兵不动”的日子，简言之：双方言语协同一致——前十一天休战，第十二天可开战。

可是，很多学者却模糊地认为阿基琉斯为普里阿摩斯答应的休战时间是12天。究其原因，应当是这样的。首先，当阿基琉斯提出“你需要多少时间”，并且还表示“在此期间我将打住”时，“多少时间”与“期间”给急于为赫克托耳争取“一段时间”的受众一个错觉，普里阿摩斯的回答中的最终结果就是关系“时段”的表达，进而把普里阿摩斯答语中的“第十二天”中的序数词“第”忽略（遗漏），只记住了“十二天”这个有“时段”含义的词语。从而把双方所协同的时段——“十一天”误认为“十二天”。

这是受众心理中一个很大的、值得充分揣摩的方面，是一个重要的例子。

3. 年龄与智慧

陈中梅先生认为：“上了年纪的人说话办事比较稳重，也比年轻人更具瞻前顾后的睿智，因而更能博取听者（或对方）的信任感。神祇常取凡人的形貌与之交往。”① （参阅第三卷第108—110行，第十九卷第218—219行，第二十三卷第589—590行等处）

但是普鲁达马斯作为与赫克托耳同年的年轻人，却能多次对他进言，提出有分量的见解，实属难能可贵。有关普鲁达马斯对赫克托耳的明智劝解，另见第十二卷第61—79行和第十三卷第726—747行。

第二节 职业

一 医者：两个

《伊利亚特》里有两个医者，其中一个是马卡昂。

马卡昂，是阿基琉斯担心其受伤的人。能够让阿基琉斯担心并派遣帕特罗克洛斯前去探视的人，应当是一个重要人物。首先确定的是：他是一个医者，于军队战斗疗伤很重要。

在《伊利亚特》第十一卷帕特罗克洛斯前去询问奈斯托耳那个他所陪同的伤者是否为马卡昂时，奈斯托耳除了告诉他军中的危机情况是：“最勇敢

① 参见荷马《伊利亚特》，陈中梅译，译林出版社2000年版，第237页注。

的斗士都已卧躺船边，带着箭伤，或被枪矛破剔。”

还依次告诉他军中最重要的几个将领型英雄的受伤情况：“图丢斯之子，强健的狄俄墨得斯已被射伤，奥德修斯和著名的枪手阿伽门农亦遭枪袭，欧鲁普洛斯大腿中箭，现在，我又带着马卡昂离战，又添一位，遭受离弦的箭击。”这几位分别是：狄俄墨得斯、奥德修斯、阿伽门农、欧鲁普洛斯、马卡昂。

奈斯托耳这些话中强调了：三类最主要人物受伤离战——最勇敢斗士、最主要将领、医者。

后来在欧鲁普洛斯的话中，透露出，另一名医者波达雷里俄斯仍在前线御敌。强调了：军队战斗力不足，医者临时替补，足见情势已至最后关头。最为重要的信息就是：两位医者，一位是马卡昂，“已经负伤，眼下息躺营棚，本身亦需要高明的医护”；另一位是波达雷里俄斯，忙于御敌。

但是，不能就此认为阿开亚军中的医者只有此二位，因为在帕特罗克洛斯给阿基琉斯的答话中有“眼下，熟知药性的医者们正在救治，为他们除痛去疾”。也就是说，最为重要的医者是马卡昂和波达雷里俄斯，而且他俩参战了，其余的医生还在救人。

二　射手：两个

在阿开亚人方面，射箭似乎在战场上一直没有用到。但是在《伊利亚特》第二十三卷的比赛中，第七项是射箭。参与该项比赛的射手只有两个人：丢克罗斯和墨里俄奈斯。

陈中梅先生在译注中提到：“丢克罗斯是大埃阿斯的同父异母兄弟，通常使用弓箭战斗（第八卷第 266 行以下），被伊多墨纽斯称作‘全军最好的弓手’（第十三卷第 313—314 行），但似乎‘运气’不是太好（参阅第八卷第 323—329 行和第十五卷第 463—470 行）。在云聚的希腊将领中，就弓手而言，《伊利亚特》提及的只有丢克罗斯和下行中的墨里俄奈斯，尽管在《奥德赛》里奥德修斯声称，他乃特洛伊城下仅次于菲洛克忒斯的弓手（参考该诗第八卷第 219—222 行）。”（《伊》23. 859 行注）

三　埃阿斯：两个

更为有趣的是，《伊利亚特》里有两位埃阿斯：一个快，一个高。

忒拉蒙之子埃阿斯，高大；（《伊》23. 708）俄伊琉斯之子埃阿斯，迅捷。(《伊》23.754) 在《伊利亚特》中，俄伊琉斯之子埃阿斯的被描述机会，似乎略逊于忒拉蒙之子埃阿斯。

两位埃阿斯的集体出现，在《伊利亚特》第十二卷："他言罢，忒拉蒙之子不予违抗，当即吐送长了翅膀的话语，对俄伊琉斯之子埃阿斯说谓：'你们二位，埃阿斯，由你和强健的鲁科墨得斯坚守此地，督促达奈人奋勇拼击励催，我要赶往那边，前去迎敌，一俟帮助他们脱险，我会马上赶回。'言罢，忒拉蒙之子埃阿斯大步离去，丢克罗斯与其同行，他的同父异母兄弟，后面跟着潘迪昂，背携丢克罗斯弯翘的弓械。"(《伊》12.364—372)

第九章　话语和推理

第一节　人生感慨

一　人神有别

在《伊利亚特》第二十四卷第525—533行，阿基琉斯给普里阿摩斯老王极富同情的回答中揭示了神人之别以及古希腊人的悲剧观。“此乃神纺的纺线，给不幸的凡胎，生活在悲苦之中，而神明自己则无有愁哀。那里有两只瓮罐，停放在宙斯宫居的地面，盛满不同的礼件：一只装载福佑，另一只填满祸害。倘若喜好炸雷的宙斯混合它们，送给一个凡胎，此人便会时而走运，时而陷入恶难。但是，当宙斯用清一色的悲苦相赠，他会使人毁败，邪恶的饥饿驱使他浪迹神圣的大地，颠沛，失去神和凡人的关爱。”

这里其实蕴涵了诗人所生活时代的古希腊人对“命运”和“悲剧”的思考。究其核心，有这样几个方面：其一，“悲痛”是神给凡胎纺的“纺线”，而神却没有；其二，尽管宙斯给凡人留备的礼件只有两罐：福佑或祸害，尽管这两个礼件的组合方式有四种：要么只给福佑，要么两者都不给，要么只给祸害，要么两者都给。但凡人实际所收礼物的方式仅有后二者。也就是说，凡胎没有权利两者都不要，更没有权利只要福佑。所以，相比于只收到祸害之礼的凡胎，那些收到两种混合礼件的人，就是幸运的，应该知足和感激。譬如裴琉斯，在阿基琉斯的叙述中，他一方面拥有了神祇的福佑：富有无人可比；主宰慕耳弥冬人；娶妻女仙。另一方面，他被“堆起了祸害”：独苗一根，过早死难；“面临暮年”，无子“照顾”。在普里阿摩斯的叙述中，婚娶女神塞提斯的人间英雄裴琉斯也得遭受“一样老迈，跨站暮年痛苦的门槛”（《伊》24.487）的痛苦。在阿基琉斯的感慨和劝告中，他强调了“福佑”与“祸害”同在的方面，所举例证分别是自己的父亲裴琉斯和眼前的老人普里阿摩斯。

宙斯对凡人“悲苦”这一点也是深有感触的，对凡人变老将死与“灾苦”深重，宙斯只能“生发怜悯”却无能无力，他说：“所有息喘和爬行地面的生灵里，凡人，是的，灾苦最重。”（《伊》17.446—447）凡人的悲苦很多，但在古希腊诗人荷马的口中，凡人最悲有三：会老，会死，受苦。

二 激励有方

奈斯托耳激励帕特罗克洛斯的方法很特殊，可谓“激励有方”。

奈斯托耳当初给帕特罗克洛斯的劝告，其重心绝对是希望帕特罗克洛斯劝阿基琉斯出战，实在不行，再请派帕特罗克洛斯出战。尽管有人不理解奈斯托耳的话，认为在那样紧急的战斗中，奈斯托耳离题万里，但笔者认为他的劝告是很讲求技巧的。

首先，他“从座椅上跳起”（《伊》11.644）的激动和热情令人动容。

其次，他的劝告（《伊》11.655—802）条理清晰，共分四部分：其一，以反问阿基琉斯的“伤心”来开始陈述惨烈军情。其二，自己现如今无力参战，而想当年“这便是我，凡人中的勇士，确曾如此”。以此对照阿基琉斯，强调后者“要独享……进益”已是“晚了”。其三，回忆当年两位父亲如何寄希望于两个儿子阿基琉斯和帕特罗克洛斯，一再强调“叮咛”，强调劝告的对象是阿基琉斯。其四，以“但是”提醒，实在不行，“至少派你出战”。

再次，他的劝告已经尽了全力，而且合情合理、重心突出。在回忆当年两位父亲的厚望时，他描述了场景细节和语言措辞。阿基琉斯的父亲裴琉斯“要他永做最好的战将，超越所有的杰英”。而奈斯托耳为了说服帕特罗克洛斯，用直接引语引出帕特罗克洛斯父亲“叮咛”儿子的原话：“儿啊，论血统，阿基琉斯远比你高贵，但你比他年长，若就年龄，虽说他比你强健，远为强劲。你要恳切说告，给他明智的劝议，为他指明方向；他会听从，对自己有益。”（《伊》11.785—788）两个父亲的两番话合起来有三层意思：其一，阿基琉斯的使命是：“做最好的战将”；其二，帕特罗克洛斯的使命是：因年长、明智而须尽“说告”“劝议”之责；其三，“你要”——必须“恳切”、必须“明智”、必须“指向”，而且“他会”听从。

然而，为什么阿基琉斯还是没有出战呢？那是因为帕特罗克洛斯急于出战，或者说他没有领会到奈斯托耳的劝告内涵，或者说是过高估计了阿基琉斯的愤怒，或者说是被阿基琉斯的愤怒吓怕了，或者说是他的劝告技巧不够成熟。总之，阿基琉斯没有出战。

第二节　帕特罗克洛斯“抢”战

一　帕特罗克洛斯的陈述

也许是考虑到阿伽门农前次被拒，不会再鼓起勇气“来祈援”，而阿基琉斯没有台阶，也不会主动请战。所以，帕特罗克洛斯才在从奈斯托耳及欧鲁普洛斯那里回来后，基本没有给阿基琉斯予以“恳劝”，而是在“陈述战况危急”之后即主动请命，阿基琉斯更是不好主动出战了。

注意，奈斯托耳当初的话是：“然而，即便是现在，你仍可进言聪明的阿基琉斯，或许他会听你。谁知道呢，倘若神灵助济，你可用恳劝唤起他的激情；朋友的劝说自有它的功益。”也就是说，在阿开亚人中最有威望的智慧兼勇武型老人奈斯托耳的判断中，帕特罗克洛斯仍然有望（“或许”）劝动阿基琉斯，可是，帕特罗克洛斯仍然没有做到。

一般受众可能要归因到阿基琉斯的愤怒上，其实只要看看帕特罗克洛斯的“恳劝”之词，也许就可以明白，他没有劝成功的“心理自信”和“言辞准备”。

帕特罗克洛斯的话有这样几点：其一，劝其“不要发怒”；其二，陈述阿开亚军兵中所有“最勇”者都已倒下；其三，把奈斯托耳对军情陈述中的5个人名中（除马卡昂之外①）的4个的伤情予以陈述；其四，连用一个问句和六个否定性评价句给阿基琉斯：

> 然而你，阿基琉斯，谁能使你平息？

---

① 为什么没有提到马卡昂的受伤？这是个问题，本来帕特罗克洛斯最有必要提到这个人，其因有三：其一，马卡昂是他受命去问询的人，其伤情是阿基琉斯的牵挂，他此番前去的“唯一”目的就是确认那个被奈斯托耳陪同的伤者到底是不是马卡昂；其二，在奈斯托耳的叙述中，马卡昂是与其余狄俄墨得斯、奥德修斯、阿伽门农、欧鲁普洛斯四人并列而单提的第五位英雄，显然是个重要的人物，为何在提到前面四人后却只字不提这个非常重要的人呢？唯有一个理由，那就是隐讳不提；其三，欧鲁普洛斯的“伤”和“述”都暗含了马卡昂的重要性，一个重要人物的伤尚需一个“路遇”者——帕特罗克洛斯来疗，足见医者之缺（尽管在欧鲁普洛斯的眼里和实际操作中，我们可以看到帕特罗克洛斯的确是个处理箭伤的好手，但是“缺医”却是一个不争的事实）。可是，在帕特罗克洛斯给阿基琉斯的叙述中，却是“眼下，熟知药性的医者们正在救治”（《伊》16.28）。换言之，帕特罗克洛斯不仅略去马卡昂受伤这一要事不报，还隐瞒了“缺医”这一实情，更为重要的是：他增加表述了“医者们正在救治”这一句详情，从而使得阿基琉斯的注意力被转移。

但愿这种让你沉湎的暴怒不会把我逮去！
祸害啊，你的勇气！你能给子孙后代什么进益，
倘若不为阿耳吉维人挡开可耻的毁灭？
你无有怜悯。车手裴琉斯不是你的父亲，
塞提斯也不是你的母亲；灰蓝色的大海生你，
还有那高耸的岩壁——你不会回心转意。（《伊》16.29—35）

这是帕特罗克洛斯在表述“派我出战”之请求前对阿基琉斯所谓的“恳劝”。仔细琢磨这些所谓的“恳劝”词句，就会发现，这些话不仅不能算做“恳切说告”，也不是“明智的劝议”，更没有一句是“为他指明方向”，也没有从对阿基琉斯“自己有益”的角度顺应“他会听从”的思路以达“恳劝”之目标。简言之，帕特罗克洛斯采用的是否定性定论式的直接评断，而非“恳切”如奈斯托耳那样的循循善诱，他急躁地突然掐断自己的感慨，并武断地替阿基琉斯作总结：“灰蓝色的大海生你，还有那高耸的岩壁——你不会回心转意。”

二 帕特罗克洛斯的“抢”

仔细细读帕特罗克洛斯的话：在陈述完战况后，他开口就责问：“然而你，阿基琉斯，谁能使你平息？”而且还胆小地说：“但愿这种让你沉湎的暴怒不会把我逮去！”随之又是“定论性批评”——“祸害啊，你的勇气！”接着又是“责问”：“你能给子孙后代什么进益，倘若不为阿耳吉维人挡开可耻的毁灭？”随之又是定性——“你无有怜悯”。还气急败坏地一口气说：“车手裴琉斯不是你的父亲，塞提斯也不是你的母亲；灰蓝色的大海生你，还有那高耸的岩壁。”似乎是在辱骂对方：你不配是裴琉斯和塞提斯的儿子，父母白生养了你。最后他沮丧地总结道：“你不会回心转意。”

即使本来阿基琉斯想要出战，这番强调其怒火无法平息、“无有怜悯”、“不会回心转意”的“鼓励”之词，也使得阿基琉斯盛情难却而“不敢”回心转意了。我们不会忽略阿基琉斯的反应，其第一句就是：“不，卓越的帕特罗克洛斯，瞧你说的这些！我并不知晓……”（《伊》16.49）显然阿基琉斯并不赞成帕特罗克洛斯的评价，或者说，他觉得对方说得很离谱：“瞧你说的这些！”并试图解释什么：“我并不知晓……”而且他还说：“算了，过去的事就让它过去吧，我的心里不会永远盛怒不息。”（《伊》16.60—61）

可是“树欲静而风不止”，帕特罗克洛斯的话让阿基琉斯为难，后者只好转而又说：“我不会罢息怒气，直到杀声和战斗紧逼至我的停船之地。”也即“息怒”是“有条件的”。换言之：若是敌人杀至我船边，我即息怒出战。所以，很大程度上，是帕特罗克洛斯“封”了阿基琉斯的“口”，并且“抢”了出战的理由。

另外，说帕特罗克洛斯是“抢”，是因为他的确想去作战，因为他给阿基琉斯请战的那10行很管用的话（《伊》16.36—45），一字不差地都是照搬了奈斯托耳给他所说的那10行很管用的话（《伊》11.793—802），只是将“你”换成“我”，将“他”换成“你”而已。最为重要的是，奈斯托耳“的话在帕特罗克洛斯胸中催起激情，他沿着海船跑去，回见阿基琉斯，埃阿科斯的后裔”。他“恳劝”阿基琉斯的话只有7行，为自己请战的话却用了10行。简言之，帕特罗克洛斯在实现奈斯托耳之“恳劝”建议的时候显然是“喧宾夺主”的，无论是主观故意，还是消极无为，其效果都是如此。

第十章　疑惑重重

第一节　矛盾与裂缝

一　赛事奖酬与分发

（一）均分奖酬

摔跤——均分奖酬，这是《伊利亚特》里让人费解的一个问题。在《伊利亚特》第二十三卷第700—739行，在阿基琉斯的主持下，阿开亚人举行一场摔跤比赛。主战者是奥德修斯和忒拉蒙之子埃阿斯，奖品：胜方将获一只大鼎——价值十二头牛；负方将获一名女子——价值四头牛。

从诗人的叙述来看，比赛在“第三轮角斗较量”开始前，就被阿基琉斯“阻止”，“避免致伤”。而其前两轮的情况分别是：第一轮是奥德修斯完胜。因为奥德修斯不仅将埃阿斯“仰面摔倒在地上”还“顺势扑压他的胸脯”，众人“惊诧”；第二轮是“双双倒地，临近跌躺，全身污泥，沾满”，因此，第二轮是战平。

可是，对于奥德修斯的战果——一胜一平，在阿基琉斯的宣布中，竟变成了“你俩全都赢了，即可均分奖酬”。如果说阿基琉斯这个宣布是为了平慰双方、“阻止冲撞”的话，那么，他的下一句话“即可均分奖酬”却激起这两个“全都赢了”的对手的冲撞——“均分奖酬”。因为，粗心的阿基琉斯也许忘了此二人的奖品本是何物——一只大鼎、一名女子。如何“均分”?

所以，阿基琉斯这里有两个失误：其一，战果宣布不准；其二，奖品分发失当。

（二）不赛而奖

这场赛事之最后一项——第八项的具体名称和内容不确定，甚至于比赛还没有举行，却颁发了奖品。前七项的各方面都比较清晰，换句话说，都有奖品、参赛者、比赛经过和结果，以及奖品分获情况，但是最后一项（《伊利亚特》第884—897行）却留下了这样几个疑惑。

其一，具体赛事项目名称和比赛方式未提到。只说“枪手们站起准备”，由此也可推断应该是“枪（刺）战”[①]。可是，众所周知，该连续进行的赛事之第五项就是枪战。难道有必要重复一次吗？如果要同一类型的赛事要分组进行，那也应该紧随第五项比赛（忒拉蒙之子埃阿斯与狄俄墨得斯的枪战）之后，即刻进行，可实际并非如此。何况诗人也未以“重复”或“再来”的意思在语言中提醒。

但是，从对比赛结果进行奖励方面来看，两项赛事应同为“枪战”。首先，本项赛事与第五项赛事的奖品相似——阿基琉斯拿出“一枝投影森长的枪矛”作为奖品；其次，胜负双方都有奖品，第五项赛事是胜者领获“战剑”，负者领获枪矛、盾牌和盔帽。而第八项赛事的结果（颁奖）是将那支事先准备好的枪矛和大锅分奖给胜负双方[②]。

其二，“不赛即奖”。当阿基琉斯把奖品搬放到位后，发现“站起准备”的“枪手”是阿伽门农和墨里俄奈斯，阿基琉斯当即宣布：“（比赛结果自明）所以，拿取这份奖品，回返”。也即，这是唯一一个“不赛即奖”的项目。

二　普王是站还是跪

在《伊》24.477—484行，普里阿摩斯老王走进阿基琉斯的营棚向杀死儿子的凶手阿基琉斯求祈，诗人对当时的情景是这样描述的：“高大的普里阿摩斯走进，不为众人所见，站临阿基琉斯的身边，展臂抱住他的膝盖，亲吻他的双手，这双可怕、屠人的大手曾杀死他众多的儿男。像有人陷入极度的迷乱，在故乡杀人，事后逃到别国避难，求援一位富人，使旁观者惊异一般，阿基琉斯惊讶，望着普里阿摩斯，神样的凡胎；众人亦面面相觑，表情诧然。”这段话能让阿基琉斯“惊讶”，让众人“面面相觑”，总体上给听众一种屏息凝视般的“意外”。

这种意外主要来自于：其一，如此深营固棚，老人竟然得以进入；其二，老人竟然有胆“站临”如此可怕的屠人者的身边；其三，一位如此老迈

---

① 这项赛事的确是枪战。因为在第886行，诗人说：“枪手们站起准备”，在第891行，诗人又用了“作为最好的枪手”，由此推断，这个赛事应当是“枪战”。

② 只不过在阿基琉斯的建议和请求下，胜负双方的奖品互易——（推断中的）负方墨里俄奈斯拿到了枪矛，而（推断中的）胜者阿伽门农则拿到了那口大锅。

的王者向凶手如此地屈尊求祈；其四，面前站临的是为赎回神一样高贵的赫克托耳的“普里阿摩斯，神样的凡胎”。

诗人用了一个比喻，核心是将具有王者之尊的普里阿摩斯向杀人者阿基琉斯的求祈，喻为杀人逃难者在异乡求援于一位富人。这个比喻，可算做荷马比喻中的另类比喻——反喻。其核心是，将本为上对下、尊对卑的关系，反过来比喻为下对上、卑对尊的关系。

诗人这里的比喻，重在让听众置身于一个由一连串令人屏息凝神的“意外”组成的场景之中。同时，领受这种由比喻句所点醒的——意外之外的“反差”所带来的——强烈的悲剧滋味：儿子被杀，尸辱多日，重礼请赎，如求施舍。

这里的氛围感很强，审美效果很明显。但是，这段描述中有两个疑问：其一，诗人说普里阿摩斯是“高大”的，却随后又说他“走进”，“不为众人所见”。这是为什么？是说普里阿摩斯“走进”营棚时，众人未能注意而未有防备？还是说高大的他被神“罩”着而不被看见？后一种情况是不可能的，因为此时，赫耳墨斯已经离去。所以，似乎是说：尽管他高大，但众人未曾注意到普里阿摩斯的到来。其二，诗人说普里阿摩斯“展臂抱住他的膝盖，亲吻他的双手”，而且此前是“站临阿基琉斯身边”，这里的问题是：此处细致的描述中似乎少了一句“跪在阿基琉斯的膝前”。否则就成了普里阿摩斯的“弯腰”或“蹲下”进而向对方“抱膝”、“吻手”了，似为不妥，求祈者的姿势普里阿摩斯是知道的，而且，看来他这里也正是采用的正式姿势。所以，诗人似乎是忘了提到“跪请”这一最为重要的动作，如果有的话，似乎更能反衬这位老者的悲痛与伤心。

但是，查了《伊利亚特》里多处提到的求祈姿势，似乎都没有“跪请”这个动作，倒是“左手抱着膝盖，右手托起下颌”是正确姿势。

求祈的姿势到底是什么样的呢？我们一一来看《伊利亚特》里的几处：第一，普里阿摩斯求祈阿基琉斯：“站临阿基琉斯的身边，展臂抱住他的膝盖，亲吻他的双手”（《伊》24.477—478）。第二，塞提斯求祈宙斯：“在他的身边下坐，左手抱住他的膝盖，右手上伸，托出他的下颌”（《伊》1.500—501）。第三，特洛伊方的兵哨探子多隆在即将被杀时求祈狄俄墨得斯：“试图托住他的下颌，同时祈求饶命”（《伊》10.454—455）。第四，神的求祈。雅典娜说塞提斯求祈宙斯时是“托抚他的下颌，亲吻他的膝盖”（《伊》8.371）。

由此看来，普里阿摩斯的吻抱姿势似乎是不当的，或者说他的这一姿势是否有另外一种特殊的含义。不过普王的动作中的确包含了“展臂抱住他的膝盖”这一重要内容。问题就在于如下这个三个连续的动作之间，怎么看怎么不协调：站—抱—吻。而其他场合的祈求姿态都有“跪请”这一环节，且以明确语言表述。所以说，这里是一个有裂缝的表述：如何“站”着“抱”对方“膝盖？

第二节　分歧与化归

一　史诗情节推进环节

《伊利亚特》史诗情节的推进，按照语词所提供的信息可作分析。其中史诗50天的情节内容可以按照情节时间、情节内容、卷行所占用的区间，以及相关重要问题的简要分析分类列举如下。

时间段	概要情节	卷行区间	问题分析
第1—9天	阿基琉斯与阿伽门农争吵的背景原因； 阿波罗送来瘟疫，一连九天（1.53）	1.1—1.53	乔奇姆①在第295页说：“战争进入第9年（2.295）”，其实原文说：“大家已在此挨过了第九个转逝的年头”（《伊》2.294—295），既然是“过了第九个”，当然就进入了第10年而非第9年。何况“普里阿摩斯的城堡在第十个年头里遭毁”（12.15）也印证了是10年。否则，10年特洛伊战争就缺了1年。
第10天	阿开亚人开会，争吵及其后果：阿基琉斯受辱，向女神母亲塞提斯泣诉	1.54—1.476	
第11天	克鲁塞斯平息神怒，奥德修斯归来；阿基琉斯怒坐	1.477—1.492	
第11—21天	阿基琉斯发怒（闷坐船边）11天［空白无描写］ ［这11天到底从哪天起算至哪天？原文是：阿基琉斯“闷坐”，随之是“然而，此后，随着第十二个黎明的来到”（1.493）停止了闷坐，显然中间这11天（11个黎明）属于怒坐持续的时间，若把史诗第11天算做第1个愤怒“闷坐”日，则第21天即为其第11个闷坐日，之后的第22天则为原文之“第十二个黎明”所指］		

① 本表格所举乔奇姆·兰特克斯（Joachim Latacz）的有关分析，皆见程志敏《荷马史诗导读》，华东师范大学出版社2007年版，第295—311页的“《伊利亚特》的场景”（Joachim Latacz. *Homer, His Art and His Word.* Tr. By J. P. Holoka, University of Michigan Press, 1996, pp. 108—119. 郑漫译）的内容。

续表

时间段	概要情节	卷行区间	问题分析
第 22 天	塞提斯“催求”宙斯，宙斯“点头”，众神会议	1. 493—2. 47	如上所述，此日当为史诗之第 22 天（而乔奇姆定此日为第“21”天，后一直延迟 1 天，至“第 41 天”又混乱。同时，其“第 22 天〈实际当为第 23 天〉前夕”的标示时间〈1. 605—2. 210〉亦有误，实际应为〈1. 605—2. 47〉)，且下一天起算点亦不应是（2. 210），而应为（2. 48）。
第 23 天	阿伽门农开会试探、挥军前进；休战与城墙观战；潘达罗斯箭伤墨奈劳斯破坏停战，双方死战；求暂停	2. 48—7. 380	
第 24 天	休战以葬死者，拒绝特洛伊人的有限妥协	7. 381—7. 432	
第 25 天	阿开亚人造了城墙；双方各自用餐；宙斯炸雷预示新战	7. 433—7. 482	
第 26 天	众神集会，战争于午后让阿开亚人被动，悲惨；五人劝战团从阿基琉斯处无功而返；双方深夜互相刺探情报	8. 1—10. 579	
第 27 天	双方拉锯战；赫克托耳重伤昏迷；阿开亚人死伤惨重；墙垒前鏖战；赫克托耳攻下墙垒，逼近海船；宙斯被迷睡，特洛伊人逃离；宙斯醒来，阿开亚人营地起火；帕特罗克洛斯出战、猛杀、受死；“抢”尸运归；阿基琉斯欲复仇，赫法伊斯托斯造铠甲和盾牌	11. 1—18. 616	
第 28 天	阿基琉斯释怨，哭悼、备战；出战埃内阿斯，水中作战，众神之战；特洛伊人逃跑；赫克托耳遇阿基琉斯，逃与追；命将死而被搏杀；尸被拖走，特洛伊人哭悼，痛极；阿开亚人挽歌哭悼，饱餐夜寝；阿基琉斯梦呓，惊醒	19. 1—23. 108	很明显，新的一天（23. 108）即第 29 天的开始标志未能引起乔奇姆的注意，自“第 27 天”（实际应为第 28 天）始至第 40 天，中间除了第 40 天之前的“辱尸”9 天外，按其推算，应尚余 2 天，他却毫无记录，模糊带过。

续表

时间段	概要情节	卷行区间	问题分析
第 29 天	阿伽门农令人伐运树木；为两人筑一坟；割抛秀发，哭祭帕特罗克洛斯；杀死众多肥羊壮牛、四马两犬和十二个特洛伊高贵儿子以殉火化	23.109—23.225	第 29 天的黎明（23.109）之后有白天的“太阳的暴晒”（23.190），当晚“整整一个晚上”（23.217）风至火化，“遗骨成灰”（23.222）。
第 30 天	灭火、收骨入坟；大型体育竞技（八项赛程）；阿基琉斯辗转哭忆、一夜未眠	23.226—24.12a	
第 31—39 天	阿基琉斯“辱尸”9 天	24.12b—24.30	与阿基琉斯相关共有两次“第十二个黎明”①。
第 40 天黎明前后	赎尸（普里阿摩斯老王在神使赫耳墨斯的带领下前往阿基琉斯营棚赎回儿子赫克托耳的尸躯）；神使赫耳墨斯亲自驱车送普里阿摩斯回家	24.31—24.783	注意：24.31—24.783 之间这是同一天，即“赫克托耳死后的第十二个黎明”所在的那一天——第 40 天。可是对这一天到底是不是“一天”的理解出现了分歧，其原因很多②。

① 第一次是上次愤怒（“闷坐”11 天）结束时，“随着第十二个黎明的来到”（1.493）；第二次是本次愤怒（“辱尸”11 天）结束时，“那是赫克托耳死后的第十二个黎明”（24.31）；但是后者是从“赫克托耳死后”起算的，即在第 28 天后加 12 天，即第 40 天。从而“辱尸”时段是 9 天，何况“长生者们已经争论九天”（24.108）亦是旁证。但乔奇姆认为“这种凌虐持续了 11 天”（p.310），此论很易使人误解。难道第 29 天和第 30 天也“辱尸”了吗？从史诗对这两天的描述中并未见到。

② 这时有个疑问出现：在 24.31—24.783 之间，共有三次“黎明”和两次“夜晚”出现，其先后次序依次是“黎明”（24.31）—“夜色已经降落”（24.351）—“黎明”（24.413）—“已息躺整夜”（24.678）—“黎明”（24.695），是否中间已经过了“两天”？如果不是，那中间的这些“黎明”与“夜晚”的接续出现意味着什么？对此，笔者的看法是这样的：首先，这中间的过程的确是同一天即第 40 天，而且这五处提到的时间概念，其实都是同一个“黎明”概念，而这一黎明的真正到来确是最后一个（24.695）。因为一方面，（24.31）与（24.413）的黎明措辞同为“第十二个黎明”，从而“这时夜色已经降落，遮蒙大地”（24.351）的“夜色”强调的是黎明前的“夜幕”使得“视线不清”，普里阿摩斯的使者在赫耳墨斯“走近”时才“眼见”对方。而在（24.678）处的“已息躺整夜”的“整夜”也是对即将到来的（第 40 天的）黎明之前的、众人昏昏的一整个长夜的提说而已，强调的是：天将亮、尸未归，暗（夜）中“赎尸”恐被察觉，催行送归。随之天亮。其次，“黎明”在这里并非一个时间点，而是一个时间段。中间经历的核心事件是“夜幕下赎尸”，具体有：阿波罗和赫拉的争论，宙斯派伊里斯找来塞提斯叮咛劝慰阿基琉斯答应赎尸，阿基琉斯允诺，普里阿摩斯求神谕、备车礼、忐忑出发，神使带路、悄然到访、悲慨交谈、允诺休战、饱食而寝、叫醒送归。尽管诗人用“不为众人所见”（24.477）和“无人眼见”（24.691）等暗示一方面是“暗夜”，另一方面是有神助，但是诗人仍在每个诗节之首不停地使用瞬时接续词“其时”、“言罢”等，并且连用表速度快、时间短的词汇“疾行”（24.77）、“尽快前往”（24.112）、“急速出发”（24.121）、“迫不及待地”（24.322）、“迅速”（24.441）、“直接”（24.471）、“迅速”（24.691）和“跑”等，以缩短时间，保证其仍处于“黎明”。待尸归，天才亮（24.695）。于是“倾城”（24.707）“悲号”（24.696）。

续表

时间段		概要情节	卷行区间	问题分析
两种看法：战争共50/51天	若共50天	尸躯归来，“全城”号哭；9天运柴，1天火化，1天收骨入坟。[24.695—24.804]	第40天早上“倾城”（24.707）“悲号”（24.696）时，普里阿摩斯老王令“聚集”“轮车”运柴。分歧在于：若当天就开始运柴了，则第50天是礼葬。若当天只聚集次日始运柴，则第51天是礼葬①。	
	若共51天		若以第40天的次日始伐运柴薪计，则：（24.695—24.783）是第40天；（24.784）是第41—49天；（24.785—24.787）是第50天；（24.788—24.804）是第51天。	

历来对于《伊利亚特》的史诗情节到底是50天还是51天，有着太多的争论。按照一般的理解，这个问题应当是个简单的乃至无聊的争论。其实，它代表着各位学者对史诗文本内容由阅读到思考的推理过程。

二 “51天”之说有误

其实，认为史诗的叙述情节有51天，这一看法是不准确的。

但为何从“次日”计，理由不足。

另外，即使假设乔奇姆所认定的（24.31）是第41天开始的标志这一分析可采信，其后来的分析仍有两点值得商榷：

（一）其随后的天数归并与认定不当

其一，上文已论，（24.31）与（24.695）属于同一天，并非如乔奇姆文中所列之分别为第41天和第42天，否则：众神的疾行与催迫是为何？普里阿摩斯在阿基琉斯营棚所经过的白天的描述在哪里？诗人一再强调的“无人所见”是多此一举？普里阿摩斯非得要在阿基琉斯的营棚待一整天？而且“无眠”的（24.679）赫耳墨斯所要竭力避免的被“门卫”、“其他阿开亚人知晓”而替其套车、“亲自驱赶”之“迅速”离开的方式难道是多余的？一定要不顾诗人的描述，而在第41天黎明前与第42天黎明前这二者之间的一

① 其实，对《伊利亚特》51天还是50天之论争，一部分因此而生。笔者认为：第50天是礼葬日。因为普里阿摩斯老王在第40天早上说：“现在……集伐柴薪，运回城来”，且众人套车“很快在城前聚集”（24.783），显然是当日首发，也即第40天为“一连九天”之运柴日的第1天，满九天（第40—48天），则下一天（第49天）抬尸、悲号、火化，再下一天（第50天）灭火、收骨入坟、丧宴。

整天里让众神都担心的事情坦然地“搁置”在阿基琉斯营棚？显然，没有“白天”之描述，也“不敢见天日”的两个“黎明”之间，是不可以逆理加进一个“白天”的。

其二，乔奇姆把（24.776）与（24.777）断开，模模糊糊把前者归为第42天，把后者归为“建造赫克托耳火葬场的9天”内容，而后者的开句是“这时……”显然，这是在难以廓清的问题上模糊处理的结果。从表格看来，他显然将自己所定的“第42天”作为上述“建造”之第一天了，以此推理，则其第50天为完成“建造”日，而由表格知：第51天（24.785）是葬礼。但是，（24.785—24.787）是“第十个黎明”所带来的那一天（休战之第10天）的“火化”；（24.788—24.804）还有“黎明重现”的那一天（休战之第11天）的灭火、收骨入坟和丧宴，这才是真正“礼葬”（24.804）之葬礼。可这一天乔奇姆没有算入，于是，两个问题出现了。

（二）时间分配与确定矛盾重重

其一，如果说（24.785—24.804）只是1天即第51天，举行了所谓的葬礼（从表格看，这个葬礼包括火化和其他），则在其所言之“第51天”（只能有一个）“黎明”既“点火”又“灭火”的问题。既然这“同一个”黎明都已经见到了“玫瑰红”（24.785和24.788），即在太阳随时都要“喷薄而出”的如此短暂的时间段里，既“点火”又“灭火”，这是为何呢？可能有二：一是赫克托耳（包括众人9天伐运的柴薪）易燃且易成灰，但那是不合理的，因为帕特罗克洛斯是经过“两位风神”“整整一个晚上”“弄火柴堆，合力，吹送尖啸的疾风”（23.212—23.218）才“遗骨成灰”（23.222）的，所以，赫克托耳不可能那么快火化成灰；二是“点火”不当故及时“灭火”，那也荒唐，尸骨未“化”何来“灰”以装？所以，只能是火化占1天（第51天），收骨入坟并丧宴占1天。可是后者（收骨入坟并丧宴）又要占哪一天呢？以此推理，只能是还有个第52天。但是，这不就打破历来51天或50天之争论的局限了吗？故乔奇姆采用了模糊法。

其二，其对被阿基琉斯允诺的“十一天休战”时间的分配有问题。相关问题上文已经论析，此处简要提及：因礼葬赫克托耳而得到的休战时间是“11天”，而乔奇姆表格中只显示了10天。假若乔奇姆作如下之推想，也许还稍有自己的理由：在（24.664—24.667）中普里阿摩斯老王被阿基琉斯答应的请求中是9天哭悼，第10天葬人、丧宴，第11天筑坟，后来在

(24.784—24.804) 中变了，原说在第 10 天和第 11 天的内容，是合在一天完成的，从而所有事项共用 10 天。可是我们只能按史诗实际对那 11 天的具体描述来分析。所以，乔奇姆的分析很成问题。

笔者认为目前对《伊利亚特》天数计算问题，其误解与分歧主要出现在如下几点上：

第一，总共的天数是 50 天还是 51 天之争的症结，是把（24.695）的“黎明”看做（24.31）的“黎明”的下一天而非同一天，从而容易形成 51 天而非 50 天。其中，把（24.31）的“黎明”与（24.695）的“黎明”看做同一个的，一般认为是 50 天①；看做先后各自一天的，一般认为是 51 天②。

第二，把（24.31）看做第 41 天的“黎明”③，则有可能使严格计算出来的总天数达到 52 天。

第三，把（1.493）看做第 21 天的“黎明”④。

第四，把阿基琉斯的“辱尸”当做 11 天⑤，还是 9 天的问题。

以及其他诸多方面。

概而言之，问题难点是：其一，（24.695）的“黎明”与（24.31）的“黎明”是否同一天；其二，与阿基琉斯的两次“发作”（一次“怒坐”，一

---

① 主要是亚里士多德的看法。参见亚里士多德《诗学》第五章译注 6，《诗学·诗艺》，第 18 页。

② 认为共有 51 天的人较多：其一，“它只不过采取了这场战争的一个小小的断片——这场围攻临近结束时的七周多一点时间（五十一天）。”［Homer. *The Iliad*. Translated by Lang，Leaf and M-yer. Introduction by Louise Pound. P. Viii（New York，1930）.］；其二，“《伊利亚特》仅仅叙述了这场战争第十年中的五十一天的行动。”［Homer. *The Iliad of Homer*. Translated by William Benjamin Smith and Walter Miller. Introduction by Walter Miller. P. X（New York，1944）］；其三，“《伊利亚特》重点突出，集中表现了五十一天的情况。”［石璞《欧美文学史》（上），四川人民出版社 1980 年版，第 53 页］参见甘运杰《荷马史诗情节动作时间考辨》，《郑州大学学报》（哲学社会科学版）1982 年第 2 期，第 94 页，第 100 页。

③ 乔奇姆·兰特克斯（JoachimLatacz）的有关分析表格，见程志敏《荷马史诗导读》，华东师范大学出版社 2007 年版，第 310 页附录表格内容。

④ 同上书，第 296 页附录表格内容。

⑤ 乔奇姆·兰特克斯（JoachimLatacz）也认为是 11 天（见程志敏《荷马史诗导读》，华东师范大学出版社 2007 年版，第 310 页附录表格内容）。而甘运杰时而以 11 天论［见甘运杰《荷马史诗情节动作时间考辨》，《郑州大学学报》（哲学社会科学版）1982 年第 2 期，第 94 页，第 92 页］，时而又总结为 9 天［见甘运杰《荷马史诗情节动作时间考辨》，《郑州大学学报》（哲学社会科学版）1982 年第 2 期，第 94 页，第 100 页］，这也说明关于“辱尸”的时段问题也是个令人困扰的问题。

次“辱尸”）之后的史诗表述之“第十二个黎明”的具体起算日期难以确定①。

第三节　思考与疑问

一　与阿基琉斯相关

（一）裴琉斯的生存状态

在电影《特洛伊》（Troy）中，普里阿摩斯老王在向阿基琉斯请求赎回儿子赫克托耳尸体的时候，提到了自己认识阿基琉斯的父亲裴琉斯，还说他因为“英年早逝”再也不用看着自己的儿子在自己的面前死去。

在第十六卷，阿基琉斯清晰地告诉给帕特罗克洛斯：我们的二位父亲都还活在人世，“然而，阿克托耳之子墨诺伊提俄斯仍然健在，人们对我告诉，埃阿科斯之子裴琉斯依旧在慕耳弥冬人中居住”（《伊》16.15）。也就是说，到了第27天时，裴琉斯还活着。这一点很重要。

但是在第十八卷，阿基琉斯的母亲塞提斯却在向匠神赫法伊斯托斯哭诉时，说：“如今，他被可悲的老年摧垮，在自家的厅堂里卧躺。”（《伊》18.434—435）言下之意，裴琉斯只是年老在家而已。

那么，到底裴琉斯是死是活？从第十九卷看，裴琉斯还活着。阿基琉斯在想到因帕特罗克洛斯之死，其父“正滴淌松软的眼泪”时，他想到了自己的父亲，他的表述是：“此刻，我想，裴琉斯不是死了，入埋，便是命若游丝，虽说还在，残守老迈的悲哀，总在等候我的噩耗——那时，他会听闻我已被人杀害。”（《伊》19.334—337）从这个表述中看出：其一，裴琉斯应该还活着，至少阿基琉斯还没有听闻父亲已死的消息。不过，由于战争旷日持久，与家乡消息阻塞，他只有对父亲以“不是（死）……便是（活）”的猜测了。其二，他的父亲裴琉斯和母亲塞提斯的关系似乎很渺远。母亲住在海里，父亲在遥远的故乡，夫妇两人几乎是身处两个世界。对于父亲，阿基

① 关于《伊》24.31之“此后，第十二个黎明”的算法，有人（威廉·本杰明·史密斯和瓦尔特·米勒的《荷马的伊利亚特》行对行扬抑抑格六音步诗体英译本）作“thereafter’即“此后”，或译为“自那以后”，核心是不把“那”算作第1天；但有人（兰格、利弗和迈尔斯的《伊利亚特》散文体英译本）就作“fromthatday”（参见甘运杰上述文章之第93页）即“从那天起”，核心是把“那天”算作第1天。像这样有分歧理解、翻译和评论的人很多，从而就必然形成了前后差1天的情况。

琉斯所能运用的词汇唯有“死”、“埋”、“命若游丝”、“残守老迈”、“悲哀”、“总在等候”、“（儿子被人杀害的）噩耗”。父子两人必然要分隔两个世界。

从家庭伦理角度来看，阿基琉斯的家庭，是一个充满了分裂因子的家庭。在阿基琉斯再次冲进战场的当口，他回答了两匹驭马对其死亡的预言，他的话中有“远离母亲，远离亲爱的父亲躺倒”一句。这是“分裂”之后的“别离”。与阿基琉斯紧密相关的意象中，“败亡”和“别离”的成分最多。

（二）阿基琉斯的婚姻状态

阿基琉斯在《伊利亚特》史诗里的婚娶状态是不明朗的。他所俘获的女人布里塞伊斯，到底是作为他的妻子还是作为他的情人？不得而知，史诗只强调了她作为阿基琉斯所喜欢的女人而存在。那么，阿基琉斯在征战特洛伊这十年里，他应当是没有婚姻的，换句话说，阿基琉斯是没有妻子的。至少《伊利亚特》史诗没有提到这一点。

何况，《伊利亚特》对史诗情节所涉及的几位最主要战将，除了阿基琉斯和帕特罗克洛斯没有被提到婚娶的事情外，其余都提到过。阿伽门农的妻子与其情人埃葵斯托斯的关系因萨特的《苍蝇》而世人皆知；墨奈劳斯的妻子海伦本就是战争的核心起因；赫克托耳的妻子安德洛玛克成为名女人，最主要的是她的那番临别之词，成为《伊利亚特》史诗中最为感人的（也是唯一的一次）夫妻话别。普里阿摩斯老王与妻子赫卡伯，等等。这些都是史诗富有家庭亲情和一般人性美的主要组成部分。可是，阿基琉斯和帕特罗克洛斯却没有。阿基琉斯有的只是被宙斯看重的母亲和老迈的父亲，他所爱的女人被抢走。仅此而已。

二 其他问题与疑惑

（一）“愚狂”到底如何惹了宙斯

在《伊》19.130 行，宙斯对“愚狂”使用了最粗暴的惩罚措施之一——抛摔到人间。之所以这样做，是因为“剧烈的苦痛刺扎宙斯的心灵”，但是为什么宙斯要苦痛，应当是赫拉的话中有什么让他觉得后悔或愤怒的。要如果有，就应当这样分析：

宙斯被赫拉要求发誓并兑现让即将出生的一个男孩“在以我的血脉繁衍的种族里，此人将王统全民”，而赫拉到凡间则让裴耳修斯之子塞奈洛斯的妻子生子，而推迟了本该生子的阿尔克墨奈的生育。在完成这个既成事实之后，赫拉明确报告宙斯说这个已经出世并将王统的人，是“裴耳修斯的后人”，让他“王导阿耳吉维人”①。也即，赫拉利用了宙斯的信任和“没有察觉”，把誓言予以“错位”兑现，并在事后明确给了宙斯。宙斯的痛苦源于自己曾“庄严起誓”的誓言竟然被别的神祇利用。他认为是“愚狂”促使自己这样“没有察觉”，因此他惩罚了“愚狂”：其一，“不许误惘神人的愚狂再返奥林波斯和多星的天际”；其二，抛摔女神“愚狂”至凡界农田。

从宙斯的表现来看，他是认为：是“愚狂”这个“误惘神人的”女神，让自己变得“愚狂”，从而“没有察觉”。因此，他就“庄重起誓，心怀怒气”地惩罚了女神“愚狂”。

（二）“献发”——礼仪

“献发”是否一种礼仪？在《伊》23.151行，阿基琉斯决定将本来要献给河神斯裴耳开俄斯的“一绺褐黄的发束”“割下”，“现在”“我将献发帕特罗克洛斯”，“言罢，他把发绺放入挚友的手心”。由此看来，献发，当是一种为表示衷心或诚挚心意的一种庄重礼仪。有时，它表现为抛撒割下的秀发，以表哀悼。

（三）海伦的年龄

在《伊》24.765行，海伦在哭悼赫克托耳的时候说自己来到特洛伊已经20年了，这是在特洛伊战争已经持续了10年的时候，换言之，海伦到特洛伊10年之后其丈夫墨奈劳斯才组织军队进攻特洛伊吗？同时要问：海伦到底有多少岁了？从她思念自己的丈夫、孩子和家乡来看，她有可能在来特洛伊之前已有20岁，再加这里的20年，所以，海伦已经超过40岁了。但在史诗里，海伦和帕里斯都表现出二十几岁年轻人的热火与纯情。所以，似乎只能说，诗人在人物的年龄方面，是忽略时间以求模糊效果的。

（四）辈分关系

阿开亚人进攻特洛伊是因为爱神阿芙罗底忒在兑现自己的诺言：帮助特洛伊小王子帕里斯拐走海伦，同时帕里斯把其大量财物也带走；而帕里斯判给阿芙罗底忒的金苹果是在塞提斯与裴琉斯的婚礼上被争吵女神厄里斯扔下来的。那么，从这一点来看，作为塞提斯与裴琉斯唯一的儿子阿基琉斯，婚礼之后才出生，而这个时候，比赫克托耳年轻的帕里斯已经是可以被宙斯信

① 荷马：《伊利亚特》，陈中梅译注，译林出版社2000年版，第529页。

任来判金苹果之争的年轻王子了，也可以说，帕里斯、赫克托耳等人应当是阿基琉斯的父亲一辈的人了。

但是，从《伊利亚特》的叙述来看，裴琉斯和奈斯托耳、福伊尼克斯、普里阿摩斯等人是同辈人，而赫克托耳、帕里斯、阿基琉斯和帕特罗克洛斯等人才是同辈人。这里的年龄到底是什么样的？的确是个难以明白的问题。

第二部分　《哈姆雷特》

第十一章　20世纪之前的批评

第一节　“哈评”基本情况

一　“哈评”的发展历程

西方《哈姆雷特》批评从18到20世纪整体形成了一个“总体肯否—性格精析—曲径探源”的基本发展轨迹；中国《哈姆雷特》批评在从20世纪中叶开始译介和学习西方理论的过程中发展，虽有新的发现，但在前苏联研究的影响下，仍是在他人传统研究框架内寻找别种解释。西方18、19世纪的《哈姆雷特》批评大都停留在争论情节与性格的层面，直到20世纪才真正进入文本内部研究，生死主题、神秘思想、神话思维等成为人们“曲径探源”的主要倾向；20世纪最后几年，中国很快完成由传统外部研究向内转的动作，融入了新视角的研究这一行列而与西方同行。

自从《哈姆雷特》1601年诞生，四个世纪以来，西方评论界对它的批评有一个发展过程，其大体线索是：总体印象性情节评介——细节分析性人物剖析——思想追究性多面探求。

有学者是这样给《哈姆雷特》评论（以下简称“哈评”）梳理线索与研究倾向的。（1）18世纪：英国假古典主义时期的文学家和戏剧家对于哈姆雷特的坚强气魄是不发生怀疑的；可是他们没有看到哈姆雷特的内心世界，他的精神生活和理想追求。（2）19世纪：浪漫主义兴起之后，英国、德国以及西欧其他一些国家的文学家和戏剧家一般都肯定了哈姆雷特的理想精神，可是又把他当做了白日梦者，优柔寡断的知识分子的代表人物——所谓“哈姆雷特型”。（3）20世纪：西方评论家在道义感觉和社会良心方面深有感触。“历史派”和心理分析派把哈姆雷特当机器一样拆析。主观唯心主义的文学和戏剧批评家在这个形象面前往往就充当了“哈哈镜”[1]。尽管上述分析将“哈评”发展的分期及其特点把握得较为准确，但也不乏偏颇，比如对20世纪的西方“哈评”的总结就只取缺点不谈优点，忽略了他们在《哈姆雷特》研究上对思维角度的独特探索和对研究领域的有益拓展，殊不知，正是20世纪的“哈评”家打开了这一研究领域的新局面，而且取得了令人瞩目的成就。

二 18世纪总体肯否

由于莎士比亚的创作具有现实主义的穿透力，故而它与当时的艺术原则以及后来的古典主义有一定的差异，所以在作品诞生的初期并未像《堂·吉诃德》那样引起西方世界大范围的关注。直到18世纪中叶才开始有对其较为系统的研究文章问世。其中著名的评论家以英国的汉莫、约翰逊，法国的伏尔泰为代表。

汉莫发表于1736年的《〈哈姆雷特〉悲剧评论》被称为“哈评”史上第一篇正规的批评文章。在这篇文章中，汉莫明确认为《哈姆雷特》是莎士比亚剧作中最成功的一部，原因是它写得严肃悲壮，完整统一。《哈姆雷特》是莎士比亚根据沙克索·格莱姆《丹麦史》中有关哈姆雷特的记述改编而成的，作者在改变过程中剔除了其中一些不合理的成分如人物的疯狂举动等，选择精美的情景入剧，使作品显得严整有机。不过，作者在改编过程中，故意在其悲壮情境中穿插一些喜剧因素，并无来由地让哈姆雷特装疯，把他写成一个犹豫不决的人，这或与作品悲剧气氛不合，或与剧情的发展不协调，不能不说是败笔。[2] 汉莫之后的另一位重要的“哈评”家是法国的伏尔泰。他认为《哈姆雷特》的创作是失败的，它“既粗俗又野蛮”，“是一个烂醉的野人凭空想象的产物”，“它甚至不会得到法国和意大利最卑微的贱民的支持”。伏尔泰重在批评莎士比亚：在作品中塞进了一些与生活真实不符的离奇的东西；插科打诨的戏剧因素损伤了严肃悲壮的悲剧效果；平添了许多不相干的情节。但是，伏尔泰也肯定了莎士比亚有“一些无愧于最伟大天才的崇高特点”。《哈姆雷特》中“有着人们所能想象的最有力、最伟大的东

---

① 卞之琳：《莎士比亚悲剧论痕》，生活·读书·新知三联书店1989年版，第93页。

② 《哈姆雷特批评文集》，纽约1960年版，第95—100页。

西”。[①] 18世纪另一位英国“哈评”家约翰逊看重的是《哈姆雷特》的情节丰富生动性，他肯定了莎士比亚在悲喜剧协调转换方面的剧作成就，而这一点却是汉莫和伏尔泰的指责对象。约翰逊同时还肯定了作者在严肃与轻松的情景设置和人物的独特塑造方面的贡献。当然，他也指出了作品的几处不足，诸如许多情景无效，装疯理由不足，主角陷于被动，结局不合情理等问题。

由于18世纪的西方社会尚处于资本主义发展的早期阶段，对物质方便和经济利益的追求占生活主导，普通人生活辛劳忙碌。这种客观的生存状态，使得作为人类认知世界的重要方式的文学创作和文学批评，依然难于脱离长期以来对叙事体文学尤其是总体叙事情节的丰富生动性、曲折离奇性的崇尚。因此，西方早期的“哈评”家将主要关注点集中在《哈姆雷特》的情节总体印象性评介的特点也就易于理解了。我们也注意到，有关于《哈》剧“装疯理由不足”、“许多情景无效”等一直以来困扰理论界的话题就是在这时被明确提出来的。总之，18世纪的总体印象性情节评介，给人们以远距离全景式视觉效果，打开了后世“哈评”之门。

第二节　19世纪“性格批评”

19世纪，西方世界对文学作品的批评已发展到从作品内部细节进行各方面的剖析和探寻。理论界对《哈》剧的讨论也逐渐从以前的作品总体情节印象感受性分析发展到人物形象各方面特点的分析上。

一　延宕性格的不同理解

19世纪首先是对主角哈姆雷特性格的突出特点——犹豫不决、行动拖延——延宕的不同理解上。

（一）确有延宕性格，实属遗憾

认为哈姆雷特性格中的确有延宕的一面，而且对此表现出一定程度的遗憾感。

1. 从气质禀性方面分析，认为哈姆雷特生性软弱，或者意志薄弱。也就是说，是性格软弱使他延宕。

---

① 《莎士比亚评论汇编》上册，中国社会科学出版社1979年版，第352—353页。

这一观点的代表人物是德国伟大作家歌德和英国学者柯尔立奇。1795年，歌德在他的作品中分析说："一个禀性优美、纯洁、高尚而有道德的人物，却没有作为英雄所必具的魄力，垮倒在他既不能担当又不能抛弃的重负之下；一切责任在他都是神圣的——这太难了。"[①] 柯尔立奇的《讲稿集》中分别在1808年和1812年阐明了与歌德相近的观点，他说，"哈姆雷特具备了一切可爱和优秀的禀性，只是缺少了一项品质"即"内心有一整个世界的人物身上所习见的对于行动的厌恶"。他在肯定其优秀禀性的同时指出其唯一缺乏行动的魄力的缺点——性格太软，难当大任。歌德显然是联系到他的人物——少年维特的性格，忧郁占据了人物面临困难时的主要心灵空间；而柯尔立奇则是从浪漫主义"启蒙理想失落"情结角度去理解，得出了人物生性软弱的一面。

2. 从剧作中人物的行为表现角度分析，认为"过多的沉思损害了行动"[②]。

1811年，史雷格尔提出了上述观点。1818年，柯勒律治也提出类似看法，他认为哈姆雷特的"心灵总被内在世界占据，失去了对外界事物的真实感"。"他由于敏感而犹豫不定，由于思索而拖延，精力全花费在做决定上，反而失去了行动的力量。"[③] 也就是说哈姆雷特是一个冥想派知识分子形象。

3. 从人物的内在心理角度分析，认为哈姆雷特是因为情绪忧郁而延宕。

1838年，别林斯基认为哈姆雷特"正经历精神发展过程的中间的、或分裂矛盾的阶段"[④]。处在忧郁思虑状态中的主人公是难以采取行动的。1855年，马克思也认为哈姆雷特的忧郁是他性格的本身。他说，设想拿破仑帝国"而没有帝国的胜利，就好比设想哈姆雷特而不但少掉了丹麦王子的忧郁，连王子本身都少掉了"[⑤]。1904年，布拉德雷在批驳"良心问题使他不能行动"的观点时指出，"不幸的命运强加于他的病态的忧郁，成了障碍"。[⑥] 也

---

① 《威廉·迈斯特的学习时代》第四篇第十三章，《古典文艺理论译丛》第3期，人民文学出版社1962年版。

② A. 史雷格尔：《戏剧艺术与文学讲座》(1811) Ⅱ，2.。

③ 柯勒律治：《关于莎士比亚的演讲·哈姆雷特》(1818)，见《莎士比亚评论汇编》上册，第146—147页。

④ 别林斯基：《莎士比亚的剧本〈哈姆雷特〉——莫恰洛夫扮演哈姆雷特的角色》(1838)，见《莎士比亚评论汇编》上册，第430—436页。

⑤ 马克思：《六月十八日的失败》(马拉霍夫·库尔干的冲击) 伦敦，1855年6月23日。

⑥ A. 布拉德雷：《莎士比亚悲剧〈哈姆雷特〉》(1904)。

就是说，布拉德雷认为是命运使哈姆雷特忧郁，忧郁使他延宕。

4. 角色与使命之间的距离造就了人物性格的延宕。

其代表人物是彼得·乌尔，他认为："哈姆雷特与复仇者角色之间有一种距离（gap），历史传统所规定的复仇者的角色与任务过于严峻，不容易充当和执行。莎士比亚要写的就是这种矛盾状态。"① 与此相近的是19世纪中叶德国批评家卡尔·魏尔德的观点，他认为，哈姆雷特为了"暴露克劳迪斯，揭发他，使他的罪恶公之于众"②，因为"如果他杀了国王而无任何方式证明他本人的行为是正当的"③，他在别人的眼里就成了野心家、篡位者和凶手，成了众矢之的。而要将克劳迪斯的罪行公之于众是短时期内不可能完成的，由此，任务的艰巨使他延宕。20世纪后期中国的"哈评"专家卞之琳也有同感，"到处邪气压倒正气。丹麦、整个世界都是一所大监狱。由社会问题到人生问题，他觉得自己要不要活下去都成了问题。当他把问题扩大来思考的时候，他的仇恨深而广，独白中反映了他顾虑抽刀一击并不能彻底解决社会不平问题的苦闷，进一步行动也就反而在客观上延宕了下来"④。

5. 环境险恶、理想幻灭使他延宕。

这是20世纪的观点，1960年，L. 奈茨认为："哈姆雷特的意识已被腐蚀到不能肯定什么的程度。"⑤ 卞之琳认为："理想幻灭，造成了'忧郁'。哈姆雷特开始怀疑到'人'，怀疑到'女人'，怀疑到社会，怀疑到人生。"他进一步指出："哈姆雷特的装疯发泄了他的忧郁，可是在装疯中放手思考了问题的时候，他的忧郁也愈来愈深。"⑥ 奈茨和卞之琳是从囚笼对主体的挤压和主体的被迫行动方面来评论的。

6. 延宕是自我中心主义的表现。

1948年，萨拉瓦多·德·玛达雷戈批评哈姆雷特是"无情的自我中心主义者，除他自己外，不关心任何人与事"⑦。R. 贝利在《数不到两下：关

---

① 彼得·乌尔：《人物与角色，从理查三世到哈姆雷特》，收入约翰·布朗等编《斯特拉弗研究》第五辑。

② 《哈姆雷特批评文集》，纽约1960年版，第251页。

③ 同上书，第250页。

④ 卞之琳：《莎士比亚悲剧论痕》，生活·读书·新知三联书店1989年版，第28页。

⑤ L. 奈茨：《对哈姆雷特的一种看法》（1960）。

⑥ 卞之琳：《莎士比亚悲剧论痕》，生活·读书·新知三联书店1989年版，第23—27页。

⑦ 萨拉瓦多·德·玛达雷戈：《论〈哈姆雷特〉》（1948）。

于〈哈姆雷特〉》[①] 一文中就“哈姆雷特意识”的问题进行分析时，即认为哈姆雷特的重要特点是具有自我保护、自我肯定、自我突出等本能的“强烈的自我中心”思想意识。20 世纪后期中国“哈评”专家孙家琇认为，他的这种过高的，虽然出于诚意的自我要求，实际上只能是虚妄的理想主义的冲动。哈姆雷特不是自大狂或吹牛大家，可是他不自觉的自我中心意识和距离广大受苦群众很远的、本能的思想感情，在强烈的责任心的激发中流露了出来。[②]

7. 延宕是他对旧式流血复仇行为本能地抵触表现。

20 世纪后期中国“哈评”专家孙家琇详细论述了这一点，认为哈姆雷特的思想意识中有对父王的热爱、怜悯和对恶人的仇恨，承认为父王报仇的正义性，但从台词和情节中可以看出：他的潜意识中有不自觉地、本能地对旧式流血复仇行为的抵触。[③]

8. 延宕是精神失常的表现。

1847 年，伊撒克·罗艾在《莎士比亚关于疯狂的描写》中按病理学诊断，认为哈姆雷特完全疯了。[④] 当然，这种看法显然是忽略了作者的写作用意，可能也是受了莎士比亚其他作品中由于巨大打击造成人物真疯（如李尔王）等的影响而产生用病理学去推断哈姆雷特的想法。

9. 延宕是俄狄浦斯情结在作梗。

恩奈斯特·琼恩斯在《使用心理分析》中按照弗洛伊德性心理学分析，认为哈姆雷特的延宕“是由于他对他所承担的复仇任务的特殊的厌恶心理造成的”[⑤]。哈姆雷特患了男孩恋母的俄狄浦斯情结，心思不是放在复仇上，即俄狄浦斯情结是哈姆雷特秘密的一种解释。这种恋母杀父情结使得哈姆雷特将克劳狄斯杀其父亲娶其母亲的行为看成是他自己潜意识中本想要做的，他罪恶的叔父就是他的化身。因而就深层心理而言，他杀克劳狄斯就等于杀自己。哈姆雷特之所以延宕，根源在他的潜意识[⑥]。人们对这种分析表示理解的同时忽略了一个关键点：克劳狄斯杀兄娶嫂篡位所造成的失衡结果与哈姆

① 收入《莎士比亚年鉴》第 28 卷（1975）。

② 孙家琇：《论莎士比亚四大悲剧》，第 50 页。

③ 同上书，第 52 页。

④ 伊撒克·罗艾：《莎士比亚关于疯狂的描写》，见《美国疯狂病丛刊》1847 年第 3 期。

⑤ 《哈姆雷特批评文集》，纽约 1960 年版，第 123 页。

⑥ 同上书，第 137 页。

雷特试图复衡的努力自始至终是剧情的一对核心矛盾冲突。而且，恩奈斯特·琼恩斯对俄狄浦斯情结的理解过于狭隘，恋母杀父中的“父”并不一定单指“亲生”父亲，他也可以是继父甚至是其他与母亲关系亲密的异性。在《哈》剧中，与哈姆雷特的母亲同床共衾的是继父克劳狄斯，因此，恩奈斯特·琼恩斯的理解恰好相反，哈姆雷特的家仇（杀父）、国恨（篡位）、情债（占母）三支箭矢之的唯有一个——克劳狄斯，他必欲杀之而后快，岂有自欺欺人地因此而延宕的道理？

10. 延宕是哈姆雷特惧当国王的心理反应。

国内学者袁宪军利用弗雷泽在《金枝》中有关古老丛林中的仪式分析哈姆雷特的延宕，认为克劳狄斯是这一仪式中的祭司兼国王，而眼见和耳闻的有关于获取这一职位的残酷性和维护这一职位的危险性，使哈姆雷特对生命的关注和爱惜感倍加强烈，对死亡的恐惧、就任祭司兼国王这一职位的人都惨遭谋杀的事实，构成了哈姆雷特延宕的心理动因①。袁宪军的这一解释有一定的道理，我们认为对此还应该再注意一点：祭司兼国王的职位在被获取之后一般是应保持且能保持一段时间的，直到在位者无力（衰弱、病老等）时，新的残杀才会发生。而《哈》剧中的旧残杀才刚结束，新王不仅体魄壮健、武艺高强而且才思敏捷、英明果断，因而夺位的新的残杀时机远远未到。对这一时机的等待也就是哈姆雷特的延宕。我们还认为，剧本中的哈姆雷特也考虑到了新王上台后新局面的相对稳定坚固性。克劳狄斯虽打破了旧和谐但也建立了新和谐，而且新和谐一面继承了旧和谐的全部内容（王后乔特鲁德、旧臣泊洛涅斯以及危机四伏的国内外形势），一面更优于旧和谐的是：新王生命力旺盛，智勇双全。迅速杀了新王，优化的和谐将瞬间被打破，这是本想“重整”而非“重乱”乾坤的哈姆雷特所不愿看到的，在他对打破这一新和谐的必要性进行权衡时，就产生了舞台上真实而自然的人物表现——延宕。

（二）性格延宕，实无必要

早在1736年，托马斯·汉莫就指出：“延宕是剧情需要，早杀国王，悲剧在第2幕即可结束。”即延宕是作者创作时的有意安排。早期“哈评”家汉莫其实是看出了与莎士比亚以前或同时代的其他复仇剧主人公往往由于行

---

① 见袁宪军《〈哈姆雷特〉与阿里奇亚丛林中的仪式》，《外国文学评论》1998年第3期，第90页。

动方式与时机不当而不能迅速行动不同的是：造成哈姆雷特延宕的还有远为复杂深刻的主、客观原因——企图实现扭转乾坤或“整好时代”的理想与这个理想实际是不可能实现之间的矛盾，而这一理想与现实的矛盾恰好是莎士比亚想要表达的。上述最后一点是毋庸置疑的，任何一个“哈评”家都不应忽略。至于具体的理想与现实各指什么，只有大概而无具体定论。

1898 年，陶尔曼（A. Tollman）在《关于〈哈姆雷特〉诸看法的看法》中对有关哈姆雷特的延宕进行评论时举出了 18 种不同的解释[①]。这些尚为 19 世纪以前的解释，若再加上 20 世纪的，就会更多。

二 并无延宕性格

1. 20 世纪中期，英国的学者锡孙（G. J. Sisson）在编订的《莎士比亚全集》（1954）一书中认为：《哈姆雷特》戏剧里实在没有什么延宕。也就是说：如果观众觉得一切都是自然而然的，延宕也就不成问题了。

2. 没有什么延宕问题，而只是任务本身艰巨，客观上困难太大。[②] 也就是说主人公面对那么艰巨的任务，必须克服的特殊困难使他只能如此。观众眼中的他，只能是步履维艰的哈姆雷特。

3. 只是几大独白表现了王子对于延宕的自我谴责，而行动方面并未拖拉[③]。即延宕不过是面对强敌，不断自我反省和激励时的王子自己的语言，实际的延宕并不存在。

当认为延宕并不存在的时候，这里实际上涉及了对于“延宕”这个词的理解差异问题。

延宕，就是王子哈姆雷特在观众或读者的眼里，对本应该果断出击、杀死仇敌波洛涅斯的行动的迟延、拖延。这种迟迟没能采取行动的情况，就是 postponed，就是延宕。现在问：到底这种迟迟未能采取复仇行动的情况到底存在不存在？

如果认为王子的行动有迟延，那就承认王子的复仇有期限，延迟，仅仅是相对于某个确定的或较为明确的期限或时日而言的，否则，就无所谓迟延。那么这个时日是什么？没人说得出。

---

① 陶尔曼（A. Tollman）：《关于〈哈姆雷特〉诸看法的看法》，P. M. L. A. XⅢ，再版本，1906。

② 孙家琇：《论莎士比亚四大悲剧》，第 52 页。

③ 同上书，第 51 页。

第三节　19世纪末其他批评

一　对悲剧结局的认识

面对两败俱伤的悲剧结局，中外批评家莫衷一是。过去的批评家认为这是命运的安排，将哈姆雷特不但没能“整好时代”而且还牺牲了生命的剧终结局归诸人无法预测和扭转的命运。20世纪初期英国著名的批评家布拉德雷在1904年写的《莎士比亚悲剧》中认为：仿佛冥冥之中有一种更大的力量支配了哈姆雷特的悲剧，悲剧里有一种命定的感觉。很显然，布拉德雷是将本就阴沉压抑的《哈姆雷特》最终引向宗教观念去寻找答案。

从历史环境看，剧本中一般人相信鬼魂、恶魔、上帝，相信宗教，是当时的社会习俗。因此，要解答剧本的悲剧问题，只有先深入地分析人与人的关系、社会因素和时代特征，然后再去进一步思考。前苏联的斯密尔诺夫、莫洛佐夫、阿尼克斯特认为：是历史条件问题，不是“命运”问题。历史条件规定了先进思想还不能和广大人民相结合而成为一种不可战胜的力量。哈姆雷特崇尚孤军奋战，鄙视雷欧提斯的举动，这也是他到最后还不能完全解脱忧郁的原因，当然他自己并没有清楚地意识到。斯坦尼斯拉夫斯基说，“这是‘一个青年人的悲剧’”①。时代还没有到，他的胜利中包含了失败；可是时代会永远前进的，他的失败中也包含了胜利。这是卞之琳先生借助20世纪50年代从苏联搬过来的观点和方法所进行的“马克思主义”的“辩证”分析，较适合于安慰革命中的受挫者。

朱维之认为：悲剧前半部分描写王子的苦思和忧郁；从第3幕起，他逐步克服了忧郁心情，决心行动起来。经过一系列活动，最后再也不见忧郁了。② 别林斯基也认为：哈姆雷特最后已经并不软弱，而是坚强起来了，但理由表示决心行动和胜利，而是精神分裂过程已经转向自觉的和谐。③

与此相反的是，H. 查尔顿认为：哈姆雷特的忧郁失望，每况愈下，到墓地时“达到了最低点”。最后，在宿命论思想滋长下，根本放弃了责任，

① 莫洛佐夫《莎士比亚在苏联舞台上》(1947)。

② 朱维之：《莎士比亚的〈哈姆雷特〉》，收入《世界文学名著评选》第一集，江西人民出版社，第56页。

③ 别林斯基：《莎士比亚的剧本〈哈姆雷特〉——莫恰洛夫扮演哈姆雷特的角色》，见《莎士比亚评论汇编》上，第430页。

而听凭命运摆布了。[①] 对于哈姆雷特最后的表现和发展，孙家琇认为：首先，船上经历、墓地感受告诉他：死亡本身无足轻重，重要的是不白做人。其次，宿命论思想抬头——一切都由天定。这反映了当时人文主义信念的减弱和对宗教迷信的进一步妥协和转向。再次，哈姆雷特最终并未因此摆脱忧伤，他实际上几为忧伤之化身。虽然他认为眼前一刻是操在自己手里的，但仍然没有行动甚至是没有计划。至于杀死克劳狄斯则是出于被动和偶然。而这恰好是莎士比亚的意图——揭露和控诉现实黑暗，从角色典型化和生活真实化角度歌颂正义之士，即使他具有缺陷和弱点，却仍在艰苦、失望中挣扎、抗议和坚持理想。[②] 可以说，这一种分析是值得肯定的。

二 对哈姆雷特人生观、世界观的看法

德国的波尔恩认为“人生对他（哈姆雷特）是一个坟墓，世界是一个坟园”，“他在别处都是忧郁的，只在那里（坟园里）才是快活的！”[③] 这是一种具有代表性的悲观看法，论者从哈姆雷特在剧本后半部分坟园一场的乐观的表现与除此之外渗透在剧本各处的郁闷和悲观相对比的角度观察，得出哈姆雷特厌倦生而向往死的悲观主义人生观、世界观。与此不同的是布兰兑斯和法国的契希维兹，前者从哈姆雷特对四周的人和事甚至自己最崇拜的老王鬼魂的话都持怀疑的态度，指出哈姆雷特受蒙田怀疑主义影响；后者（1968）指出，哈姆雷特受布鲁诺的带有辩证法成分的唯物主义的影响。[④]

三 对主人公的总评价

哈姆雷特的形象获得了远非莎士比亚所能预料的客观效果，超出了所属时代的典型意义。从18世纪末19世纪初以来，多少作家、读者和评论家总想把哈姆雷特同他们自己、自己的国家或时代相提并论；有些小说、诗歌里的主人公成了哈姆雷特的再版。[⑤]

亨利·麦肯吉说：“我们感到，不仅是哈姆雷特的美德，连哈姆雷特的

---

① H. 查尔顿：《哈姆雷特》，见《莎士比亚悲剧》，剑桥大学版（1948）。

② 孙家琇：《论莎士比亚四大悲剧》，第58页。

③ 德国的波尔恩（L. Borne）（1828），见弗奈恩《哈姆雷特》集注本第2卷。

④ 见弗奈恩《哈姆雷特》集注本第2卷。

⑤ 斯宾塞（T. J. B. Spencer）：《哈姆雷特的衰退》，收入《埃文河上的斯特拉福镇的研究：〈哈姆雷特〉》，伦敦（1963）。

弱点也和我们自己的一样。"[1] 威廉·哈兹利特认为："……我们正是哈姆雷特。" 他列举了心情悲苦、因思虑过多而不能行动的各种各类人，说他们"都可以是真正的哈姆雷特"[2]。19世纪40年代，一篇法国剧评说："哈姆雷特的声音唤起了那些充满我们这一代人的头脑与心灵的思想，在这出戏里莎士比亚是我们的预言者。"[3]

德国诗人弗利格拉特在诗中写道"德国是哈姆雷特"[4]。同时，19世纪德国诗人海涅，美国诗人爱默生（R. Emerson）、罗维尔（J. Lowell），英国诗人伯朗宁（R. Browning），法国诗人马拉梅（S. Mallarme）等都发表了与上述类似的意见。[5] 安那托尔·法郎士概括说："你是属于一切时代，一切国家的。三个世纪以来，你没有变老一小时。……哈姆雷特王子，你就是我们整个悲苦宇宙中的一个人。"[6] 20世纪中叶，中国的顾仲彝《谈〈哈姆雷特〉》一文中说："我们每一个人的性格里可以找出哈姆雷特的部分……观众看到台上演的就是他自己。"[7] 相应地，也有对哈姆雷特性格的另一种理解。19世纪40年代的一位法国剧评者把哈姆雷特称为"不朽的雷内"[8]，而雷内是夏多布里昂浪漫主义小说里极为自私懦弱的人物。评论家显然是将哈姆雷特这个文艺复兴时期被关在"世界监狱"里的理想主义者与雷内简单画了等号。

总体看来，上述对人物的整体性评价，多是深入典型人物的性格内部，试图站在人物本身的立场上去寻找与现实的共鸣性和启发点，虽然有将艺术人物与现实人物相比附的缺点，但至少是看到了艺术人物哈姆雷特的生动丰富性，从一定程度上说，是对莎士比亚艺术成就的曲折肯定，也让人们更广泛而全面地认识了哈姆雷特这一艺术形象对后世的影响。总之，19世纪对《哈姆雷特》人物性格的细节性精确剖析有利于文学批评思维的多面化拓展。

---

① H. 麦肯吉（Mackenzie）在18世纪写过两篇论《哈姆雷特》的文章，载《明镜》99和100号，见《埃文河上的斯特拉福镇的研究：〈哈姆雷特〉》。

② W. 哈兹列特（Hazlit）：《哈姆雷特》，《莎士比亚人物》，伦敦（1817），第104页。

③ 斯宾塞（T. J. B. Spencer）：《哈姆雷特的衰退》，收入《埃文河上的斯特拉福镇的研究：〈哈姆雷特〉》，伦敦（1963）。

④ 同上。

⑤ 同上。

⑥ 转引自J. 威尔逊主编的新剑桥大学版《哈姆雷特》序言，第95页，纽约（1934）。

⑦ 《文艺春秋》，1949年8月3日。

⑧ 斯宾塞（T. J. B. Spencer）：《哈姆雷特的衰退》，收入《埃文河上的斯特拉福镇的研究：〈哈姆雷特〉》，伦敦（1963）。

第十二章　20世纪的多样批评

20世纪的文学批评转向了将作品看做一个整体来系统考察的思维角度，强调作品内部本身的自足性和其内部各因素间的相互关联性，“批评家的任务就是深刻地发掘这种掣肘各子系统的内质‘系统质’”[①]。20世纪的“哈评”家将核心人物重新放回到作品中去考虑问题，同时通过各种途径来挖掘作品的内涵，其出发点和思维倾向大致可以分为三类：历史学派、新批评派和原型批评派。正如上文所言，这三个学派的基本关注点是：莎士比亚在《哈姆雷特》中究竟如何创造并蕴涵了怎样一种数百年来令人“迷醉”的思想。

第一节　历史学派的批评路径

20世纪初的“哈评”主要是历史学派独当一面。历史学派的基本特点是：从作品诞生的特定“历史场”中去思考作品所具有的特定蕴涵。据此，该派学者从“历史”的角度（怎样改写老本和运用老复仇剧传统的角度）出发来讨论《哈姆雷特》，经过周密考证，他们发现《哈姆雷特》的基本“血统”有四：丹麦历史家萨克索关于阿姆莱斯复仇的记载；法国贝尔弗莱的故事；托马斯·基德的同名戏《哈姆雷特》；基德《西班牙悲剧》里的复仇情节或技巧。以此发现为基础，形成了多种观点。

一　《哈姆雷特》艺术成就的否定性观点

（一）几种否定性观点

C. M. 路维斯认为《哈姆雷特》简直是贝尔弗莱、基德和莎士比亚的大

① 肖锦龙：《批评视角与西方〈哈姆雷特〉评论》，中国人民大学复印资料《外国文学评论》1995年第12期，第54页。

杂烩。[①] J. M. 罗伯特逊认为《哈姆雷特》是个翻旧代新的东西，基德的原作有两部，莎士比亚将之合而为一，并加上了自己的悲观主义。[②] L. 舒克金认为莎士比亚从旧本取了情节，添上了忧郁症，所以无所谓延宕。[③] G. 伯拉德比描述哈姆雷特的缺陷，断定都是更早本子的残余。[④] 兼用“心理”和“历史”方法的诗人兼评论家 T. S. 艾略特作出了“毫无疑问，是个艺术的失败”[⑤] 的结论。他一方面同意罗伯特逊所说的，莎士比亚是把他“自己的东西”，即“一位母亲的罪过给儿子带来的影响”，“附加在难以对付的老材料之上”，因而形成“一个层积品（stratification）”；他另一方面又指责莎翁把原来简单的复仇动机给弄钝了、弄复杂了。他说：拖延没得到解释，装疯反而引起怀疑，有些场景是多余的。因此，他认为：莎士比亚的改动“不成功、没有说服力”。而且，剧中除“母亲的罪过”外，还有一种莎士比亚既想表现，又“不能叫它见阳光的”什么私人经历。

（二）否定大于肯定的归类

尽管这一时期历史学派的代表人物斯托尔一再申明：“我的宗旨不是进行一种落入俗套的研究，而是尽可能地探讨戏剧家的创作意图”[⑥]，而且他不但力避将《哈姆雷特》与历史同等比附，还肯定了其在情节、形象和语言等方面的进步意义，但他最终还是考虑到莎士比亚所处的复仇剧盛行的特定历史环境而将其划归到纯粹的复仇剧中去了。

二　派别的比较及其延伸

J. D. 威尔逊认为“历史派”[⑦] 比专谈哈姆雷特性格的“心理派”错误更大。[⑧] 也就是说，他虽肯定了两者都有错误，但也有偏爱心理派而贬斥历史派的倾向。的确历史派的如同单从一个人的家庭出身、生长环境去研究其

---

① G. 路维斯（G. Lewis）：《〈哈姆雷特〉的来历》，纽约（1907）。

② J. 罗伯特逊（J. Robertson）：《〈哈姆雷特〉问题》（1919），又《再谈〈哈姆雷特〉》（1923）。

③ L. 舒克金（L. Schucking）：《莎士比亚戏剧中的人物问题》（1922）。

④ G. 伯拉德比（G. Bradby）：《〈哈姆雷特〉问题》（1928）。

⑤ T. S. 艾略特：《哈姆雷特和他的问题》，见《论文选》，收入雷文逊（T. S. Levenson）主编的《〈哈姆雷特〉讨论集》，波士顿（1960）。

⑥ 斯托尔：《哈姆雷特：一个历史的比较的研究》，明尼苏达大学 1919 年版，第 1 页。

⑦ 见威尔逊主编的新剑桥大学版《哈姆雷特》序言，纽约（1907）。

⑧ 关于“历史派”可参见 C. 利屈（CliffordLeech）的《1901—1955〈哈姆雷特研究〉》有关部分，《莎士比亚年鉴》（9）（1956）。

后天品质和能力一样的研究方法，难免会带来“刻舟求剑”的错位感。但我们也不能忽略这一学派的最大收获：将人们的注意力第一次有规模地集束到对文本沿革的审视和对作者艺术创造力的量级上来；同时它也突破了18世纪以来形成的对莎士比亚拔高研究甚至神圣化的定论界限，收到了引发新论和启迪思考的效果。我们知道，对莎氏作品的反面关照早在17世纪初期就有，但规模尚小。

针对20世纪“历史派”的争论，笔者在这里进一步对19世纪后期几种类似的反面代表性观点予以延伸关注。

19世纪70年代，R. 贝尼迪克说：有许多插曲（诸如国王派使节去挪威、雷欧提斯去巴黎、波洛涅斯派遣仆人、福丁布拉斯出征路过丹麦、哈姆雷特被押往英国，等等）是完全不必要地把悲剧拉长，把戏剧行动扰乱，戏剧效果因而也被冲淡了。[①] 知名的剧场实践家葛兰维尔·巴克也说：它的剧情是以丢脸的笨拙手法设计出来的。[②] 恩格斯曾批评说“大屁股贝尼迪克”并不懂莎士比亚。[③] 也就是说，恩格斯肯定了《哈姆雷特》的剧情是莎士比亚的精心设计，贝尼迪克所谓的“拉长”、“扰乱”、“冲淡”都是误读。

三 归纳反面观点

综合多年来各种反面观点，其争论主要集中在“鬼魂”、“戏中戏”、“拖延”等方面。

（一）关于“鬼魂”和“戏中戏”

莎氏借用了“鬼魂”的概念却创造性地为其设计了三点新内涵：鬼魂实质上是惨遭杀害的人；哈姆雷特对鬼魂产生了怀疑；鬼魂再现，仅王子一人得见。并由此引出一个似新却旧的母题——对新和谐的不信任和冲击——复仇任务决定了主人公的命运——无人可挡的关系到整个国家和人民的命运，即俄狄浦斯王的复仇命运结局——复仇主人公退席。在《俄狄浦斯王》中，“退席”的复仇主人公是退出王位、刺瞎双眼并自我放逐；在《哈姆雷特》

---

① R. 贝尼迪克（R. Benedick）：《莎士比亚研究》（1873），见F. 弗尼斯主编《莎士比亚集注版〈哈姆雷特〉》再版本，纽约（1962）。

② 葛兰维尔·巴克：《莎士比亚诸方面》，第64页，转引自J. 威尔逊《在〈哈姆雷特〉里发生了什么?》。

③ 恩格斯致马克思（1873年12月10日），《马克思恩格斯全集》，人民出版社1959年版，第33卷，第103页。

中，“退席”的复仇主人公是 not to be（“不在位”，“退席”）。在英语词汇使用中，动词 be 重在表示一种状态，因而我们应当将 not to be 理解为“退席”，即聚焦人物哈姆雷特“不在位”，不再处于作品中他恒常所处的席位（复仇的王子）。《俄狄浦斯王》中的复仇主人公与罪犯同一，而《哈姆雷特》中的复仇主人公与罪犯分属两人，但最后却同归于尽。与俄狄浦斯王表面主动其实被动一样，哈姆雷特“出席”（to be——成为复仇王子）是被动的，“退席”（not to be——不再是复仇王子——剧中是“死”）也是被动的。所以，鬼魂是诱发这一母题重演的重要因素。另外，“戏中戏”不仅是反映当时社会习气和时事（“剧场之战”）以及宣传新艺术观的一个新视窗，而且是刻画人物、推动剧情发展的按钮。即“戏中戏”是莎士比亚从剧外生活真实和剧内艺术需要两方面考虑的创造。

（二）关于“拖延”和“多余”

与其他复仇剧主人公往往由于行动方式与时机不当而不能迅速行动不同，造成哈姆雷特延宕的主要是理想与现实之间的矛盾，它是莎士比亚对梦的痛苦的破灭过程的艺术化展现。那种人为地夸大莎士比亚和哈姆雷特身上“人文主义”印记的观点是值得怀疑的。国内学者高德强指出：所谓“时代颠倒”是指克劳狄斯僭越臣下本分用谋杀的手段窃取王位，而不是伊丽莎白时代英国的黑暗现实；所谓“重整乾坤”是指把君臣颠倒的乾坤重新颠倒过来，而不是按人文主义理想改造社会。不能把统治阶级内部争权夺利的斗争说成是新兴资产阶级与封建势力之间的较量。在此引用恩格斯有关“历史必然性与现实不可能之间的悲剧冲突”的名言来解释“进步力量”的失败是张冠李戴、断章取义。[①] 另外，国内学者孙家琇认为：所谓多余的场景与人物，多半是他显示时代风貌、社会关系和事物变迁所不可少的；不同于一般复仇剧作者只注重复仇情节，莎士比亚同时还要反映时代、褒贬善恶。

我们注意到：在《哈姆雷特》中，作者痛恨人性中美好、世界的和谐被“病毒”（权欲、性欲和物欲等人类欲望的僭越性）腐蚀，以对打破“原初”和谐的罪人的追究的艰难与失败（老王未能坚守宁静、王子未能恢复宁静又造成了新的不宁静——国无王），传达了自己对“重叠的梦之虚幻”的无奈的情感信息。

---

① 高德强：《走出〈哈姆雷特〉研究的误区》，中国人民大学资料中心《外国文学研究》1997 年第 8 期，第 81—83 页。

第二节 新批评派的主要研究

新批评派“哈评”家吸取了历史学派探讨历史背景和戏剧家意图的教训，转向了文本本身的研究。这一时期有影响的主要有斯珀津、许金等对意象的研究，奈特对文本象征意义的发掘，布鲁克斯·里斯维对语义的分析。

一 文本意象研究

斯珀津经过对莎士比亚各类作品的精细统计，发现《哈姆雷特》是一个疾病的世界。作品中反复出现的意象是“病”、“毒”，剧中主要人物的台词也充满了恶疾、毒疮、肿胀等字眼，他们的“感情如此强烈，浮现于他们眼前的图像如此生动以至那些比喻就自然而然地在其语言中流溢了出来”[①]。也就是说，由于病态的环境对人物形成的病态的情感影响，进而自然而然地从语言中流露出病态的词汇来。“他（莎士比亚——笔者）深切地体会到，它的问题决不是一个个性的问题，而是一种状态，超凡的神秘的状态。在那种状态下，个人是无能为力的。当然在这种状态中，个人有时也会起到沾染和传播细菌的作用，他自然应该受到谴责，但应看到，整个世界都腐烂了，从这种腐烂中滋生出来的毒菌弥漫了世界……将世界置于一种悲惨的境界。这就是《哈姆雷特》的悲剧，它呈示给我们的主要是悲剧型生活的奥秘。”[②]有关于作品中“病毒”意象的理解，应该放到作家具体的生活时代和历史现实中并结合其人生体验的变迁来理解其情感蕴涵。

二 主题象征研究

奈特从文本的整体框架入手，发现《哈姆雷特》的基本框架是主人公与他的仇敌克劳狄斯之间的斗争。在《烈火的车轮》（1930）中，他以此框架来进行象征意义的提炼，认为哈姆雷特代表了死。因为哈姆雷特嫉恨、残酷、愤世嫉俗、厌倦人生，与从地狱中逃出来的鬼魂同道，满脑子是死亡意识。相反，克劳狄斯和他周围的人则是生和生活的代表。不仅克劳狄斯本人仁爱、乐观、自信、愉快、欣赏追求人生，而且他周围的人虽然“有恶迹、

① 《哈姆雷特批评文集》，纽约1960年版，第209页。

② 同上书，第212页。

愚蠢、浅薄、有许多缺点，但他们认定了生活的重要性，信仰人生，信仰他们自己”。由此去看，克劳狄斯和他周围的人与哈姆雷特之间的较量便是生与死的较量。哈姆雷特“以残酷折磨别人为乐”，他是“潜于丹麦王国中的一种毒素。……在他的毒蚀下，人们一点希望也没有，只能一个个地死去，就象遇到了瘟疫一样”[①]，而他（哈姆雷特）又是这部作品的主人公，奈特据此推断文本的象征意义，他明确指出“《哈姆雷特》的主题是死亡”[②]。很显然，奈特为了给他的“生死对抗”框架寻找填充内容，竟然不惜略过剧情和语汇信息而截取了人物的表面甚至明显是性格假象的方面。在奈特的眼里，克劳狄斯杀兄娶嫂的凶残狡诈以及对父死母嫁的王子追杀不休直至将其害死（用利剑、毒剑和毒酒三重死亡来围攻）的心毒手狠，反而都成了其“仁爱”、“愉快”、“自信”性格的表现。如果要将“死”的罪责一追到底，剧中包括老哈姆雷特和克劳狄斯本人在内的九人（依次为老哈姆雷特、波洛涅斯、罗森格兰兹、吉尔登斯吞、奥菲利亚、母后乔特鲁德、雷欧提斯、克劳狄斯和哈姆雷特）的死都是克劳狄斯一手造成的。而试图“重整”乾坤、努力让“脱了节”的时代复位到老王时候的象征“生”的和谐的哈姆雷特，却成了反面形象，甚至是“毒素”和“死亡”的代表，这的确是荒诞不经的。

另外，还有布鲁克斯·里斯维对语义的分析。“新批评”一派中，有很富代表性的研究倾向及其成果，这里限于篇幅，不及评介。

三　“To be or not to be”的意蕴

国内学者张宁用“永恒的死生之谜”来阐释《哈》剧：哈姆雷特秉承了天堂地狱的观念，相信灵魂不朽而忧虑死亡；他忍受着因袭的信仰（“审慎的思维”）和“重重的顾虑”的深重压迫。不得不思考今生的行为与来世何为之间的关系。[③] 蓝仁哲将《哈姆雷特》看成是人生悲剧。他重新解读独白名段，辨明它并非是表示在权衡“自杀”的得失，而是在思考人生的生死问题。而且，生死问题贯穿全剧，因此，《哈姆雷特》既不是历史悲剧或复仇悲剧，也不是时代悲剧或性格悲剧，而是超越了个人和时代的人生悲剧。

---

① 《哈姆雷特批评文集》，纽约1960年版，第165页。

② 同上书，第157页。

③ 张宁：《永恒的死生之谜——对〈哈姆雷特〉的另一种阐释》，《郑州大学学报》（社科版）1993年第6期，第98—100页。

蓝仁哲说：莎士比亚用哈姆雷特这一个“人”或“人生”的缩影来演示思想——关于人类生与死、人与命运的思想；只要人生的苦恼存在，生与死的困惑存在，命运之谜尚未解开，《哈姆雷特》磁石般的魅力就永远存在。[①]黄必康将哈姆雷特看成政治意识形态阴影中追踪死亡理念的思想者。他说：哈姆雷特既没有被国家权力政治伪意识所软化和包容，也没有扮演常规伦理道德规定的实际社会角色；在主体意识塑构的过程中，哈姆雷特沉迷于本体玄想和话语建构，在形而上的理念中追寻着生命的意义，用死亡的绝对理念代替人类社会的各种价值观念。这实际上表达了早期现代主体向往启蒙理性，追寻生命和宇宙本体意义的价值取向。[②]

四 神秘力量

对《哈姆雷特》神秘思想的研究以20世纪后期“哈评”家安德烈·洛朗（Andre Lorant）最具代表性。

安德烈·洛朗指出：人们研究这些充满精神力量的作品的影响时，会明白它们是以一种独特的方式再现“某些基本的人类状态”（沙德瓦尔特），这些状态同神秘思想直接有关。而“莎士比亚的同时代人因害怕动乱，害怕创世前宇宙的无政府状态和危及自然法则正常进程的种种变化着的要素而经常受到困扰”，因此，在《哈》剧中“可以找到许多神秘思想的痕迹。国王本人处于悲剧的中心。国王被害和乱伦婚姻激起宇宙性质的一种剧变，打乱了空间的组织和时间的周期。道德上的伤风败俗用一种腐化健全的肉体，玷污血液和以绝嗣使艾尔西诺居民感到震惊的有形方式体现出来”。他结合剧本例证指出：这里有悲剧世界走向动乱的不可避免的退化。“不过，这种向创世前原始时代的倒退，还容许那种能够更新宇宙的精神力量得以恢复。而这一‘宇宙进化的神话’使悲剧更加充满活力，并让这位以身赎罪的主人公的最终消失显得尤为感人。”[③]

---

① 蓝仁哲：《〈哈姆雷特〉：演绎人类生死问题的悲剧》，《外国文学评论》2002年第1期，第41—46页。

② 黄必康：《哈姆雷特：政治意识形态阴影中追踪死亡理念的思想者》，《外国语》（沪）2000年第4期，第42—52页。

③ 安德烈·洛朗（Andre Lorant）：《哈姆雷特与神秘思想》，《第欧根尼》中文版（京）1988年第1期，第39—58页，转引自中国人民大学复印资料《外国文学研究》1988年第8期，第55—71页。

第三节　原型批评的思考结果

20世纪中后期的“哈评”领域出现了以基托为代表的原型批评派，认为要理解作品就必须从作品深层的悲剧结构出发。

一　国外批评

基托在《戏剧中的形式和意义》（1956）中指出：从索福克勒斯的《俄狄浦斯王》到韦伯斯特的《马尔菲公爵夫人》，都写的是邪恶以及它所引发的灾祸主题。邪恶必将导致灾难，这差不多是所有悲剧作品的深厚蕴涵，莎士比亚的《哈姆雷特》也不例外。作品一开始，作者就引入鬼魂这个超凡因素，并反复强调它。其意图很明显：就是以醒目的方式揭露丹麦王朝中“凶恶逆伦的谋杀”恶迹；接着展露了其罪魁祸首新王克劳狄斯怙恶不悛，从而导致了整个丹麦王朝毁灭的情状。基托说：“剧作家通过艺术媒介是怎样说的就正是他怎样想的，所以他所想的也就是他所说的。”① 从而，莎翁的这部剧作“不是性格描写（不管如何深入）的个人悲剧，而是更象宗教剧的悲剧；这就意味着我们必须准备把剧情的每一步联系到它的宗教与哲学背景”②上去。这里似乎不是原型批评，而是宗教和哲学方面的思考。

二　国内批评

国内学者袁宪军用弗雷泽《金枝》的神话原型理论对《哈姆雷特》进行分析研究，发现：在哈姆雷特与克劳狄斯的较量中，不是个人英雄主义驾驭着哈姆雷特的思想，而是阿里奇亚丛林中古老的仪式在作祟。弗雷泽发现：意大利境内风景秀丽的阿里奇亚丛林中的一棵大树是森林女神的化身，有一个手持宝剑、时刻警惕地昼夜守卫在它旁边的人，这人就是守护这棵大树的“祭司”，又是这里的“森林之王”。他的至尊身份是凭借自己的勇武杀死其前任而继承的，所以，他时刻警惕，因为随时都会有另一个“更强或更狡诈的人”来袭击他，杀死他，夺取他祭司兼森林之王的职位。袁宪军指出，《哈姆雷特》与阿里奇亚“奇特悲剧”仪式（以下简称仪式）的几个重

---

① 《莎士比亚评论汇编》下册，中国社会科学出版社1981年版，第439页。

② 同上书，第440页。

要的特点有着惊人的相似之处[①]：（1）环境和方式相似：仪式是在一片“风景秀丽的林区”，由“更强或更狡诈的人”征服或在国王在初露衰弱或年老的迹象时处死（趁其午睡时杀死是方法之一），而《哈》剧多病衰弱的老王就是在有着参天大树的丹麦王国的花园里午睡时被勇武诡诈的克劳狄斯谋杀的；（2）仪式中谁杀死原任祭司，谁就继任祭司的职位，而《哈》剧中克劳狄斯杀了老王并继任国王；（3）仪式中每位尘世的“森林之王”都以林中的女神为“自己的王后”，而《哈》剧中乔特鲁德便是；（4）仪式中的残杀总是在单独的两个人之间进行，而《哈》剧中老哈姆雷特与老福丁布拉斯、克劳狄斯与老哈姆雷特、哈姆雷特与克劳狄斯都是两个人之间的残杀；（5）仪式中的残杀在圣树的“金枝”被折下后才开始，而《哈》剧中克劳狄斯在谋杀老王前就已经占据了王后的肉体（森林女神的“金枝”已被折断）。袁宪军是以《哈》剧中所显现或隐含的阿里奇亚丛林中古老的仪式的种种特征来说明积淀在人类心理中的原始意象是如何通过《哈》剧反映出来的。该成果堪称国内外《哈》剧神话原型研究的一部力作。只是对个别不符合仪式之处的理解，以“有些细节发生了时代的和现实的变化”来解释显得有些迫不得已。这也是我们用一种理论来解读作品时经常出现的现象，不能求全责备。

从上述20世纪思想追究性多面探求，我们从中可以看出，进入文本内部系统的各个层面，以新的批评视角去思考其深层蕴涵，不仅有利于推动文学的发展与繁荣，更能够引导人类思维向更加微妙的境界拓展。

综观整个中西方《哈姆雷特》批评的得失，最基本的是对莎士比亚这一魅力无穷的作品的肯定与挖掘；但正如打井一样，井口越小，挖得越深的打井人，他就会将自己局限在一定的狭小范围内而显得孤立，活动余地很小，文学研究也是如此。《哈姆雷特》批评发展史上，发掘得越深的学者就很容易故步自封，如艾略特、斯珀金和奈特等人。当然，人云亦云的研究者就只能步他人后尘，只能担当别人研究成果的改编型解说员。我们力免后者型出现，但众学人却常常囿于其中，以“抛砖引玉”自嘲自慰，令人忧喜参半。

---

① 袁宪军：《〈哈姆雷特〉与阿里奇亚丛林中的仪式》，《外国文学评论》1998年第3期，第85—90页。

第十三章　论哈姆雷特延宕之因

西方文学界对《哈姆雷特》的批评大多集中在对其主人公哈姆雷特的性格延宕的分析评价上。性格研究中有一个最明显的特征：总认为延宕是一种反常的表现，或认为延宕是这一人物的最大的性格特点。其实，哈姆雷特的延宕是其性格中渴望和谐与秩序而难以得到时，其旧秩序中的习惯性目光难以与现实巨变后的秩序对接，而发生的长时间的目光对接过程，这一过程便是“场外”的观众或读者的接受印象——延宕。

第一节　延宕性格总评

19 世纪，西方世界对文学作品的批评已发展到从作品内部细节进行各方面的剖析和探寻。理论界对《哈》剧的讨论也逐渐从以前的作品总体情节印象感受性分析发展到人物形象各方面特点的分析上。

英国学者柯尔立奇在肯定哈姆雷特优秀禀性的同时指出其缺乏行动的魄力的唯一缺点——性格太软，难当大任；歌德显然是联系到他的人物——少年维特的性格，认为忧郁占据了人物面临困难时的主要心灵空间；而柯尔立奇则是从浪漫主义“启蒙理想失落”情结角度去理解，得出了人物生性软弱的结论。

19 世纪初的史雷格尔和柯勒律治认为哈姆雷特是一个冥想派知识分子形象。别林斯基和马克思大体上认为处在忧郁思虑状态中的主人公是难以采取行动的。到 20 世纪初，布拉德雷认为是命运使哈姆雷特忧郁，忧郁使他延宕。

彼得·乌尔与 19 世纪中叶德国批评家卡尔·魏尔德认为哈姆雷特无法在短时间内完成公布克劳狄斯罪行的行动，他面临着被指责为杀死现任国王的凶手的危险，所以，他迟迟不敢采取本来正义的复仇行动，否则，他在别人的眼里就成了野心家、篡位者和凶手，成了众矢之的。也就是说，任务的艰巨使他延宕。而L. 奈茨和卞之琳从囚笼对主体的挤压和主体的被迫行动来分析。

20世纪中期的萨拉瓦多·德·玛达雷戈、R. 贝利和20世纪后期中国“哈评”专家孙家琇都对哈姆雷特“强烈的自我中心”意识和理想主义的冲动予以批评。

其他各种各样的批评都有自己看似较为合理的一面，譬如认为哈姆雷特的延宕，是对旧式流血复仇行为本能地抵触，是他精神失常或认为俄狄浦斯情结在作梗时的表现，或者认为哈姆雷特惧当国王的心理反应，等等。这些看法都有合理之处，但都不够准确，或者说，它仅仅是一种研究问题的有启发意义的视角。

笔者这里选择其中一个论点进行分析。譬如国内学者袁宪军利用弗雷泽在《金枝》中有关古老丛林中的仪式分析哈姆雷特的延宕，认为克劳狄斯是这一仪式中的祭司兼国王，而眼见和耳闻的关于获取并维护这一职位的残酷性与危险性，使哈姆雷特对生命的关注和爱惜感倍加强烈，对死亡的恐惧、就任祭司兼国王这一职位的人都惨遭谋杀的事实，构成了哈姆雷特延宕的心理动因。①

笔者认为：祭司兼国王的职位在被获取之后一般是应保持且能保持一段时间的，直到在位者无力（衰弱、病老等）时，新的残杀才会发生。而《哈》剧中的旧残杀才刚结束，新王不仅体魄壮健、武艺高强而且才思敏捷、英明果断，因而夺其位的新的残杀时机远远未到。而对这一时机的等待也就是哈姆雷特的延宕。我们还认为，剧本中的哈姆雷特也考虑到了新王上台后新局面的相对稳定坚固性。克劳狄斯虽打破了旧和谐但也建立了新和谐，而且新和谐一面继承了旧和谐的全部内容（王后乔特鲁德、旧臣波洛涅斯以及危机四伏的国内外形势），一面更优于旧和谐的是：新王生命力旺盛，智勇双全。若迅速杀了新王，优化的和谐将瞬间被打破，这是本想“重整”而非“重乱”乾坤的哈姆雷特所不愿看到的，在他对打破这一新和谐的必要性进行权衡时，就产生了舞台上真实而自然的人物表现——延宕。

早期“哈评”家汉莫其实是看出了与莎士比亚以前或同时代的其他复仇剧主人公往往由于行动方式与时机不当而不能迅速行动不同的是：造成哈姆

① 袁宪军：《〈哈姆雷特〉与阿里奇亚丛林中的仪式》［J］，《外国文学评论》1998（3）：90。

雷特延宕的还有远为复杂深刻的主、客观原因——企图实现扭转乾坤或“整好时代”的理想与这个理想实际是不可能实现之间的矛盾。而这一理想与现实的矛盾恰好是莎士比亚想要表达的。至于具体的理想与现实各指什么，只有大概而无具体定论。主人公面对那么艰巨的任务，必须克服的特殊困难使他只能如此。观众眼中的他，只能是步履维艰的哈姆雷特。

那些被看做延宕的语言，不过是王子在面对强敌、不断自我反省和激励时的舞台语言，或者说，它仅仅是剧作家将人物内心所思以复杂的形式外化了而已，它是西方最早关注剧中人物复杂心理活动内容的剧作之一。

第二节　延宕是一种外在表现

延宕是一种外在表现，是哈姆雷特以旧视角审视新秩序时的思维对接过程。

由于我们一般所谓的“延宕”，指的是主人公表现出来的性格特点，故必须从其具体角色去考虑才较为合适，而不是像伊撒克·罗艾等人从别的甚至是生理的角度为哈姆雷特的延宕找寻理由。

综观上文诸多有关哈姆雷特的性格延宕的批评，同时结合《哈姆雷特》以及莎士比亚其他作品的原文仔细分析，我们认为，哈姆雷特的延宕，是他用旧秩序中熏染的旧视角来审视新秩序中的事件和现象时的外在表现，并非其内在性格特点。人们习惯所称的“延宕”性格实际是不存在的，它只是哈姆雷特在用旧视角审视新秩序时的思维对接过程。在剧作中，聪明的哈姆雷特总要用对自己关于每件事的生理视角目光和心理视角目光全面地整合、统一后的带有自己旧秩序心理的视角去与新秩序中的新视角对接，按丹麦国内的巨大事变之后的实情，这一对接过程势必因困难重重而变得很漫长。而这一过程的漫长，显现在舞台上，也就是一种惟妙惟肖地表现人物的内心焦灼斗争的过程，即收纳在读者和观众眼里的拖延和优柔寡断，进而被统称为“延宕”。

因此，我们可以形象地认为：哈姆雷特的延宕是他站在阳光下努力看清暗室内陈设的过程的外现。

相比剧情之外作为“旁观者”的、舞台下的观众和剧本外的读者，丹麦城里突发的荒诞离奇的变乱，带给哈姆雷特这个被蒙在鼓里的人的冲击，就不仅仅是一声意外的惊呼所可以释放得了的，因而，留给他整理思维、理清头绪的时间应当而且必须更长一些。这便是观众与读者的接受印象——延宕。

延宕是新旧秩序之间的对接过程的外显。

新旧秩序之间的对接的困难实际上是《哈姆雷特》所要展现的主题思想之一。我们认为，莎士比亚痛恨这种新旧秩序的胶着和混乱的产生。从他的诸多悲剧中都可以看出：他喜欢的是整齐统一的秩序的维持和遵守，而并非有些学者所认为的人文主义理想的打破与重建。《哈姆雷特》中一切的肮脏、矛盾、腥臭的东西皆因秩序被打破而来，皆因白天与夜晚的交替而产生。

在《哈姆雷特》之前的剧本如《理查三世》或《麦克白》中，产生“歪风邪气”的黑夜竟被允许凭借宇宙律动的障碍来入侵白天（见《亨利六世》中篇）。洛斯在麦克白杀了人之后问道：“照钟点现在应该是白天了，可是黑夜的魔手却把那盏在天空中运行的明灯遮蔽得不露一丝光亮。难道黑夜已经统治一切，或是因为白昼不屑露面，所以在这应该有阳光遍吻大地的时候，地面上却被无边的黑夜所笼罩。”理查三世在和里士满相遇那天天亮时问道：“谁看到今天的太阳没有?”变乱带来的混乱犹如无日之夜，给莎士比亚的心间投下了无边的阴霾。

在《哈姆雷特》中，白天与夜晚之间的交替的中断预示着王位继承中的严重纠纷。波洛涅斯同克劳狄斯和乔特鲁德讲话时，他的话毫不含糊：“王上，娘娘，要是我向你们长篇大论地解释君上的尊严，臣下的名分，白昼何以为白昼，黑夜何以为黑夜，时间何以为时间，那不过徒然浪费了昼，夜，时间。”事实上，王位的合法与否取决于支配宇宙秩序的继承原则。约克对理查二世的责备强调了宇宙法则的这一政治、法律和道德方面：“剥夺了海瑞福德的权利，就是破坏传统的正常的惯例；明天可以不必跟在今天的后面，你也不必是你自己，因为倘不是按着父子祖孙世世相传的合法的王统，您怎么会成为国王?”这些话在“宇宙的暂时秩序”和“正义的永恒秩序”之间建立了一种关系。卡西雷尔认为，在大多数宗教中，可以从“天文宇宙和伦理宇宙”之间找到同样的联系。

白昼与夜晚之间自然界限的消失反映着乔特鲁德与克劳狄斯践踏了法律：他们举行了一个乱伦的婚礼。由此来看，克劳狄斯关于他同乔特鲁德结婚的声明——“我已经和我旧日的长嫂，当今的王后，这个多事之国的共同的统治者”——便使我们想起马西勒斯对于“这样夜以继日地辛苦忙碌”感到惊奇。

这里的混乱的实质被鬼魂本身体现出来了，他具有“先王出征时的神武的雄姿”，但他的行为却好像是“有罪的”。这种混乱很能说明克劳狄斯的感觉和思想的特征。他用“盛大的喜悦抵消沉重的不幸”时，是感觉到了“殡葬的笙乐”和“结婚的挽歌”。宇宙的纷乱打乱了道德的秩序：“理智都会做情欲的奴隶”而且“正义向罪恶乞恕”。哈姆雷特意识到了他在普天范围内的责任，就是要成为代天行刑的“凶器”和“使者”。但这的确是不容易的。

站在阳光里看暗室的陈设，其感受肯定是混沌不清的。到最后，虽然哈姆雷特的生理眼光才慢慢转移到位，发现了些许暗室的什物的轮廓，但他的心理眼光依然未能跟上。当敌人以三道毒关来卡掐他的咽喉时，他却仍以旧秩序中培养起来的惯于公平竞争的原则，去丈量他自己已经认识到的非正常境遇，以及制造这一境遇的人所统辖的事件。很明显，失败的依然是宁静的、和睦的、原秩序的一切，包括哈姆雷特的善良的心。莎士比亚重在让读者和观众接受这样一种强烈的印象：对平稳的宁静的旧秩序的痛惜。从这个意义上说，莎士比亚不被古典主义流派赏识和认同，的确是古典主义者们的见解拙劣，不懂莎翁真实的感情蕴涵。

第十四章 《哈姆雷特》语言研究

第一节 浪漫主义批评

浪漫主义批评，注重对人物“深度思考损害行动”的研究。

一 奥古斯特·维尔海姆·史莱格尔：思想悲剧

奥古斯特·维尔海姆·史莱格尔（August Wilhelm Schlegel）（1808）是位突出的德国浪漫主义批评家，他在欧洲的批评界对莎士比亚声名远播起到了关键性作用。他对莎士比亚十三部剧本的德语翻译至今仍被认为是德语最佳译本。史莱格尔也是浪漫主义运动的主要倡导者，而这一运动永久性地推翻了新古典主义对莎士比亚的一个论点（认为莎士比亚只是个自然之子，他的剧本缺乏艺术形式）。在1808年，史莱格尔做了一个演讲，这次演讲在1811年首次出版。在这次演讲里史莱格尔认为《哈姆雷特》将是一部“思想悲剧”，并指出王子的本质缺点：伪善，以及一种在毁灭敌人时的“恶毒的欢喜”。史莱格尔认识到哈姆雷特性格中否定性的方面。史莱格尔对哈姆雷特的观点很明显地有助于萨姆尔·泰勒·克勒律治（Samuel Taylor Coleridge）形成自己在1811年及1813年所做的关于哈姆雷特的很有影响的批评观点。

史莱格尔认为，哈姆雷特是他这类人的一个特例：一个被持续的难以满足的对人类命运与对世间万事之昏暗混乱的冥思所激发起来的思想悲剧，并且想从观众那里焕发出同样的冥思来。[①]

---

① August Wilhelm Schlegel, “Criticisms on Shakespeare’s Tragedies” in his Lectures on Dramatic Art and Literature, edited by Rev. A. J. W. Morrison, translated by John Black, second edition, George Bell&Sons. 1892, pp. 400—13.

二 查尔斯·兰姆：沉思主人公

查尔斯·兰姆（Charles Lamb）（1811）被认为是浪漫主义运动和伊丽莎白剧作家中的领军人物之一，作为一个理论批评家，兰姆认为舞台并不是莎士比亚的剧本的适合媒介，首先是因为形象入戏就损坏了剧本内容的美感与抒情效果。像萨姆尔·泰勒·克勒律治一样，兰姆更愿意将莎士比亚尊为一个诗人而非剧作家。尽管许多学者都认为他的观点以及他对莎士比亚人物性格的理解太过情绪化主观化，但兰姆仍是对19世纪重估莎士比亚价值的作出重要贡献者之一。他关于《哈姆雷特》的批评延续了浪漫主义集中在哈姆雷特的强烈的智慧与个性方面的传统。但是兰姆发现这一人物太复杂而不能仅通过他在戏剧中的表现来理解。依照兰姆的说法，这个“害羞的、随便的、谦让的”沉思主人公是如此地私密而深刻，以至于他的深度难以在一部戏剧的扮演中被探寻到底。与此相近的批评可以参见浪漫主义者们的观点。

三 歌德：花瓶植树

歌德（Johann Wolfgang von Goethe）在1795年首次出版的自转体小说《威廉·迈斯特的少年时代》中糅合了他对《哈姆雷特》的批评观点。作品主人公威廉在其研究哈姆雷特的过程中，被哈姆雷特的矛盾所深深打动。为了理解这些方面，威廉重温了王子的经历。歌德对哈姆雷特的画像是一个缺乏足够的为父复仇的英雄勇气的可爱、纯洁、高贵又有着高尚道德的人。这一浓缩了“哈姆雷特是情绪化人物”的观点是由威廉·理查德森（William Richardson）在1774年以及亨利·马肯兹（Henry Machenzie）在1780年分别提出的，又被浪漫主义批评家们所推进。哈姆雷特的形象是“一棵植于花瓶里的橡树”成为《哈姆雷特》批评史上最常用的一句口头禅，歌德对哈姆雷特的这一浪漫主义批评观点历来受到非议。

进一步对《哈姆雷特》形成浪漫主义批评观点的还有史莱格尔（August Wilhelm Schlegel 1808年）、兰姆（Charles Lamb 1811年）、克勒律治（Samuel Taylor Coleridge 1811年，1813年）、海兹利特（William Hazlitt 1817年）、博兰德利（A. C. Bradley 1905年）、沃道克（A. J. A. Waldock 1931年）、查顿（H. B. Charlton 1942年）。

四 克勒律治：想象性外视

克勒律治（Samuel Taylor Coleridge 1811 年，1813 年）关于莎士比亚的演讲与文稿已形成英语界莎士比亚批评的一个主要章节。作为德国浪漫主义批评观点的主要通道，作为浪漫主义新精神的莎士比亚的原初解说者，在与顽固存在的以新古典主义方法批评莎士比亚的战斗中，克勒律治扮演了一个战略制胜性角色，并且以同样角色建立了莎士比亚研究的现代观点：认为莎士比亚是一个有意识的艺术家、一个特有的人性画像者。克勒律治关于莎士比亚的评论一直被承传，在后世许多评论家的论证中仍可大量散见的片段引用或旁注，或者被讲演审核者引用，因为如此做来可远胜过雕琢推敲的文章。克勒律治是最重要最有影响的《哈姆雷特》批评家之一，在对史莱格尔 1808 年形成的关于《哈姆雷特》是一个思想悲剧而非行动悲剧的观点进行推动的过程中，克勒律治认定哈姆雷特作为一个不能行动的人是由于他伟大的智力活动使他不利于行动。鉴于他对哈姆雷特的画像是一个“把全世界的痛苦都独自吞咽”的人，克勒律治代表了一种很崇高的浪漫主义观点。他没有将哈姆雷特的内心所想与戏剧行动相联系，而是有效地将哈姆雷特与戏剧本身分离开来。克勒律治是针对萨姆尔·约翰逊（Samuel Johnson）在 1765 年对“祈祷”一幕的解析而作的回应。

克勒律治在 1811 年说：“那么莎士比亚在哈姆雷特这个人物身上寄予了什么观点呢？他是要画出一个人的肖像，以其观点看：外部世界和所有的事件与物件都相当地昏暗悲观，他也对他自己没有什么兴趣，而只有当这些事情以心中意象形式产生时才引起他的兴趣。哈姆雷特以一个富有想像力的人的方式看待外界事物，此人闭上眼睛，仅看到他先前眼见之物的印象。”①

以下的这几位学者相关的语言研究成果值得仔细推敲，这里先明确列举，予以提醒读者：海兹利特（William Hazlitt，1817 年），博兰德利（A. C. Bradley，1905 年），沃道克（A. J. A. Waldock，1931 年），查顿（H. B. Charlton，1942 年）。他们的研究都值得仔细推敲。限于时间关系，此不展开。

---

① Samuel Taylor Coleridge (asreported by J. P. Collier), in his lecture given before the London Philosophical Society on December 28, 1811, in his Shakespearean Criticism, Vol. Ⅱ, edited by Thomas Middleton Raysor, Harvard University Press, 1930, pp. 181—198.

第二节 语言研究

克勒律治在1813年的一次演讲中作了另外一些对于《哈姆雷特》的分析，被E. H. Coleridge从他的一个笔记本中摘录出来。他提出对《哈姆雷特》的12点语言分析观点。其中包括他认为该剧的措辞是诗化的而非戏剧化的，而这成功地揭示了哈姆雷特的性格。克勒律治在就莎士比亚对情节的精细处理进行评价时认为哈姆雷特在装疯的状态中已几近发疯。

在这篇文章里，克勒律治说："莎士比亚构思人物的语气来自于他自己的智力与道德能力，通过构思任何一个富有智慧或道德才能的人并将其置于过量的病态情景中，这样他就受伤了，病恹恹的了。对于哈姆雷特，我想让他取消在道德上还对一个义该在我们关注外物与内心冥思间保持平衡的必要性，这也是真实世界与想像世界间的平衡。对于哈姆雷特，这个平衡是不存在的，他的思考，他对外物的影象，他的想像远比他的感知要生动地多。他的这种感知时不时地以他的沉思为媒介而传递，并以其所传递的那种样式和色彩而非它们的本真色彩来接纳。因此，强烈而巨大的智力活动与由之同比产生的对真实行动的厌恶，随着所有其症状与伴生性出现。""行动是一个短暂的步骤，一个冲击，等等。"

那么，当我们匆匆打量一下该剧的第一实例时，就会有如下各种评价：在《麦克白》中，与日常平易的语言相对应的是可怕的音乐及其狂野的节奏。然而在《哈姆雷特》里，盔甲、寒冷、死样的寂静，所有的元素均在人的脑海中弥漫成一种悲剧气氛。

那个深可敬佩的判断以及两次介绍鬼魂时以其特有的令人相信的奇妙力量，在其第三次出现使哈姆雷特亲眼看见前，每一次都让人升腾起肃穆、威严的感觉。莎士比亚的敏感使他对于所有无罪的迷信都怀有一种敬意：没有任何雄辩和华而不实的哲学。

哈姆雷特说出来的第一句话是"胜于亲人却无仁爱"（朱生豪先生的翻译是："超乎寻常的亲族，漠不相干的路人。"①）。他是以这样对语词的玩弄而开始的，完全没有《麦克白》里的那种刻画性格的方式。没人从这句话中

① 威廉·莎士比亚：《莎士比亚全集》（七），朱生豪译，陕西师范大学出版社2001年版，第12页。

听到百姓间的粗俗争吵，却一定注意到其双关义之愤怒不敬。在对其耽思性格的高度刻画之外，还有那么点玩弄一根红线或一条表链或一个鼻烟盒这类关键物件的花招的意思。

还要记住哈姆雷特是如何以下一番言论来培养自己的。对外物的讨厌，对包括他自己在内的整个世界的因挑剔而叛离的习性，大量堆砌的辞藻就是他此类思想的些许表达，这也使得其超越了思想，给了它们一个出口，一个自成一格的现实且仍保持与之联系的机会，进而朝其内心影像与行动接近。

第一次独白［Ⅰ.ⅱ.129ff］“O, that this too too solid flesh would melt.”(朱生豪先生翻译是“啊，但愿这一个太坚实的肉体会溶解”[①]。) 厌世的情绪之所以压在像哈姆雷特者的心头，是因为内心恒久的尽力思虑耗干了他的情感，所有的精神都形成一种不确定的理想化的东西，而现实却需要冷静下来，因此它就变成混合着激情的不确定。

在这种语气中，由告诉哈姆雷特其父亲鬼魂的人霍拉旭来建立的这种联系，只不过是一个完美的戏剧叙述样式，最纯粹的诗歌，最自然的语言，在这里，书房里的墨水瓶与乡间的犁耙是无差别的。

哈姆雷特在等待鬼魂出现时坠入长时间的推理中，他通过从特殊走向普遍而成功克服了期待情感的焦躁与不安，这种由对人生的厌恶、对个人的关注，潜移为大众化及总体推理，当为哈姆雷特的一个最重要的性格特征。

鬼魂是一种迷信，它牵扯到显示宗教的最神圣的真相，因此，它与《麦克白》里巫术的毁灭性的狂野语言形成鲜明对照。本该属于哈姆雷特的刻不容缓的、不在乎有多粗暴的解决方式，可他又是怎样地在力图消解行动精力的过程中给浪费了啊。现在困难任务来了，当他的伙伴突然袭击他的时候哈姆雷特还以为是在开玩笑。

一个内心相对比较喜欢沉思的人，至少认为预兆很重要。而且当一个人的肌肉长时间地紧绷时放松下来是很有必要的，此时，对手却进入了行动状态。恐怖紧随滑稽出现，而滑稽却是心灵借以将主人公从恐怖中释然的常态。笑被极端的语言本质乃至眼泪打磨。何况哈姆雷特的疯癫仅是半装而已，那种狡猾的把戏仅是在近乎我们正经受的状态时才顺便展露出来的。这种解释与奥菲利亚以生动的形象来描述哈姆雷特见她时的绝望样子相同，是

---

① 威廉·莎士比亚：《莎士比亚全集》（七），朱生豪译，陕西师范大学出版社 2001 年版，第 14 页。

近乎完全疯癫的临时疯癫。

我所认为哈姆雷特的性格是由他自己描述出来的，正如表演者离开他之后，他在独白里说的那样：我是一块多么游手好闲的贱骨头啊！（O, what a rogue and peasant slave am I, etc. ［Ⅱ. ⅱ. 550ff］）（朱生豪先生的翻译是："啊，我是一个多么不中用的蠢材！"①）但在此之前，在介绍剧本的措辞中谈到过哈姆雷特优美的判断。如果认为就此嘲笑该剧从旧剧改编而来，那未免荒谬了。人物处于思考之中，甚至在高度诗化的独立言语中，因此这是其缺点，它太诗化了，有的是抒情诗的激动与史诗的壮丽，而非戏剧。但若莎士比亚果真用戏剧化的语言那将会怎样？哪儿还有《哈姆雷特》与《哈姆雷特》剧本间的比照②呢？

另外还有对《哈姆雷特》进行多方面语言分析研究的，诸如卡罗灵·F. E. 斯珀金（Caroline F. E. Spurgeon），沃尔夫冈·H. 克莱门（Wolfgang H. Clemen，1951 年），哈里·列文（Harry Levin，1959 年），里本·A. 布拉沃（Reuben A. Brower，1971 年），英伽—斯提纳·艾班克（Inga-Stina Ewbank，1977 年）。

除了克勒律治以外，还有下列批评家进行了语言研究：1. 卡罗灵·F. E. 斯珀金（Caroline F. E. Spurgeon）；2. 沃尔夫冈·H. 克莱门（Wolfgang H. Clemen，1951 年）；3. 哈里·列文（Harry Levin，1959 年）；4. 里本·A. 布拉沃（Reuben A. Brower，1971 年）；5. 英伽—斯提纳·艾班克（Inga-Stina Ewbank，1977 年）。

---

① 威廉·莎士比亚：《莎士比亚全集》（七），朱生豪译，陕西师范大学出版社 2001 年版，第 55 页。

② Samuel Taylor Coleridge, "Noteson the Tragedies of Shakespeare: The Character of Hamlet," in his Shakesspearian Criticism, Vol. 1, edited by Thomas Middleton Raysor, Cambredge, mass.: Harvard University Press, 1930, pp. 37—40.

第十五章 《哈姆雷特》文本细读

第一节 《哈姆雷特》中的英文疑惑

尽管人们普遍认为：一千个读者有一千个《哈姆雷特》（哈姆雷特）。但是，许多读解其实没有顾及原文，所以在外国文学的很多问题上，绝大多数研究者在依赖翻译作品的同时，就趋同了译者对原文的理解，而忽略了对原文本身语义的独特理解，故又在一定程度上造就了众口一词的理解。

哈姆雷特的父亲，一直被认为是一个无辜被害的人，而新王克劳狄斯则一直被认为是一个十恶不赦的罪犯。这一点理解，从英文原文去看的话，似乎并不十分准确。在这一节里，笔者结合英文原文与国内著名莎士比亚翻译大师朱生豪和梁实秋先生的译本[①]。当然，我们并无贬低或对大师的不敬之意。将几家译本比较研究并指出译文的具体区别乃至在笔者看来的误译，仅为学术争鸣与商榷，也为了更贴近莎士比亚的心灵，实际与几位前辈的初衷并无二致。

一 克劳狄斯的祷告词

哈姆雷特王子想要用哑剧《捕鼠机》来试探新王克劳狄斯的反应，判断鬼魂的话是否可信。新王克劳狄斯在看了之后，良心受到谴责，他独自祷告忏悔。哈姆雷特在去见母后的路上遇到了正在祈祷的新王。新王克劳狄斯的这段话，最可见出他对自己过失的清醒认知。我们从下列这七处内容来看克劳狄斯的良知醒悟，他对自己害死兄长的事情供认不讳，他祈求忏悔以洗清罪孽。1. O! My offence is rank, it smells to heaven; 噢！我的过错现在恶臭冲

---

① 本书所参考的英文原文摘自梁实秋翻译的《莎士比亚四大悲剧》。文中的中文翻译除注明译者外，均为笔者所译。

天。2. It hath the primal eldest curse upon't。它负载上了最原始的诅咒。3. A brother's murder！谋害兄长的人！4. Pray can I not，though inclination be as sharp as will：My stronger guilt defeats my strong intent；尽管我祷告的心愿如同我的意志一样强烈，可我不能祷告：强烈的负罪感击退了祷告的意向。5. And，like a man to double business bound，I stand in pause where I shall first begin，and both neglect. 像一个同时想做两件事的人一样，我驻足在起始点，两者皆失。6. What if this cursed hand were thicker than itself with brother's blood，is there not rain enough in the sweet heavens to wash it white as snow? 纵使这只该诅咒的手由于沾上了兄弟的鲜血而比它本身还厚，可爱的天堂里难道就没有足够多的雨水把它冲洗得如雪样洁白吗？（梁实秋先生的翻译是：这该诅咒的手，纵然再沾厚一层我哥哥的血，天堂上就没有那么多的雨把它冲洗得雪一样的白吗？）7. Whereto serves mercy/But to confront the visage of offence，/And what's in prayer but this two-fold force，/To be forestalled，ere come to fall，or pardon's，being down? 不照耀在过错者的脸上，慈悲又有何用？祷告不正是两种力量的吁求：谨防我们失足，或失足后得到宽宥么？

从上述这七处表述中可以看到，克劳狄斯尽管承认自己的行为是谋害兄长，但在他向上帝忏悔的时候，首先用到的词是 offence，而不是 guilt 这个词，前者的基本含义是“过错”或“冒犯”，而不是“罪孽”，克劳狄斯在用后者时，强调的是一种“负罪感”，而不是承认自己有真正的罪孽。他反复强调的是自己作为过错者而祈求宽宥。

其中第六处的内容，梁实秋先生的翻译[①]似乎更加强调了克劳狄斯的无耻，因为他居然还希望自己那因为杀害了自己的哥哥而已经成为“该诅咒的手”，“纵然再沾厚一层我哥哥的血”之后，仍能被天堂的雨水冲洗得雪白。即暗含了这样一个语义：一次沾血之后，纵然再沾血，亦可被宽宥。这显然不准确。笔者认为，若译作“纵使这只该诅咒的手由于沾上了兄弟的鲜血而比它本身还厚，可爱的天堂里难道就没有足够多的雨水把它冲洗得如雪样洁白吗？”就会更为清楚而不产生歧义。

克劳狄斯的祈祷内容表明他悔罪不彻底：他有意将“有罪”说作“犯错”。如果这样理解，也是说得通的。不过，除此之外，也许还可以理解为：

---

① 其译文是：“这该诅咒的手，纵然再沾厚一层我哥哥的血，天堂上就没有那么多的雨把它冲洗得雪一样的白吗？”

老哈姆雷特是个罪人，克劳狄斯杀了他，所以仅是冒犯了兄长，但也未犯罪，仅有负罪感而已。否则，有意用 offence 而不是 guilt，恐怕就是莎士比亚不会用词了。

二 老哈姆雷特的鬼魂

哈姆雷特父亲鬼魂的出现，对于整个剧情有着相当重要的推动作用。但是他又有着诸多的令人怀疑和被人误读的地方，甚至是当哈姆雷特第一次听到这个关于他父亲情况的消息时就已经被误导，换句话说，是哈姆雷特误读了别人给他提供的信息。再进一步讲，是别人误读了自己所接到的信息，由此而误导了哈姆雷特。对于哈姆雷特被人告知需去瞭望台的情况，我们有以下方面需要注意。

1. 哈姆雷特看到他父亲，是在他的“心灵的眼睛”里。也就是说，是在心里，在脑海里，严格地讲，是心理图像，也可以讲，是幻觉。文本中是这样的：

Hamlet：My father me thinks I see my father.

Horatio？O！Where，my lord？

Hamlet：In my mind’s eye，Horatio. ①

2. 所谓哈姆雷特父亲的鬼魂，应当是一个大家在恐怖氛围中的共同或共通的幻觉。哈姆雷特对此事的判断是从霍拉旭那儿开始的。其实，是霍拉旭用语言引导了哈姆雷特，开口就说是见到哈姆雷特的父亲，后又才说是哈姆雷特父亲的鬼魂，还有两个人来作证：这个鬼魂可能是个幻觉，或者即使是鬼魂，但是却是别人的鬼魂作怪。这种先入为主式的对情况的判断和理解，排斥了其他正常或正确的理解出现的可能。

Horatio：My lord，I think I Saw him yester night.

Hamlet：Saw who？

Horatio：My lord，the king your father.

Hamlet：The king，my father！②

---

① 威廉·莎士比亚：《莎士比亚全集》（七），朱生豪译，陕西师范大学出版社 2001 年版，第 40 页。

② 同上书，第 42 页。

3. 在文本中，霍拉旭先已有了“A mote it is to trouble the mind's eye.”[①]（一芥蒙蔽心灵之眼的尘埃）言下之意，鬼魂是人正常心智的障碍，必须剔除，以免心乱。

4. 鬼魂是灾难将至、伟大君主将殁的征兆：

In the most high and palmly state of Rome, /A little ere the mightiest Julius fell, /The graves stood tenantless and the sheeted dead /Did squeak and gibber in the Roman streets.

也就是说，在一般人的理解中，鬼魂的出现，预示着国家灾难将要来临，伟大君王即将逝去。恺撒大帝遇刺身亡之前，坟墓里的鬼魂也披着殓衣在罗马的大街上乱窜。在《哈姆雷特》里，这次鬼魂的出现，预示了后来新王克劳狄斯遇刺身亡。由此看来，新王是伟大君主。

5. 鬼魂的出现是罕见之怪象，人们因惊而惧。这些，可由哈姆雷特的问话来展现：

（1）Saw who?

（2）The king, my father!

（3）For God's love, let me hear.

（4）But where was this?

（5）Did you not speak to it?

（6）'Tis very strange.

Indeed, indeed, sirs, but this troubles me. Hold you the watch to-night?
是的，是的，诸位，是这事使我很忧虑。今天晚上你们守夜么？

（7）Arm'd, say you? 穿着盔甲，你们说？

（8）From top to toe? 从头到脚？

（9）Then saw you not his face? 那么你们便看不见他的脸？

（10）What! Look'd he frowningly? 怎么，瞧上去他在发怒么？

（11）Pale or red? 苍白还是绯红？

（12）And fix'd his eyes upon you? 他瞪眼注视你了么？

（13）I would I had been there. 我要是在场就好了。

（14）Very like. Very like. Stay'd it long? 多半会的，多半会的，他待

① 威廉·莎士比亚：《莎士比亚全集》（七），朱生豪译，陕西师范大学出版社2001年版，第24页。

的久吗?

(15) His beard was grizzled, no? [①]他的胡须是灰白的，不是吗?

从这些话中，可以充分感受到问话者和答话者内心的紧张和惧怕。那么问题就来了：为什么一个过世了的人，还这样的让在世的人惊恐不安？且为何甲胄在身呢？如果说，他一脸怒容，那是因为他要复仇；那么，他为什么总是鸡鸣即逃，仓皇不已？

6. 在听完霍拉旭讲述之后，哈姆雷特自己的评述最能见他对鬼魂临世、大事不妙的敏感。他期望父魂安居地下，勿扰人间。[②]

My father's spirit in arms! All is not well; 我父亲的鬼魂全身甲胄！大事不妙。

I doubt some foul play: would the night were come! 我怀疑是恶作剧：还望夜晚快到!

Till then sit still, my soul: foul deeds will rise, though all the earth o' erwhelm them, to men's eyes. 静候那时吧，我的灵魂：恶行即将出现，纵使以整个大地来镇服罪人的恶行，它们仍要钻出来示众。

注意上述的翻译中，will rise 是“即将”出现，不是“已经”出现；是“出现”，而非“被发现”。也就是说，后面要出现的是“恶行”。可是，这个恶行，是什么呢？是鬼魂的“出现”吗？还是“刺杀”国王?

7. 哈姆雷特听霍拉旭讲后，以“厚爱”相许，求（pray）各位闭口守密，足见他惟恐父亲老哈姆雷特的行迹泄露于世。

8. 哈姆雷特在高台上对霍拉旭讲有关于丹麦宴饮习俗和人性恶变的话，也隐含了他对先王罪恶的理解：

So, oft it chances in particular men, that for some viious they of nature in them, as, in their birth, ——wherein they are not guilty, since nature cannot choose his origin, ——by the o' ergrowth of some complexion, oft breakong down the pales and forts of reason, or by some habit that too much o' er-leavens the form of plausive manners. 对于个人而言也常如此，他们的天性中有一些邪恶的痣记，出生带来——生而无罪，因为天性无法选择出身——在由于这些

---

① 威廉·莎士比亚：《莎士比亚全集》（七），朱生豪译，陕西师范大学出版社 2001 年版，第 42 页。

② 同上书，第 48 页。

恶因蔓生蘖长而至理性溃决防卫，或由一些极度增生的恶习。

That these man, carrying, I say, the stamp of one defect, being nature's livery, or fortune's star, their virtues else, be they as pure as grae, as infinite as man may undergo, shall in the general censure take corruption from that particular fault: the dram of eale doth all the noble substance of a doubt, to his own scandal. 这些都能使他的性情有点什么缺憾；这样的人，身上带了一种缺憾的标记，这缺憾也许是天生的或是命中注定的，那么他的德行无论是如何神圣般的纯洁，无论是如何穷极人类的优美，但在一般批评起来，仍是要受你那某一项缺憾的连累祸害；一点点的瑕疵，可以使全部的美质玷受耻辱。

我们很明显地看到，哈姆雷特王子面对父王这些说法和提醒，感到无所适从。尤其是父王的话中，有对自己“罪行”的深度忏悔，他的语言中透出自己对自己那种强烈的“罪恶”意识的反思。而且霍拉旭也说：“于是他就像一个罪犯听到了可怕的召唤似的惊跳起来。”

老王有罪恶吗？老王到底有什么罪恶？为什么他在给王子的叮嘱中不强调新王的罪恶，而是说道自己的罪恶之花要爆裂（the flower of evil come to blast）？老王的罪恶已经到了这种（撑而胀破乃至爆裂）的程度，是不是就可以说老王之死，实属命该如此？

历来从未见到有人对此提出看法和进一步的分析。

第二节 《哈姆雷特》中的动物意象

意象派研究者们曾经将《哈姆雷特》中的“病”和“毒”的意象作了分析，得出《哈姆雷特》的写作意蕴是莎士比亚重在反映一个已经腐烂了世界的原貌。而我们从整部《哈姆雷特》中发现莎士比亚用的地方更多的则是动物意象，其中鸟类十五类、兽类二十三类。我们认为，莎士比亚之所以如此率性地使用动物意象，在于他心目中的诸多人物无非是动物身上的顽劣不仁尚未褪去，“天地的精灵”仅是哈姆雷特这样的个别人，总体上，莎士比亚对人是持嘲讽和调侃态度的。

《哈姆雷特》中的动物意象非常之多，在文本细读中我们发现，这些动物意象大体可以分为两大类：一类是禽类意象；另一类是兽类意象。而且这些意象都是用来比喻人的。毫无疑问，它们正好是国王的那句“人类……不过是……无知的禽兽"[①] 的注解而已。《哈姆雷特》里的人类是不是无知的禽兽，从文本中的禽兽意象就可以知道了。

一 鸟类意象

《哈姆雷特》里的禽鸟意象，有十四类分别是：1. 鸟儿。当哈姆雷特呼叫马西勒斯和霍拉旭时，他喊道"鸟儿，来。"（p. 29[②]）2. 鹰。哈姆雷特：我们要像法国的鹰师一样，不管看见什么就撒出鹰去。（p. 50）3. 鸳（鸯）。伶王：自从爱把我们缔下了良姻，许门替我们证下了鸳盟。（p. 69）4. 乌鸦。哈姆雷特在戏班子表演中间，想到复仇的事，说道："来，哇哇的乌鸦发出复仇的啼声。"（p. 73）5. 孔雀。哈姆雷特：这是一个荒凉破碎的国土，原本是乔武统治的雄邦，而今王位上却坐着——孔雀。（p. 74）6. 猫头鹰。奥菲利娅：他们说猫头鹰是一个面包师的女儿变成的。（p. 98）7. 鹈鹕。雷欧提斯：对于他的好朋友，我愿意张开我的双臂拥抱他们，像舍身的鹈鹕一样，把我的血供他们畅饮。（p. 102）8. 鸽子。奥菲利娅（唱）：他们把他抬上柩架；哎呀，哎呀，哎哎呀；在他坟上泪如雨下——再会，我的鸽子！（p. 102）9. 母鸽、雏鸽。王后：正像母鸽孵育它那一双全羽的雏鸽的时候一样温和了。（p. 122）10. 小鸭子。霍拉旭在那个来报告哈姆雷特与雷欧提斯比赛事务的奥斯里科走了之后，他说了一句：这一只小鸭子顶着壳儿飞走了。（p. 128）11. 鹰、鹭鸶。哈姆雷特：天上刮着西北风，我才发疯；风从南方吹来的时候，我不会把一只鹰当做一只鹭鸶。（p. 48）哈姆雷特的意思是警告对方：情况不妙，我才借机发疯；此刻你的口气和缓，我并不会因此而上当的。其中，鹭鸶，是一种捕食小鱼的海鸟。12. 雀子。哈姆雷特在临死前所发的感慨，对于命运的安排和人生的无奈和渺小形象展示了出来：一只雀子死生，都是命运预先注定的。（p. 129）13. 山鹬。雷欧提斯：正像一只自投罗网的山鹬，我用诡计害人，反而害了自己，这也是我应得的报应。（p. 133）波洛涅斯警告女儿奥菲利娅，认为哈姆雷特对奥菲利娅的感情是有预谋的，他说：这些都是捕捉愚蠢的山鹬的圈套。（p. 22）14. 晨鸡。鬼魂在人间逗留的时间有限，而晨鸡代表了白昼的来临，鬼魂非常惧怕这一点。

---

① 威廉·莎士比亚：《莎士比亚全集》（七），朱生豪译，陕西师范大学出版社 2001 年版，第 100 页。

② 本节内容所引《哈姆雷特》的文本，皆引自威廉·莎士比亚：《莎士比亚全集》（七），朱生豪译，陕西师范大学出版社 2001 年版。文后只在括号内注出页码。

因而当“晨鸡高声啼了起来”时，鬼魂便立刻离开。霍拉旭：于是它就像一个罪犯听到了可怕的召唤似的惊跳起来。（p. 9）

二 兽类意象

《哈姆雷特》里的兽虫意象，约有二十几类。1. 畜生。当哈姆雷特在首次大量旁白时，对母亲的做法表示了强烈的不满和愤恨。哈姆雷特：一头理性的畜生也要悲伤得长久些。（p. 14）2. 蛀虫。雷欧提斯在离开妹妹时，仔细叮咛她的话意味深长。雷欧提斯：春天的草木往往还没有吐放它们的蓓蕾，就被蛀虫蠹蚀；朝露一样晶莹的青春，常常会受到罡风的吹打。（p. 20）3. 怒狮。哈姆雷特在见到鬼魂之后，鬼魂要求单独与他谈话，他为了鼓励自己，说了一些激动人心的话。哈姆雷特：我的运命在高声呼喊，使我全身每一根微细的血管都变得像怒狮的筋骨一样坚硬。（p. 25）4. 蛇。先王对哈姆雷特说：听我说，一般人都以为我在花园里睡觉的时候，一条蛇来把我螫死，这一个虚构的死状，把全丹麦的人都骗过了；可是你要知道，好孩子，那毒害你父亲的蛇，头上戴着王冠呢。（p. 27）5. 老鼹鼠。哈姆雷特称父王为“老鼹鼠”。他说：“说得好，老鼹鼠！你能够在地底钻得这么快吗?”（p. 31）6. 牲口。波洛涅斯发誓自己对哈姆雷特和奥菲利娅因为爱而出现精神问题。波洛涅斯：要是他不爱她，他的理智不是因为恋爱而丧失，那么不要叫我襄理国家的政务，让我去做个耕田赶牲口的农夫吧。（p. 41）7. 死狗、蛆虫。哈姆雷特对波洛涅斯说：要是太阳能在一条死狗尸体上孵育蛆虫，因为它是一块可亲吻的臭肉——你有一个女儿吗？（p. 42）8. 蟹。哈姆雷特对波洛涅斯说：要是您能够像一只蟹一样向后倒退，那么您也应该跟我一样年轻了。（p. 42）9. 猛虎。哈姆雷特在回忆戏词时开口说：野蛮的皮罗斯像猛虎一样。（p. 51）10. 变色蜥蜴、鸭子。在请到新王看戏时，哈姆雷特，很好，好极了。我过的是变色蜥蜴的生活，整天吃空气，肚子里让甜言蜜语塞满了；这可不是你们填鸭子的办法。（p. 66）11. 骆驼、鼬鼠、鲸鱼。这是一段经典的对白。哈姆雷特：上帝祝福你，先生！/波洛涅斯：殿下，娘娘请您立刻就去见她说话。/哈姆雷特：你看见那片像骆驼一样的云吗？/波洛涅斯：嗳呦，它真的像一头骆驼。/哈姆雷特：我想它还是像一头鼬鼠。/波洛涅斯：它拱起了背，正像是一头鼬鼠。/哈姆雷特：还是像一条鲸鱼吧？/波洛涅斯：很像一条鲸鱼。（p. 77）12. 肥猪、小耗子、蛤蟆、蝙蝠、老雄猫、鸟儿、猴子。王后：我应当怎么做？哈姆雷特：我不能禁止您不再让那肥猪似的僭王引诱您和他同床，让他拧您的脸，叫您做他的小耗子；我也不能禁止您因为他给了您一两个恶臭的吻，或是用他万恶的手指抚摩您的颈项，就把您所知道的事情一起说了出来，告诉他我实在是装疯，不是真疯。您应该让他知道的；因为哪一个美貌聪明懂事的王后，愿意隐藏着这样重大的消息，不去告诉一只蛤蟆、一只蝙蝠、一只雄猫知道呢？不，虽然理性警告您保守秘密，您尽管学那寓言中的猴子，因为受了好奇心的驱使，到屋顶上去开了笼门，把鸟儿放走，自己钻进笼里去，结果连笼子一起掉下来跌死吧。（p. 87）13. 毒蛇。当哈姆雷特即将在吉尔登斯吞和罗森格兰兹两个人送其去英国时，发觉了这两个人的阴谋，对母后交代了有关看法和安排。哈姆雷特：公文已经封好，打算交给我那两个同学带去，对这两个家伙我要像对待两条咬人的毒蛇一样随时提防；他们将要做我的先驱，引导我钻进什么圈套里去。（p. 88）14. 耗子。王后在向新王讲述哈姆雷特误杀波洛涅斯的经过时，有意替儿子打掩护。王后：他嚷着，“有耗子！有耗子！”（p. 89）15. 狐狸。哈姆雷特认为新王是狡猾的“狐狸”，而且是虚无的存在。对罗森格兰兹直接说了出来。哈姆雷特：一件虚无的东西。带我去见他。狐狸躲起来，大家追上去。（p. 91）16. 猴子。哈姆雷特向罗森格兰兹讲明了他对于君王与臣子的关系的理解。哈姆雷特：可是这样的官员要到最后才会显出他们对于君王的最大用处来；像猴子吃硬壳果一般，他们的君王先把他们含在嘴里舐弄了好久，然后再一口咽了下去。（p. 91）17. 鹿豕。哈姆雷特在埋怨自己对于复仇行动的耽搁时，责备自己。哈姆雷特：可是始终不曾在行动上表现出来；我不知道这是因为像鹿豕一般的健忘呢，还是因为三分懦怯一分智慧的过于审慎的顾虑。（p. 96）18. 懒驴子。在墓地一场中，小丑甲对小丑乙回答有关于谁造的房子最坚固的问题而后者回答不出来时，小丑甲：别绞尽你的脑汁了，懒驴子是打死也走不快的；下回有人问你这个问题的时候，你就对他说，“掘坟的人”，因为他造的房子是可以一直住到世界的末日的。（p. 114）

不过，表示从腐烂中诞生的动物意象——蛆虫在剧中出现次数最多。19. 蛆虫。（1）当哈姆雷特和波洛涅斯说话时，蛆虫从死狗的尸体上被孵育出来。哈姆雷特：要是太阳能在一条死狗尸体上孵育蛆虫，因为它是一块可亲吻的臭肉——你有一个女儿吗？（p. 42）（2）哈姆雷特误杀了波洛涅斯并将其尸体拖走。他与国王的一番对话十分的有哲理。国王：哈姆雷特，波洛涅斯呢？/哈姆雷特：吃饭去了。/国王：吃饭去了！在什么地方？/哈姆雷特；不是在他吃饭的地方，是在人家吃他的地方；有一群精明的蛆虫正在他身上大吃特吃哩。蛆虫是全世界最大的饕餮家；我们喂肥了各种牲畜给自己受用，再喂肥了自己去给蛆虫受用。胖胖的国王跟瘦瘦的乞丐是一个桌子上两道不同的菜；不过是这么一回事。（p. 93）（3）哈姆雷特在墓地感慨人世生死的无常。哈姆雷特：也许是一个朝臣，……现在却让蛆虫伴寝，他的下巴也脱掉了，一柄工役的锄头可以在他头上敲来敲去。从这种变化上，我们大可看透了生命的无常。（p. 115）

另外还有：20. 马。哈姆雷特在墓地指着某个被"丢来踢去"的尸骨对霍拉旭谈到生命的无常，朝臣可能在世时贪婪于名利，可是生命转眼即逝。哈姆雷特：也许是一个朝臣，……嘴里称赞某大人的马好，心里却想把它讨了来，……现在却让蛆虫伴寝……（p. 115）21. 母鹿、公鹿。哈姆雷特在新王离开观看《捕鼠机》戏的现场后独自一人说出："嗨，让那中箭的母鹿掉泪，没有伤的公鹿自去游玩。"（p. 74）22. 鳄鱼。哈姆雷特突然在墓地见到奥菲利娅已死且即将被埋而跳下其墓中，对已经跳到墓中的雷欧提斯"火性发作起来"。哈姆雷特：哼，让我瞧瞧你会干些什么事。你会哭吗？你会打架吗？你会绝食吗？你会撕破你自己的身体吗？你会喝一大缸醋吗？你会吃一条鳄鱼吗？我都做得到。（p. 121）23. 猫、狗。哈姆雷特在墓地与雷欧提斯的争斗到最后，语言之中看出哈姆雷特对雷欧提斯并无仇恨。哈姆雷特：听我说，老兄，你为什么这样对待我？我一向是爱你的。可是这些都不用说了，有本领的，随便干什么事吧；猫总是要叫，狗总是要闹的。（p. 122）

由上述分析可以看出，在《哈姆雷特》中，禽类意象和兽类意象一方面多为表现哈姆雷特对时世的愤慨与厌弃，另一方面也反应了他对人的价值的怀疑和贬斥。

第三节 《哈姆雷特》中先王是有罪的

《哈姆雷特》中的先王是以亡魂的形式出现的，共两次。但都是以一个怀有不可告人的目的之罪人样子出现的。由于他的出现，剧情展开，杀戮顿起。这个罪人似乎是别有用心的，他的出现，使得气氛突变。

一 王魂令人惊惧

《哈姆雷特》中，先王的罪责和他的别有用心，莎士比亚在文中多处暗示：其一，露台守望者弗兰西斯科一出场便十分警觉和惧怕。这些气氛的暗示，表明先王在此处此时只能是一个入侵者。其二，换班守夜的勃那多开口便是“国王万岁”。这里的“国王”一谓，当然指的是现任国王克劳狄斯而并非老哈姆雷特，这一声称呼，也表明此时的新王是被崇敬的、受卫护的。而且霍拉旭开口是“都是自己人”，马西勒斯也说“丹麦的臣民”。言下之意：都是自己人——丹麦的臣民，丹麦新王的忠实的守护者。也就是说，他们个个心系国家安危，忠于现任国王克劳狄斯，警惕和防范入侵者。其三，守夜者的不安和紧张皆因鬼魂的来临。它带来的是超自然的惊恐。尤其在言语的潜台词中暗示了出来。勃那多：欢迎，霍拉旭！欢迎，好马西勒斯！/马西勒斯：什么，这东西今晚又出现过了吗？（p. 6[①]）从上述对话和马西勒斯的口气中可以推知勃那多的惊惶（他对弗兰西斯科说“要是……就叫他们赶紧来。”）和 惧怕孤单（语词中连续两个“欢迎”一个“好”）足见他盼来换班者时的感激和庆幸。守夜者瞪着“惊奇骇愕的眼”，“吓得浑身都瘫痪了，只是呆立着不动……怀着惴惧的心情”（p. 16）。请注意见到先王鬼魂之人的反应，这些用词所指涉的神情，都是极其令人惊惧的。

同时，先王鬼魂的表现，极其反常。先王神武的雄姿与神气均是“出征”与“战时”的，而且马西勒斯强调它是“用军人的步态走过我们的眼前”。先王这一种英武的形象显然仅是昔日早些时候所留下的，同时暗示出先王去世前的形象与彼时的神武已经相去甚远，因而此时的形象才显得如此的反常，令再次见到其样貌的人，大为惊骇。

> 怎么，霍拉旭！你在发抖，你的脸色这样惨白。……/霍拉旭：凭上帝起誓，倘不是我自己的眼睛向我证明，我再也不会相信这样的怪事。（p. 7）

为什么是怪事呢？怪事之“怪”，在于：

> 马西勒斯：它不像我们的国王吗？（p. 7）

---

① 本节内容所引《哈姆雷特》的文本，皆引自威廉·莎士比亚《莎士比亚全集》（七），朱生豪译，陕西师范大学出版社 2001 年版。文后只在括号内注出页码。

霍拉旭虽然承认它就是国王，然而又补充道“怪事怪事！”显然怪在：(1) 先王不应有如此之神气，那是国王早先时候的样子，临死前不是这样的神武。(2)“战铠”、“怒容”、“军人步态”都是“推测”、“预兆”“国内将有一番非常的变故”的依据。当全国戒备森严地防止挪威王子纠集无赖“要用武力和强迫性的条件，夺回他父亲所丧失的土地”之时，鬼魂的出现正如霍拉旭所说，“那是扰乱我们心灵之眼的一点微尘”。并且“从前在富强繁盛的罗马，在那雄才大略的裘里斯·恺撒遇害以前不久，披着殓衾的死人都从坟墓里出来……”所以，话语之中的克劳狄斯，即是那有“雄才大略”的、处在“富强繁盛”时期的罗马大帝。此鬼魂出来是预示克劳狄斯将不久于人世。

而且，也可从以下内容看出哈姆雷特内心的“怀疑”：

> 哈姆雷特：……我所看见的幽灵也许是魔鬼的化身，借着一个美好的形状出现，魔鬼是有一种本领的；对于柔弱忧郁的灵魂，他最容易发挥他的力量；也许他看准了我的柔弱和忧郁，才来向我作祟，要把我引诱到沉沦的路上。我要先得到一些比这更切实的证据；凭着这一本戏，我可以发掘国王内心的隐秘。(p. 56)
>
> 波洛涅斯：……人们往往用至诚的外表和虔敬的行动，掩饰一颗魔鬼般的内心，这样的例子是太多了。
>
> 国王：(旁白) 啊，这句话是太真实了！它在我的良心上抽了多么重的一鞭！涂脂抹粉的娼妇的脸，还不及掩藏在虚伪的言辞后面的我的行为更丑恶。难堪的重负啊！(p. 59)

由上述关键字眼可以发现如下之暗示：(1) 魔鬼的化身找到了他最容易发挥力量的地方——真正的柔弱而忧郁的灵魂，神秘地作祟。也就是说，活着作恶的老王哈姆雷特死后化作魔鬼来作祟，乘机搅扰人间，侵袭全身心地沉浸于丧父剧痛情感中的哈姆雷特，使后者本就因伤心而脆弱忧郁的心更加疑惧；(2) 新国王的内心隐秘，竟然是凭借一本戏来发掘的，显得此行动的又一次不可信性——游戏性。很显然巧合又一次捉弄了哈姆雷特，也捉弄了观众。我们知道，国王克劳狄斯之所以戏间离去，主要缘于哈姆雷特的言此意彼的影射性解说，以及他充满讥讽挑衅口气的对新王的近似于质问的直白怀疑，在此多事之秋，新王面对哈姆雷特对自己的被直接影射，以离席缓解。

二 先王是有罪的

先王的有罪，可以从多个角度来看。其一，他像一个“有罪”的“罪犯”。霍拉旭：于是他就像一个罪犯听到了可怕的召唤似的惊跳起来。……唤醒了白昼之神，……到处流浪的有罪的灵魂，就一个个钻回自己的巢穴里去；这句话现在已经证实了。（p. 9）也可以说，先王的鬼魂代表先王，清楚地表示出自己曾经的罪恶。他说自己“生前的过失”，“生前孽障未尽”，“脱罪”（p. 26）；这些都“负着我的全部罪恶”（p. 28）。

结合《哈姆雷特》文本中的众多表述，可以从其语言暗示来理解先王：（1）鬼魂是空幻的“空气”，是不值得相信的，包括哈姆雷特。（2）鬼魂会用星星的毒光“射人”，“神仙”、“妖巫”会用法术迷人，它们惧怕光明。而此鬼魂亦是鸡鸣即走。它是用法术来迷人的妖巫。

其二，哈姆雷特惧怕鬼魂。哈姆雷特：（旁白）超乎寻常的亲族，莫不相干的路人。（p. 12）这里的前半句是指叔父加继父的非常关系；后半句是指于自己求学无补的非同路人，不理解自己的、不懂自己的心的人。本为陌路人，最后竟成了仇人，全因鬼魂的权力话语的影响而致。哈姆雷特对鬼魂惧怕而敬重，尊为神明，他说“天上的神明啊，救救我，用你们的翅膀覆盖我的头顶！”结合哈姆雷特与国王的对话，可以理解先王对王子心灵的扰乱效果。国王：为什么愁云依旧笼罩在你的身上？/哈姆雷特：不，陛下；我已经在太阳里晒得太久了。（p. 12）

同时，哈姆雷特是一个具有“固执不变的哀伤”的“不肯安于天命的意志”的“不是堂堂男子”，他自己也承认自己“脆弱啊，你的名字就是女人”。他是一个滞后于时间的人，把“匆促”看成“罪恶”的人。他恋旧情绪很重。他第一次重见先王是在心里，他说：“我仿佛看见我的父亲。……在我的心灵的眼睛里……”（p. 15）而我们从霍拉旭的口中知道，先王的再现却是“扰乱心灵之眼的一点微尘”。

其三，先王鬼魂可能是幻想的影子。哈姆雷特对鬼魂说：“因为你的形状是这样引起我是怀疑……”（p. 24）霍拉旭也说：“幻想占据了他的头脑，使他不顾一切。”（p. 25）鬼魂在给王子的话中，强调了“不要胡乱猜测”，这句看似对哈姆雷特的警告，也正提醒了人们：鬼魂的不可相信，它及它的信息都是值得怀疑（和猜测）的。

其四，哈姆雷特见鬼魂之后即语言混乱：他张口称马西勒斯为“孩儿！

鸟儿”。他对父王说：“啊哈！孩儿！你也这样说吗？好家伙?”“‘说哪里，到哪里’吗，……说得好，老鼹鼠！你能够在地底钻得这么快吗？好一个开路先锋!”他的心志混乱直接由先王的鬼魂的权力语境的影响，他的“心灵的眼睛”被鬼魂这一“微尘”蒙蔽之后，语言的秩序便被冲溃而一时间难以重建起来，由霍拉旭来告诉人们说：“殿下，您的这些话好像有些疯疯癫癫似的。”同时也暗示了哈姆雷特也将死随父王，由先王开路，他也将紧随其后而死。后来，很快，王子死了。

其五，鬼魂的内心空虚，集中而明显地表现在：他（在下）呵斥马西勒斯与霍拉旭“宣誓”，达四次之多。鬼魂借用自己的言说语境对哈姆雷特形成的笼罩，又借“宣誓”来隐藏这一欺诈行为的不可告人性。随后，哈姆雷特等人的言行就全在鬼魂的言语秩序所形成的权力语境的控制之中了。“宣誓”行为的结果凭附于言语接受者对神明的崇敬和对鬼魂的畏惧的语境，并且在“发誓”的同时，在鬼魂的言说行为和言说内容统统在言语接受者内心形成一种完整的自我封闭遮盖体系。其效果是：（1）怀疑不应该有。（2）将怀疑向他人求证以取消其所带来的困惑的不能够。（3）鬼魂慌于命人“宣誓”，正表明其对自己此种行为的不合理性的担心。

其六，先王引导了哈姆雷特之死。哈姆雷特：都是些空话，空话，空话。……一派诽谤，……这个专爱把人讥笑的坏蛋在这儿说着，……这些话，先生，虽然我十分相信，可是照这样写在书上，总有些有伤厚道；因为就是拿您先生自己来说，要是您能够像一只蟹一样向后倒退，那么您也应该跟我一样年轻了。（p. 42）这些都是哈姆雷特怀疑先王之话为空话，可是自己又不能怀疑它；同时又发出时不我待，以及老年人盲目而言辞空洞的感慨。这时的哈姆雷特幻想很多，他企图“走进坟墓”，表示“但愿我也能够向我的生命告别”，而且是三次重复这句话，一个“也”字表达了对先王合理死去的肯定和羡慕。随之又有“这些讨厌的老傻瓜”中“些”的复指，表达了对老王以及老臣波洛涅斯“老”“傻”的厌烦。同时，哈姆雷特对波洛涅斯评价也很直白：“呃，上帝怜悯世人!”波洛涅斯和世人一样都是那么地值得同情。

哈姆雷特：认识认识，你是一个卖鱼的贩子。

哈姆雷特：那么我但愿你是一个和鱼贩子一样的老实人。

波洛涅斯：老实，殿下！

哈姆雷特：嗯，先生；在这个世上，一万个人中间只不过有一个老实人。

上面，哈姆雷特先是把波洛涅斯称作老实人，波洛涅斯推辞之后，哈姆雷特又退一步明确其的确是个极其难得的老实可信之人，言辞之间暴露了他对老王的可信度的怀疑。接着：

> 哈姆雷特：要是太阳能在一条死狗尸体上孵育蛆虫，因为它是一块可亲吻的丑肉——你有一个女儿吗？
>
> 哈姆雷特：不要让她在太阳光底下行走；……但是不像你女儿肚子里会有的那种学问。朋友，留心哪。
>
> 哈姆雷特：因为世上的事情本来没有善恶，都是个人的思想把它们分别出来的；对于我它是一所牢狱。

上述的语句看似混乱，实际其中的“太阳”指克劳狄斯；“死狗”指老王；“蛆虫”指老王假借报仇之名的另类企图；“可亲吻”是指身份是父王，是可敬之人；“臭肉”是指老王已经老而无用，本当弃之。尤其哈姆雷特上述最后一句话，它揭示了对于刚刚回国、对丹麦的近况之了解甚少，如同刚出世不久的婴儿一般的哈姆雷特，老王以自己的视角和善恶评价将丹麦的情况神秘转交给哈姆雷特，形成了既不能接受又别无选择的极其压抑的“牢狱”感受。

其七，哈姆雷特王子内心的真实想法和幻想混合泛滥成灾。哈姆雷特对自己一直不行动的原因分析和感受是很充分的。哈姆雷特：“我不知道这是因为像鹿豕一般的健忘呢，还是因为三分懦怯一分智慧的过于审慎的顾虑。……真正的伟大不是轻举妄动，……我却因循隐忍，一切听其自然，……啊！从这一刻起，让我摒除一切的疑虑妄念，把流血的思想充满在我的脑际。”（p. 96）

其八，从波洛涅斯的死后的各方反应是如此类似于老王死后的情形，足见老王之死实在不是克劳狄斯的谋杀，而是依照国家社稷和自然更替的规律，替换而已。国王：“……人民对于波洛涅斯的暴死，已经是群疑蜂起，议论纷纷；我这样匆匆忙忙地把他秘密安葬，更加引起了外界的疑窦；可怜的奥菲利娅也因此而伤心地失去了她的正常的理智，我们人类没有理智，不过是画上的图形，无知的禽兽。……他的耳中所听到的，都是那些搬弄是非的人所散播的关于他父亲死状的恶意的谣言，由于找不到确凿的事实依据，少不得牵涉到我的身上。……打得我死上加死。”（p. 99）

上述内容暗示哈姆雷特也是因失去父亲而伤心，在失去理智时又听信谣言（鬼魂神秘的一面之词），仅凭伶人对谣言的模拟和自己的穿凿解释，让国王和王后在影射攻击中联想和不安，因而自作聪明地断定，新王克劳狄斯其实并没有得到多少惊吓，因为就连哈姆雷特也不得不说：“嗨，让那中箭的母鹿掉泪，没有伤的公鹿自去游玩。”由上文的两个“死”同排，即可看出：两死相同，都并非是克劳狄斯的有意而为，至少不是谋害目的。同时，克劳狄斯自有其君王威严：

> 克劳狄斯：……不要担心他会伤害我的身体，一个君王是有神灵呵护的，叛逆只能一边蓄意窥伺，做不出什么事情来。……（p. 101）

这些话既提供了先王是自然死亡（前面一再提到“自然”），又暗喻叛逆（即使克劳狄斯曾经是叛逆）攻击不了他（先王），显然即使克劳狄斯有叛逆之心亦无叛逆之果。正如同此时的哈姆雷特和雷欧提斯一样。

直到临死前，哈姆雷特依然疑虑重重、惶惑不安：哈姆雷特：那不过是一种傻气的心理；可是一个女人也许会因为这种莫名其妙的疑虑而惶惑。（p. 129）这句话正表明了他对自己这种女人化的疑虑深表自责和痛恨。

哈姆雷特在与雷欧提斯决斗之前的一番对于自己与波洛涅斯之死之间关系的推心置腹的“临终”表白，坦言请求被迷惑的复仇者原谅和理解。我们意外发现，只需换取两对名词（将“哈姆雷特”换成“克劳狄斯”，将“雷欧提斯”换成“老王”），便一下子更像一直被冤枉的克劳狄斯的真心话语，请看：

> 克劳狄斯：……要是克劳狄斯在丧失他自己的心神的时候，做了对不起老王的事，那样的事不是克劳狄斯做的，克劳狄斯不能承认。那是谁做的呢？是他的疯狂。既然是这样，那么克劳狄斯也是属于受害的一方，他的疯狂是可怜的克劳狄斯的敌人。当着在座众人之前，我承认我在无心中射出的箭，误伤了我的兄弟；我现在要向他请求大度包涵，宽恕我的不是出于故意的罪恶。（p. 130）

由此去看，克劳狄斯是无辜的，他“误伤”了自己的兄弟，希望兄弟宽恕自己“不是出于故意的罪恶”，这里的“宽恕”和克劳狄斯的那次忏悔中的祈望“宽宥”的语气是如此地相像。这应当不单单是偶然吧。

另外，要说哈姆雷特有“使命”，那当然是指哈姆雷特从父亲的鬼魂那儿接受到的、需要他去完成的使命。不过，它和信息是同一个词：message。而王子是以此信息为使命的。其延宕表现，与“信息”和“使命”二者之难以分辨相关。

第十六章 《哈姆雷特》中的镜像与指向

第一节 由核心概念了解拉康早期思想的要义

拉康的思想向来以艰深晦涩著称，研究者试图从不同角度介入，却很容易使自己迷失在其思想迷宫之中而难以找到那根阿里阿德涅引路之线。我们发现，若通过对拉康早期思想体系中若干核心概念，诸如“模仿”、“符号”、“假想”、“异化”、“能指”与“所指”、“语言”与“言语”等的通俗解读，就可以找到进出拉康早期思想迷宫的新干线。

拉康的早期思想中给人印象最深的便是其“镜像阶段”理论。同时与之相关的还有“符号”、“能指与所指”、“假想”、“言语和语言”以及“差异”与“系统”。其中“镜像阶段”理论是其思想的基石。

一 关于“镜像阶段”

拉康的大部分思想都是基于“镜像阶段”来展开论述的，因此，我们首先必须认识它的理论来源和特点。

1936 年拉康第一次参加了在马里安巴德举行的国际精神分析学会的年会，在这次会议上，年仅 35 岁的拉康提出了他的“镜像阶段”观点。“镜像阶段”（mirror phase），简单说，是指婴儿（儿童在 6—18 个月间）逐步能够辨认出自己的身体（在镜中）的形象，从而逐步获得自己身份的基本同一性的这样一个经验过程。这一个“获得自己身份的同一性”可以简单理解为“自我身份的认同”。

（一）“模仿”、“仿同”

人出生得太早。若没有别人的照顾，婴儿很可能会死去。刚出生的婴儿既不会走路也不会说话，只掌握了一丁点儿运动能力，从生物学的角度说，发育得还很不完善。那么婴儿对自身的“不成熟”的反应便是“模仿”，从模仿中，他们逐渐掌握了自己与身体的关系。这一模仿显然来自其行为中的好奇。尤其需要强调的是，人与某些动物一样，具有这种将自己伪装成和周围环境一样的习惯。这一现象可以被称作“动物拟态表现”。一般解释，甚至进化生物学也认为：这样能保护这些动物不受食肉动物的侵袭。然而这一推断早在20世纪30年代初期就被无可辩驳的研究数据给推翻了。法国思想家罗杰·卡罗伊借此认为：生物融入其周围环境是一条自然法则，它们通常会呈现出与周围空间相同的颜色。[①] 基于此，拉康在他的“镜像阶段”理论中把儿童镜像反应与儿童心理学和社会理论的观点结合起来，认为生物体在外界形象上存在着一个与之相似的虚幻痴迷的形式；儿童能把自己与自身之外的形象等同起来，无论是他自己在镜中的影像，还是另一个孩子的形象。

（二）“假想”、“异化”

拉康理论中这种对另一方的仿同作用并非只是儿童时期的一个短暂阶段，它是每一个个体在发展中的组织原则。这种自我认同的现象无时无刻不存在并随时间因自我之外的空间的游移不定而发生认同对象和认同效果的变化。随之，拉康将这种仿同作用发生的领域称为“假想”，我们便经常处于一个与自我根本相异的、在自我之外的形象之中。也就是说，自我是由一种导致异化的自我认同作用构成的，其基础是身体和神经系统最初的不完备。这种不完备使得镜像阶段的自我总是试图保持一种表象上的完整性和一致性而掩盖了其肉体的分裂和不协调（儿童生理机能发育尚不完备）。这时的作为主体的人在两极之间摆动：一边是起异化作用的形象，另一边是支离破碎的真正的肉体。

（三）“他者”——缺席的别名

德里达的理论中对“我”的认识在于明确指出：我的在场（present）是由我的不在场（“缺席”absent）来烘托和比照出来的，没有了“不在场”，“在场”的“像”便不具体，主体便无法具像化。“不在场”比“在场”更具有表现力和存在价值。为了叙述一个完整的“我”的整体，必须借助于对“我”的每一个特性的显现，而这一“显现”则只有依靠“我”的相应的每一个“不在场”一对一的“指证”。他者在主体产生之前就在那里，虽然位

---

① Darian Leader and Judy Groves：《拉康》，张君厚译，北京：外语教学与研究出版社2000年版，第16页。

于主体的外部，却经常决定主体。对我们而言，他者是真正的象征意义的保证人。

德里达的理论重在指出：所谓的“中心”和“在场”，其实并非真正的中心和在场，它们的“突现”是以“不在场”对其“推选”和“指证”为前提的。“不在场”与“在场”同存同灭，因而无所谓“中心”与“边缘”，只有“互文”的彼此彰显、相互依存。

如果我们可以将德里达的核心理论概括为世界的本来面目是“同存同灭、互文彰显”——依存性，那么拉康的理论中也似乎是关注到了依存性的一面，但两者其实相差甚远：第一，德里达重在宏观诠释世界的存在方式，而拉康则意在微观地探索个体的发展方式；第二，德里达的理论可以任意针对不具像的事物，而拉康的理论则主要面对的是主体人，甚至重心在人的精神层面；第三，德里达的依存性解释针对的是强调世界的“结构”、“规则”与“核心”的理论，他强调事物存在的多元性和不确定性，而拉康则强调的是主体在认识世界成长的过程中将外界与自身的关系如何摆放的问题。一句话，拉康的“镜像阶段”理论是关注我是如何根据自身之外的万象来塑造主体“我”自身的。

在这里要指出的是，德里达和拉康都不同程度地有受结构语言学的影响。受结构语言学发展影响的思想家们认为，任何结构，只要它基于一个由差异组成的系统，那它就是一个语言结构。一个词之所以是一个词，是因为它不同于其他词。例如，cat 一词因为与 mat、fat 和 bat 等词不同，所以才具有了自己的意义。也就是说，差异产生价值，差异显现存在，区别使此事物有别于彼事物，使得此事物自身在被彼事物彰显的同时又彰显了彼事物。每一个事物之所以有它自己的价值，因为它是一个由差异组成的系统中的一个因素。换句话说，重要的不是它的“内容”本身，而是它在整个系统之中的独特的、无可替代的位置。

谈到事物的存在价值缘于其在系统中的独特位置，我们可以这样理解：一个空运网完全可以看做一个语言系统，一架 9 点 35 分的飞机，即使是 9 点 38 分降落机场，它也还是那架 9 点 35 分的飞机，在飞机抵港时间网格表上有它独特的无可替代的位置。这一在系统中的位置的无可替代性就缘于它处于一个由差异组成的系统，是该系统中一个有机的组成因子。关键的是，即使这架飞机的机身由“波音 737”换成“波音 747”，甚至每天都更换不同机型，飞机依然是 9 点 35 分的飞机，重要的不是它的“内容”，而是它在系统中所处的位置。

当然，每一个系统都有它自己的布排依据和法则，有一个核心的参照物。很明确，上述系统是飞机抵港时间系统，是以飞机抵港时间的先后（差异）来确定各个飞机在系统中所处之位置的。假如 9 点 35 分抵港的飞机有 100 架，上述之无可替代性是不是因为没有差异就被剥夺了呢？不会的，如果真有 100 架飞机同在 9 点 35 分降落的情况出现，则该系统（大的时间差异系统）中在 9 点 35 分这一时间差异点上出现了一个不是由差异组成的“子系统”，如果还以时间来区分，则后者不能被称作“系统”，因为其中的组成因子若以时间排序，它们相互间已经缺失了差异性，而差异性是系统的灵魂。此时，该 100 架飞机的位置肯定已经是由它们所属的另一系统（小系统）中的别种差异来确定了，诸如降落之跑道的差异。两架飞机不可能同时降落在同一跑道上，这就是它们的差异，它们（这 100 架飞机）的不可重合性（差异性）由原来的“时间差异”（大系统的定位依据）转到了“跑道差异”（小系统的定位依据）上。因而我们不必担心，差异随时随地存在，系统无时无刻不在发挥作用，世界因为拥有了差异才展现出丰富多彩的魅力。

二 关于“符号”与“理想”

（一）符号打造了这个世界

首先我们应该明白，世界是由符号打造出来的，符号是具有语言意义的。因为人所生活的世界的每一样事物从其名称、性质、构造、作用以及其生成与发展历史等，都是人给其赋予了意义，而意义是借助于符号而出炉的，是凭附于符号来显现自己的。因而，世界的存在在被描述的时候就已经让位于符号了，它给人的印象无非是符号的组合。在我们为了描述 S 时，我们说“S 是 P”，这里的被描述对象 S，它一旦要被我们理解，必须已经是被 P 这个符号表示出来的非具像的概念了。也就是说，世界要被人理解，必须借助于描述、述说，而述说本身非借助于符号就不可以被传达，因而，从事物被描述、被述说的那一刹那开始，它便消隐了本体自身，蜕变为一组异己的符号而隐藏了起来，留给我们无穷传达着的只是那语词（符号）的空壳。比如“醋是酸的”是一个讲述，“是”之前的被描述者“醋”的被理解、被讲述的过程，只有借助于“酸的”这一个符号（语词），而“酸的”到底是什么？它是一个描述“醋”的属性的符号，要想理解“醋”的属性“酸的”，即使不相信符号而去品尝醋，品尝之后还是得借助于语词（符号）把你对“醋”的品尝感受传达出来，即使你不用“酸的”这个语词（符号）而命名为“咸的”甚至于“辣的”，“咸的”、“辣的”仍然是语词（符号）。所以，人对世界的理解与解释、交流与打造，永远也摆脱不掉“是”之后的描述者P即符号（语词）的存在，甚至即使是人们内心意念的运动也离不开语词（符号）。一句话，人眼中的、心中的世界都是由符号打造出来的。

（二）符号打造了人

从20世纪50年代开始，拉康在他的研究中越来越强调符号的力量及其组织原则。这些被理解为婴儿出生时所处的社会的、文化的、语言的环境，这些环境在婴儿出生之前就已经存在了。它存在于社会结构中，而社会结构对家庭，当然也对父母的理想、目标及经历起作用。甚至在婴儿出生之前，父母就已经在谈论他（她），给他（她）取名字，构想他（她）的未来。新生儿很难理解这个由语言打造的世界，但这个世界将对婴儿的一生都施加影响。这种观点对镜像阶段这一理论有明显的影响。如果拉康最初强调的是假想的自我认同作用的话，他如今则是在讨论其符号的一面。如果儿童迷恋某一形象，他（她）仍会从父母的言谈中认定一些能指来作为自我认同作用的元素。当一位母亲把婴儿举到镜子前面让他观察自己的形象时，母亲可能会说：“你的眼睛长得真像你奶奶”或者“你长得真像你爸爸”。这些都是符号组成的断言，因为他们把婴儿置于一个符号的世界中。语言符号，即词语和名字，把婴儿与其所代表的形象联系在一起。我们可以断言，假如一位母亲总是对她的儿子说：“你这孩子坏透了。”这个孩子长大之后很可能成为恶棍，除非他是圣人。孩子的性格取决于他（她）所接受的父母的话语。由此，我们为下列一则格言找到了理论根基。

> 留心你的语言，它可以影响你的思想；留心你的思想，它可以支配你的行动；留心你的行动，它可以养成你的习惯；留心你的习惯，它可以锻造你的性格；留心你的性格，它必将决定你的命运。

（三）关于“理想”

在自我认同的形象之外，从某种意义上说也是在自我认同为这个形象之前，一直存在着一种自我认同作用，象征性地自我认同为一个表意元素。如果说，自恋是指人与其形象的关系，这就表明自恋不仅是假想的，而且也具有符号的一面。换句话说，我所自恋的“我”其实是一个符号，一个带有一定意义的符号，一个假想的表意元素。拉康把这种假想的符号称作“an identification with the ideal”（“理想化的自我认同”[①]），这个词语不是用来指某种字面意义上的完美与“理想”。这种理想是无意识的。儿童不会突然决定要设想自己是某个长辈或某个成员，而是他（她）小时候听到的话会混合在一起，形成潜意识里各种符号的核心，并对自己施加目标塑造的影响。

对于这一点，拉康认为从临床材料中可以推断出它们的存在。经分析发现了首要的自我认同作用，即主体如何成长为父母所预言的样子或重复他（她）（外）祖父犯过的错误。比如20世纪英国大哲学家、数学家伯特兰·罗素（Bertrand Russell）某一天偶然在抽屉里发现了他父亲的日记，看到他父母恋爱的细节时，他吃惊地发现，父母的恋爱与他和妻子的恋爱经历完全一致。[②] 这表明符号是在超出有意识的控制或在当事人的认识范围之外发生作用的。罗素的惊讶表明潜意识的确在起作用。

由此看出，符号的影响力远非人的清醒意识所可以控制和支配的，但它的确在左右着一个人依照它去行动。在这里，自我认同作用论的关键是带有理想性质的符号，自我认同作用将主体从完全禁锢他（她）的假想中解脱出来。它们来自另一个领域，那就是符号，因此在这一结构中为主体提供了背景和基础。换句话说，在符号世界拥有一席之地，就意味着要离开形象的世界。

拉康在他早期的研究中详细阐述的自恋幻想领域现在已经证明有符号基础，即与形象的关系是由语言构成的。人们可以这么认为：我与我自己的关系是由外界形成的，我对自己的了解是从别人那里得来的。因为形象被缠绕在一个复杂的符号网中，这个网把它们调来换去，将它们合为一体并安排它们之间的关系。

三 有关于“语言”与“言语”、“能指”与“所指”

（一）“语言”和“言语”

拉康在他著名的1953年罗马演说《心理分析中言语和语言的功能与范

---

① 笔者译为“理想化自我认同”，而张君厚在《拉康》（Darian Leader and Judy Groves 著）中将其翻译为“以理想自居”，笔者以为其译法欠准确。

② 福原泰平：《拉康——镜像阶段》，王小峰、李濯凡译，河北教育出版社2002年版，第42页。

围》中详细地阐述了自己对假想与符号之间关系的构想。可以这么说：这篇论文消除了一种普遍存在的对言语和语言的混淆。正如我们所看到的那样，语言被看做一个抽象的结构，是一个由差异组成的形式系统；而言语须有一个说话者和一个听众。也即语言是一个抽象的形式性的存在，言语是由施者和受者、述者和听者组成的动态化过程。如果语言是结构，言语就是行为，在说话者说出时就产生了意义，同时赋予说话者以身份。当说话者说出“你是我爷爷”时，他表明了说话者的地位：要么是孙子，要么是一个无论如何都不接受自己的孙子身份的人。因此说话确定了说话者的地位，给予他一个位置。当一个人说话时，他会发现“我使用的词所能表达的意义比我原想用它表达的意义要多”。也就是说，说出的话所传达的意义远远超出了说话者有意识的理解和控制的范围。

（二）“说”使言语客体消失

人的行为与表现实际是困在身体里的语言，是语言在出行、活动。当说话者接收到听话者反馈回来的信息时，信息的内容与形式早已发生颠倒。从幼年起，你就不得不靠说话来表达你的需求，而一旦你使用词汇来表达什么时，你就进入了另一个领域。如果你说“妈妈，我要吃奶”，开口说话就会使情况和想法发生变化。听话者妈妈“给不给”我奶，比“奶”本身更重要。换句话说，“给不给”奶，是妈妈如何表达她的爱。这时，需求的对象被语言的一面打得粉碎，重要的倒不是客体——奶，而是爱的表示。于是，话语给了世界一种特殊形式的损失：说话，意味着使说话的客体消失。因为，说话者是对另一个人说话的，在“说”（请求）中，“说”（请求）的对象被遮掩了。

拉康认为言语有一个主体，这个主体努力使别人明白他（她）的愿望，由于言语通常会产生相反的效果，妨碍其得到认可，因此，结果不甚明显。如果我们把理解作为言语作用的中心，则必须有他者的存在，通过他者，你的言语才可以被其听到，被其理解。因此他者就是在说话者之外的语言位置，但由于他（她）是说话者，因此他者同时也在说话者之内，意即“他者”既在说话者之外又在说话者之内。听话者既是他者也是我。根据拉康把语言和符号联系起来的程度，主体有可能在符号规则中获得了解，获得某种身份。

（三）“能指”与“所指”

能指是一种声音形象（比如一个词），所指是一个概念。拉康提出的回到弗洛伊德这一方案的关键是能指与所指之间的区别。根据一个众所周知的定义，能指是一种声音形象（比如一个词 map），所指是一个概念。所指有某种有限性，我们使用能指来表示所指。简单地说，就是说出我们要表达的意思。通俗地讲，能指是我们用来表达一定意思的一串有声词语，而所指是被表达的意义的抽象概念。所指脱离物象而抽象在心，能指发自概念而形声于口。

词是我们理解意义的途径。从词到义的过程看起来相当简单。我们索要某件物品，听者会理解我们的意思并且拿该物回应我们。因而语言就是用来交流思想的，我们使用词语来传达意思和意图。

但拉康并不这么认为，他不认为能指和所指之间的关系是清楚明了的，不认为从词到义的途径很简单。他认为此二者之间存在着一个真实的障碍和阻力。他说："词语并不是这么简单地表明它的意义，而是引出一个语言链条上其他的词，正如一个意义本身会引出其他意义一样。"比如你说："这种女孩真 UFO"。听话者会由 UFO 马上想到 Unidentified Flying Object，即"不明飞行物"。从而理解为你是在说这种女孩是天外来客，是另类，并推测为她们言行非常有个性，要么特立独行，要么令人难以琢磨。至少 UFO 没有多少贬义的蕴涵。然而你的本意是要表达"Ugly（丑），Fat（肥），Old（老）"，然而这层意思远没能被理解到听话者那里。被理解的意思与你所要表达的意思相去甚远。因此，说话者必须不断地给出解释，因而我们便很容易对于生活中总会发生许多误解、误会表示理解了。我们也就能够理解，为什么在电影和电视里总会看到有人在寻求和争取致歉的机会，听到有人执著地恳求对方"请您听我解释"。

综合上述对拉康早期思想中几个核心概念的通俗解读，我们发现，拉康的早期思想是沿着这样一个逻辑通道和主干线来发展和引申的：人们对世界的认知完全是通过符号这一必不可少的媒介来实现的，进而对世界的建造以及将自己对世界的理解与建造与他人进行交流时，都凭借符号的过渡和中介。从而可以说：是符号打造了世界，也打造了人；符号不存，世界灭失。可是符号在转述和交流中，在将所指这一抽象概念以能指的形式表现给接受者时，总要脱漏或被迷失一些本意，形成理解的"多义化"。同时又由于符号的多义性、不连续性和可增删性，世界的差异性和多元性便同时存在了。差异给了事物在自己所属的那一个系统内不可替代的独特价值；事物的每一个性质都是在某种特定的参照标准或依据的规定下彰显出来的；系统不是唯一的，但在一个系统里，差异使得该物被确定为占据独特位置的“唯一”。

当然，拉康的思想比较抽象难懂，要想在一小节里将其思想，甚至是早期思想的精髓说清楚，几乎是不可能的。我们的努力只是尝试将自己对拉康早期思想的局部理解以通俗浅显的语言解读出来。其实，正如上文所说的拉康的观点：解释的过程、语言转述的过程实际就是意义脱漏和逸散的过程。我们可能根本就没能将自己的理解表达出来。或者我们的借助于语言的理解过程本身就是在收集意义被脱漏和逸散之后的碎片。甚至拉康自己在阐述出自己所想时就已经离开了其原初意义的核心而游离远去。

第二节 《哈姆雷特》中的镜像隐喻

《哈姆雷特》中每个人都有一种特点：失去我的中心，很难明白自己的真实身份，处于不停地不由自主地寻找自己的镜中之像的过程中。

一 《哈姆雷特》里的镜与像

《哈姆雷特》中的人都在镜像的认同阶段，都在《哈姆雷特》中“好像”、“酷似”的寻找中。

其一，鬼魂的形象与先王生前的形象的认证，就是《哈姆雷特》中最大的“像”的认同。鬼魂是“像”，先王是原形。

其二，霍拉旭第一次讲话便是“有这么一个他”。而他在鬼魂的样子“像得很”时，便有了“它使我的心里充满了恐怖而惊奇”的感觉，这就如同婴儿（满 18 个月前）看到镜子中自己之像时的感觉非常类似。这里是霍拉旭惊奇地看到了先王的“像”，而且是以这种方式出现，如同“镜中像”一般清晰而意外。当马西勒斯说“它不像我们的国王吗?”时，他回答：“正和你像你自己一样。……怪事怪事!”这些都是镜中像给镜外人的惊异感。霍拉旭还说：“那鬼魂是那样酷肖它生前，我这两只手也不及他们彼此的相似。”然而两只手的常见和熟知，岂可及“镜中像”给人的诧怪感。

其三，由于显示于外的和内藏于心的背离，使得奥菲利娅和哈姆雷特都寻找不到自我真实的“像”而“疯”。语言（盟誓）“不过是淫媒，内心的颜色和服装完全不一样……”在此，哈姆雷特经常是把语言作为自己“像”来看待的，因此，他一直在追求着语言符号和自己所要表达的意思的统一却不能实现。愈是想要“表示”，便愈是处于与自己原初的内心真实意思的背离。

其四，波洛涅斯的一番话很有镜像隐语之义："用说谎的钓饵，就可以把事实的真相诱上你的钓钩；我们有智慧、有见识的人，往往用这种旁敲侧击的方法，间接达到我们的目的；你也可以照着我上面所说的那一番话，探听出我的儿子的行为。"老王的言说内容的真实性的存惑，被老王的一系列安排封存在知情者的内心。换句话说，是彻底取消了怀疑的合理性和可能性，建立了自己言说的绝对权威。波洛涅斯用钓饵诱出自己儿子的行为；老王也同样在用钓饵诱出自己儿子的行为，并且假以另一种解释，这种解释的真假性的验证权利又被完全剥夺。信仰者的视线只有穿过这种先入为主的权力语境所打造出来的有色眼镜，才可以看到各种现象，坚持认为自己的视线具有绝对排他性的最真切性。老王说："一般人都以为……这是一个虚构的死状，把丹麦全国的人都骗过了……"（p. 27①）说全丹麦的人都被骗的断语是老王，而他又掐断了别人怀疑自己的思线，岂不是实现了"武装"占据哈姆雷特的话语和思想，垄断形成了霸权。

而且波洛涅斯又说："要是……只要有线索可寻，我总会找出事实的真相，即使那真相一直藏在地球的中心。"老王即真相，它在地狱（地球的中心），而且奥菲利娅的话中也证实了"地狱"一词：好像他刚从地狱里逃出来，要向人讲述地狱的恐怖一样。（p. 35）

其五，《哈姆雷特》中对"影子"和"像"的认识与依从，还有另外的集中展示：

> 吉尔登斯吞：那种恶梦便是您的野心；因为野心家本身的存在，也不过是一个梦的影子。
>
> 哈姆雷特：一个梦的本身便是一个影子。
>
> 罗森格兰兹：不错，因为野心是那么空虚轻松的东西，所以我认为它不过是影子的影子。
>
> 哈姆雷特：那么我们的乞丐是实体，我们的帝王和大言不惭的英雄，却是乞丐的影子了。（p. 44）
>
> 哈姆雷特：……你们看见的那个大孩子，还在襁褓之中，没有学会

---

① 本节内容所引《哈姆雷特》的文本，皆引自威廉·莎士比亚《莎士比亚全集》（七），朱生豪译，陕西师范大学出版社 2001 年版。文后只在括号内注出页码。

走路哩。

罗森格兰兹：也许他是第二次裹在襁褓里，因为人家说，一个老年人是第二次做婴孩。(p. 49)

哈姆雷特：……除了在他的镜子里以外，再也找不到第二个跟他同样的人，纷纷追踪求迹之辈，不过是他的影子而已。(p. 126)

拉康认为这一段台词是哈姆雷特对于雷欧提斯的看法，这是一种镜子关系，主体在镜像中发现了自己的“类似者”，二人在想象级领域中的关系是侵略性的。其实，哈姆雷特之所以矛盾重重，更是由于他的周围“影子”众多，每一个“像”都吸引着他盲目的旋转并因之而困惑不已，此欲望的坚守本身就是彼欲望的丧失，他的“延宕”不仅在于“他者”对他的限制与诱惑，更在于他生命中的“他者”层出不穷，进而使他迷失在“生”的渊薮里，时时想要逃离。《哈姆雷特》中的“影子”与“像”的确给了哈姆雷特太多的包围。

哈姆雷特：我很骄傲，有仇必报，……我的罪恶是那么多，甚至我的思想也容纳不下，我的想象也不能给他们形象，甚至于我都没有充分的时间可以把它们实行出来。(p. 62)

哈姆雷特：……尽管你像冰一样坚贞，像雪一样纯洁，你还是逃不过谗人的诽谤。……就嫁给一个傻瓜吧；因为聪明人都明白你们会叫他们变成怎样的怪物。……(p. 62)

哈姆雷特：……上帝给你们一张脸，你们又替自己另外造了一张。……它已经使我发了狂。……已经结了婚的，除了一个人以外，都可以让他们活下去……(p. 62)

哈姆雷特：我要把一面镜子放在你的面前，让你看一看你自己的灵魂。(p. 82)

其六，哈姆雷特对“像”的本质有自己的分析：“哈姆雷特：他的身体和国王同在，可是那国王并不和他的身体同在。国王是一件东西——/吉尔登斯吞：一件东西，殿下！/哈姆雷特：一件虚无的东西。……”奥菲利娅的死更是说明了他们认为人的“像”与本体自身的对等关系。王后报告说：奥菲利娅淹死在“明镜一样的水流之中”。“……又好像她本来就是生长在水中一般。……”（p. 111）影子的追寻和难以摆脱，本体与自己的“像”的紧密关系：

哈姆雷特：……因为他所遭遇的惨痛，正是我自己的怨愤的影子。（p. 125）

哈姆雷特：……除了在他的镜子里以外，再也找不到第二个跟他同样的人，纷纷追踪求迹之辈，不过是他的影子而已。（p. 126）

哈姆雷特：……要知道一个人的底细，应该先知道他自己。（p. 127）

哈姆雷特缺乏行动能力，他的行动者便是雷欧提斯，他只不过是雷欧提斯的影子而已。要想认识雷欧提斯的真实面目，应该先认识认识者“自己”本身。从对《哈姆雷特》的上述对话就足以看出该剧中有多少值得我们重视的“婴孩”、“镜像”、“影子”的隐含意义。

其七，“形象”有各种变化。

哈姆雷特：我很骄傲，有仇必报，……我的罪恶是那么多，甚至我的思想也容纳不下，我的想象也不能给他们形象，甚至于我都没有充分的时间可以把它们实行出来。（p. 62）

哈姆雷特：……尽管你像冰一样坚贞，像雪一样纯洁，你还是逃不过谗人的诽谤。……就嫁给一个傻瓜吧；因为聪明人都明白你们会叫他们变成怎样的怪物。……（p. 62）

哈姆雷特：……上帝给你们一张脸，你们又替自己另外造了一张。……它已经使我发了狂。……已经结了婚的，除了一个人以外，都可以让他们活下去……（p. 62）

哈姆雷特：我要把一面镜子放在你的面前，让你看一看你自己的灵魂。（p. 82）

其八，“幻像”最易弄人。

鬼魂：最柔弱的人最容易受幻像的激动。（p. 85）

王后：这是你脑中虚构的意象；一个人在心神恍惚之中，最容易发

生这种幻妄的错觉。(p. 86)

脑海中虚构的幻象使得哈姆雷特缺乏行动能力。换个角度看，哈姆雷特的行动者便是雷欧提斯，他只不过是雷欧提斯的影子而已。

概而言之，《哈姆雷特》中的诸多人物，在认识自我、判断事理、采取行动时，总是依赖于他者的存在，依赖于自我心目中的幻象，这类似于拉康之幼儿认识自我时的镜像判断。

二 《哈姆雷特》中所指和能指的背离

我们知道，能指是 signifier，所指是 signified，能指是词语，所指是词语所指代的事物，能指是符号或象征，所指是符号所指代的对象。

《哈姆雷特》中的所指总是大于能指，或者与能指相背离。主要人物的语言表达能力充分地表现在其话语中的有意躲闪、隐含与省略。从哈姆雷特登台开始到剧终，几乎全部是剧本中所指与能指的互相追逐与嬉戏的过程。

在《哈姆雷特》中，随处可以见到能指和所指的背离乃至于风马牛不相及的情况。这种情况简单可以归位两类。

（一）莫名命名，给幻象以实象之名，并发展之。换句话说，作者让人物借能指来命名猜想中的所指，令其存在并发展。对一个“幻想”、“幻象”(p. 6)，一个“dreamed sight”，一个仅仅是在人的头脑中出现的由于惊吓而出现的幻觉，而逐渐将其命名为“鬼魂”，进而命名为“它”，继而是它的样子“正像已故的国王的模样”，继而就将其作为了老王哈姆雷特的化身来对待。也就是说，将一个幻想的幻象，一步步地命名为一个似乎是活过来的人。将一个已经不“存在”的人，让它在语词的一步步推衍中，由于“像”、由于言说的影响而“变形”存在，并且多次“在场”。从一个根本问题（存在与不存在/being or not being 的问题），进而滑溜到基本问题（在场与不在场/present or absent 的问题）的现实性表现（在场）。他出现了，他也言说了，他影响了整个剧情。因此，甚至可以说：他是导演，是剧情发展的最基本的动力。他的出现形式和言说内容是这个千百年来脍炙人口的悲剧的动力系统。他是谁，是先王，准确地讲，是先王的鬼魂。

（二）指东打西，言此意彼。这种莫名其妙的对白出现在哈姆雷特与波洛涅斯、奥斯里克这两位朝臣的对话中，总共有三次，前两次是和波洛涅斯，后一次是和奥斯里克。哈姆雷特与波洛涅斯第一次极其绕口的对白是这样的：

哈姆雷特：认识认识，你是一个卖鱼的贩子。

波洛涅斯：我不是，殿下！

哈姆雷特：那么我但愿你是一个和鱼贩子一样的老实人。

波洛涅斯：老实，殿下！

哈姆雷特：嗯，先生；在这个世上，一万个人中间只不过有一个老实人。（pp. 41—42）

尽管在波洛涅斯的眼里，自己是个老实人。被陈述对象是“你”，可是，陈述的结果却先“是卖鱼的贩子”，再“是一个和鱼贩子一样的老实人”，最后又将前面这两个“是”进行了否定——万分之一，也即，这样的人是几乎不存在的。

一片云，是陈述主体，他“像”什么呢？

哈姆雷特：你看见那片像骆驼一样的云吗？

波洛涅斯：嗳呦，它真的像一头骆驼。

哈姆雷特：我想它还是像一头鼬鼠。

波洛涅斯：它拱起了背，正像是一头鼬鼠。

哈姆雷特：还是像一条鲸鱼吧？

波洛涅斯：很像一条鲸鱼。（p. 77）

一片再怎么纷繁变化的云，它也不至于在“骆驼”—“鼬鼠”—“鲸鱼”这三样差别极大的动物间游走吧？读者总觉得有些“绕”。又比如哈姆雷特和朝臣奥斯里克的对话：

哈姆雷特：先生，我愿意恭聆大教。您的帽子是应该戴在头上的，您还是戴上去吧。

奥斯里克：谢谢殿下，天气真热。

哈姆雷特：不，相信我，天冷得很，在刮北风哩。

奥斯里克：真的有点儿冷，殿下。

哈姆雷特：可是对于像我这样的体质，我觉得这一种天气却是闷热得厉害。

奥斯里克：对了，殿下；真是说不出来的闷热。(p. 125)

到底是“热”还是“冷”呢？难以判断。莎士比亚喜欢让语言兜圈子。言语之间的“天气”变化再快，也不至于游走在“闷热”和“刮北风”之间。王子与朝臣的对话中，“你”、“一片云”和“天气”这三者被随意赋形，能指与所指颠倒背离。

当然，很多学者会下断语：这明明是莎士比亚借哈姆雷特与朝臣颠三倒四的对话，强调哈姆雷特正在装疯，他的装疯，人所共知，是在迷惑新王克劳狄斯，借以寻找复仇时机；而且，这些朝臣的随声附和，也正说明了哈姆雷特王子所面临的，是朝臣见风使舵、权势尽附新王的环境。

难道理解仅此一种吗？

第十七章 《哈姆雷特》中的神话与命运

第一节 《哈姆雷特》中的神话仪式

《哈姆雷特》中的先王的出现俨然是一个认罪伏法的罪犯形象，虽然全副武装，但难以掩饰其衰老和不甘人下的死前处境及其心情。由此可见，临死前的老哈姆雷特已经衰老并且疾病缠身，是在阿里奇亚丛林神话仪式中即将被处死以避免其意外死去的前任老王，乘着他还活着的时候，令其突死，以保“金枝”；相反的是，新王克劳狄斯精力充沛，是新的祭司兼国王职位的合理占有者。

我们知道，弗雷泽在《金枝》的阿里奇亚丛林神话仪式中强调的是，神圣的森林之王兼祭司之职，在经过一定时间享有王位并在身体初露虚弱迹象时，为了保证身体活力的留存并传递给下一任森林之王，得被迫受死，以使健康的灵魂和生命的活力及时迁转至更富生机活力的健壮躯体之中。森林之王的肉身躯体虽在一任接一任地死去，但森林之王的灵魂却得到了永葆平安的关照。

值得注意的是，金枝是生命活力传递的证物和标志，是生命活力在死去之前突然封存并及时转移的借口。《哈姆雷特》里的先王被其继任者杀死，先王临死前的确暴露出了生命活力下降的明显迹象，而新王克劳狄斯的确展现出了体魄健壮而有活力的一面。

让我们来仔细回味剧本的话语，如下这些方面值得注意。

其一，新王克劳狄斯代表了生命活力，如同北极星指引大船前方的航向一样，克劳狄斯这颗指针在发挥其应有的作用。

勃那多：昨天晚上，北极星（先王）（此处括号及其内容为本文笔者所加，下同）西面（次要位置）的那颗星（新王）已经移（登位）到了它现

在吐射光辉（英明地施展权力）的地方（王位）……（p. 6）[①]

这些表明新王行使权力正确，恩泽照及臣民，正处于有光有辉的佳境。莎士比亚借站岗值班的勃那多的口，向民众传递其在城墙垛口、登高望远的地点看到的天象。北极星的指向是可靠的，它是普通民众可以当做王者一样来尊崇的恒定之星，是指引人辨别方向之星，人民仰仗它。此时，它旁边的星星对它的权力替换已经完成。

其二，先王"衰老多病"、生命活力下降的迹象是明显的。

> 伶后：……可是唉，你近来这样多病，
> 郁郁寡欢，失去旧时高兴，
> 好教我心里为你忧惧。
> …… ……（p. 69）
> 伶王：……爱人，你且去；我神思昏倦，
> 想要小睡片刻。（p. 72）

先王生命力下降的表现主要有：（1）无法（或者没有兴趣和耐心）解开王后内心的不乐；（2）无力陪伴王后，需要支开她；（3）整体精神状态是"深思昏倦"；（4）体力不支，需要"小睡片刻"来恢复。而且，王后的话更进一步的确证了这一点：（1）初现生命体征不济——"近来"；（2）情况紧急——"多病"；（3）精神状态很差——"郁郁寡欢"，不如以前。王后的话和先王的话合起来确认了"金枝"需要新的主人来掌控。

其三，国王分析了国家大事必须用理智而非感情，按照该如何做的规律与要求去做，哪怕要禁受别人的误解和猜疑。

> 国王：让这家伙任意胡闹，是一件多么危险的事情！可是我们又不能把严刑峻法加在他的身上，他是为糊涂的群众所喜爱的，他们喜欢一个人，只凭眼睛，不凭理智；我要是处罚了他，他们只看见我的刑罚的苛酷，却不想到他犯的是什么重罪。为了顾全各方面的关系，这样叫他迅速离国，必须显得像是深思熟虑的结果。应付非常的变故，只有用非

① 本节内容所引《哈姆雷特》的文本，皆引自威廉·莎士比亚《莎士比亚全集》（七），朱生豪译，陕西师范大学出版社 2001 年版。文后只在括号内注出页码。

常的手段，不然是不中用的。(p. 92)

国王：因为他是我深入膏肓的痼疾，一定要借你的手把我医好。我必须知道他已经不在人世，我的脸上才会浮起笑容。(p. 94)

换个角度思考，则会发现新王是一个反对“只凭眼睛，不凭理智”而感情用事的君王，他能够用假设的方式对事情的发展进行“前瞻”，从而作出周全的考虑，他的周全表现在“顾全各方面的关系”。而且，他是一个果敢的人，明白“应付非常的变故，只有用非常的手段，不然是不中用的”这一道理的重要性。

第二节 《哈姆雷特》中的命定意识

《哈姆雷特》中的先王是以亡魂的形式出现的，而鬼魂本身就是神秘力量的象征。它既具有令人悚然的形象，又使用了规避别人的神秘授权方式，在海边的岩石上单独见面，使得哈姆雷特本人就一直笼罩在这种神秘命运的安排之中。“偏偏要我来重整乾坤”这句话本身就是哈姆雷特对命定复仇使命的不情愿，但神秘力量的指派又是难以抗拒的。所以，由此产生的一切不顺利的后果，哈姆雷特基本上都采取了任其发生并消极顺应的态度。

首先，《哈姆雷特》中的命运观念相当强烈，哈姆雷特在鬼魂这一神秘力量的安排下进行思考并持续怀疑，在命运的摆弄下尝试有所作为。他曾说：

嗨，上天不佑，劫数临头。
偏偏凑巧，谁也难保。(p. 50①)

也就是说，在哈姆雷特看来，以“凑巧”之偶然性为表现方式的“命运”之必然，是左右凡人未来的重要条件。

其次，哈姆雷特尊奉先王鬼魂的暗中嘱托，尽管似乎有疑虑，但后来对其话语则是句句奉若神谕。这种对先王鬼魂所说话语的尊奉表现明显，譬如

---

① 本节内容所引《哈姆雷特》的文本，皆引自威廉·莎士比亚《莎士比亚全集》(七)，朱生豪译，陕西师范大学出版社 2001 年版。文后只在括号内注出页码。

在见到先王鬼魂之前，哈姆雷特曾经对母后有这样的愤激之词：

一头没有理性的畜生也要悲伤得长久一些。(p. 14)

先王的鬼魂不让他怀疑母后，不让他伤害母后。于是，哈姆雷特在见过先王鬼魂之后，王子哈姆雷特对于同样的表意内容，则使用了这样的说法：

> 即使她十次是我的母亲，我也一定服从她。(p. 76)
>
> 让我做一个凶徒，可是不要做一个逆子。(p. 78)

哈姆雷特谨遵先王鬼魂的叮嘱，把曾经的伤心压抑下去，曾经把内心的愤恨与遗憾发泄出来，认为母后乔特鲁德在先王死后能有如此之快的悲喜转换，实属不及“一头没有理性的畜生”的表现，悲伤岂可如此快地消逝。这些都足见他对命运的相信和尊崇。

再次，哈姆雷特对于命运的不可抗拒性、预先注定性这两个方面有自己的明确看法，他认为命运之神冥冥之中的安排超出了人力所可以努力的范围，而且是早先就预备好结果等着你了，这些结果是“无可置疑”的。

> 哈姆雷特：……结果倒卤莽对了，……无论我们怎样辛苦图谋，我们的结果却早已有一种冥冥之中的力量把它布置好了。
>
> 霍拉旭：这是无可置疑的。……(p. 122)
>
> 霍拉旭：可是国书上没有盖印，那怎么办呢？
>
> 哈姆雷特：啊，就在这件事上，也可以看出一切都是上天预先注定的。(p. 124)

最后，哈姆雷特临死前带着任凭命运安排的预兆感，尽管他心里很悲伤，但他认为命运的预先注定，是想逃也逃不掉的，所以，不用害怕，只要坦然面对、欣然接受就行了。

> 哈姆雷特：……可是你不知道我的心里是多么不舒服；那也不用说了。(p. 129)
>
> 哈姆雷特：不，我们不要害怕什么预兆；一只雀子的死生，都是命运预先注定的。注定在今天，就不会是在明天；不是明天，就是今天；逃过了今天，明天还是逃不了，随时准备着就是了。(p. 129)

所以说，尽管人们基本上都是将《哈姆雷特》当做性格悲剧或社会悲剧来理解和分析，但是，与《俄狄浦斯王》相近的是，《哈姆雷特》中间的对命运弄人、凡人无法摆脱现世痛苦的感慨不是一处两处的只言片语，而是非常充分的表述。由此看来，完全可以将《哈姆雷特》看做一部命运悲剧：王子哈姆雷特在剧中的使命是先行预定的，是他悲叹“为什么偏要我来重整这个颠倒了的乾坤”的内心真实感受。命运要你做什么、怎么做，是既定的；乃至一个凡人的生死也是由命运预先定好了的，哈姆雷特慨叹中把人寓为“一只雀子”，那是暗指一个人的命运是脆弱而无力的，就如同一只麻雀一样，活在哪里，活得怎么样，在命运面前都是无关紧要而任其摆弄的。

第三部分　《简·爱》

第十八章　简·爱性格的两面性

英国文学史上的一部惊世之作，夏洛蒂·勃朗特的代表作品《简·爱》首先以其主人公鲜明而极富个性的性格而著名。主人公简·爱虽然相貌平平，甚至如她自己所言的“又矮又丑”，但是她的顽强而坚韧的性格给了读者以强烈的审美震撼效果。简·爱身上独有的顽强个性真切地揭示了英国社会的封建制度，强烈地批判了当时社会的腐朽。卡尔·马克思把她与狄更斯、萨克雷和盖斯凯尔夫人并列为“现代英国的一批杰出的小说家”①。

与简·爱的不顾一切，不屈不挠地为了民主和平等而反抗的强韧性格相存的，是其自卑性格，这一方面很容易被广大读者所忽略。在总结简·爱性格中的优点性方面——坚韧的同时，又能够指出简·爱性格中的缺点性方面——自卑，更为重要的是深刻分析这两个方面的形成原因，这是本章写作的重心。

第一节　任家庭教师之前

一　幼年在舅母家的遭遇

幼年时代的简·爱有着痛苦的儿时回忆。当她强烈地意识到自己的权利和尊严遭到限制和侵犯时，便不顾一切地反抗。简·爱的幼儿时期遭遇了许多挫折和坎坷，可以说是非常不幸的，但是她却从不向命运低头。这方面的性格表现的成因主要是两个生活环境的影响。

首先是舅母家的遭遇。造成简·爱痛苦的主要是舅母和表哥。简·爱的

① 周勤勤主编：《不甘居第二性的人——闻名人类社会的74个女人》，中国青年出版社1994年版，第160页。

童年是悲惨的，她从小就没有父母，缺少父爱与母爱的她过着寄人篱下的悲惨生活，在狠毒的舅母家里，所遭受的一切是我们所想象不到的，舅母经常打骂、虐待、嫌弃，简·爱很难有被亲人疼爱的亲情体验。也就是说缺少了父母的简·爱，同时也失去了亲情体验的机会，一般孩子所能享受到的即使是贫穷却很温馨的家庭温情，简·爱也享受不到，更不要说幼儿时期的良好教育了。

同时，在舅母家，同辈的凌辱和歧视，让她更加渴望平等，希望像一个正常人那样被看待，然而这里没有。表姐的蔑视，表哥的侮辱和毒打，让她的童年笼罩在悲惨的阴影里。她并没有拥有像别的孩子一样的快乐童年。这是对一个孩子的尊严的无情的践踏，给她幼小的心灵带来了深深的阴影。很明显，从文本的阅读中，一般读者都可以感受得到，简·爱所受到的超过常人承受限度的虐待，但也许正是因为这一切，换回了简·爱无限的信心，坚强不屈的精神和一种不可战胜的内在的人格力量。骄横残暴的表哥约翰经常对她无情地打骂，从未把她当做妹妹，但简·爱并不任表哥侮辱，瘦小的她敢于和表哥反抗，她骂道："你简直像个杀人犯……你是个管教奴隶的监工……你像那班罗马的暴君！"虽然意识到一时的反抗会使她遭遇种种别出心裁的惩罚，但是简·爱惊人的信心告诉自己："我像所有反抗的奴隶一样，在绝望中决定豁出去了。"① 她不顾一切地反抗和斗争，正是在这样恶劣的大环境和社会压迫下，不断地磨炼和锻炼出她的勇敢、疾恶如仇和顽强的反抗性格。"天生中的报复和反抗的情绪逐渐加强。"②

但这是表面的，遭受到打骂，被人虐待的她心底最渴望的是自由，经历了那么多苦难后，她是那么的渴望与期盼属于自己的自由，为了实现自己的自由，她坚强而勇敢地反抗当时社会的压力，执著地走自己的道路。无论如何，主人公的反抗性格是不会改变的，正因为如此，她寻求了一份家教的职业，要从这个丑陋肮脏的地方逃出来，去找寻自己以后的生活道路，追寻自己的梦想。

仔细看来，简·爱面对自己的孤儿境遇，相比于表哥有自己的母亲的疼爱乃至溺爱与袒护，她在爱的占有分量上就低于表哥，这是简·爱不得不接受的残酷现实，没有人疼她、爱她，在这样的境遇里，长期生活下

---

① 夏洛蒂·勃朗特：《简·爱》，宋兆霖译，燕山出版社 2002 年版，第 6 页。

② 高万隆：《论〈简·爱〉的宗教信仰》，《上海大学学报》1988 年第 3 期。

去，无疑养成了她如下几个习惯乃至锻造了她的性格。首先，为了活下去，她必须忍气吞声，这种忍耐中暗藏了她的反抗性格，她在等待有朝一日的反抗机会的来临，我们从她离开舅母家到寄宿制学校去时的激烈反应上就可以看得出来，她的愤怒是积攒了很久的。当然，这种忍气吞声其实也就是一种面对生活困境时的异常惊人的坚韧，在罗切斯特眼里就是“你的生命力可真顽强啊”的感叹了，尤其是在当时的英国，女子依赖丈夫、依赖男人是必然的也是应该的，常人看惯了这一点，即使是走遍了大半个世界的罗切斯特先生也很惊讶，足见简·爱在舅母家所受的压迫有多么地深重了。这当然也包括在后来的洛伍德寄宿制学校的十年遭遇的磨炼。其次，是与她的坚韧而顽强地为民主和平等而斗争的性格相对的另一方面——自卑的酿就。正如上文所述，简·爱相比于表哥，她没有父母的保护，没有长辈的呵护，乃至没有对父母亲情的期盼；她只有被舅母这一所谓的亲戚打骂，被表哥欺辱。在每一次的并不民主的待遇的当时和之后，简·爱势必充分地体味到一种强烈的自卑感——低人一等。这种印象深深地铭刻在了她的心间，几乎是每一次简·爱表现出自己的敏感的时候，她的自卑都相伴而出现了。只是读者被这个有着强大生命力的女子所吸引而忽略了她这时因自卑而生的敏感或伴随敏感的自卑。再次，需要强调的是，在舅母家的这段时间里，简·爱因为太缺乏爱，而且是太长久地缺乏爱，所以在后来的岁月里，尤其是在罗切斯特家的庄园里，她才那样地炽烈地燃起了爱的火焰。也就是说，简·爱是一个太缺乏爱的孩子，因而这种匮乏带来的是超乎一般人的对爱的渴求。因此说，坚韧、自卑与强烈的对爱的渴求是这一时期她的性格的主要方面。

二 少年时的10年寄宿制学校的非人待遇

众所周知的是，10年寄宿制学校的非人待遇，让简·爱几乎丧失了对爱的期待，然而这里毕竟还有除了校长这个恶魔般人物之外的其他人，譬如纯真的少女海伦等人，让她体验到了被关心的幸福感以及被平等看待的权利感。当然这里更多的是老师们的麻木不仁，校长大人的利欲熏心、残酷无情等师者们的极其败劣的言行，因此这一方面给简·爱的主要影响依然是忍耐别人的不公平待遇，因为在这里，还有很多知识可以学习，后来她之所以能够给桑菲尔德庄园的小阿戴勒做家庭教师，其主要的学习机会来自这里的教学内容。所以，简·爱在这10年里所磨炼的主要是坚韧的性格，另外还有她的博学多才。当然，由于寄宿制学校校长知晓简·爱的身世，她因为孤儿的身份也受到了别人的歧视，这在激发了她的反抗意识、忍耐意识的同时，进一步巩固了她的自卑心理或者说这种长期的自卑心理进而锻造了其自卑性格。如前所述，这种自卑往往是与敏感相伴的。

三　青年时在桑菲尔德庄园的激烈表现

简·爱在桑菲尔德庄园遇见了自己的所爱，但在这段时间里她在表现出令罗切斯特惊叹的才华、毅力、爱心和平等意识的同时，也表现出了无法掩饰的自卑与敏感。

青年时代的简·爱成为了一名出色的家庭教师，在桑菲尔德庄园时期，她无意认识了罗切斯特，他是简·爱的主人，起初，他对她说话傲慢无礼，随后，当家庭教师的日子里，简·爱深深地爱上了富有并且知识渊博的桑菲尔德主人罗切斯特先生，但意识到自己的容貌身份地位在当时社会的环境下使她无法与罗切斯特在一起，简·爱非常地痛苦。而导致罗切斯特婚姻失败的原因是顽固的封建伦理道德。在父亲的安排下，他被迫娶了心胸狭窄的梅森小姐为妻，梅森是一个很美丽的姑娘，然而她的脾气十分坏，她与罗切斯特的兴趣完全不同，他们没有共同的语言，简直无法交流。罗切斯特是一个爱好十分广泛的知识分子，特别爱好唱歌和交际，但是这一切的爱好都要在这样一个妻子面前受到种种的限制，因此他感到痛苦不堪。更加想象不到的是，结婚四年之后，梅森竟然因她的恣意妄为而发疯，这其中受到伤害程度最深的当然是罗切斯特，他无法忍受这样的婚姻生活。在他妻子发疯后，他觉得生活从此痛苦，绝望的他离开了英国，去了欧洲大陆，希望能够找到一个爱他的善良女子。然而始终都没有遇到自己满意的，他彻底绝望了。在和简·爱相见、相识到相爱的过程当中，简·爱的那种独特的性格深深地吸引了他，她的叛逆精神、自强自尊的品质让罗切斯特爱上了她，而罗切斯特的优雅风度和渊博知识同样也征服了简·爱。他们两人的交往是愉快的，他们两人的对话是耐人寻味的。因为他们独特的性格都在那简短的对话中表现得淋漓尽致。

简·爱很多次与罗切斯特的对话都是那样的精彩动人，处处表现出简·爱的平等意识。“你以为我会留下来，成为你觉得无足轻重的人吗？你以为我是一架自动机器吗？一架没有感情的机器吗？……你以为，因为我穷，低微，不美，矮小，我就没有灵魂了吗？你想错了！——我的灵魂跟你的一样，我的心也跟你的完全一样，……我们站在上帝脚跟前。是平等的——因为我们是平等的！。”[①] 由于从小在那样的恶劣环境中成长，受到欺负和压迫，简·爱一直在心里告诉自己要反抗，要争取，更要努力，这一切都是在为争取自由、平等而斗争，为维护自己的尊严、人格而努力奋斗着。简短的独白将故事情节推上了高潮。更加突出了简·爱鲜明的个性。从中我们也深刻感觉到她与罗切斯特的内心矛盾。他们彼此相爱，而当简·爱将要走进自己的幸福的时候，不幸又落到了她的身上。这之间又表现出了她和罗切斯特的情感和理智斗争。当简·爱无意中得知罗切斯特的妻子还活着时，她坚决地要离开桑菲尔德庄园，尽管她很爱罗切斯特，但为保持自己人格的尊严和道德的高尚，要么留下，要么离开，但最终，简·爱还是不愿失掉自己的人格去做罗切斯特的情妇，不愿破坏他的家庭。她告诉罗切斯特："先生，你的妻子还活着，这是你今天早晨还承认的事实。要是我像你所说的诡辩——就是虚伪。"[②] 简·爱是让人同情的女子，更是一个善良顽强的女子，在桑菲尔德庄园时期，她当好一名家庭教师并慢慢爱上了罗切斯特，她无意中知道了疯女人的存在，她又恨又同情罗切斯特，但是无论罗切斯特怎么解释，她都不愿意答应罗切斯特的求婚，她认为罗切斯特是有责任照顾他的妻子，即便她已经发疯了，她认为自己的爱情必须是光明正大的，不应该是这样。她要维护自己的尊严和女人的人格。因此她又有了无法调和的心理矛盾，她爱罗切斯特，但是又不敢爱，在追求自己幸福和女人的尊严之间，最终还是选择了维护尊严。简·爱坚守着道德的原则追求自己想要的幸福。世界上的确没有十全十美的人，但是我们都在尽力做到尽善尽美。从简·爱的身上我们可以感受到很多意志和精神上的鼓舞，她这样的形象在西方文学史上是颇具独特性的。

简·爱的前半生是悲惨的，但这并没有让她消沉下去。人的一生最重要的两个阶段都给她带来了很深的影响，并因此要让自己通过努力去改变争取自己的梦想。幼年时代是让简·爱痛苦的，青年时代的她坚强勇敢地追求平等。从以上两个方面来看，简·爱的一生一直在坚定自己的追求，反抗当时社会的不公，追求自己的爱情并对遇到的坎坷和挫折进行强烈反抗。

---

① 夏洛蒂·勃朗特：《简·爱》，祝庆英译，上海译文出版社 1980 年版，第 329—330 页。

② 同上书，第 369 页。

第二节 任家庭教师之后

从简·爱的性格当中，我们在看到顽强反抗的同时，也从中看到了简·爱在自己的爱情世界里是那么的自卑和不自信。心理学认为：自卑，就是自我评价过低，自己瞧不起自己，自己不如人的感觉，担心自己笨拙，对自己价值的怀疑，是一种人格上的缺陷，一种失去平衡的行为状态。自卑常以一种消极防御的形式表现出来。

在简·爱的感情世界里，经历了相爱、离开，最终她和罗切斯特经历了许多的困难后才走到一起。这点点滴滴的努力让我们看到了简·爱对爱情的专一和不断的追求，同时也看到了她对这段感情的自卑和不自信。

作品中的一些细节是十分细腻的，流露出简·爱的自负与自卑。这是主人公的重要心理障碍。自卑成为了她不散的阴影，然而，她虽遇到了很多困难，但这并没有影响她的意志，反而成为了她反抗的主要动力。

有一个重要的情节是，罗切斯特请来了很多高贵的宾客，其中有一位美丽的姑娘英格拉姆，她不仅傲慢，更看不起简·爱，她是罗切斯特的未婚妻，与之比较，简·爱的形象矮小，渺小，这些都无法改变。简·爱从小就受到自卑的折磨："我知道，如果我是个聪明开朗，无忧无虑，美丽活泼的小女孩——哪怕同样是寄人篱下，无依无靠——里德太太就会满意一点，会对我比较容忍，她的孩子也会待我真诚友好一些，仆人们也就不会在儿童室里动不动把我当成替罪羊了。"[①] 在简·爱幼小的心灵中，她感受到她与别人巨大的差别。这无形地加重了她心理的负担，使她更加自卑起来。简·爱内心十分痛苦，这个傲慢的英格拉姆，其实并不是真正爱罗切斯特，只是看中了他的钱。而简·爱自从看到英格拉姆后就一直以为罗切斯特会娶高贵漂亮的她为妻，因为她始终觉得自己无论身材、容貌还是社会地位都不如英格拉姆，并且被整个社会排挤。身份的低微，阅历的浅薄，她自卑的心理给她带来了沉重的压力。当她看到英格拉姆的高贵大方、光彩照人时，她顿时就惭愧起来，甚至躲起来不愿见人。自卑贯穿全文，加重了她的心理负担，使她和罗切斯特的距离越来越远，她十分害怕，想到自己最终还是不会和心爱的

---

① 周勤勤主编：《不甘居第二性的人——闻名人类社会的 74 个女人》，中国青年出版社 1994 年版，第 10 页。

人在一起。从这些不起眼的小事当中，也体现出这之间三个人不管是情感还是金钱的利益，作者用最真实的手法描写出来，真切地表现出三位人物的内心变化。随着时间的推进和互相了解的加深，她深深地爱上了罗切斯特，深厚牢固的爱情，就是建立在他们相互的了解和爱慕上。简·爱自卑情结的产生是无意识的，可是自卑情结却一直伴随着她。

简·爱有着自己善良的品德，不仅仅对家人更对疯女人给予同情。在此之前，简·爱的叔叔在海外病故，留下了很多遗产，叔叔把遗产全部给了她，而她并不需要，她毫不犹豫地把这些遗产给了其他的亲人。她平稳踏实地生活，虽没有朋友，没有钱，生活的磨炼让她懂得了很多道理，坚守着自己的原则做人、做事。简·爱被罗切斯特又黑又方的脸，结实的身体，渊博的知识所深深的吸引，深受他的影响，使她不由和他的感情深深地交织在一起，而罗切斯特对简·爱也有一种特殊的感情。简·爱追求爱情的自由，不在乎他的金钱，她和所有的女性一样，希望通过自己的追求想和自己喜欢的人在一起，在人格和精神上追求平等，这种妇女应有的独立、自由、和男子完全平等的思想在作者和简·爱身上强烈地展现出来。由此可见，简·爱对生活和道德的原则是严格的。

当她和罗切斯特谈到婚姻时，曾经义正词严对罗切斯特说："你以为因为我穷，低微，不美，矮小，就没有灵魂了吗？你想错了！我跟你一样有灵魂——也同样有一颗心！我现在不是凭着肉体凡胎跟你说话，而是我的心灵在和你的心灵说话，就好像我们都已经离开人世，两人平等地站在上帝面前——因为我们本来就是平等的。"① 我们从中强烈地感受到她十分维护妇女独立的人格、主张婚姻独立自主以及追求男女平等，更追求自由。而罗切斯特所欣赏她就是由于这些原因，她对罗切斯特的真爱，罗切斯特对她的欣赏，正好让罗切斯特似乎也找到了前半生耽误的青春和感情，同时也使自己的美好爱情得到了实现。但是又有变化的是，简·爱自从知道被关在那个屋子里的女人居然是罗切斯特的妻子的时候，她根本接受不了这个现实。她不愿看到这样的事情发生，虽然她十分爱罗切斯特，但是她不愿做别人的情妇，她更不希望自己有着这样的爱情与婚姻。简·爱同情那个疯女人，她认为罗切斯特有责任去照顾那个疯女人，而疯女人的出现在文中也起到了非常重要的作用，让简·爱更加领悟到了女性在当时地位的低下，没有尊严，更

---

① 夏洛蒂·勃朗特：《简·爱》，祝庆英译，上海译文出版社 1980 年版，第 329—330 页。

没有追求自己想要的东西的权利。她不希望自己的爱情是缺陷的，她要追求的是一份完美的爱情。

简·爱，一个平凡而伟大的女性，她身上的闪光点打动着每一个人，她冷静坚强并坦然勇敢地对待发生在自己身边不同的困难。她承受压力时是那么的坚定，我认为她独特的性格已经达到了书中各种情感的最高境界。虽然这其间遇到很多的坎坷，但简·爱最终还是实现了自己向往的自由和所需要的爱情，通过不断地努力过上了幸福的生活。但是，在中外读者们关注她性格中闪光的方面的时候，一定要注意到她性格中不足的（自卑与敏感）方面，这也不是挑剔她，而是说，这些性格研究者是不应当视而不见的，而且它也是简·爱性格的主要方面。当然，我们也可以说，正是因为这些方面才使得简·爱的性格优点更为引人注目。

第十九章 《简·爱》中的疑惑与分歧

第一节 魅力从何而来

《简·爱》是一部描述人的内心生活的世界地图和经典文本。这部带有精神自白色彩的小说再现了一个孤女在寄人篱下、饱受精神苦难与折磨的成长过程中的累累伤痕。《简·爱》既是一部关于女主人公的创伤记忆的书写，同时也渗透着夏洛蒂·勃朗特本人对自身创伤经历及情感体验的再现与表白。

从另一个帕米拉到追求尊严、自由和平等的中产阶级女性代言人，《简·爱》女主人公的形象一次次在读者心中被演绎着。凯瑟琳·蒂洛森认为它主要是一部写内心生活的小说，尤其是就本书的目的和效果两方面来说。爱弥儿·蒙泰居认为《简·爱》带有哥特小说的神秘与恐怖。事实上，正是一颗受伤心灵对其自身磨难的泣诉增加了这部小说的神秘与恐怖色彩。乔·亨·刘易斯在谈到《简·爱》这本书的魅力时指出："它是心灵与心灵的交谈；它是一个来自苦斗的、备受苦难和折磨的精神自白：suspiria de profundis!"① 爱弥儿·蒙泰居也曾高度肯定了夏洛蒂·勃朗特擅长于自然地描写产生于精神恐怖的感受。虽然很多评论家肯定了夏洛蒂·勃朗特在刻画心理和精神恐怖方面的细腻文笔，但对夏洛蒂在《简·爱》中何以能如此入木三分地刻画女主人公的创伤心理却并未触及。应该说作者的某些创伤性经历和她擅长描写产生于精神恐怖的感受是不无联系的。赫伯特·里德在研究夏洛蒂的创作思想时曾提及她的精神状况这一因素，但也并未在精神创伤层面作出阐释。夏洛蒂何以会对简·爱的创伤心理作如此精湛细腻地描写？背负精神创伤的简·爱身上是否有作者夏洛蒂的影子？

---

① 杨静远：《勃朗特姐妹研究》，中国社会科学出版社 1983 年版，第 121—122 页。

一 童年的孤儿印记

布洛伊尔认为引起癔症病人症状的主要是情感经验的遗迹，这个经验也就是我们所谓的精神或心理创伤。有创伤经验的人往往意识不到自己的心理创伤。但当这种精神上的创伤因为某些主客观原因愈演愈烈时，便会成为疾病状态，即癔病或歇斯底里症。本书女主人公简·爱的精神创伤虽然没有到致病状态，但其在简·爱成长过程中的存在却是不容忽视的。

简·爱的童年生活留给她更多的是关于痛苦与恐怖的记忆。如果说失去双亲是命运的不幸，那么在盖茨海德府的生活经历则是她精神不幸的根源。里德舅妈对简的抚养没有任何爱的成分。她对简又训又打，使简一见到她就有种恐惧感。而表哥约翰的欺侮更是让简“每根神经都怕他”①。

除了贝茜偶尔的怜悯外，她的生活中几乎没有任何爱的成分。因此整个盖茨海德府对简来说是一个无情的空间。她每天精神紧张，对舅妈、表哥感到恐怖，对自身安全更是感到无尽的焦虑。所有这些恐怖与焦虑奠定了她创伤经验的基调与色彩。弗洛伊德指出：“任何一种引起不愉快情感经验如恐惧、焦虑或自身疼痛，都可能起到心理创伤的作用。”② 而对简的心理创伤起到决定作用的是她被舅妈关进红房子的经历。在红房子中，简说道：“我突然有了一个奇怪的想法，我不怀疑也从没有怀疑过要是里德先生还在世，他一定会待我很好的。”③ 而舅舅的去世事实上相当于一个承诺爱她、保护她的人对她的抛弃。这时，简所有关于爱与被爱的渴望已成为一种与自我不相容的观念。生活中一切爱的成分均已丧失。可以说这个瞬间是创伤性的。夜色降临时，黑暗的环境和孤独感是红房子中简产生恐惧的重要原因。弗洛伊德认为“黑暗和孤独乃是儿童最早的恐惧情景，前者常终身不减……儿童的恐惧尚不只是后来的焦虑的歇斯底里症的所有恐惧的雏形，而且又是其直接前奏”④。

此时，简的惊恐是不言而喻的，而这种惊恐完全超出了一个九岁孩子的

---

① 夏洛蒂·勃朗特：《简·爱》，盛世教育西方著名编译委员会译，世界图书出版公司2008年版，第6页。

② 布洛伊尔、弗洛伊德：《弗洛伊德文集》，车文博译，长春出版社1998年版，第24页。

③ 夏洛蒂·勃朗特：《简·爱》，盛世教育西方著名编译委员会译，世界图书出版公司2008年版，第16页。

④ 弗洛伊德：《弗洛伊德主义原著选辑》，车文博译，辽宁人民出版社1988年版，第367页。

承受能力。“我脑子里装的尽是些恐怖的东西，连神经也因为激动而绷得紧紧的……我觉得压抑和窒息，忍耐力崩溃了。”[①] 同时整个过程中的这些惊恐因素对简的身心健康造成的影响更是不容忽视的。这个身心充满恐怖与焦虑，没有任何安全感的孩子对爱的渴望彻底被浇灭了。

她自此以后不敢跨进客厅，因为它们都成了让她感到恐惧和惊慌失措的地方。整个盖茨海德府对简来说成了恐惧的象征。她晚上睡觉会从惊恐中醒来，又会因惊恐而紧张。当医生来看她时，她感到安全，因为他是一个与盖茨海德府和里德太太全然无关的人。当她和医生说她生病的原因时，她说道：“她把我关在一间闹鬼的房子里。我一辈子也不会忘掉。”[②] 足见这次不公正的惩罚所产生的恐惧对这个孩子的影响。可见简的心理创伤的起因并不是表哥对她的躯体伤害，而是恐惧的影响。在简看来，舅妈的行为扯断了她的心弦，摧残了她的精神。

布洛伊尔和弗洛伊德认为，创伤性精神官能症大约在根底上有一个赔偿问题。如果一个精神伤害没有得到任何补偿，包括口头补偿，则“对这一事件的任何记忆是把它的情感保留下来了”[③]。因为在盖茨海德府的所有人的眼里，简是一个爱说谎话的孩子，她的恐怖经历无处诉说，更没有人相信。因此，也就谈不上从他们那里得到对这次精神伤害的慰藉与补偿。正是由于简这一痛苦经历无处倾诉，因此伴随着这个经历而产生的情感便被压入潜意识而无法得到“宣泄”。而这次创伤经验则因为没有得到宣泄而带着几乎全部感情色彩保留了下来。也就是说简离开盖茨海德府时，情感上几乎没有得到任何补偿。因此，简的心理创伤，或者更准确地说，关于创伤的记忆，带着其所有的情感色彩被压抑在潜意识里。

二 孤儿寻找家

带着所有关于创伤的记忆，简来到了被称为“屠杀女孩堂”的洛伍德寄宿学校。她和坦普尔小姐说起自己的遭遇：“我永远忘不了红房子中发生的恐怖事件……因为当里德舅妈断然拒绝我发疯的求饶，再次把我关进那间闹

① 夏洛蒂·勃朗特：《简·爱》，盛世教育西方著名编译委员会译，世界图书出版公司 2008 年版，第 16 页。

② 同上书，第 27 页。

③ 布洛伊尔、弗洛伊德：《弗洛伊德文集》，车文博译，长春出版社 1998 年版，第 25 页。

鬼的房间时，记忆中那种揪心的痛苦是任何东西都无法安慰的。”[①] 可见，简关于那次创伤经验的记忆犹如进入身体中的异物已不可能抹灭。从此以后，她开始慢慢适应洛伍德学校的生活，并逐渐对洛伍德有几分家的感觉。但她对爱的渴望仍未得到满足。哈利特·马丁诺认为这一时期“简的职责成为她所得不到的感情的补偿”[②]。进入桑菲尔德庄园第一天晚上简写道：“我终于停泊在一个安全的港湾，那一夜我的床上没有荆棘，我孤寂的卧室里没有恐惧。”[③] 足见简对一个有爱没有伤痛的环境的渴望。随着她与罗切斯特先生之间感情的逐步发展，桑菲尔德庄园的恐怖因素也让她越来越感到焦虑。那些古怪凄惨的声音让她那颗焦虑的心紧张不已。而所有这些恐怖因素增加了简对自己眼前幸福和自身安全感的焦虑，她隐隐约约地感觉到罗切斯特对她隐瞒了什么。而后，她曾经一连做过七次噩梦，而梦中无一例外都有一个小孩。“我几乎每晚一进入梦乡就会梦见一个小孩……这一夜是一个号啕大哭的孩子，下一夜又换成个哈哈大笑的；一会儿他紧紧依偎着我，一会儿他又从我身边跑开；然而不管这个幻想心情如何，长得怎样，一连七夜，只要我一进入梦乡，他就准来迎接我。”[④] 弗洛伊德在《超越快乐原则》中谈及创伤性精神患者的梦的特征时指出强烈有力的创伤性经历在患者梦中具有反复出现的特点，“并使患者固着于它”[⑤]。简虽不是癔症患者，但她的多次噩梦表明她对自己目前安全感和幸福生活的担忧，而梦中那个哭哭啼啼的小孩不过是数年前红房子经历中那个被所有人抛弃的惊恐不已的自己。她无法和别人包括罗切斯特先生讲明自己的担忧，于是这些在现实生活中被压抑、无法表达的愿望，便以梦的形式表现了出来。弗洛伊德认为，梦是通向潜意识的曲径。所有这些梦说明，简因缺乏自身安全感而在潜意识里产生了焦虑不安。她害怕再次被弃，过没有关爱的生活，而这又是她童年创伤经验之源。

而当她和罗切斯特先生的婚礼被打断时，简所有噩梦成为现实，这对简是一次新的精神创伤。她再一次被一个承诺过保护她、爱她的人给抛弃了，

---

① 夏洛蒂·勃朗特：《简·爱》，盛世教育西方著名编译委员会译，世界图书出版公司 2008 年版，第 100 页。

② 杨静远：《勃朗特姐妹研究》，中国社会科学出版社 1983 年版，第 164 页。

③ 夏洛蒂·勃朗特：《简·爱》，盛世教育西方著名编译委员会译，世界图书出版公司 2008 年版，第 100 页。

④ 同上书，第 323 页。

⑤ 弗洛伊德：《精神分析学引论·新论》，罗生译，百花洲文艺出版社 1996 年版，第 243 页。

她也再一次成为一个“流浪者、无家可归和被广阔世界所抛弃的人”[①]。罗切斯特先生欺骗了她，她试图爱与被爱的梦想再一次被冷酷的现实浇灭。正像十年前在红房子中意识到舅舅对她的抛弃一样，她再一次被恐惧笼罩。“那个夜晚我没想过要睡，但我一躺在床上便睡着了。我在想象中回到了童年的情景：我梦见自己躺在盖茨海德的房子里，夜是黑暗的，我的脑子里印着奇怪的恐惧。”[②] 简说到自己当时的心境：“这颗心泣诉着自己张开的伤口、内心的流血、扯断的心弦。”[③] 而在十年前红房子事件经历过后她谈及舅妈的所作所为时也说过“扯断我的心弦”这句话。虽然在舅妈病逝前，简回到盖茨海德这个伤心地时觉得她那饱受冤屈而撕裂的伤口已经愈合了，但事实上附着于创伤记忆的情感却继续存在于她的潜意识当中。在弗洛伊德看来，“有精神创伤的人都‘固着’于过去某一点，他们不知道如何让摆脱和解放，一直和现在及将来都脱离关系”[④]。因此，这次精神创伤的性质与简在盖茨海德府所经历的精神创伤的性质是一样的。简拥有关爱的家的梦想再次破灭了，梦想过后是一颗受伤的心和对自身安全感没有尽头的恐怖与焦虑。

简在沼泽居意外收获了一个家。“我的家啊——我终于找到一个家”[⑤]。但是一个形式上的家不足以抚慰简受伤的心灵。“最近我很容易感伤起来，一个具有腐蚀力量的恶魔盘踞在我的心坎上，吸干了我幸福的源泉——这个恶魔就是焦虑不安。”[⑥] 因为悖于道德，简对罗切斯特先生的感情，这一与自我不相容的观念便被压入潜意识。而这正是简创伤记忆的所在，她想爱却不能爱。所以，当她听到一个声音在喊“简！简！简！”的时候，是这一观念由潜意识进入意识的表现。简自己也承认它并非是什么超自然力量，而是“看来它在我心里”[⑦]。布洛伊尔与弗洛伊德一致认为：“只有将潜意识的东

---

① 夏洛蒂·勃朗特：《简·爱》，盛世教育西方著名编译委员会译，世界图书出版公司 2008 年版，第 498 页。

② 同上书，第 471—472 页。

③ 同上书，第 479 页。

④ 盖斯凯尔夫人：《夏洛蒂·勃朗特传》，张淑荣等译，团结出版社 2000 年版，第 237 页。

⑤ 夏洛蒂·勃朗特：《简·爱》，盛世教育西方著名编译委员会译，世界图书出版公司 2008 年版，第 530 页。

⑥ 同上书，第 591 页。

⑦ 同上书，第 625 页。

西转化为某些意识的东西，症状才能消失。”① 最后，简毅然选择属于自己的幸福，回到罗切斯特先生身边，因而也就有了这部关于创伤记忆书写的最好结局。简受伤的心灵终于找到爱的药方。但这并不能代表简创伤记忆的消退或附着于它的情感的丧失。只能说明简与罗切斯特的婚姻对简的心理创伤是一种补偿，而关于创伤的记忆则再一次被压抑在潜意识当中。

三 爱的缺乏与补偿

勃朗特兄妹自幼丧母，父亲是严厉的清教徒。她们都继承了母亲体弱多病的特征，再加上荒芜的约克郡的自然环境的影响，使得许多评论家认为她们都有神经过敏的倾向。并认为虽然她们精神疾患的症状各不相同，却可以归咎于同一原因：“过早失去母亲的爱抚和保护，强忍父亲的严厉和冷漠，儿童时期形成的自卑感，以及因此而从幻觉中寻求补偿。”② 孤寂，生活中缺少爱与温暖是夏洛蒂很多作品的主题。在夏洛蒂早期一大批充满稚气的作品里，都有一个想象中的威灵顿公爵。对这样一种幻觉，阿德勒、荣格、弗洛伊德都作出过不同的解释，但是不论哪种解释，赫伯特·里德认为：“自卑感和不完美感是隐藏在这种幻觉下的精神病症的基本特征。”③ 而这主要源于在她们童年时期性格形成的关键阶段生活中缺少爱的成分。缺少爱的童年生活是夏洛蒂与简·爱这一人物形象的相似处。不同点在于夏洛蒂的童年生活并没有那么多创伤经验。她的创伤经验应该主要是基于她对她的比利时文学老师康士坦丁·埃热先生的痴情。

尽管关于这段爱情学术界议论纷纷，但是通过发表在 1913 年泰晤士报上的四封夏洛蒂写给埃热的信可以断定夏洛蒂对这段感情是很认真的。“我曾经试图忘记你，因为怀念一个你非常敬仰但又不复得见的人是太令人伤神了……我什么办法都尝试过，我找事情做，禁止自己享受谈到你的快乐——甚至对艾米莉都绝口不谈……我食无味，寝无眠，憔悴消损。”④ 那一时期她的精神压力是空前大的。一方面她不可能停止对埃热先生的爱与思念；另一方面她的角色和情感遭到来自社会、道德和宗教方面的公众舆论的质疑。这两种不相容的观念所产生的冲突导致她对自己情感拼命压抑。后

---

① 弗洛伊德：《精神分析学引论·新论》，罗生译，百花洲文艺出版社 1996 年版，第 243 页。

② 杨静远：《勃朗特姐妹研究》，中国社会科学出版社 1983 年版，第 276 页。

③ 同上书，第 275 页。

④ 盖斯凯尔夫人：《夏洛蒂·勃朗特传》，张淑荣等译，团结出版社 2000 年版，第 6 页。

来，她和埃热先生中断联系，竭力掩饰甚至自欺欺人地否认这种感情的性质。根据弗洛伊德的深度心理学，夏洛蒂这一时期试图把这种感情逐出意识和记忆之外，并把它压入潜意识。而正是这种对情感遗迹的拼命压抑导致她的病态心理。她在1846年给伍勒小姐的信中把自己的病称为疑病症，认为自己虽然只遭受一年的精神折磨，但那些难以忍受的痛苦和忧伤，还有那些不可思议的恐怖把她的生活变成了惶惶不可终日的噩梦。她那些给她带来无尽痛苦的神经只要一被触及“即有万箭穿心之感”①。这就是赫伯特·里德笔下夏洛蒂生活中那场“严重的精神危机”。由此可见，对埃热先生的感情对夏洛蒂而言是一种创伤性经验。这也正符合弗吉妮亚·伍尔夫为夏洛蒂总结的创作主旨：“我爱”，“我恨”，“我痛苦”。很多评论家认为《简·爱》具有自传性质，在夏洛蒂那支燃烧的笔下不存在对真实事物的压制。爱弥儿·蒙泰居给《简·爱》冠以“夏洛蒂诗意的生平”这样一个副标题。这说明简是夏洛蒂的想象力和自身情感经验结合的杰作。夏洛蒂并非简·爱，简·爱也并非夏洛蒂，但从对简创伤性经验的细腻描写中我们还是可以感受到作者本人某一时期的精神状况。《简·爱》既可看做女主人公创伤记忆的书写，某种程度上也可看做夏洛蒂对自身创伤经验被压抑情感的表达。由此释放自己久被压抑的情感也是夏洛蒂使自己创伤心理恢复正常的重要途径。当然夏洛蒂的心理创伤对其小说创作的其他方面的影响也是值得探究的。

第二节 为何离去又归来

简·爱对自卑的超越，是她离去又归来的主要原因。

建立优越感从而获得心理补偿，是消解自卑的重要手段。阿德勒认为：“由于自卑总是造成紧张，所以争取优越感的补偿动作必然同时出现。”“每个人都有优越感的目标，这是属于个人独有的。它决定于他赋予生活的意义，而此种意义又不单只是口头说说而已。它建立在他的生活样式之中……”在不同的优越感目标的支配之下，就有不同的补偿动作。争取优越感的补偿动作主要有两种类型：一种是积极的，把自卑的压力转化为动力，“激励人追求更大的成就，促使人格向积极的方面发展”，最终超越自卑。另

① 杨静远：《勃朗特姐妹研究》，中国社会科学出版社1983年版，第6页。

一种是消极的，“使人专注于个人优越而导致忽视社会和他人的需要……成为一个缺乏社会兴趣、妄自尊大的人”。前者如简·爱，在自卑所造成的压力催逼之下，以追求平等、自尊来缓解自卑所带来的紧张感，成为一个具有高尚情操，值得敬佩的人。后者如理查三世，为了获得优越的体验，排解由自卑引起的紧张情绪，而不择手段争夺权势，自私自利，最后变成邪恶的化身——“人间撒旦”。

下面我们具体来看看简·爱是怎样一步一步地走出自卑的阴影，求得自我价值的体现。

（一）洛伍德学校——好学生、好孩子

简·爱摆脱自卑困境，为此努力建立优越感获得心理补偿是从洛伍德学校开始的。她以做一个好学生、好孩子为目标，努力适应学校的规章制度，“争取得到别人的尊重，赢得别人的爱”。她所付出的汗水并没有白费，在短短的三个星期后，名列全班第一名，受到米勒小姐和坦普尔小姐的夸奖，而且结交了不少的朋友，与同学和睦相处。

由相貌平庸、门第卑微而产生的自卑促使她在学习和交友方面追求不一般的成绩作为补偿，以获得优越感。对于从小没有人关爱的简·爱来说，得到别人的赞许，拥有和善的朋友是她梦寐以求的。

（二）桑菲尔德庄园——平等、独立、自尊

随着年龄的增长，对世界的认识加深，追求平等、独立、自尊的人格逐渐成为简·爱获得心理补偿的一种方式。这种追求平等、独立、自尊人格的行为，在爱情、婚姻方面表现得尤为明显。

当简·爱误以为桑菲尔德的主人罗切斯特将与一位贵族小姐结婚而又强留她时，气愤地说：“你以为我是一架机器？——一架没有感情的机器？……难道就因为我一贫如洗、默默无闻、长相平庸、个子瘦小，就没有灵魂没有心肠了？——你想错了！我的灵魂跟你的一样，我的心也跟你的完全一样！……我现在跟你说话，并不是通过习俗、惯例，甚至不是通过凡人的肉体——而是我的灵魂同你的灵魂在对话，就像我们两人穿过坟墓，站在上帝脚下，彼此平等——本来就如此！”在她与罗切斯特结婚前夕，当得知罗切斯特准备送给她大量珠宝首饰和漂亮的衣服时，她郑重地声明，结婚后，要继续做家庭教师以挣得膳宿费和添置衣服的钱，不需要罗切斯特给她什么，除了对她的尊重。简·爱想以此证明给别人看，即使她卑微、贫穷、丑陋，也一样能养活自己，并有资格得到别人的爱和尊重。从而使自己获得心理平衡，利用平等的人格和经济的独立来获得心理补偿，摆脱自卑的困境。

（三）沼泽山庄——心灵自由

圣约翰出于工作和实现自己理想的需要向简·爱求婚，简·爱断然拒绝了。她知道，圣约翰只把她当做一件有用的工具，对她的珍爱“犹如士兵珍爱一件好武器，仅此而已”。她没有因为隐藏于内心深处的自卑感而迷失方向，沦为任人摆布的布娃娃，相反，自卑使她具有强烈的自我意识，清楚知道自己追求的是一种心与心交融的爱情，而不是命令与服从的附属式爱情。

（四）芬丁庄园——爱的奉献

一场大火，使往日傲慢独立“以自己力量而自豪”的罗切斯特，变成一个又瞎又残，依赖别人生活的人。然而简·爱并没有因此嫌弃他，而是真心真意地对这位遭遇不幸的人表示同情。她说：“看到他（罗切斯特）那么旺盛的精神竟受制于肉体上的残弱，真让人伤心……这位坚毅的人那副软弱无力的样子，却深深地触痛了我的心。”站在一个又瞎又残的弱者面前，一个健全的人确实有一种高高在上的优越感，简·爱的自卑感也随之消散，但她没有因此而沉溺于这种优越感，去嘲笑、挖苦罗切斯特，凸显自己的优势，而是把这种优越感转化为对他的爱和怜悯，她甘愿当罗切斯特的向导和拐杖，一生一世照顾他。

当罗切斯特自卑地认为自己已经不配做简·爱的丈夫时，她用爱抚安慰着他：“我现在更加爱你了，因为现在我可以对你真正有所帮助了。”简·爱作出了爱的奉献，其自我价值和自我意识也得到体现和升华。

为何离去又归来？笔者以为，离去缘于：其一，名誉上不可接受作为情妇的附庸身份；其二，情感上不可接受偷偷摸摸而非光明正大的身心接近之途径；其三，满心欢喜的婚娶场面被揭开真相的意外闯入所搅扰，心绪混乱，需要换个空间来冷静和梳理；其四，这里，对于受到打击的简·爱来说，似乎已变为新的“陌生的空间”。所以，她选择离开。而归来的原因，则似乎可理解为：其一，内心深处对罗切斯特的真爱，以及临行前他真切的爱的召唤，在简·爱异地静处之后，变得更为强烈；她以现自己得“回家”到他的身边，尤其圣约翰笨拙的爱的表达促成了她的归来之迫，此处可简单推理为：此前所计较的，现在可以忽略，因为被尊重的真爱；其二，在离开之后，简·爱的遗产继承权的获得，以及前文所述之多方面自卑感的淡化与自信感的强化。这些都促成她的归来。当然，女权主义者可以坚持认为简·

爱最后的归来，是在不知疯女人已死的前提下，所以，她的归来就是妥协和认输，她的反抗是不彻底的，她所呼唤的平等和自由被她放弃了。笔者认为，从文本的措辞看出，归来主要是因为内心之真爱。

第四部分　《红与黑》

第二十章　反观于连和高加林的共性

在对于连和高加林这两个原本差别很大的人物比较研究时，误将于连自卑和贪婪的性格加在高加林身上，以及将高加林的环境封闭、于连的爱情虚假在二人间对等化，都是错误的。我们认为：此二人的环境并不都是封闭的，性格并不都是自卑的，追求并不都是贪婪的，爱情并不都是虚假的。

自从法国19世纪批判现实主义作家司汤达《红与黑》的主人公于连和中国20世纪后期现实主义作家路遥《人生》的主人公高加林诞生以来，中外评论界对其褒贬不一的评论甚至争论一直不断。我们发现，近年来，将上述两个人物进行比较研究的学者多是从其共性角度出发，有些结论有牵强附会之嫌。本书想就比较研究的“求同”结果从以下四个方面进行辨伪。

第一节　环境与性格

一　生存环境与个人性格

环境突围背景不同，性格内涵侧面迥异。这是于连和高加林的最主要差别。

相对于高加林，于连生长在一个开放而无爱的环境里。《红与黑》完成于1830年七月革命前夕，主人公于连就是生活在这样一个反动黑暗的波旁王朝复辟时期。按照历史学家瑟诺博斯在《法国史》中的说法就是“从这时起，法国人民开始分为两个堡垒”①，当时社会的重要矛盾是包括工人农民在内的平民阶级同僧侣和封建贵族阶级之间的矛盾。复辟了的贵族阶级对于未来的革命怀着一种仇视和惧怕的心理。出生于法国北部一个偏僻的小城威埃

① 瑟诺博斯：《法国史》，转引自中国人民大学复印报刊资料《外国文学研究》1987年第11期，第55页。

尔市的小私有者家庭的于连，从小体质“纤瘦”，在家中“人人轻贱”他。他无钱上学，父亲教育他的方式就是恶语老拳，孩子们中间他常“倒霉挨欺”[①]。在那个等级森严的社会中，如此低下的出身和不稳定的经济收入又很被人瞧不起。由此形成了于连的孤独内向以至于排斥他人的反抗和报复性格。从书本上和老军医的讲述中感受到的资产阶级平等自由思想和有关拿破仑的英雄故事使他深受启发，卢梭的《忏悔录》、《大军公报》以及拿破仑的《圣赫勒拿岛回忆录》“这三册书就是他全部的圣典。它们所展示的思想光辉，他将终生服膺，为之百死不辞。至于世上以外的种种书籍”，“全是些废话和谎言”[②]。他借助《忏悔录》想象好了自己未来的社会生活和社交圈，也从《忏悔录》中熏染了“为了出人头地，比这还令人难堪一万倍的是他也会去做”[③] 的复杂、矛盾的心理。虽然他脾气火暴，仇恨人间不平，决心反抗不公命运，甚至当十八九岁的他仍被父亲用老拳以使他晕头转向、脸上流血的方式教训他太迷恋书本时，他也目露“凶光”、“神气”、“恶毒”[④]，但他忍下了这股无名的愤怒和仇恨，他明白自己降生在一个缺少爱又鄙视读书的家庭，距此不到半年的一天，这个可怜的青年在深受刺激后躲到市长家的花园里独自号叫：“魔鬼呀，魔鬼！我不也是个弃儿，甚至比弃儿还要惨么。”[⑤]

相对于于连，高加林生长在一个封闭而仁爱的环境里。高加林出生在一个贫困落后又距县城不远的河谷小村子的农民家庭。虽然家用拮据，仍供儿子上学到高中毕业；父母和睦又对儿子疼爱尊重，儿子无钱抽烟，母亲精心蒸馒头让儿子去县城换钱来买烟，父母充分理解儿子因工作被别人顶替而苦闷的心情。高加林上高中时曾是校篮球队主力，他身材健美，学习拔尖，受同学钦羡。这培养了他自信自尊的性格。1980 年前后，我国改革开放伊始，“由于城乡交往逐渐频繁……现代生活方式和古朴生活方式的冲突”[⑥]，是高加林生活的时代背景。

二人不同的性格内涵侧面是：于连由于受保护、受关爱、受教育的天性被压制，在社会的夹缝中生长从而形成了一种深入骨髓的敏感、自卑、工于

---

① 司汤达：《红与黑》，杨德庆等译，九洲图书出版社 1995 年版，第 19 页。

② 同上。

③ 同上。

④ 同上书，第 23 页。

⑤ 同上书，第 22 页。

⑥ 同上书，第 19 页。

心计、征服和报复欲极强的性格；而高加林则相对冷静、自信、自尊、不善权变、对人较少戒备心和报复心、力求无愧他人、谋求平等竞争。因而可以说：于连的性格属于“以人为梯的独登高者”类型，而高加林的性格则属于“以己为梯的合登高者”类型。

于连从小（童年）就在父亲的锯木场劳动，过早且充分地体验了人间辛酸；受严酷环境的逼迫，十四岁（少年）就开始伪装自己以向既定目标迈进；十八九岁（青年）就踏进贵族家门，而这给了他进一步伪装欲望，尝试并大胆训练征服女人、进攻贵族的能力的机遇。而高加林则在二十四岁之前几乎从未参加过任何体力劳动，娇生惯养的他更没有多少人世辛酸可尝，小学毕业就直接考到县城中学，一路学业优秀并身兼多项技能的他无须处心积虑就能获得周围人的钦佩，他总是凭借坦荡的个人努力就能在同类人群中领先。有学者认为高加林有“自卑情结”[①]，我们认为，高加林每次的“自卑”（如城乡差别、权力阻隔等）是每一个普通人在面对那些于自己很重要却又“天然”难以改变的境遇时必然的心理反应，不能把它与于连从小积聚在压制和挫败感基础上形成的真正的自卑甚至自卑的变态——伪装下的征服欲和报复欲混为一谈。

二　奋斗目标与追求经历

个人奋斗目标不同，追求方式和经历迥异。这是于连与高加林的第二方面的主要差异。

于连的具体偶像是拿破仑，奋斗目标是成为英雄，追求的方式是伪装并主动出击。于连崇拜靠自己的奋斗从下级军官跃为叱咤风云的法国皇帝的拿破仑，渴望有朝一日也像拿破仑一样建立伟业。当这种穿“红”战袍的英雄梦受到当时的复辟现实所限，家人的冷酷、教堂的奇迹和地方治安官的变节，以及年薪十万法郎（相当于当年拿破仑麾下著名大将薪俸三倍）的维立叶尔市神甫的经济收入的诱惑，一下子使得彼时年仅十四岁的于连“那苍白、腼腆、跟个小姑娘似的面孔底下，谁能想到竟包藏着一颗宁可死上一千遍，也要出人头地的决心”[②]。他凭借自己惊人的记忆力以用拉丁语熟背自己

---

① 刘绿宇：《于连和高加林悲剧的文化思考》，转引自中国人民大学复印报刊资料《外国文学研究》1990年第9期，第69页。

② 司汤达：《红与黑》，杨德庆等译，九洲图书出版社1995年版，第19页。

一点儿也不相信的《新约全书》和《教皇论》的全部内容来博取八十岁老神甫谢朗的好感，并且因此在苦修神学三年后被谢朗推荐以一名拉丁语教士的身份而成了市长儿子的家庭教师。对于没有贵族血统的于连来说，在那个封建皇帝复辟、贵族惧怕革命的年代里，跨进等级森严的贵族门槛，无疑是迈开了走近贵族、寻找机会以实现自己英雄目标的第一步。其实，从十四岁时把卢梭和拿破仑的三本书作为圣典，到从“红与黑”的时局对比选择中舍弃“红”而认准“黑”，到巧妙伪装深远的英雄目标而苦修神学三年，再到以一个出色的教士身份被推荐出任拉丁语家庭教师，再到贝尚松神学院，再到木尔侯爵家任秘书，全是他实现英雄梦之前的潜伏期。因而我们可以说，于连是一个梦的追逐者，而高加林是一个梦的飨宴者。

由于高加林喜欢读书并深切意识到脑力劳动在人类社会发展中的巨大价值，他明白自己最大的能耐和兴趣就在“脑力工作”方面。所以，高加林的奋斗目标基本就是：获取为社会进行“脑力工作”这一资格并将自己的才能最大程度地施展出来。他的追求方式是真诚面对、勤劳本分。无论读中学、教小学、参加生产，还是任县委记者，他都是靠自己的勤劳和智慧获取了周围人的价值认可。换句话说，他在追求人生价值时享受到了生活的乐趣和价值的认可。一个是从十四岁就处心积虑地用拉丁语苦背自己既不喜欢也不相信的《新约全书》、一生都在伪装自己以爬上自己所仇恨的贵族社会、以“做世界的主人”为奋斗目标的于连；一个是二十四岁时被无理取消了教师资格，却在被迫去县城卖馍的尴尬境遇中，仍能情不自禁地钻进图书馆、忘我地求知的高加林，二人的差异的确太大。

对于二人的追求经历，有学者认为，“他们……有着相似的生活历程：农村—城市。更有趣的是，按国度别，他们的人生路程又有着不同的归宿：法国，农村—城市；中国，农村—城市—农村”，“于连和高加林都居住在交通网络稀薄的区域——城乡交界地”①。显然，这是不准确的。于连的整个人生历程应是：小城—省城—国都—断头台。我们知道：于连最初生活的威埃尔市是个山城，相对省城贝尚松和国都巴黎，甚至可以用“乡下”来形容它，但它毕竟是全省最有吸引力的去处之一，是一个有着锯木场和古城堡，

---

① 刘绿宇：《于连和高加林悲剧的文化思考》，转引自中国人民大学复印报刊资料《外国文学研究》1990年第9期，第68页。

有能带来“更多的钞票”[1] 的棉布制造业、大街和市政厅，有来自“古老的西班牙高贵家族”[2] 的市长及其宏伟大宅和“呈阶梯状划分为若干个景区的花园”[3]，有全法兰西最漂亮的景致之一的环山消闲大道、监狱、医院和贫民救济院，有高大宏伟的教堂等较完善的设施、机构和数万市民的城市，而且这个城市里有包括市长和神父在内的不少人与省里甚至巴黎都有亲密的关系。也就是说：这里不是农村，而是一个于连二十岁之前从未离开过并给于连刻下了极深的贫富悬殊烙印的城市。地域的变换意味着此二人性格的进一步典型化，因此我们不能忽视。

高加林的人生历程则是：农村—县城—农村—县城—农村。相对于于连，由于中国几千年来形成的“官民有别”的封建思想和落后的农村经济，使得高加林的出生地、距县城仅十里路的高家村却依然偏僻、闭塞，农业公社的大锅饭经济和相对平静的山村生活并未给高加林在离开人生第一站时留下强烈的情感冲击印痕。而在第二站——县城开阔眼界的同时，他亲身领会了“文化知识”、“脑力工作”在现代生活中的分量和它们之间的某种因果联系，高考的失败加深了他“城乡有别”的印记，使他不得不又回到了高家村，这是他人生的第一个循环。随后，民办教师的工作让他在“利用自己掌握的文化知识进行脑力工作并在教育教学的成功中”实现了自己的人生价值。这时的高加林的心态是平稳的。他凭借个人才智，成绩突出。希望光明正大地获得一种稳定地服务他人的资格认定，即“转正”成“公家人”。势利小人毁了他的这个梦，又给他造了另一个梦——县委记者，他珍惜这个机会。虽然他的成绩是显著的，可机会本身却是脆弱的，他最终还是被迫又从县城回到了高家村。因此我们可以说，于连是一个觊觎梦的人，而高加林是一个接受梦的人。

以上两人的差异，与两位作家所力图反映的时空环境分不开。需要注意的是，《红与黑》的时代是“山雨欲来风满楼”的变革前的、紧张而激烈的各派力量争夺期，它容易锻造像于连这种报复欲望极强又会巧妙伪装的人，并且给他们混迹贵族的机会。侯爵急切地说：“但我又是多么需要一个靠得住的人！”[4] 而我们知道他又不可能从人人自危的贵族圈里找到像于连这样的

---

① 司汤达：《红与黑》，杨德庆等译，九洲图书出版社 1995 年版，第 40 页。

② 同上书，第 27 页。

③ 同上书，第 2—4 页。

④ 同上书，第 269 页。

人，更不可能从曾经声名显赫的敌人阵营里去寻找，从而给在权力夹缝中生存又有学识和惊人记忆力的于连以寄生的空间。司汤达用于连的结局表明：一旦利用的价值超不过利用的危险时，悬崖顶上的利用者就会及时斩断“想爬上悬崖”者的手指。曾经那么顺利的于连失败了，则司汤达所说的“本书献给幸福的少数人”[①] 中的“少数人”就更显得孤独了。显然，作家路遥也是喜欢高加林的，《人生》的时代与《红与黑》的不同，它是十年大混乱之后的“雨后初霁”期，许多人都很容易满足于环境的安排，这样就使高加林“迎着太阳踮着脚尖往高里长”的性格显得很耀眼。所以，如果说他第一次回乡是独木桥上的偶然落水，那么第二次就是性格和时代碰撞的必然结果。

第二节 态度与情感

一 爱情态度与情感体验

爱情态度不同，情感体验迥异。这是于连与高加林的第三个主要差异点。

从与女性交往的经历来看。虽然高加林从小学就和女生同班上课，但那只是普通的同学关系；直到二十四岁与他爱情史上的第二个女性——刘巧珍相识前，即使与黄亚萍的带有“朦胧爱情”性质的交往，他也都是保持了“男女授受不亲”的相当礼貌的距离。在二十四岁以后以成人正式恋爱的心态先后与刘巧珍和黄亚萍交往时，他对爱是认真的，对性是谨慎的。虽然张克南和他妈的无意之言曾让高加林难堪过，但他与黄亚萍的相恋绝不怀有任何仇恨、征服和报复心理，与刘巧珍的相恋更是纯洁的情爱。值得注意的是，作品中高加林的与女性交往的记录也仅有黄、刘两人。

而于连虽然十九岁时才生平第一次与女性接近，而且是以一名家庭教师的身份与一个有着三个孩子、比他大十一二岁的贵夫人德·雷纳尔夫人，他却能够在见面不到两小时就表达了爱的冲动——吻夫人的玉手；不多日便花园约会、牵手，最后发展到通奸。与第二个女性——“只能是一个君主”[②] 才配得上的侯爵的女儿德·拉·木尔小姐接触时，他欲擒故纵，利用多种手

① 司汤达：《红与黑》，杨德庆等译，九洲图书出版社 1995 年版，第 5 页。

② 同上书，第 310 页。

段与她通信、登梯钻窗幽会，只不过借此找到了他“野心得逞后的幸福感”[①]；当敏感的自卑使他时时信心不足时，他便以唯有自己有本事最终使她怀孕来安慰自己。和这两个贵族女性相处时他都一直带有一种强烈的仇恨、征服和报复贵族的心理。其实，于连感兴趣的女性不止以上两位，在被迫离开市长夫人而前往贝尚松的路上，于连又对咖啡馆的柜台女招待阿芒达·比内着了迷并要与情敌决斗；他还曾向元帅夫人献殷勤。他对爱是随意的，对性是大胆的。

二　追求方式与实现手段

从对爱情的态度和感受方式来看。于连喜欢利用连他自己都觉得可笑的所谓学问去引起别人的关注，利用英俊的外貌勾引女人以为他打开晋升之门。在爱情上，他是狡猾和残酷的，为了报复市长并证明自己的勇气，他勾引了市长夫人，但第二天就把她忘记了；后来他的确对德·雷纳尔夫人动了真感情，但那也与晋升的目的不无关系。他尤其把与德·拉·木尔小姐的交往视为自己实现权力野心的一部分，他甚至对她说：“是虚荣心把我召了回来，不是爱情。”[②] 当他发现有了权势和财富也未必幸福，苦苦求索的英雄梦幻灭后，他拒绝妥协，选择了又一个极端——走向断头台。有学者认为高加林的爱情也是“超越爱情的‘爱情’”，“于连和高加林的‘爱情’悲剧不仅仅是，也不主要是社会因素造成的，其根本原因，是他们心中并没有真正的爱情存在，他们的‘爱情’体验，只能算是异性间的简单吸引和结合，正因为是‘简单的结合’，才会使他们那么冷静，那么理智地去对待他们的情人”[③]，这一点我们不能赞同。至少于连在离开威埃尔市三天后和十四个月后的两次潜回市长家与德·雷纳尔夫人相会就很不冷静，他们之间也不是“简单的异性吸引和结合”。高加林与刘巧珍、黄亚萍的相爱更是不冷静的，是刻骨铭心的，只不过感受和表达方式不同而已。爱情既然是一种人类特有的感情，它就应该是丰富多彩的，只要它是心甘情愿、强烈排他、决心一生相伴的异性间的感情，就应该是真正的爱情。而且爱情既然是感情，就有其主观而非客观的一面——随客观事物的变化而变化的特点。所以，我们应该以

① 司汤达：《红与黑》，杨德庆等译，九洲图书出版社1995年版，第370页。

② 同上书，第5页。

③ 刘绿宇：《于连和高加林悲剧的文化思考》，转引自中国人民大学复印报刊资料《外国文学研究》1990年第9期，第71页。

宽容开放的眼光看待和评价爱情，而不是先入为主，隔着“水瓶子”来观察“水”的形状。何况水是无形的，感情是多变的。

因此，我们认为：于连在较为开放而残酷的环境中形成了自卑的性格和伪装目的的贪婪的追求习惯，他的爱情是理性的虚假和激情的真实的统一；高加林在较为封闭而仁爱的环境中形成了自信的性格和坦率追求的生活习惯，他的爱情是不经意间的顺应“天命”的结果。高加林是中国改革之初有良好理性和传统贞节意识的含蓄的知识分子形象，这也是路遥塑造这一个正面主人公时的价值取向。他的身上有典型的东方大陆文化中那种乐于接受或继承而非打破或创造、崇尚含蓄而有节制的情感表达或发泄方式、重理性信权威、轻极端重中庸讲求平和的特点。于连也是司汤达塑造的一个正面人物，他有西方海洋文化中那种喜欢冒险、崇尚浪漫情感、敢于突破界限并尝试极端、追求自由和个人才智的发挥、把能承担并征服超负荷的外界压力视为英雄壮举的精神。所以，于连和高加林的差异，表面是时代、国别、具体的生长环境的差别，实质是两种文化在特殊的环境和典型的人物身上的反映。

第二十一章　身份确证：于连的无根性

《红与黑》生动地呈现了新旧交替时期于连的社会无根性悲剧。纵观其一生，于连经历了欲望与失根，多余与扎根，失败与无根等过程。本章以汉娜·阿伦特、西蒙娜·薇依等人的某些理论观点解析《红与黑》中于连的生存悲剧，旨在分析造成其失根的原因，以及于连以绝望的姿态积极生活的社会扎根经过，及其无根带来的自我毁灭悲剧在这个人物身上所体现出来的"完整性"，也旨在通过于连的矛盾生存境遇，反映人类在世俗化、非个人的群体社会里的无家感、隔离感，体现出生活在异化时代里的人普遍具有的无根性特质。

《红与黑》自诞生以来，已产生许多批评文字，而对于于连的研究，却从来没有人从其社会无根性角度去理解他的悲剧，更多的文字都集中在了人物的性格、心理、爱情、个人主义及主人公的悲剧意识等方面的分析。郭建辉在其《人的生存困境的呈现——〈红与黑〉中于连形象的现代意味》[①] 一文中首次使用了"生存困境"这样的表述，但对人物的解析过程却是运用悲剧及悲剧意识来进行的。所以很少有人就作品中所反映的人的无根性悲剧作出具体的解读。本文尝试以汉娜·阿伦特、西蒙娜·薇依等人的某些理论观点，来分析于连的悲剧过程：首先是失根。资本主义带来的金钱欲望和复辟遭成的权利欲望，使得社会异化，从而将个体的人（于连）置于贫穷和无地位的生存困境，备受社会冷落。家庭关系的利益化和启蒙思想的理想化，最终将于连推向了残酷的社会。其次是扎根。为了生存和生活的幸福，于连在市长家、神学院和侯爵府严峻的环境中，依靠的不全是个人的毅力和才智，还有虚伪的手段，他采用这样的方式为的是适应社会。再次是无根。经过种种艰辛的努力，不惜牺牲自我尊严，失败却依然是他无法逃避的噩梦，验证

① 郭建辉：《人的生存困境的呈现》，《怀化学院学报》2003 年第 1 期。

了社会扎根的无法获得，于连终于在反省自我追求的虚无中走向了毁灭，从而见证了其悲剧的无根性苦难。《红与黑》通过这一历史描写，说明了个体（于连）之于社会而表现出的一种生存的脆弱性。

无论作为群体还是个体，“人”的存在是以认识自身、改造世界为目的，并以此赋予自我的存在，以价值和意义为己任。文学作为一种艺术，是人类进行此种探索的形式之一，并永远以“人”，或者说以“自我”为中心来进行的。19世纪法国作家司汤达以不朽名著《红与黑》，塑造了凭借自己的才智谋求社会认同的个人奋斗者形象——于连。这个“跟上帝、社会、自然对立的个人”，是每一时代人中间都会出现的典型代表，他的命运引起我们不断的思考，对他的研究关系到一个普遍存在着的社会问题，即个人与社会之间的矛盾，个体同群体之间的矛盾，以此造成社会对个人的拒斥，及其所引起的价值论问题。对这一问题的关注，在今后很长一段时期内都具有一定的现实意义。

“根”在本文中被界定为“生活的基础”，即称之为“生活之根”。它包括物质的、精神的和人际关系的需要。只有这样我们才能正常地生活，否则我们会因其中的某种需要缺失而成为不正常的个体，结果是被自己毁灭，或者是被社会毁灭。于连属于因无法获得精神的和人际关系的需要而选择了自我毁灭。但他是在对物质财富的追求过程中而无法取得以上两种需要的。而本文对“身份”的认识是建立在于连的社会地位上的，即平民身份的被公认。并且于连始终都在确证自己的身份，以此来构成自己与不同环境中的人的主要区别，这种区别同样提供给我们认识和研究于连的方法和视角。说明这些以后，下面就于连的无根性探讨分三部分来进行论述。

第一节　欲望与失根

叶舒宪认为造成人失根的原因，主要有两大方面：军事和侵略导致传统中断，金钱和经济支配力量的冲击。[①] 由此我们可以看到，军事侵略、移民、金钱、经济力量以及一个国家的内部社会关系都是引起人之社会无根状态的因素，其中金钱是一种不可小觑的拔根力量。因为“金钱渗透到哪里，就毁坏了哪里的根，用赢利的欲望替换掉所有的动机。当落入一种灵魂的惰性状

---

① 叶舒宪：《文化寻根的学术意义与思想意义》，《文艺理论与批评》2003年第6期。

态的时候，当常常采用最具暴力方式的时候，我们就处在被拔根的状态中。”① 当我们以叶舒宪和薇依的理论去观照于连生存境况的时候，会发现两者之间存在的呼应关系。

一　社会异化

西方资本主义自18世纪以来在法国生根后，科学技术带来了社会生产力的巨大发展，促使社会向着满足人的欲望方向发展。然而物质上的丰裕却并未给一些人带来生活上的富裕和精神上的愉悦。随着机器工业的兴起，社会上涌现出一批中产阶级，人与人之间的关系变得越来越疏远，人与人之间的竞争日趋激烈，社会变成了一种异己的力量，作为个体的人感到无比的孤独。然而复辟社会的出现更把资产阶级的自由、博爱、人道理想的观念蹂躏得体无完肤，资产阶级的文明被抛进了一场深刻的危机之中。启蒙主义思想家所设想的理性王国变成了贵族、教会手中的专制主义。工业技术使得时代生活变得外在化，人与上帝、与自然、与社会，乃至与自己本身都隔离了，生活在这种环境中的人，他们整天游历于梦想与现实之间。

而于连生长的威埃尔小镇，是一个世俗气四溢的社会。资本主义到来后，金钱欲望使人们之间的竞争愈演愈烈。老索雷尔与德·雷纳尔市长之间的较量，表现得既俗又真。索雷尔为钱，市长为利。索雷尔老爹的狡诈贪婪和市长的鄙俗骄横，反映了金钱的无所不能和无处不在。由于任何人都要和它打交道并接受它的影响，于是“有利可图”四个字几乎成了每个人的座右铭，“代表了小城四分之三以上居民的习惯想法”②。人与人的关系有的只是利益的角逐，毫无爱意可言。随着王政复辟，威埃尔重新盖起了漂亮的教堂，教士横行乡里，欺压人民。活动在于连周围的人物，他们爱钱如命，虚伪狡黠，有将父子关系建立在金钱之上的索雷尔老爹，他靠自己的一套“发财经”，从一个木匠一变而为锯木厂老板；有被教会派来监视人们言行的马斯隆副本堂神父，他伪善而奸诈；有出身于外省贵族的德·雷纳尔先生，他利欲熏心，庸俗卑鄙，由开铁钉厂发家致富，王政复辟后他见风使舵，投身保皇党做了市长；有投机钻营，无恶不作，拿破仑时期成为暴发户的华勒诺，复辟后，他仗着天主教中耶稣会的势力，用一万二千法郎买到乞丐收容

① 西蒙娜·薇依：《扎根——人类责任宣言绪论》，三联书店2003年版，第34页。

② 司汤达：《红与黑》，张冠尧译，人民文学出版社2003年版，第1页。

所所长的职位，对平民孤儿敲骨吸髓。他由小小的所长升到市长、省长，当上了议员，又被封为男爵。上面这些贵族、教会和资产阶级在社会上的代理人，个个心怀鬼胎，争权夺利，运用伪善的手段，在复辟社会里飞黄腾达。相比之下，于连贫穷、卑微，在社会上遭人鄙视。

二 亲情丧失

家庭往往是作家透视社会的一个窗口。亲情的丧失意味着根基的丧失，个人被抛离在社会的正常生活之外。于连的父亲老索雷尔在资本主义到来后，从一个木匠一变而为锯木厂老板，他贪婪狡诈、嗜利刁钻、爱钱如命，常常粗暴干涉儿子的生活，使儿子无论在物质生活上还是在精神上都失去了依托。于连说："自从摇篮里的时候起，我的父亲就憎恨我，这是我最大的不幸。"[①] 而于连的母亲则在作品中从未出现，由此可知他从小就失去了母爱。为此，于连承受着极大的精神压力。小说中描写道："他是家里大家鄙视的对象，因此，他恨他的哥哥和他的父亲。每逢星期天，在公共场所参加游戏的时候，他总是常受挨打的。"[②] "啊！简直是魔鬼！我也和捡来的孩子差不多，我爹、我哥哥、我家里所有人对我都恨之入骨！"[③] 他清楚自己在家庭中的不幸和屈辱，在与德·雷纳尔夫人的谈话中，他诉说自己的家庭遭遇。所以说，生活在这种家庭待遇中的于连不想再贫穷和痛苦下去，他要抛弃家而不是继续逗留。对道德衰微的那一代法国人来说，"各家"都"门庭衰败"，说明亲情所代表的传统道德伦理价值正逐步失落。亲情作为一种广泛意义上的文化象征，对其的普遍背离也意味着整个法国社会精神的崩溃。

三 思想影响

如果说社会和家庭环境的作用和影响，使于连的欲望观念和他的物质存在发生矛盾，结果造成于连在自我追求的过程中陷入无限的幻想之中，而在社会和家庭的映照之下，进步思想却进一步加深了于连的欲望膨胀和自我游离。他体弱智聪，不能干重体力活，却嗜好读书，他熟读卢梭的《忏悔录》、《大军公报》和拿破仑的《圣赫勒拿岛回忆录》，"为了这三本书，他可以去

① 司汤达：《红与黑》，张冠尧译，人民文学出版社 2003 年版，第 1 页。

② 同上书，第 305 页。

③ 同上书，第 26 页。

死，别的书他一概不信”[1]。这些进步的书籍充实了他平民的不够勇敢的意志，和对现实世界的不满。就像从镜子里看到了自己的影子一样看到了生活的缺陷。退伍军医经历意大利战争（1796年），给他灌输大革命思想，使于连更加渴望拥有权力。他敬仰和崇拜拿破仑，并时刻告诫自己说：“想当年拿破仑是个寂寂无闻、一无所有的少尉，仅凭手中一把长剑便成为天下的主人。”[2] 然而，当他看到凭借个人的努力不能使欲望得到满足，年高德劭的治安法官却怕得罪年仅三十岁的青年司铎，神甫年薪又三倍于拿破仑麾下的军官时，他又毫不犹豫地非当神甫不可。将权力和金钱作为生活的最高追求目标，是世俗社会加在于连身上的一块砝码。他为了这块砝码，曾立志“不达目的，誓不罢休”。从此，于连的内心活动表现出极强的自制力和目的性，他把自己与日常生活对立起来，在人群中高举自己的理想。然而这种信仰单一的价值一元论（于连是个无神论者），缩小甚至剥夺了每个个人“选择的自由”。陀思妥耶夫斯基在《卡拉马佐夫兄弟》中指出：“人类最怕的就是选择的自由，亦即怕被抛在黑暗中，孤独地去摸索他自己的路”[3]，于连把人情世故和一切暴力均排斥在理想之外，把自己想象为一个卓尔不凡的“超人”。然而选择做超人，意味着选择与实际的背离，而背离在任何时候都得不到社会的认可。

综上所说，于连的失根，源于社会、家庭异化的加剧，个人生存空间受到严重挤压所致。伴随各种欲望将人引向极端，人与人之间不再有和谐共处，而是彼此欺压。面对这种生存困境，启蒙思想的理想世界，给予每个痛苦的个体（于连）以极大的鼓舞和煽动，从而加深了对理想生活的极大幻想和对现实生活的抛弃。然而对现实的抛弃就意味着对建立在它上面的根基的抛弃。所以说，于连的悲剧首先是失去原初生活的根基。

第二节　多余与扎根

阿伦特认为，成为多余者意味着根本不属于这个世界。[4] 无根可成为变成多余者的先决条件，正如孤立可以（但并不一定）成为孤独的先决条件一

---

① 司汤达：《红与黑》，张冠尧译，人民文学出版社2003年版，第5页。

② 同上书，第26页。

③ 陀思妥耶夫斯基：《卡拉马佐夫兄弟》，耿济之译，人民文学出版社2004年版，第427页。

④ 汉娜·阿伦特：《人的条件》，上海人民出版社1999年版，第33页。

样，孤独自身并不考虑其最近的历史原因与它在政治中的新作用，它同时与人类的基本要求相反，也与每一个人生活的根本经验之一相反。即使是物质与感官世界的经验，也取决于我同其他人的接触，取决于我们的共同感觉（common sense），共同感觉规范并控制其他一切感觉，若无共同感觉，我们每一个人都会被封闭在自己特殊的感觉资料中。而扎根在薇依看来，“是人类灵魂最重要的也是最为人所忽视的一项需求。一个人通过真实、活跃且自然地参与某一集体的生存而拥有一个根，这集体活生生地保持着一些过去的宝藏和对未来的预感”[①]。于连在与他生活的世界在情感上的矛盾与冲突，和在理想与现实的对立中，使他变成了一个心理上无助的孤儿，如 A. K. 羌达所说的那样，于连是个“年轻的孤儿……他同普通孤儿的区别，在于他在想象中对自己的命运所作的崇高构想不相适应”[②]。但他真实、活跃而又不自然地参与社会生活，以绝望的姿态积极生活在专制压抑的环境下，旨在寻找和实现自我理想的人生归宿。在这一过程中，严峻的现实使他由对自我的维护，开始变得虚伪和不择手段。具体表现在自尊、正直与虚伪、妥协的质换过程中。

一　自尊而不能

由于能把拉丁文《圣经》倒背如流，于连被举荐做了市长的家庭教师。这是他抱负的开始。但出于自我意识和平民自尊的驱使，他不能忍受德·雷纳尔先生对他人格的侮辱，作为家庭教师，他同样不能忍受对自己工作的轻蔑。出于对市长进行报复和自卫的需要，他把德·雷纳尔夫人对他的爱情作为精神武器来使用。然而就在其全力维护自我的同时，却害怕承认崇拜拿破仑。在一些场合一谈起此人他就表示厌恶。他不喜欢市长的孩子，却要做个称职的教士。他仇恨和厌恶贵族，在德·雷纳尔市长与华勒诺对他的竞争中，却骂愿意以高薪聘请他去做家庭教师的华勒诺是“流氓”、“社会的蠢贼”、“杀人不眨眼的刽子手”。孰不知在于连眼中，德·雷纳尔先生与华勒诺在本质上是一丘之貉，他们是看不起他而又被他极其鄙视的人物。他从内心深处仇恨他们。那么为什么他会有这些矛盾行为呢？于连是清楚自己的处境的，父亲像处理废物一样将他“变卖”到了市长家，出于生存境地的考虑

---

① 西蒙娜·薇依：《扎根——人类责任宣言绪论》，三联书店 2003 年版，第 33 页。

② A. K. 羌达：《“外省来的年轻人”》，《文艺理论研究》1986 年第 4 期。

和为了心中的抱负，他不得不隐藏一些对德·雷纳尔先生的敌视，以换取暂时的安身。在这压抑的空间里，他只有迫不得已的忍耐。于连无法否认自己出身低贱，而他又从心理上认可自己的卓尔不凡，有着宏伟的理想，不允许别人对他的轻视。可实际上他却时刻感到自己在遭受着轻视。当他为了自尊作出反抗时，却换来被驱逐的遭遇。所以说，在威埃尔，于连的自尊得不到满足。也正是为了这种不可靠的、被以往经验驱使的感觉，他第一次将自己完全封闭起来了。当他还在为不为人知的理想作这样的牺牲时，他就变成了一个特殊的孤儿。

二　正直而不能

神学院的生活，是于连当兵不成，甘心做神甫的开始。但在这里，到处都是道德虚伪的教士、表面清高圣洁的神甫。这些人跟他比起来有着天壤之别，怎能想象得到，会遇到一个共鸣的朋友。这些人趋炎附势，捏造栽赃、诬陷告密、不惜置人于死地，他们巴结上级以博得宠幸，虚伪和荒诞发展到了难以相信的地步。面对权势和金钱的压迫，于连不得不取下正直的面纱，戴起虚伪的面罩，不得不隐藏起一腔初来乍到的热情憧憬，用淳朴和真诚换取不择手段。为了命运所作的崇高构想，他把自己完全伪装起来，不再提起拿破仑，专注于谋取成为教士。为了不被别人看穿他的野心，于连时刻注意自己的修行，伪装虔诚。他“完全不信神”，但却从早到晚“孜孜不倦地研究神学”，他在生活中的重大行动都要经过悉心设计。但在一些细微的举动中，他仍不时从眼神中泄露出自己的真实想法，于是“在同学们中间，于连已经被公认有自由思想”①。环境迫使他的一举一动都得弄虚作假。为了使神学院的人对他的伪装虔诚不产生任何的怀疑，他把拉丁文的《新约全书》和《教皇论》这两本书背得滚瓜烂熟，即使他一直都认为它们毫无价值。他的虚伪虔诚和聪明才智终于赢来院长、神甫的欢心和社会的好评，他被提升为讲师。不久，彼拉尔神甫的倒台，于连随即失去了在这里生活下去的靠山。他不得不离开。而离开又一次宣告了他的惨败。当“虚伪”成为一种生存的手段，于连深思熟虑，用尽了他的聪明才智。然而在这个罪恶的社会里，处处都是置人于死地的敌人，于连以虚伪极力掩护自己，他正直的品性却在不知不觉中暴露自己。所以说失败是不可避免的。但是，于连的虚伪性恰恰说

① 司汤达：《红与黑》，张冠尧译，人民文学出版社 2003 年版，第 167 页。

明了生存之于他的迫切，而失败则证明其生存的艰辛。

三　反抗而不能

在彼拉尔神甫的举荐下，于连走上了投靠大贵族的道路。德·拉·木尔侯爵，是法兰西最古老的贵族之一，是复辟后封建贵族中最反动、最顽固的代表人物。他既是保皇党的领袖，又是复辟派的头子，而他的豪华的客厅就是反动派“阴谋和伪善的中心”。在这里，聚集着一些被围困在“因袭的牢笼里衰老起来”的法国上流社会的贵族阶级，这些“漂亮的脸蛋”、“戴勋章的恶棍”个个阴险毒辣，残暴凶狠。他们在此厅中过着腐朽反动而又惶恐不安的生活。活动在这里的人决不允许“嘲笑上帝、教士、国王、当权人物”；“稍微活跃一点的思想都被视为粗野”。更“不赞扬贝朗瑞、反对派的报纸、伏尔泰、卢梭”[①]，生活在客厅里的人，“尽管谈吐优雅、态度温和、竭力使对方高兴，但仍然掩盖不住脸上无聊的表情，年轻人出于责任到这里来，他们生怕失言，使人怀疑有什么出轨的想法”[②]。这一社会环境和围绕在于连周围的贵族们的活动，使他不得不谨慎地行事，强行掩盖自己内心的真实感受，只有坚强地以自己非凡的才能死心塌地地为德·拉·木尔侯爵卖力。他不再过问做事的正当理由，只为得到侯爵的信任，极力展示自己的才华，替反动派势力向国外口传秘信。他的优异表现赢得了德·拉·木尔小姐的爱情，以此迫使侯爵给予他优厚的封赏，并获得轻骑兵中尉的军衔。这时的于连走到了他人生顶峰。随之而来的是教会诱使德·雷纳夫人的告密。于连再一次失败了。

纵观于连一生，他是复辟时期为生存所困而为之奋斗的小资产阶级青年的典型。他的爱憎、追求和最后失败的命运，是复辟社会拒斥自我意识的存在而带来的无根历史的典型。于连的整个奋斗过程，是他凭借自己出众的才能和顽强奋斗，来实现自己的幻想。他为这些看不起下层人民，争权夺利、仇视先进思想的上层人物做工时，表现出了顽强的毅力。于连的落魄不得志同样代表了生命忍受的陈腐坎坷的际遇，他在威埃尔、贝尚松神学院和巴黎侯爵府踯躅的一天实际上是 19 世纪法国历史的一个缩影。因为于连所表现出的理想的失落、自我的丧失、无家可归的苦闷的心境，以及他为此所作的

---

① 司汤达：《红与黑》，张冠尧译，人民文学出版社 2003 年版，第 237 页。

② 同上。

追寻努力并非仅仅是些个人现象，而是反映了一个时代人们共同的焦虑和渴望，表现了新旧交替时期法国人精神上普遍的孤苦无依。作为社会中的多余者，由“我们”所组成和生活着的世界含有了一种社会的无根生存的特性。所以说，在群体价值的社会广度和生命厚度映照之下，于连作为自我的人更是显得沉闷单薄和苍白无力，他的理想追求永远只是空中楼阁。

第三节　失败与无根

一　伪装而被拒

阿伦特认为，无根意味着在这个世界上没有立足之地，不受别人的承认和保障，是社会对个人的拒斥，或者是社会中的个人与社会的一种无法附着的关系。[①] 于连对于现实社会的否定，说明了他与复辟社会的对抗存在，是个人与社会无法附着的典型表现。在波旁王朝当政时期，既无门第又无资本的于连想获得上流社会的生活是绝对不能被统治秩序（等级秩序）所接受的。所以说，于连的奋斗和目标是对现存制度的挑战、不服从，对于这种被认为是很合情合理的行为，出现在等级和专制统治时期，定要受到审判。

《红与黑》全书的高潮是审判罪犯。这是对于连的“违逆”行为的消灭，也是于连对于自己失败的一次公开醒悟。他没有爱，没有生活，没有生命诗意的栖息地。原因何在？他说：“我生不逢时，不属于你们那个阶级，在你们眼里，我不过是一个出身卑微而敢于起来抗争的乡下人……”[②] 于连不幸的身世与其所处的环境相对于贵族教会阶层，使他产生深深的自卑感和蔑视的心理，促使他渴慕上流社会、要求其认同。但他始终得不到社会的承认和保障，逼迫他反抗现存的制度，从而造成了社会对他的排斥。在短暂而曲折、富有斗志的一生中，他渴望得到上流社会的殊荣而又不失平民固有的自尊，在理想之我与现实之我的矛盾斗争中寻找安身之所。这种矛盾的交织生活，正像乔伊斯的名著《尤利西斯》中图书馆馆长所演说的那样：“一个犹豫不决的灵魂，奋起抗击无穷的忧患，而内心又矛盾重重，真实生活就是如此。”生活的游离状态，说明了于连社会生活的飘浮感，身心始终在为无法确定的命运抗争着。于连说：“他们并不认为我还年轻而值得同情、反而

---

① 汉娜·阿伦特：《人的条件》，上海人民出版社 1999 年版，第 33 页。

② 司汤达：《红与黑》，张冠尧译，人民文学出版社 2003 年版，第 444 页。

想杀一儆百，通过惩罚我来吓唬这样的年轻人，他们出身下层阶级，备受贫穷的煎熬，却又有幸受到良好教育，敢于混迹于有钱人引以为豪的上流社会。”① 这些混迹于巴黎社会的青年人，把有关田园风光的幻想想象成自己不久的生活，从而否定了现实。于连在内心里完全是一个自我封闭、自我隔离、自我不凡的理想主义者。然而现实的残酷，使于连无法选择正面的角色，只有选择与他品性格格不入的虚伪和丑恶，也只有这样，于连才能取得生存的权利。即使是这样，紧张依然无法得到缓和，环境始终对他不利。

二 断头而无根

上述情况的原因，就在于下面这些人对他的仇视、冷淡，他们或为共同利益，或因个人恩怨所集结起来的无形的强大怨恨是于连无法用虚伪和欺骗所能消除得了的。他们是直接和间接参与于连审判的人。详情如下：

德·华勒诺（Monsieur Vale nod）：暗恋德·雷纳夫人已久，他自然想要除掉于连这个情敌；

德·雷纳尔先生（Monsieur de Renal）：虽然视德·华勒诺为对手，而于连却是自己妻子的情夫，他自然心怀仇恨；

德·拉·木尔侯爵（Marquis de la Mole）：侯爵一直都不喜欢于连这个女婿，所以他不会替于连说情；

德·雷纳尔夫人（Madame de Rênal）：单纯而懦弱，对社会缺乏实际的认识，所以对于连没有什么帮助；

女佣爱丽莎（Elisa）：因遭受于连的爱情拒绝而生嫉恨；

老索雷尔（Old Sorel）：贪婪狡猾、利欲熏心的老木匠，他对儿子没有多少爱；

……

上面这些人有贵族、资产阶级、佣人等，还有被于连所藐视的上流社会其他的人，他们足够使于连陷入毁灭的境地。所以说于连的失败是必然的。他企图以个人的努力改变现实并毁灭伤感，但在这种严酷的现实面前，当他的力量不足以改变环境，又无法选择环境时，于连选择了在孤独无助的状态中陷入存在的虚无（他拒绝救助），不愿再对一切权威折中妥协。他要找回自我，决定以死来“赎罪”。席勒提出了一个极为重要的见解：现代人的中

① 司汤达：《红与黑》，张冠尧译，人民文学出版社2003年版，第445页。

心特征就是失落了自己的归属性。个体生命如何寻得自身的生存价值和意义，如何超越有限与无限的对立去把握着超时间的永恒的美的瞬间？这一切的答案都还需在归属性上寻找，无根的现代人感到人类生存的矛盾、脆弱与偶然将会持续一段时间。文明异化与人性复归的循环往复，构成了人类历史发展的悖谬，形成一个看似难以走出的怪圈，但是人类永远不会停止对自我的寻找和重建。这段话同样适合于连。

悲观与绝望在 20 世纪变成一个世界性的美学趋向，迷茫者、叛逆者、分裂者随即成为了一个世界性的类型化文学形象——诸如哈姆雷特、浮士德、俄国文学中的多余人等，于连同样名列其中。他作为司汤达崇尚自由、博爱、平等的资产阶级思想的先行者，他已继承一种固执的非正统抗拒心理，因此对宗教、民族、社会、伦理等方面的许多正统观念均表示怀疑。于连心中没有上帝，因此只能诉诸意志来固守自己的深刻，由于意志的有限性，深刻的正义感是无根的。司汤达通过典型环境，表现于连以绝望的姿态积极生活的社会扎根实践，不仅旨在说明这个人物身上所体现出来的“完整性”，也旨在通过于连矛盾的生存境遇，反映出人类在世俗化的、非个人的群体社会里的无家感、隔离感，体现出生活在异化时代里的人普遍具有的无根性特质。对于于连的无根性生存历史的研究，只是一次放大镜式的尝试和探索。

第五部分 《巴黎圣母院》

第二十二章　雨果成就非凡

维克多·雨果（1802—1885）的经历非常丰富。他从复辟王朝时代走上文坛，中间经历了七月王朝、第二共和国、第二帝国，在第三共和国逝世，几乎经历了法国19世纪的历史风雨变化的每一个时期。雨果在法国文坛的影响在他在世时就已经非常之大了。这一点是西方文学史上许多著名作家所不能比的。比如在1882年，他过80岁生日时，巴黎有50万人为他祝寿，他站在自家的阳台上挥手致意。这种盛况甚至在整个人类的文学史上都是仅有的。而且，在他1885年去世时，竟出现了一个200多万人的送葬队伍。由此可见，雨果在当时的法国人心目中的地位和人们对他的崇敬之情。

第一节　雨果的成就及其代表作

一　雨果的成就和影响

雨果的成就是多方面的，在诗歌、小说和文艺理论等诸多领域都有很高的成就。因而我们说，他是19世纪法兰西文学的集大成者。

雨果的盛名其实在法国是以一个天才诗人而出现的。他的荣誉经历了岁月的考验。后来的一些诗人，像波德莱尔、马拉美、瓦莱里，似乎更完美，可是，没有雨果，也就没有他们，连他们自己也无可否认。波德莱尔说过："只要人们设想一下雨果以前的法国诗歌是什么样子，而自他出现以后又是怎么焕然一新；只要人们稍作想象，若是没有他，法国诗歌会是什么情景……就会承认他的价值。他是上天安排的才子，在文学领域里，他拯救了任何一种体裁……"瓦莱里说："他价值连城……只要看看他周围的诗人们，为了在他身边争得一席之地，是怎样被迫创造新的流派，就足以衡量出他的价值。"波德莱尔毕恭毕敬地坦言对雨果的诗作的模仿，是因为自1830年以来，雨果以其横溢的才华，一直占据着法国诗坛的霸主地位。在时人（包括波德莱尔）眼中，雨果其人其作在观念、形象和情感等诸多方面都仿佛是一个凸显于时代之上的伟岳高山，代表着当时主流文学运动的最高成就，对整个时代施加着权威性的影响力，因而，波德莱尔在致雨果的信中，毫不难为情地用大量篇幅坦言《恶之花》是对雨果作品的“抄袭”。雨果的主要代表性诗集有《凶年集》等。

雨果在长篇小说方面的成就最为中国读者熟知。其《巴黎圣母院》被拍成电影而广为流传。其实雨果的代表作应当首推三卷本长篇小说《悲惨世界》。另外，《九三年》、《海上劳工》和《笑面人》等都是他影响很大的优秀长篇。

雨果在文学史上的影响之大，与他在文学理论方面的贡献也是密切相关的。第一，文艺天才观。雨果在他的《雨果论文学》中首先提出了“文艺天才观”，和其他一些文学家和哲学家一样，雨果推崇天才，认为伟大的作品只能出自天才。他在《雨果论文学》中说：“决定一部作品的地位的，不是它的形式，而是它的内在价值。碰到这类问题，解决办法只有一个；只有一个砝码可以左右艺术的天平，那就是天才。”第二，美丑对照原则。同样在《雨果论文学》中，雨果也提出了美丑对照原则。他指出：自然和生活是复杂多样、充满矛盾的，“丑就在美的旁边，畸形靠近着优美，丑怪藏在崇高的背后，美与恶共存，光明与黑暗相共”，因而，艺术家应以自然为“模范”，全面反映生活，“把阴暗渗入光明，把滑稽丑怪结合崇高优美而不使它们相混”。换句话说，文艺表现美、优美、崇高、善、光明，必须以丑、畸形、卑下、恶、黑暗来衬托，才能产生美丑对照、以丑衬美的特殊的审美效果。雨果不仅身体力行地将美丑对照原则巧妙地运用在他的作品中，而且他的这些观点也影响到以后的世界文学创作。

雨果的文学论著《论莎士比亚》以诗化的语言评述莎士比亚，并借机综述对西方文学影响深远的诸多杰出人物，是对西方文艺理论界的独特贡献。更为重要的是，他的《〈克伦威尔〉序言》被公认为19世纪西方浪漫主义的宣言和纲领性文献。

对人类进步的探索与追求，是雨果小说思想的主旋律。雨果把阻碍人类进步的因素归结为宗教、社会和自然三个方面。在宗教因素方面，雨果小说表现了宗教对人性的压抑和摧残。其在这方面的代表作是《巴黎圣母院》。在社会因素方面，雨果小说揭露资本主义社会对劳动人民的残酷压迫，抒发他对劳苦大众的同情和实现人人平等的空想社会主义民主思想，以及鼓吹仁爱万能的人道主义思想。其在这方面的代表作是《悲惨世界》、《九三年》和《笑面人》。此类占雨果小说创作的绝大部分。在大自然因素方面，雨果与同时代的一些消极浪漫主义作家信仰宿命论不同，他认为人是自然的主宰。这方面的代表作是《海上劳工》。

二　《悲惨世界》的思想

（一）《悲惨世界》的基本蕴涵

《悲惨世界》集雨果思想之大成，同时也体现了雨果的进步性与局限性，也即一个资产阶级作家在思想上所能达到的高度与他不可避免的矛盾与局限。当时主要的社会问题是劳动人民的悲惨处境问题，雨果敏感地意识到并提出这个问题，这一点是他的优点与进步性。由于资产阶级革命后的现实证实了18世纪启蒙作家所预言的理性主义王国的破产，大革命后的整整一代人，包括在19世纪进行写作的作家，面对不合理的、丑恶的现实，身处于复杂尴尬的社会关系中，自然都感受到一种幻灭，他们以资产阶级人道主义、启蒙作家的理性原则为尺度，去衡量社会现实，就不难发现社会的种种弊端，包括下层社会的苦难境地。但又由于资产阶级生活经验与社会视野的限制，诸多弊端中，劳动人民的悲惨处境这一最触目惊心的弊端，反倒没有最先、最强烈地引起诸如司汤达、巴尔扎克等人的严重关注。

到了19世纪40年代，由于贫富悬殊的进一步加大，社会下层的不幸在空想社会主义思潮的影响下受到了文学界的关心，如乔治·桑的《木工小史》、欧仁·苏的《巴黎的小秘密》、大仲马的《基督山伯爵》等，而且这些作家包括雨果都提出了解决问题的方案。但其解决问题的方式是充满了阶级调和幻想的人道主义。《悲惨世界》相对于上述几部作品，在描写下层不幸的层面上要更为真切和充满鲜明的期待，在反映社会生活的广阔和深刻程度上更胜一筹。雨果自己作序说："只要因法律和习俗造成的社会压迫还存在一天，在文明鼎盛时期人为地把人间变成地狱并使人类与生俱来的幸运遭受不可避免的灾祸；只要本世纪的三个问题——贫穷使男子潦倒，饥饿使妇女堕落，黑暗使儿童羸弱——还得不到解决；只要在某些地区还可能发生社会的毒害，换句话说，同时也是从更大的意义来说，只要这世界上还有愚昧和困苦，那么，和本书同一性质的作品都不会是无益的。"

法国著名作家安德烈·莫洛亚在他写的《雨果传》中这样说："这（《悲惨世界》）是一部社会问题长篇小说，将分成四个部门：一个圣人的故事，一个苦役犯的故事，一个女人的故事，一个孩子的故事。在这部书中，维克多·雨果充分地表达了他时时感觉到的对社会底层人们的真切同情，和对社会种种弊病的愤慨。他表面上同社会和解了，内心却深恶痛绝。”雨果的整个创作中都贯穿着对爱的精神的探讨和描写，如果说在《巴黎圣母院》中主要是从人性的角度去阐释“爱”的话，那么《悲惨世界》就是从人道的角度去探讨“爱”，而《九三年》则是从革命的角度去理解爱。由此看出，雨果对“爱”的理解和阐释逐步人生化、社会化和深刻化。

（二）《悲惨世界》的四重质素

柳鸣九先生在《悲惨世界》译本序中认为这部小说具有四种质素：第一，作为社会生活的反映，它是半个世纪历史过程中广阔的社会生活的宏伟画幅。巴尔扎克是用近一百部作品描写贵族复辟时期的贵族社会怎样在满身铜臭的暴发户的进逼下逐渐灭亡或者被暴发户所腐化的历史，而雨果则是在一部作品里，写出“本世纪”历史的迂回曲折、起伏跌宕的巨变，在全部历史景象与过程的中心，安置着一个共同的触目惊心的现实，即下层人民悲惨的命运。而且以冉阿让、芳汀与珂赛特的故事说明，“本世纪”的每一个阶段都一直存在着“三个问题”：“贫穷使男子潦倒，饥饿使妇女堕落，黑暗使儿童羸弱”。第二，作为一部个人史诗，它是一部劳苦大众在资本主义黑暗社会里挣扎与奋斗的悲怆的史诗。《悲惨世界》与《奥德赛》有某种相同之处，它是近代19世纪的《奥德赛》，它表现了主人公冉阿让在近代社会中的奥德修式的经历。冉阿让所反抗的不仅是厄运，还有不断迫害他的资产阶级社会机器和法律。雨果不仅赋予冉阿让以极富浪漫主义传奇色彩的惊人的刚毅、非凡的体力和罕见的勇敢机智，而且又有博爱、仁慈、慷慨无私、诚实又勇于自我牺牲等史诗般崇高的主人公精神。第三，作为一种浩博的精神，它是资产阶级人道主义精神的充分体现。雨果真诚的人道主义的同情渗透在整个《悲惨世界》里，不仅成为他同情劳动人民的出发点，也是进行社会批判的一种尺度与武器。为此，雨果塑造了自己心目中理想化的人道主义者的形象——卞福汝主教，使其在小说中处于一种提纲挈领的关键性地位，并使得人道主义的力量达到无坚不摧的境界。第四，作为激情，《悲惨世界》是雨果高昂的资产阶级民主主义激情的体现。《悲惨世界》虽然宣扬了仁爱万能与阶级调和，但它还有对1832年起义斗争的歌颂。雨果对起义与街垒战的描述，是西方文学中最全面而且是正面、宏大、热情地描述革命起义的记录。共和主义者的街头演讲和三个革命英雄形象的塑造，也表现了雨果对革命的选择和信心。

《悲惨世界》展现了雨果对爱的哲学的独特理解和集中阐释。雨果认为，革命是正确的，但在革命之上，还有一个绝对正确的人道主义。文艺复兴是资产阶级价值观建立时期，当时基督教曾受到激烈的批判，但到19世纪，资产阶级从未来理想国和物质财富的创造美梦中清醒过来，发现宗教传统的危机正是道德危机的前提和表现。在雨果、狄更斯、巴尔扎克、托尔斯泰、果戈理、陀思妥耶夫斯基等一批在欧洲19世纪文坛举足轻重的大作家看来，基督教又重新受到重视。他们扬弃了中世纪基督教中原罪、苦、来世等违反人性的成分，而对基督教“爱”的理念作了进一步阐发：由爱上帝变为人在道德上的自我约束和自我完善；由爱同类变为关怀弱小者，甚至是对立双方的和解。

而雨果在《悲惨世界》中这种爱的理念的具体表现可以简要概括为：其一，爱，首先要放弃仇恨、宽恕罪恶。雨果尤其树立了宽恕者从高于被宽恕者的物质和精神境况中俯下身来，以高尚的人格来感染被宽恕者的范例。即教会人们首先如何对待他人的、已有的罪。其二，爱，要仁慈利他、广施善行。即教会人们如何让大家平等享福。马德兰伯伯就是雨果所精心塑造的一个榜样。其三，爱，还要自我约束、弃恶扬善。即教会人们如何为人又如何处世。

第二节　雨果小说的基本贡献

一　美丑展示与对照手法

雨果的美丑对照，其实都是以人为中心的对照，重在展示人的力量，爱的力量。其美丑对照可以简要分为四种：人与人，人与社会，人与自然，人与自身。其中第一种即人与人的对照是雨果小说中最为普遍的对照类型，而且其余三种对照都与此有关。这种对照鲜明生动，主要表现在人物形象之间在外表、心灵上的美丑、善恶极端对立。代表有《巴黎圣母院》中的卡西莫多与克罗德·孚罗洛心灵善恶之对照以及卡西莫多与爱丝美拉尔达的外表美丑之对照，《悲惨世界》中的冉阿让与沙威，《海上劳工》中的吉利亚特与克吕班，《笑面人》中的关伯仑与大卫，《九三年》中的西穆尔登与朗特纳克等的对照。第二种是人与社会的美丑对照往往表现在人与人的美丑对照之中，因为此对照中心灵丑恶的一方多为某一种社会邪恶势力的代表，比如在

《海上劳工·序》中，雨果指出：《悲惨世界》控诉的是社会的桎梏。第三种是人与恶劣的大自然的斗争与对照。这一点在《海上劳工》中表现得淋漓尽致，大海“不可屈服的意志”与“吉利亚特消耗不尽的能力”之间的较量、人类的善与自然的恶以及吉利亚特的美与章鱼的丑的对照。第四种是人与自身的对照。这种对照是雨果美丑对照原则中很重要的一部分。它可以分为两种：人物的外表与内心的对照；人物前后心灵状态巨大差异的对照。前者比如外丑内美的卡西莫多、关伯仑等，后者比如克罗德·孚罗洛、朗德纳克等。

对于人物外表与心灵的巨大反差，雨果曾在《留克莱斯波雅》序中说：“取一个形体上长得最可厌、最可怕、最彻底的人物，把他安置在最突出的地位上，在社会组织的最低下最底层最被人轻视的一级上，用阴森的对照光线从各方面照出这个可怜的东西；然而，给他一个灵魂，并且在这颗灵魂中赋予男人所具有的最纯洁的一种感情，即父性的感情。结果怎样？这种高尚的感情根据不同的感情而炽热化，使这卑下的人物在你眼前变换了形状：渺小变成了伟大，畸形变成了美好。”雨果对此类型的成功运用，给读者脑海留下了深刻的印记。

人物前后心灵状态的对照的典型是：《巴黎圣母院》中克罗德由最初的淳朴仁慈的青年牧师变成后来阴森可怖的宗教迫害狂；《悲惨世界》中沙威却由最初的残酷凶狠的社会鹰犬变为以死忏悔罪恶的殉道者；《九三年》中朗德纳克和郭文的转化等。

二 主教系列与人道精神

雨果在19世纪30年代创作的小说《巴黎圣母院》中塑造的（副）主教形象克罗德·孚罗洛，在60年代的小说《悲惨世界》中塑造的主教形象卞福汝·米里哀主教以及在70年代塑造的主教形象西穆尔登，形成了一个法国19世纪小说独特的主教形象系列。此三个主教的蕴涵都与雨果所力主的人道主义有直接的关系，而且各有不同。

首先，克罗德·孚罗洛作为一个被否定的形象，主要是通过将他与爱丝美拉尔达和卡西莫多的双重对照，来表现雨果早期以反教会罪恶为主旨的人道主义的。其次，卞福汝·米里哀主教是一个十全十美的上帝的虔诚信徒，是一个以拯救人的灵魂为己任，以广施仁爱为义务的道德感化者，是雨果以道德感化为核心的人道主义成熟阶段的产物。最后，西穆尔登身上既体现了雨果人道主义思想的进步性，又体现了他的矛盾性和复杂性。西穆尔登的人道主义爱憎是分明的，他并不是对一切人都仁慈，他仁慈的天平始终向穷苦大众倾斜。大革命的浪潮使他由神父变为革命者。雨果对他的态度是矛盾的，因而他是雨果晚年对革命与人道主义关系思考的产物。

克罗德·孚罗洛的人道主义内涵主要表现在对统治阶级罪恶的揭露，对受欺压的下层人民的同情。这个主教形象的阴险和毒辣，从负面寄托了雨果的人道主义思想，我们可以把它看成是文艺复兴以来进步作家把神父视为粪污的优良传统的继续。雨果的深度在于：把克罗德·孚罗洛写成既是宗教的迫害狂，又是宗教的受害者。

卞福汝·米里哀主教的形象则从正面体现了雨果的人道主义思想的特质。这种以道德感化为特征的人道主义思想，披上了以德报怨的高尚品德的外衣，它拯救人的灵魂、改造人的力量比严刑峻法更强大百倍。

西穆尔登反映了雨果在对革命暴力的态度上的进步性，雨果没有一概反对革命暴力。西穆尔登从神父走向革命，并以革命暴力保卫革命成果，把革命利益和革命纪律置于至高无上的地位。这并不与雨果的人道主义思想相吻合，除了最后的自杀情节外，西穆尔登基本上摆正了革命和人道主义的位置。因而，西穆尔登的形象具有更丰富、更复杂和更迫切的人道主义内涵，这样的神父形象，在以往的作品中是比较少见的。

总之，从这个神父系列可以看出雨果人道主义思想的发展轨迹：同情人民、揭露教会罪恶——道德感化是改造人和社会的强大力量——在正确的革命之上还有一个正确的人道主义。

首先，雨果在自己的创作中，超越个别存在，直接、具体地以群体形象表现了普通民众的历史主动精神。如《巴黎圣母院》中乞丐王国的群众对于王权的象征——巴黎圣母院的壮烈围攻，是平民百姓在王权、教权残酷统治下长期强压在心头的怒火的喷发。《悲惨世界》中，受苦受难者改变命运的要求已经被付诸实践。一方面，是从主观想象出发，通过冉阿让表现；另一方面，是直面现实，对于1832年的六月起义的真实描写。《海上劳工》深情地描写了渔民们的悲苦生活，通过吉利亚特对于爱情的追求，揭示了下层人民在精神领域的追求与向往，歌颂了人民的创造性劳动以及人类与大自然的伟大斗争。第二，肯定革命暴力，支持正义战争，这是雨果人道主义思想又一个鲜明的个性。第三，对不同行为类型，作出同一判决：将人道主义的社会功能单一化，强调一面而忽视另一面，作出过分肯定或彻底否定的评价。

雨果认为仁慈博爱的伟大力量可以改变人的精神面貌，提高人的心灵美。雨果小说的出发点和归宿都是以仁爱为核心的人道主义。仁爱使爱丝美拉尔以德报怨，得到乞丐王国和卡西莫多的敬爱；仁爱改变了卡西莫多的愚顽，使自然形体的丑转化为不可企及的社会的心灵美；仁爱使冉阿让由以恶与社会抗争转变为以善向社会赎罪；仁爱使杀人不眨眼的朗德纳克从大火中救出三个孩子，使郭文放走共和国的敌人……这种高于一切的仁慈博爱的精神感化法显然带有浪漫主义的虚幻、不切实际的主观性。当雨果坚持基本信念，本着人道主义精神去批判统治阶级、抨击反人性的宗教、揭露黑暗现实时，他是强有力的、伟大的；而当他把他的人道主义抽象化、绝对化，并付诸社会实践去解释一切、处理一切社会问题并将之作为社会变革手段时，必然软弱无力、一筹莫展。

第二十三章 《巴黎圣母院》里的'ANáΓKH

虽然雨果在其代表作《巴黎圣母院》的原序中已经明示了自己这本书中所要关注的重点问题是'ANáΓKH，可是很少有人对这一"深深震撼了作者"的圣母院幽暗钟楼上神秘的手刻希腊单词'ANáΓKH所包含的"痛苦的灵魂"的"命运"（'ANáΓKH）的深刻性（抗争使得抗争本身愈加紧迫却愈无价值的怪圈）寄予足够的关注，反而将命运的客观既定性与人物的主观抗争性混为一谈。

《巴黎圣母院》（以下简称《巴》）值得人们关注的，多数人认为是其由克罗德的罪恶情欲所揭示出来的反教会迫害主题，以及它对丑陋却善良仁爱的卡西莫多、美貌又淳朴天真的爱丝美拉尔达（以下简称爱丝）的成功塑造。也有人认为，"小说反映了作家对封建统治阶级的憎恨和对受压迫的下层人民的同情"①。其实这些都只是作品表层或者次要蕴涵，而作者心目中清醒而深刻的对克罗德的同情，对克罗德在圣母院幽暗钟楼墙壁上的刻字'ANáΓKH的悲剧阐释才是这部作品并未被各位批评家揭示出来的真正的深刻的审美魅力之所在。这一"不幸的印记"以及作品所展现的结局告诉人们：《巴》是一部命运悲剧小说。

第一节 解读希腊词'ANáΓKH——命运小说

一 对故事叙述人在文本正文之外的文本叙述的细读

'ANáΓKH是一个希腊词，意为"命运"。它在作品中起着至关重要的解读文本的钥匙作用。该希腊单词原文在《巴》中共出现四次：首次出现在

① 朱维之、赵澧：《外国文学史》（欧美部分），南开大学出版社1985年版，第311页。

作家1831年3月[①]为他的这部《巴》所写的序言中；第二次是作品第七卷第四节将该词作为篇名；第三、四次分别出现在这一节克罗德在墙上刻出该词和其弟弟小约翰读出这个词的时候。

在《巴》的序言中，我们注意到，作家自始至终围绕着一个重要内容“'ANáΓKH（命运）”，而且他明确告诉读者，写作该书完全是由于受到刻字者对不幸命运的诘难和怀疑的驱使。然而不知为何，居然从来很少有评论家对该词的深刻蕴涵进行探求，评论家们往往对作品借此而揭示的命运悲剧主题视而不见。不知是由于被某种权威的理解或评论遮蔽了细读的眼睛，还是读者认为序言本就是小说文本的组成部分，因而对解读小说文本本身无多大帮助？

通过对照结合该作品的两种汉译本（孙娟译本及施康强、张新木译本）以及牛津大学与外语教学与研究出版社的英译本，在通透细读的时候，我们愈来愈清醒而肯定地认识到，《巴》是一部戏剧化色彩很强的命运悲剧小说，它关注的中心问题主要是克罗德的命运；对其题材的关注和评判也应该不只停留在描画历史图景的角度以至于将《巴》看做记述和处理历史题材的历史小说。不难看出，书中的时间与某些历史人物的可考性，并不是它作为历史小说的充分理由。它们只是作家将煎熬主人公的悲剧命运这一重大问题选定并放置在一个他认为较为适合的、真实可信的历史大背景下来展示而已。即作家这样做，只是为了增加内容的可信度，尽可能地“还原”（受几个有明确深刻含义的希腊字母这一丝线索的震撼而去试图让昔日重现）故事（克罗德痛苦挣扎于命运旋涡中的前前后后）的原貌。因此，我们没有理由忽略作品探索的“命运”中心主题而将视点移向别处，关心小说中的确切年代及历史人物，甚至认为它是记录并总结历史事件的经验教训的历史小说，或者按照有些研究者的已有思路，确定为反抗“阶级压迫”之主题的小说。

在阅读这部小说正文之前，我们不会忘记故事叙述者在序言的最后独起一段郑重明示：“本书正是在这行字迹启发下写成的”。因而关于《巴》，毋庸置疑：第一，是为'ANáΓKH“这几个大写希腊字母”，“尤其是它们所蕴

① 有关于该序言的写作月份有不同译文：雨果《巴黎圣母院》，孙娟译，金城出版社1999年版；施康强、张新木译，南京：译林出版社1995年版；以及陈敬容译，人民文学出版社1982年版，这三者都译作“三月”。而李玉民译，北京燕山出版社1999年版；和NOTER-DAMEDEPARIS：英文/（法）雨果著，外语教学与研究出版社1995年版，分别译作“二月”和“Februbary”。此种差异是完全可以避免的。

藏的悲惨的、宿命的意义”而写，即为“命运”而写；第二，是为“哪个受难的灵魂”的“不为人知的命运”来寻找踪迹。命运主题既定，克罗德·孚罗洛这样一个“不胜忧伤”的“不甘心离开尘世”[①] 的人物只是作家为表此情达此意所寻找的依托和载体而已。

二 解读故事叙述者的“美学和哲学思想”——辩证的命运

作家本人在“一八三二年定本附记”中对初版时（1831 年）“原稿不小心弄丢了”[②] 现找回来的第四卷第六章和第五卷全卷内容进行的补充说明，尤其在补进来的第五卷，表面讲的是“印刷术将杀死建筑术”、“这个将要杀死那个”，甚至被有些研究者认为是作家“愿兼作建筑史家和思想家”的赘述，是“他要阐述一个思想，一个学理”[③]，是被建议跳开不读，可以忽略过去的内容。[④] 我们认为，这些内容实际都旨在展示克罗德·孚罗洛内心“忧郁”而形成的“坍塌理论”的具体感觉——“大的可以被小的打败”。旧的智慧可以被虽小却新的智慧打败。为了营造一座占据整个世界的巨型智慧大厦，人类在不懈地努力，可它硕大的脑袋还依然在茫茫雾海中隐藏着。大厦内部，一洞洞科学的暗窟纵横交错。这是人类智慧最完美的庇护所。因此可以说，“建筑”一词只不过是作家浪漫主义笔法的形象借用而已，关键在于表明：智慧的追求和探索是无穷无尽的，克罗德就是这样一个穷追智慧却深受其害的狂人。

自此开始，内心斗争异常激烈的克罗德，便一直没有停歇那给他带来悲剧命运的冥思，直到小说的最后他丧失思维和活着的资格。在这一次路易十一国王与他的交谈中，作品实际暗示了两个信息：第一，克罗德的思想已经远远不是医生或者常人所能理解的，它是超越了医学、天文学和炼金术的不可言说的“神秘学说”，克罗德深陷其中而不能自拔。即使在表面纯粹是写巴黎概况与建筑美景的第三卷，也是在不留痕迹地为克罗德的难以与之抗争的命运打上对比鲜明的环境底色。第二，保护建筑艺术的目的是保存伟大建筑及附着于其上的其他值得永存的具有永恒价值的东西。克罗德慨叹艺术形式的替代的残酷性，是他对整个人类精神文化极限浓缩的终极密码进行宏观

---

① 雨果：《巴黎圣母院》，施康强、张新木译，译林出版社 1995 年版，第 6 页。

② 雨果：《巴黎圣母院》，孙娟译，金城出版社 1999 年版，第 8 页。

③ 雨果：《巴黎圣母院》，施康强、张新木译，译林出版社 1995 年版，第 9 页。

④ 同上书，第 3 页。

索解时的微观表述；而故事叙述者在1832年10月的定本附记中以及在正文中多次提及的艺术形式替代问题，则是在克罗德慨叹之外的慨叹，他其实是想让读者从文本中解读出故事叙述者的“哲学和美学思想”——建构本身就是解构，创造本身就是毁灭，追求本身就是抛弃——命运具有不可捉摸的辩证性。自古至今，大凡经典的作品都有这样的思考：堂·吉诃德严肃的追求本身就是滑稽的搞笑；哈姆雷特的建构本身就是解构，他的 to be 本身也就是 not to be；浮士德的探索本身就是满足。这就是人类的命运——虽竭力抗争却难以摆脱的痛苦的或不公平的处境。

就爱上爱丝之前以及克罗德的行为本意而言，他是无罪的。然而人性中本能的力量潜藏在他心中，其获罪又是必然的、命中注定的。即使他不刺伤弗比斯嫁祸于爱丝并最后将她交给绞刑架，也无法摆脱作为犯戒的宗教神职人员的内心痛苦的悲剧性处境。克罗德既默认自己有罪，又深觉自己无辜不幸。就在克罗德试图通过主体的力量走出孤独的自我，通过自由意志反抗宗教泯灭人欲的厄运时，命运巨伞笼罩下的厄运之链的另一环又套住了他。他的命运表明人越是企图自我拯救，就越是陷入毁灭与虚无的深渊。因为人是有限的，有限的“理性和道德都不是精神的最后宿地”①。对于那些妄图以理性与自由意志执著地追求自己所肯定的价值和穷尽世界的无限与永恒的人们，悲剧的命运是注定的。

第二节 悲剧：命运安排与语境困厄

“克罗德不是一个等闲之辈。”这是《巴》中对克罗德这个中心人物的第一句定性介绍。综合整部作品，命运客观既定的两难处境加诸他个体生命的承受极限，便是他的与众不同。

综合克罗德的悲剧，主要有两个方面的原因，一个是命运的极限安排，一个是大语境对他的困厄。

一 死结无法解开

死结难解——天性、父命及求知欲的紧紧缠绕是克罗德愈扯愈紧的结。克罗德的天性，克罗德所承受的父命，克罗德自己的求知欲，这三者合起

① 别尔嘉耶夫：《人的奴役与自由》，徐黎明译，贵州人民出版社1994年版，第6页。

来，成为克罗德自己的无法解开的死结，彼此愈扯愈紧，最后造成了他的悲剧结局。

（一）性格与压力

克罗德自己天生内向幽闭、忧郁严肃的性格，使得他难以承受巨大的心理压力。

有人认为《巴》应当被视做一部“更多地带上了他（雨果）作为剧作家的印记的”[①] 历史小说。雅斯贝尔斯就说过：性格本身就是命的形式。[②]我们认为把它看做一部性格烙印很重的命运悲剧最为合适，因为它的全部有关克罗德的叙述都是克罗德对命运的不幸抗争及其最终不免失败的悲剧结局。而“命运悲剧”，主要内容是主人公的自由意志同命运对抗，其结局则是他（或她）无法逃脱命运的罗网而归于毁灭。

（二）大语境与小语境

父母的不可抗拒的宗教之旅的安排造成社会时代大语境与宗教小语境对他的双层夹裹，使他无法挣脱 。学习宗教知识并担当宗教牧羊人角色的重任，不是克罗德自己的兴趣和自选，而是父母安排的。世人是如何看待和要求宗教界人士的，克罗德自己知道，但是他无法选择，也似乎无法逃避。同时，宗教内部的小语境也不容许他对自己的已有的人生旅途有所怀疑，只有坚持走下去。

（三）求知欲的唆使

性格中强烈的求知欲望挖掘的深渊，使克罗德无法上岸。他对什么问题都喜欢探寻个究竟，尤其是对无穷无尽的知识。“况且克罗德·孚罗洛从未放弃研究学问和照料他弟弟的教育，这是他生命中的大事。不过随着时间的推移，这两件如此甜蜜的事情也掺杂了苦涩。”弟弟的“活脱是个魔头，放荡无度”，“伤透了克罗德的感情，他灰心之余，便以更大的冲动投入学问怀抱”。“由于克罗德·孚罗洛早在青年时代就几乎遍窥人类全部正面的、外部的、合法的知识，除非他止于‘天涯海角’，他只能继续前进，为不知餍足的智力活动寻找别的养料。自噬其尾的蛇这一古代象征，用于学问再也恰当不过了。克罗德对此似有亲身体会。”“遍尝知识树上的全部果实之后，或者

① 朱维之、赵澧：《外国文学史》（欧美部分），南开大学出版社 1985 年版，第 310 页。[法] 雨果：《巴黎圣母院》，施康强、张新木译，译林出版社 1995 年版，第 1—2 页。

② 休·昂纳、约翰·弗等：《世界美术史》，国际文化出版公司 1989 年版，第 556 页。

仍未餍足，或者感到恶心，最终去吞禁果。”“总而言之，他爱圣母院是为了它给人类的智慧出了一道永恒的难题。”[①]

“在宗教裁判所诸公面前”，克罗德被“看作在地狱门厅徘徊的灵魂”，“已陷入魔法的巢穴，在妖法邪术的黑暗世界里探索寻觅”。可是，很明显的是，克罗德的妖法邪术是他穷尽知识奥秘的追求，他“不相信医学，也不相信占星术”[②]。他说：“很难想象每道星光都是系在某人头上的一根线！”他的思考是哲理性的，只可惜他最后不得不相信命运，在巴黎圣母院墙上刻下了标志他痛苦思索的结果。克罗德的忠诚善良、内向而又乐于求知的（命定）天性与（父定）宗教之旅联合异化了他：令他灵不见容于天，肉不见容于地。

美国著名剧作家田纳斯·威廉斯曾说过：“欲望产生于对伴侣的渴求，以摆脱令人烦恼的孤独。”[③] 科里根·罗伯特也说：“孤独正是由于个人意识到外界的某种生活和内心梦幻的生活不协调而产生；而且随着个人原有安全感的丧失而越发感到不堪忍受。”在与外界的冲突中，内心的欲望成了促使他义无反顾地走向毁灭的动力。幻想与现实，欲望与据斥等无法解决的矛盾终于使其精神滑向崩溃的边缘。人本是天使与野兽的矛盾复合体：天使追求崇高和神圣，弘扬至爱和牺牲精神；野兽贪恋欲望的满足，昭彰任性与放纵主义。内心的欲望在冲突中调换了内容：情欲的放纵撵跑了昔日的梦幻，并“寄希望于陌生人的善心”；从而也开拓了新的内心与外界，欲望与现实又开始冲突，拧紧直至毁灭。然而此种毁灭又是必然的，因为主体的客观语境及其惯性心理，压抑着主体本能及其依从本能的任何形式的超越。命运的极限安排与大语境必然困厄个体存在至孤独并使个体无法获得对其安全感甚至存在性的认同，使真正的自我被封闭在虚假的自我之中——对外无法通过真实的人际关系来舒展自己，从而使个体愈来愈贫乏，乃至虚空；对内则愈来愈厌恶和绝望于虚假自我的虚假行为。忠诚执著导致怀疑孤独，怀疑孤独产生别种忠诚执著，别种忠诚执著却意味着更深的孤独与绝望。此之谓主体的命运——已坠此渊却难登彼岸。

---

① 雨果：《巴黎圣母院》，施康强、张新木译，译林出版社 1995 年版，第 149—152 页。

② 同上书，第 160 页。

③ 休·昂纳、约翰·弗等：《世界美术史》，国际文化出版公司 1989 年版，第 556 页。

二 情欲导致悲剧

克罗德并不罪恶的情欲导致了悲剧，笔者是这样认为的。

“罪恶情欲”的说法[①]本身就是矛盾的，就含有了对克罗德道德评判的成见。爱就是爱，没有高尚和卑贱之分。悲剧快感即暗自庆幸的幸灾乐祸，它以展示并升华恶意，使读者与观众产生极大的宽慰与解脱，同时领受审美意义而非伦理、道德意义上的同情，继而生发更伟大、更崇高的追求欲。

克罗德·孚罗洛的意识是单纯的，出发点是善良的，但其结果和客观表现却具有对他人不利的方面，可我们不能就此判断他的情欲是罪恶的。这里有三个异于世俗判断的视点：

第一，如前所述，克罗德的客观身世和成长环境与其余“常人”相差很大。既非主观努力可变，当属客观既定非可抗之命运。

第二，克罗德在此语境中的思维一步步发展和变化的特殊性。它本身已经让克罗德煎熬不已，“他的道袍上常有被自己抓破的印痕”。由此至少能感到克罗德在追求，是以一种求知的穷尽欲来追求、克制和抗争，而其目的没有丝毫罪恶的成分，尤其是后来他爱爱丝米拉尔达的矛盾感受以及那些成为古今中外爱情表达中最撕心裂肺的炽情烈意[②]，而这些尚是经过一个惯常于沉思默想者的理性的多重顾虑和嘴巴（注：克罗德表情达意之口荒于锻炼，因而如锈锁般难启）的多重过滤之后的表达[③]。其内心真正的原汁原味的煎熬则根本是难以常人之心去想象的[④]，这里，是天才诗人雨果的想象思维都为之却步的广袤空间，我辈局外人岂可揣测其全貌。

第三，克罗德的原生态的爱欲粗疏地表达出来，便如《巴》中所写的那样粗暴、直白而不加掩饰，那样目的直接而缺乏艺术化的曲折处理。克罗德

---

① 朱维之、赵澧：《外国文学史》（欧美部分），南开大学出版社 1985 年版，第 311 页。

② “怜悯吧！”那倒霉的人重复说道，“要是你能知道我对你的爱情是怎么回事，那是火，是烧熔的铅，是一千把插在我心上的刀子啊！”[注：此页 3、4、5 三脚注依次摘自陈敬容译本（人民文学出版社 1982 年版）第 347、424、243 页。]

③ “哎，你单单对我一个人这样冷漠无情。啊，怎样的命运呀！”“我找不出话说了，我对你讲的话都是好好考虑过的。这会儿我又颤又抖，我在决定性的关头倒糊涂起来，我觉得有一种至高无上的力量统治着我们，使我说不明白。”

④ “这种人类感情的海洋假若被人堵住了出口，就会多么地疯狂地汹涌奔腾，会怎样地暴涨，怎样升高，怎样泛滥，怎样刺透人的心，怎样使人发出叹息，怎样使人发狂，直到它冲破堤岸泛滥成灾。”

求爱和占有爱完全是一个中年人的正常生理和一个少年的纯真心理的错位叠加或强行黏附。两个部分谁都没有错，局外人谁也没有居于其上的资格去挑剔它。但当二者黏合在行动中时，就如同两条腿并在一个裤管里，越是要急着迈步，越是重心失衡，自己摔倒。因此，克罗德的特殊现象便是：（特殊的外在环境 + 沉默而严肃求知的性格）→内心思考的极度煎熬和本纯的穷究答案的理想→剧烈的摇晃不稳的粗疏表达和对命运的无奈反抗。

将爱丝米拉尔达送上断头台，显然是因为他把她看成自己厄运的最后的也是最大的制造者时的迷乱发泄。获得爱丝米拉尔达的爱情，是他一生中最后的、最倾尽灵魂和生命的愿望。而这一愿望落空，终而使他“发疯”。其中，她的否定性评价正是惶惑的他最担心的、最不希望发生的事情。然而命运在一步步扼紧他的咽喉——无论以前的克己坚守神性还是现在的顺应天然人性，他都处于被命运围追堵截而不得安宁的状态。他生平第一次也是最后一次灵魂出壳般地反抗了——不顾一切地奋力一击——把打破自己爱之梦的梦中人（爱丝米拉尔达）推出门外。他同时也把自身交给了命运，孤独而绝望地死去。

悲剧的崇高感，就在于它给人们的是一种令人敬畏而又振奋的力量。它用怜悯缓和恐惧，激发人们的惊喜和赞叹。克罗德是一个失败的孤独者，我们当循着他严肃而孤独的生命脉络去评判他。他是一个以超常的精神穷尽人类知识的大学者，连国王也化名前来请教，然而他却被常人诬为搞巫术的“疯子”；他又是一个善良慈爱、勇于承担责任的好兄长，他倾心呵护却难免小约翰放荡无度又无耻挤榨他的血汗……这样的一个克罗德，他有没有大胆追求爱情的权利和资格？然而，命运囚禁了他，刑讯逼供致残了他，再勾结本性唆使他越狱，伺机伸出魔爪，拍死他于墙头。雨果用爱丝米拉尔达的善良给读者阅读制造了迷局，而善良又执著的读者竟真在台下指着墙头自己的影子叫骂起来。我们无权鞭笞克罗德——一个世间难觅的超常的执著求知、求爱的无辜者。《老人与海》中的老人捕到了大鱼，我们敬佩其毅力；《巴》中的克罗德一无所获，我们同样感佩其执著。因而克罗德及其′ANάΓKH 的意义在于：悲剧命运令人生畏，抗争精神弥足珍贵。

第二十四章　克罗德的角色定位

在西方文学作品中，神父形象是一个给人沉默而含蓄印象的系列组合，这类形象以其“放牧羔羊”的独特身份在诸多“迷途羔羊”的形象身边担当陪衬和辅助角色。而雨果小说《巴黎圣母院》却塑造了一个身为“牧羊人”自己却“迷途”的独特神父形象——克罗德·孚罗洛。克罗德的灵魂中蕴涵着悲剧性的分裂和冲突，他与爱丝美拉尔达的相遇，是神性与人性遭遇和决斗的集中展现，其中蕴藏着人类发展中一个戏剧性的隐喻：导航者难免也迷途，迷途者在艰难导航。

天才诗人雨果在29岁时（1831年）即创作了奠定其一生不朽地位的长篇小说《巴黎圣母院》。在这部作品中，作家一反当时文坛写社会中心人物的风气，独出心裁地将卡西莫多和爱丝美拉尔达等一系列社会边缘人物作为主人公，开法国小说关心小人物命运的先河。更为重要的是，雨果在广泛使用他自己所崇尚的美丑对照原则来表现丰富的文学内涵的同时，充分关注到了克罗德这一并非居于社会边缘的圣职人物的庸俗性（边缘性或平凡性）。此前的作家通常只是站在宗教人士的对立面，嘲笑宗教的伪装性（如《十日谈》），而雨果突破了这种思维范式，冷静换位并贴近圣职人员的精神层面，用激荡人心的多种描述手法来对比反衬，展露神秘而备受曲解的神职人员的内心感受。

《巴黎圣母院》能够在世界各地广泛流传，多数人认为是因为它的反教会迫害主题，以及它对丑陋却善良仁爱的卡西莫多、美貌又淳朴天真的爱丝美拉尔达的成功塑造。我们认为，这些都只是作品表层的因素，或者说，只是阅读者的意识层面，而其无意识中对克罗德的同情，正是对人类通病的清醒认识和心理认可：上帝与魔鬼熔于一身，便是人。没有纯粹的上帝，也没有纯粹的魔鬼，它们二者是人对自己两面性的分割认识后所描摹的极致。这一点才是该作品内核中真正激起读者共鸣而备受崇尚的精髓。由此，我们就不难明白：为什么在雨果 80 岁生日那天有 60 万人从他家窗下列队经过[1]；为什么他的送葬队伍竟有 200 多万人。

第一节 牧羊人却也是迷途的羔羊

克罗德小时候受过良好的教育，但却没有选择志向的权利。当他还是一个孩子的时候，就被父亲送到大学区的朵尔西神学院去当修士。在弥撒声中长大的他，十八岁时已精通了神学、法律、医学和自由学科等四大学科[2]，神学和经学理论被他参透并融入性格之中，即奉行禁欲主义。他有社会地位，受人尊敬、爱戴。在那时他的眼里，俗世的一切放松了对自我的约束的言行都是可耻的，如果有，就是良心的背叛者、上帝的敌人。唯有“斋戒、祈祷、学习和灭欲”方可使他“快乐、纯洁”。这种视俗世人眼里的正常为异常的观念，占据了克罗德的整个灵魂。作为神父，克己及人是他的天职；可是克罗德是一个健全的人，他又有着体味世俗生活的本能欲望和冲动。因而，克罗德的灵魂是两个突出层面的极致结合。

雨果对克罗德的态度，重在阻止人们莫被那习惯于保护善良者（爱丝美拉尔达）的本善之心所误导。父母的安排，使得死板的宗教生活把他同人世间新鲜的空气、灿烂的阳光隔离开来，隔绝并压抑了他对青春的活力以及对幸福爱情的向往。繁琐的教义、不可捉摸的上帝把他熔铸成一个“负责照料许多灵魂”的“面色阴沉、令人生畏”的“严肃、庄重、寡言少语的神甫”[3]。尽管他“沉思的脑袋低垂胸前”，可是，一当他“缓步走过时，穿白袍和短罩衫的唱诗班童子，歌者，圣奥古斯丁会的修士和圣母院照应早晨弥撒的神职人员，莫不打个哆嗦”[4]。他祈祷和钻研神学，用自我肉体惩罚，强迫自己熄灭一切俗世人的欲念（“魔鬼”）。为了禁欲，他把俗世之心沉入阴暗的地狱。

可是温柔敦厚、宽容中庸和心如止水毕竟都不是基督教的教义。基督教极度的压抑预示了惊人的爆发。抚养弟弟小约翰使克罗德这个“以前他只爱

① 安德烈·莫洛亚：《雨果传 杰克·伦敦传》，周玉玲译，中共中央党校出版社 2000 年版，第 227 页。

② 雨果：《巴黎圣母院》，孙娟译，金城出版 1999 年版，第 146 页。

③ 雨果：《巴黎圣母院》，施康强、张新木译，译林出版社 2001 年版，第 149 页。

④ 同上书，第 139 页。

书本"的人感受到"人间的感情对于他是一种奇特、甜蜜的体验"[1]。先期基督教极度的克己价值被怀疑。被动走进宗教大门的克罗德能够自觉地意识到自己灵魂的裂变：一面要在虔诚的禁欲生活中实现对于上帝的忠诚，另一面又强烈渴望俗世可触摸的幸福生活。长期的怀疑与渴念使克罗德意识到"没有这种温情，没有了爱，生命不过是一个没有上油的干涩齿轮，轧轧响地乱转着"[2]。疯狂放纵的诱惑与冲动是他被压抑的人性的复苏。这使他见到吉卜赛女郎爱丝美拉尔达以后，对自己"童男生理和血液"的反应深感惊恐，这种对俗世正常情感的真实体味的惊恐，不亚于俗世人对他执拗于圣灵而变得"古怪可怕"的目光的惊恐。在他超凡入圣的外表内部，放牧羔羊的克己与迷途羔羊的冲动的矛盾，灵与肉、天堂与地狱、上帝与魔鬼搏斗得惊心动魄。

长期的宗教生活的训练，禁欲思想溶进了克罗德的血脉，当原本均属于上帝的灵魂和肉体苏醒后，他吃惊地感受到肉体时刻难安的冲动，竟使得血脉中的克己禁欲思想频频摇晃。慌乱的克罗德下意识地紧紧抱住上帝，不断祈祷，借忏悔来自欺欺人地平静自己以回归上帝；另一方面，人性又显示出难以抵御的强大冲击力，使他的灵魂陷入赤手白刃的拼杀状态，痛苦又可怖。《新约·保罗致罗马人书》中，记录了教士的内心冲突："我觉得有个律，就是我愿意为善的时候，便有恶与我同在……肢体中另有个律和我心中的律交战，把我掳去叫我服从那肢体中犯罪的律。我真是苦啊！谁能救我脱离这取死的身体呢？"[3] 同样，克罗德无力摆脱俗世的诱惑，无望的抗争便是他的悲剧性分裂的可悲表现。

克罗德是一个被宗教信仰和教义所异化并撕裂的、尚有呼吸的活人。他不同于其他被完全工具化了的僵死的基督教圣职人员。当他潜意识中被压抑着的正常人的感情转化为对一切世俗幸福和女人的由慕生妒、由妒生恨的情感嬗变时，这种恶性循环便发展到后来的变态行为。"他变得加倍严厉，比过去任何时候都更加恪守清规。"女人"绸裙的窸窣声"使他"拉下风帽罩住眼睛"。"乃至一四八一年十二月，国王的女儿"也被他引经据典地"拒

---

① 雨果：《巴黎圣母院》，施康强、张新木译，译林出版社 2001 年版，第 154 页。

② 雨果：《巴黎圣母院》，孙娟译，金城出版 1999 年版，第 147 页。

③ 王红莉：《扭曲的人性畸变的爱情——简析克罗德·孚罗洛人格的二重性》，《陕西教育学院学报》2001 年第 3 期，第 6、7 页。

绝接待”[1]。僵化的语言和对答方式，表明了一个虔诚教徒的信仰彻底。黑皮书、黑教袍营造了黑暗的心态。可是，地球上光明的时间总是比黑暗的时间多，俗世的信仰和追求的力量同样总是比神性的信仰和克己的力量强大。他对爱丝美拉尔达说：“一个男人爱上一个女人，这并不是他的过错。啊！上帝！您就永远不能原谅我吗?”[2] 是对美的追求唤醒了他对宗教的怀疑和背叛的情绪，增强了他追求爱情和幸福生活的力量，这也是魔鬼对上帝的胜利。

修炼到灵的境界是很难的。超负荷的精神压力使克罗德难以承受，他的精神状态中滋长着一触即发的潜在危机，紧绷的心弦处于断裂的边缘。人物性格的这种规定性，埋设了悲剧意外爆发的导火索，拉高了悲剧曲谱的音调，制造了悬念，也隐含了剧情的突转。经历了数不清的往复循环的爱情折磨和永堕地狱的恐惧之后，爱之浪涛汹涌翻滚、冲破了僵死的堤岸，使他不得不向这“可怕的力量屈服”，“你不用说你爱我，只要说你愿意爱我……说句善意的话吧……只要说一句!”[3] 遗憾的是爱丝美拉尔达的回答如刀刃般锋利：“您是个凶手!”“我爱的是法比斯”[4]，痛惜伤悲之后，克罗德完全是跪着乞求爱，经过比较，他最后断定“为了更有资格在您的地狱里沉沦！可您却不要我这个罪人!”[5] 到此，作家已经将他对这个不幸人物无法赎罪、无法解脱死刑般的痛苦的不尽同情表达到极致。

第二节　导航者难免也迷途，迷途者在艰难导航

雨果充分地将自己置换到尽可能贴近主人公的角度和位置，尽可能精确地展示克罗德哲理性的“迷途”的表现。首先，克罗德原本是一个普通人，按照基督教的教义也就是一个先天即有罪孽的人，一个迷途的羔羊。他之所以能经过修道成为神父，是由于别的牧羊人对他的后天引导，将他熔铸成一个可以给其他俗世迷途者引路的牧羊人的角色。可是，克罗德后来的悲剧彻底洞穿了基督教引导作用表面的无比神圣性，使其显得空洞无力、荒谬可笑。

---

① 雨果：《巴黎圣母院》，施康强、张新木译，译林出版社 2001 年版，第 154 页。

② 雨果：《巴黎圣母院》，孙娟译，金城出版 1999 年版，第 490 页。

③ 雨果：《巴黎圣母院》，施康强、张新木译，译林出版社 2001 年版，第 440 页。

④ 雨果：《巴黎圣母院》，孙娟译，金城出版 1999 年版，第 493 页。

⑤ 同上书，第 491 页。

人，就是人，一个渴望脱俗却永远也摆脱不了俗世正常欲望的动物：暂时强力压抑并拒绝俗世生活的诱惑是为了追求终极价值和至高信仰，这也正是人之高尚于动物的可爱处；但人潜意识中的动物性的本能欲望却总是真实存在并时时闪现。一个健全人的这种欲念的窜动，在基督教的语境中，却是一个迷途者的罪恶反映。殊不知圣职人员经过苛刻地压抑修炼之后，不外乎两类命运：一类彻底畸变为一个“高尚灵魂”附着在肉体躯壳上的、一生只为基督而活的名存实亡者，严格地讲，他们已经不是真正意义上的人，可谓“行尸”类（克罗德之所以“阴森可怖”，即缘于此，好在克罗德并未完全由行痴而变为“行尸”）；另一类依然是基督教中的迷途者，只不过是一个个更加自觉地去强力压抑本性的迷途羔羊而已，但是，依然“迷途”的他们（如克罗德）却扮演了为迷途者导航的牧羊人的角色，也就是说，迷途者在艰难导航。当可怜的克罗德意识到“没有这种温情，没有了爱，生命不过是一个没有上油的干涩齿轮，轧轧响地乱转着”[①] 时，他的这个车轮已经因为干燥而磨损到了何种地步——“顶多不过三十五岁”却“秃头”、“灰白的头发”、额头“起皱”。残害正常人、健全人至于此种地步的，是由于“导航”还是因为“迷途”呢？显然，本无迷途，何需导航？不过是虚设迷途，强加导航，使清醒者迷惑，使本体失去存在价值。因此，我们下文的迷途便不再采用基督教的迷途臆说，而只用我们普通的说法——迷惑而无所适从。这是其一。

其二，误入宗教是因迷魂而迷途，再入俗世便是因迷途而迷魂。克罗德本为俗世正常幼童，却被强行送去接受权威语境中终极价值的追求教育，幼苗的成长中，迷魂因素使他不谙世事而迷途在宗教世界而不可自拔。直至真正接触到原本应该拥有的俗世幸福情感和人性本能山洪般地诱惑刺激时，由于他的这辆马车的车轴已经被另一个迷魂而“干燥”的思维模式磨歪、磨蚀得很严重，一旦行进在俗世的坦途上，此车便横冲直撞，迷途不知方向。愈加迷途失向，便愈加迷魂执狂；愈加迷魂执狂，便愈加迷途失向。

在代表终极价值的上帝和代表世俗堕落的爱神之间，他勇敢地选择了后者。两种价值追求在拼命厮杀以争夺其在克罗德精神领域的地盘，因此，他的爱情与命运紧密相关，既有激情的冲动，也有悲剧的宿命在煎熬他。他所有的行动包括跟踪、嫉妒、号叫、大哭，都表明他忍受着一种比

① 雨果：《巴黎圣母院》，孙娟译，金城出版 1999 年版，第 147 页。

死亡还要强大的苦刑，“要是你能知道我对你的爱情是怎么回事，那份火，是烧熔的铅，是一千把插在我心上的刀子啊!”[①] 这样的话语是出自一个已经二三十年来习惯于缄口不语、把内心的所有欲望都吞咽下去而不是表达出来的三十五岁的克罗德的口，雨果的深切同情是再明显不过了。克罗德的职业和习惯使得他即使在获得了爱的勇气时也难于一时拥有博得爱的能力。权利让不具有权利行使能力的主体拥有，便会带来于主客体都不利的后果。这所有的一切既与宗教的“赎罪思想”和克罗德的自我惩罚意识有关，也是克罗德对宗教“救人赎罪”文化的否定和讽刺。牧羊人不仅导航不了别人，最后自己也将触礁而葬身人类正常欲望的海底。

然而也恰恰是这一点，使我们从克罗德的情欲中看到了较多的神圣成分。相比之下，爱丝美拉尔达对法比斯的爱情就浅白得多。抛开克罗德的极端行为，单从这一点讲，单纯的爱丝美拉尔达对爱情的理解是远远不能与克罗德相比的，她也永远无法理解克罗德对她的疯狂追求中所富含的悲剧性的神圣激情。对克罗德来说，爱情就是命运，是对生命魅力的重新认识和坚定的神圣选择，哪怕结果是死亡，是万劫不复的深渊。

综上所述，克罗德是雨果笔下一个有着复杂性格的悲剧性角色，我们形象地称其为放牧羔羊的迷途羔羊。在宗教的权力语境中，“爱”是奢侈的向往，是迷途的选择，走出这个语境，对克罗德却意味着迷失了所有前进的方向，包括在生命中迈出一小步的能力，这个代价的惨重是不可用常人的心去衡量的。克罗德被否定了“爱”的权利，其实就是被否定了作为一个人的权利，活下去对他已经没有什么诱惑力了，他在“失去爱”和“失去命”的取舍之间选择了后者，虽然不是主动的，但其结果是完全可以预料的。克罗德悲叹的是命运，无人理解他的痛苦，可怜的他甚至说：“假如这些石头能说话，肯定会说，这个男人真不幸。”“唉！命运在捉弄啊!”[②] 此处所谓的命运，是克罗德从基督教神学中汲取来的一种宿命的赎罪思想，他不仅不知此种思想对他自己的毒害有多大，反而将这个造成自己诸种不幸的思想作为对自己诸种不幸的上佳解答来认可，臣服于它。应该说，克罗德的确是清醒了，只不过没能争取到做人的权利而已。这就是克罗德的悲哀，也正是雨果所要着力揭示的。

---

① 雨果：《巴黎圣母院》，陈敬容译，人民文学出版社 1982 年版，第 347 页。

② 雨果：《巴黎圣母院》，施康强、张新木译，译林出版社 2001 年版，第 438 页。

第二十五章 《巴黎圣母院》的对衬内叙事

雨果的美丑对衬是《巴黎圣母院》获得成功的法宝，他借助此种形式的使用，一方面突破了古典主义对浪漫主义的围攻，从古典主义的束缚中彻底摆脱了出来。更重要的是，他实现了自己所倡导的艺术形式常变的设想。同时，《巴黎圣母院》对美丑对衬形式的成功使用，缘于雨果作为诗人对诗歌复沓重叠形式魅力的深刻理解和巧妙转用，它巧妙地创立了球体空间网状对衬内叙事的形式，强化了审美效果。

第一节 雨果复合型美丑对衬的背景因素

对雨果的浪漫主义创作成就产生重要影响的因素是复杂的，从其家庭背景和生活经历可以看到其复合型美丑对衬的根源。

一 家庭背景和生活经历

雨果的家庭背景和生活经历就是赫然鲜明的对比反衬，这是非常重要的一个因素。雨果的母亲在政治上是波旁王朝的拥护者，顽固地反对拿破仑。而父亲却受益于大革命，对革命充满了感激之情，为表示自己的共和主义信念，自称“无套裤汉布鲁图斯·雨果”。[①] 少年时代雨果的保守主义思想对他在接受、倡导浪漫主义并尝试创作的过程中起了激化作用。幼时受母亲的影响，雨果的思想是符合当时欧洲占霸主地位的古典主义的要求的：15 岁时写的《读书乐》受到法兰西学士院的褒奖；20 岁时写的第一个诗集《歌颂和杂诗》使得国王路易十八赐给他年金。[②] 此时雨果的创作充分表现了歌颂

① 朱维之、赵澧：《外国文学史》（欧美部分），南开大学出版社 1985 年版，第 307 页。

② 同上。

封建正统王朝和天主教的思想，而这两方面正是他后来所极力反对的。父母对比鲜明的思想倾向，对雨果一生的文学主张和文学创作有着重要而深远的影响。

生活于正统思想和权力话语的严密监控系统中，又能富于激情地体味到冲破这种疆界之自由的人，往往有足够的对比空间从两种余地都不属于的旁观角度去充分体味霸主思想的诸多弊端和新思潮的优越性，敢于超常地砸碎镣铐、解除禁锢，获得自由。由于他们熟知旧系统之中的虚弱之所在，从而会实现“操子之矛”以攻“子”的致命效果。因此便不难理解，年轻时尊崇封建正统思想的雨果，到 49 岁时却因痛恨封建国王而自我流亡国外达 19 年之久；年轻时歌颂天主教的雨果，到 29 岁时却在《巴黎圣母院》中如此地痛恨天主教对一个原本正常的人克罗德的残害，让这部小说以悲剧冲突的结局来震撼读者。

二 转型期的对比体验

身处文学系统转型之际的雨果亲自体验到了文学形式的对比力量和效果以及文学系统转型的必要性。

尝试过古典主义文学形式之后，雨果发现古典主义思潮在 19 世纪二三十年代远没有退出文学舞台，但浪漫主义却已经占据了欧洲文坛小半边天。天资聪颖的他，在两种文学流派的对比中感受到古典主义文学所代表的思想以及其形式规定的僵化教条，认识到新的重视人的情感的文学形式应当及时诞生，于是他主动倡导并积极重建新的文学形式。由于我们对雨果的《〈克伦威尔〉序言》开创一代浪漫主义文学风气颇有强烈印象，而对雨果这个特立独行的剧本《克伦威尔》缺乏重视，忽略了该剧本受到古典主义把持的审查机构的排斥而没能演出的原因——认为该剧本不符合舞台演出的艺术要求。雨果早就料到剧本将要被封杀的命运，因而在此剧本的序言部分就极力为新的文艺形式振臂呐喊。

在《〈克伦威尔〉序言》中，雨果认为，人类社会的每个时期都有与自己相适应的文学：“原始时期是抒情性的，古代是史诗性的，而近代则是戏剧性的。”他认为抒情短歌、史诗和戏剧是这三个时期的基本文学形式。雨果指出，既然支配世界的并不永远是同一种社会形式，当然也就没有永恒不变的艺术。因此，盲目模仿古代是非常荒谬的。他还指出，在新的时代里，文艺必须抛弃古典主义的桎梏。[①] 古典主义崇尚单一呆板的纯粹悲剧或纯粹喜剧形式，而且要求赞美崇高优美的同时就不能有滑稽丑怪出现。而雨果从小就体验到正是因为有卑微的衬托才使得崇高更加鲜明，也正是由于痛苦的衬托，快乐才显得弥足珍贵，因而他积极主张并实验小说表现情感时的“对衬效应”，尝试创立这一新的叙事文学表现形式。

第二节 独特的美丑对衬形式的实验

一 对衬实验的基础

对衬，就是兼对比与衬托。雨果的美丑对衬主要是以人为中心的对衬，包括人与人、人与社会、人与自然、人与自身这四种对衬。[②] 对衬的目的重在展示人的力量，爱的力量。

对于人物外表与心灵的巨大反差，雨果曾在《留克莱斯波日雅》序中说：“取一个形体上长得最可厌、最可怕、最彻底的人物，把他安置在最突出的地位上，在社会组织的最低下最底层最被人轻视的一级上，用阴森的对衬光线从各方面照出这个可怜的东西；然而，给他一个灵魂，并且在这颗灵魂中赋予男人所具有的最纯洁的一种感情，即父性的感情。结果怎样？这种高尚的感情根据不同的感情而炽热化，使这卑下的人物在你眼前变换了形状：渺小变成了伟大，畸形变成了美好。”[③] 雨果对此类型的成功运用，在读者脑海留下了深刻的印记。

诗歌复沓形式的独特魅力，这是雨果在采用球体空间网状对衬内叙事时，所借助的内驱力。

笔者认为，雨果的美丑对衬成就在于其对复合型——诗歌复沓形式的巧妙利用。这也正是他复合型美丑对比衬托的特点，即多重对比衬托或对立反观的内容相互顾盼而形成交错勾叠、有机统一的整体，这种共同编织对衬形式，协同指挥和运作语言的表现形式，雨果使其淋漓尽致地收到了其他作家难以企及的艺术效果。

综观雨果的创作和其影响，我们发现，雨果对普通人物尤其是下层社会

---

① 朱维之、赵澧：《外国文学史》（欧美部分），南开大学出版社 1985 年版，第 308 页。

② 刘德燊：《雨果小说美丑对照现象的宏观把握》，《学术论坛》2001 年第 4 期，第 103 页。

③ 雨果：《雨果论文学》，上海译文出版社 1980 年版，转引自刘德燊《雨果小说美丑对照现象的宏观把握》，《学术论坛》2001 年第 4 期，第 105 页。

被边缘化的人物的关注，是他赢得世界声誉的旗帜。而这面旗帜的布料（即语言）的编织和染色，则是他在前人对照映衬的基础上进一步发展而成的复合型美丑对衬形式。如果没有这种布料的独特编织和巧妙染色——文学语言的组织形式，很难想象其作品会产生强烈而广泛的社会效果。

二 网状对衬内叙事

雨果所关注的普通人的痛苦命运，在他复合型美丑对衬形式的架构阐释中，数《巴黎圣母院》表现得最为经典，我们以这部作品为例来进行探讨。我们注意到，作家在这部作品中充分地架构自己的多线条、多层次的复合型美丑对衬脉络——网状（网络形状）对衬的内在叙事脉络，以渗透如下两种思考和情感蕴涵。

（一）人人都有爱的欲望和权利

被安置在这一突出位置上的是克罗德。此人物历来被当做值得贬斥者。读者即使正视了克罗德爱的欲望和权利的被压抑和被摧残的处境，也不忘一面对其深表同情，一面在其对爱丝美拉尔达强烈的爱的占有欲上，狠狠地印上一个代表着耻辱甚或变态的鞭痕，也有认为：作家本人也是对克罗德持先同情后贬斥的态度。人物的评说权在读者这里。我们认为，作家除了对其不幸命运的同情（褒义的爱怜），还有对其大胆破戒和大胆求爱精神的崇尚，而它才是《巴黎圣母院》这面旗帜上克罗德这样染料应有的色泽。因为克罗德首先是一个人，是一个有爱的欲望和权利的人，而且他的爱的欲望因积聚而具有爆发的冲击力，他的爱的权利几乎因为久置未用而使爱的能力变得荒废、陌生，表现为使用不当。克罗德是一个应当被寄予符合情理的同情的悲剧命运人物。

其一，以克罗德本人为球心作球体框架结构文本。其复合型美丑对衬交相错杂却隐含内敛，形成了并不明显却给人强烈的情感冲击效果，其具体努力主要有：1. 将克罗德幼时的勤学苦钻，与他后来对宗教教义的质疑与厌弃相对衬；2. 同时又将克罗德对宗教教义的质疑与厌弃，与他对宗教教义的勉力坚守相对衬；3. 将克罗德年轻时仁爱地抚养亲弟弟并宽容其任性等作为，与他后来收养弃儿卡西莫多并严厉地命令这个如影子般跟随他又如家犬般顺从他的人等方面相对衬；4. 将平时目不邪视、严格修行，甚至国王的女儿探访圣母院时，他都拒绝露面的克罗德，与“女人衣裙的悉瑟声，就足够令他眼睛充血”、“觉得为了她的微微一笑，就能使他把鲜血、品德、荣誉、不朽和永恒、今生和后世的生命通通抛弃……”的克罗德相对衬；5. 将平时寡言少语“严肃、平静而阴沉”的克罗德，与跪倒在一个吉卜赛街头舞女（当时的卑贱人物的代表）面前哀求“假如你是从地狱来的，我要同你一起回去，我所做的一切就是为了这个，你所在的地狱，就是我的天堂，你的眼光比上帝的更可爱呢，啊，说吧，你不愿意要我吗?”时的克罗德相对衬；6. 将真诚求爱、愿以鲜血和生命来换取对方爱情的克罗德，与迫不得已变换计谋以获取性爱的克罗德相对衬；7. 将克罗德由爱生妒、由妒生恨，已经决定了放弃追求，并选择送所爱的人上绞刑架等一系列言行，与随后竟又做出最后苦苦哀求的言行相对衬。克罗德追求俗世幸福却不得的悲剧，每个读者都有共鸣与同情。这便是作家雨果的成功。

其二，作家又以克罗德与他人的关系为纵向矗立之梁柱式经线构筑叙事框架。基于上文内容上的、交错勾叠形成复合运用美丑对衬形式的，又有：1. 陪伴克罗德的家犬（卡西莫多）的背叛，与陪伴爱丝美拉尔达的山羊的坚贞相对衬；2. 克罗德坚贞不渝的爱，与法比斯逢场作戏、三易其主的滥情的对衬；3. 克罗德深门高墙、昏暗幽闭的生活环境，与爱丝美拉尔达的广场蓝天、来去自由的生活环境的对衬；4. 克罗德的未老先衰的外貌和枯木干草般的精神状态，与爱丝美拉尔达魅力迷人的外貌和青春欢跃的精神状态的对衬，以及与法比斯潇洒自如的军人气质的对衬；5. 克罗德因忧郁自卑而变得阴骘深陷的眼睛以及他的悄无声息的行踪，与卡西莫多的似无所奢求却又有所待的、突出的眼睛以及他的怪异猛吼相对衬；6. 克罗德的阴谋猎取，与卡西莫多的侠肝义胆相对衬；7. 克罗德虽谨慎克己，却成为爱丝美拉尔达憎恶逃避之人，与亲弟弟小约翰行为放荡，挥霍无度却成为宠儿相对衬；8. 克罗德做事执著，言辞极端，与国王路易十一宽容平和，循循善诱地对待他相对衬；9. 克罗德对广场弃儿卡西莫多怜悯仁慈，与围观市民厌弃鄙视弃儿卡西莫多相对衬；10. 克罗德于死亡边缘拯救了卡西莫多，与卡西莫多剥夺了克罗德的性命相对衬；11. 克罗德对爱丝美拉尔达的爱是宽容的、清醒的、征求的，因而显得是有预谋，是处心积虑，而爱丝美拉尔达对爱情则是天真幼稚的、盲目的，其用语和行动以及其心理活动都是冲动而不留余地的，前者是情感从大语境的包围中突围时的步步贬己忍让，后者则是世风日下、浅情薄义风气的一分子（小约翰、法比斯以及爱丝美拉尔达都是以浮光掠影的态度去度量爱）；12. 克罗德是四肢健全、聪明有才的绅士、神甫、学者，他赢得的爱丝美拉尔达的几乎为零的爱的分量，与聋子、驼背、鸡胸、跛子的丑怪卡西莫多能够最终与爱丝美拉尔达相拥于墓穴的生死情分相对衬；13. 克罗德通晓许多知识，落魄诗人甘果瓦尊敬地称呼他为“老师”，连国王也化名前来咨询求教，与市民诬称他为“巫师”，国王的宠臣称为“疯子”相对衬；14. 克罗德对宗教的坚守，对巴黎圣母院的热爱，与巴黎市民对圣母院的拒斥相对衬。

所有的这一切技巧的运用，都显示出作家雨果在精心编织着一个爱莫能助又令人哀怜的悲剧故事。当克罗德“像辗转在炙红的铁耙上似的，辗转在爱情、妒忌、失望的思想上”时，他的职业和身份以及爱情上的低能造成了他享受性爱的困难，因而他从一开始就注定是绝望的情人。他在爱情上的自卑是靠权势获得自信而表现出来的——这就是强烈的迫不及待的占有欲。克罗德是被动的，不幸的，因而是值得每一个人同情的，甚至包括爱丝美拉尔达。

其三，同时又以爱丝美拉尔达与他人的关系为横向攀拉之纬线，与上述球心、经线交织成球心发光、经纬互攀的球体网状的有机整合架构。其交错勾叠形成复合运用美丑对衬形式的使用，又有：1. 爱丝美拉尔达的美貌与卡西莫多的丑陋相对衬；2. 爱丝美拉尔达的勇敢仁慈地给卡西莫多喂水，与卡西莫多的忠诚勇敢相对衬；3. 爱丝美拉尔达的率真直白，与诗人甘果瓦的懦弱自谦的对衬；4. 爱丝美拉尔达的纯洁无瑕、无牵无挂的自然释放感情，与克罗德的禁戒重重、难以表里如一从而伪装隐藏感情相对衬。

其四，以卡西莫多为画笔，进行强烈的球面色彩点染，为整个《巴黎圣母院》进行夸张性地点睛。其交错勾叠形成复合运用美丑对衬形式的，又有：1. 卡西莫多的知恩图报、谨小慎微，与法比斯的轻佻薄情、狂妄放荡相对衬；2. 卡西莫多的因自卑怯懦而距离很远的、被称为“无私”的爱，与克罗德因长期幽闭且自我克制而变得自卑又爆发力很狂野的爱相对衬；3. 卡西莫多对义父克罗德的嫉恨和惩罚性报复，与爱丝美拉尔达的对法比斯的一再宽容和期待相对衬；4. 爱丝美拉尔达的生母对爱女的无私的施救，与克罗德对卡西莫多的充分信任和毫不设防相对衬，等等。

其五，群体对衬。克罗德、卡西莫多二人所代表的受教会辖制而变得自卑又偏执的性格，与爱丝美拉尔达和法比斯所代表的世俗人物的自信又随意的性格相对衬。一对父子（克罗德和卡西莫多）与一对母女（爱丝美拉尔达与她的母亲）的亲情对衬，等等。

《巴黎圣母院》是十足的悲剧，结尾处爱丝美拉尔达、卡西莫多、小约翰、克罗德以及爱丝美拉尔达的母亲五个人几乎同时死去，其中前四个人（包括克罗德本人）身上都曾深深寄托了克罗德罄尽生命的爱和珍惜，而每一个人对他却并非如此。

（二）人人都有追求幸福安定的生活的权利

人人都有追求幸福安定的生活的权利——边缘人物的边缘生活令人堪忧。在这方面，雨果复合型美丑对衬的形式表现主要在于对衬，而非美丑之对立：1. 爱丝美拉尔达的被骗、被抢甚至要上绞刑架，与其母亲被迫多年漂泊流浪、思女心切、几近疯癫的悲惨处境的对衬。2. 诗人甘果瓦的败落处境与乞丐王国的乞丐们潦倒堕落的生活相对衬。

这正暗示了雨果在十几年后写在《悲惨世界》中的一段精彩分析“贫穷使男子潦倒，饥饿使妇女堕落，黑暗使儿童羸弱”的话语内容所指，在这时（1831 年）所写的《巴黎圣母院》就已经有意无意地被揭示了出来。爱丝美拉尔达亲生母亲的堕落就是妇女堕落的早期例子，年轻女孩爱丝美拉尔达的到处受欺虽没有《悲惨世界》中芳汀和珂赛特那样悲惨，也活得并不幸福。所爱的难以得到，不爱的穷追不舍甚至难以逃避，到处布满了陷阱，天真快乐并不长久。《巴黎圣母院》的结尾就是明证。所以爱丝美拉尔达是早期作品中的儿童羸弱的代表，而甘果瓦以及乞丐们则是因贫穷而潦倒的男子的代表。尤其是乞丐王国看似喧闹快乐的气氛难以掩饰其以苦为乐的处境。只是作家在《巴黎圣母院》中对“悲惨世界”的描画并未置于第一位置而已。

虽然，对衬形式在此前就有（如塞万提斯的《堂·吉诃德》中就有堂·吉诃德与桑丘的人物对衬）。但直到雨果，才真正将对衬的种类、内涵和效用丰富化，其创立的复合型美丑对衬形式在其极富诗人气质的夸张点化之后，成了当时法国以至欧洲文坛评论家大加赞赏的雨果作品的最大特点，后世作品虽有模仿但也终难有能出其右者。事实证明，29 岁的雨果在《巴黎圣母院》中所创立的叙事文学的典范样式——复合型美丑对衬形式，由于巧妙运用了矛盾统一律的完美结合技法来驾驭笔墨，不仅成为他对古典主义严格禁戒——纯粹、单一的文学法则的抗争和冲击的成功范例，而且也使得《巴黎圣母院》因此而大放异彩，成为世界文学花园中的一朵奇葩。

第六部分　《包法利夫人》

第二十六章 “红杏出墙”的诱因

第一节 立足现实者

一 话题缘由

福楼拜《包法利夫人》女主人公爱玛，由于少女时期在修道院里接受了贵族式教育，养成了贵族思想和浪漫主义幻想。成年后嫁给了庸碌时代的产物包法利，爱玛的爱情幻想在现实与幻想的差距面前破灭。浪漫主义作品的阅读印象，使她一直生活在虚幻的世界里；平淡无味的生活、内心的空虚，加深了其婚外恋的诱因；世风败坏、男女关系淫靡的社会环境，诱导爱玛成为男人的玩物、婚外恋的牺牲者，最终只能以死来解脱。

“红杏出墙”这个话题在中外文学中比比皆是，爱玛即是如此。受两千年封建男尊女卑思想的影响，中国读者在解读这部作品时很容易用俯视的眼光去评判爱玛，且难免隐含着一种根深蒂固的对女性的歧视。而福楼拜则从一个女性角色入手，不仅批判现实中的丑恶，还对处在当时社会的弱势群体——女性起到了教育和挽救的作用。前人多研究的是爱玛这个人物悲剧的成因，认为爱玛的悲剧是社会悲剧，是贵族的悲剧，她是资本主义的牺牲品。同时，有人对包法利夫人这个形象的深层分析多是肯定的，认为由于爱玛的“二重组合型”性格，她有着女性的一切特质，她追求着理想的爱情和生活，正属于女性中“女性理想”的范畴，她只能采用第三种理想的实现方式：理想转嫁，不满足现实生活的平淡和无爱情的婚姻，她试图超越现实去寻找理想的生活和爱情，对于一个有激情和活力的女性而言，有其内在的合理性。① 为此，

① 参见郑洁玲《理想的转嫁与现实的超越——包法利夫人形象分析》，《唐都学刊》2006 年第 3 期，第 154—156 页。

笔者就从爱情幻想的破灭，浪漫主义作品的影响，生活的平淡无味和内心的空虚，世风败坏和男女关系淫靡的社会环境，这四个方面对爱玛婚外恋的诱因展开论述。

婚外恋这个主题，似乎证明了一个哲理，即爱的生命在于不断创新和发展。生活缺乏新意、缺乏激情，而不可避免的用灵魂的神游远骛来弥补生活的不足。刺激缺乏花样、缺乏制造，必然导致感情的转移，而婚外恋则是弥补婚后感情失色的有效方式。对人的自身发展来说，生活既要求稳定又要求动态变化，对事情太专一则容易产生潜在的疲劳和厌倦感。当时的社会背景下，婚姻的选择只能有一次，这种选择自然受到时代思想和当时条件的限制。女性一旦婚姻确立，就要承担多种社会和家庭赋予的义务，并要维护这种稳定。她们往往不满足而又不希望打破业已形成的稳定，而刺激浪漫的婚外恋则满足了她们这种内心的矛盾。爱玛命运多舛，也许仅因她太不了解幸福应有的形状。一个在修道院里长大的女孩，一个被淫靡享乐的社会风气腐蚀了心灵的女人，面对这样一个看不到妻子眼神后忧伤而沉迷于幸福享受的丈夫，最终只能沦落为男人的玩物、婚外恋的牺牲者。

二 客观诱因

生活的平淡无味是外在的可触摸的诱因。包法利思想平庸，生活浑浑噩噩，举止毫无风度，缺乏意志，安于命运，医术平常，但在郝麦的鼓动下，居然想名满天下，可见其虚荣心相当强烈。结婚前唯母命是从：母亲为他选择职业，选择行医地点，选择婚姻配偶；和寡妇结婚后又唯妻命是从："在其他人面前他只能说这些话不能说那些话，每星期五都得吃素；他穿什么衣服得由她决定；对一些交不起费的病人他得依照她的命令说一些使人难堪的话。他的信她都拆开看，他的一举一动她都暗暗监视，在有女病人来看病时，她就在诊疗室外面隔着板壁听他们讲话。"① 他并不爱寡妇，但在寡妇死后，他也不感到如释重负。他向爱玛求婚，可是只听见他在鲁奥老头面前嘟哝道："鲁奥老爹，我想和你谈一件事情。"② 接着便结结巴巴地说："鲁奥老爹……鲁奥老爹……"③ 他的求婚仅止于此，他甚至说不出一句带点热情

① 福楼拜：《包法利夫人》，张道真译，上海文艺出版社2007年版，第10页。

② 福楼拜：《包法利夫人》，褚延庆译，吉林摄影出版社2002年版，第20页。

③ 同上。

的话。最后还是岳父做主，才成好事。他对爱玛更加唯命是从，爱玛要和他保持距离，他不敢越雷池半步，并不感到难堪，也不觉得痛苦。作者形容他“谈话内容平淡庸俗，就像人行道一样平直，又像衣着平常的过路人，引不起丝毫的情绪、乐趣或遐想”①。爱玛的爱无处寄托，内心的痛苦无处诉说，玫瑰色的爱情幻想一旦遇到适合的土壤，希望的种子就会发芽生长，努力把幻想变为现实。一个天生丽质的女人借婚外恋而行动了。

对于婚姻，俄国大作家赫尔岑这样写道：“在同一个屋顶下共同生活本身就是一种可怕的事情。人们在一起生活太密切，彼此之间太亲切，看得太仔细、太露骨，就会不知不觉地、一瓣一瓣地摘去那些用诗歌和娇媚簇拥着个性所组成的花环上的所有花朵。”② 爱玛——在修道院里长大的女孩，遇到一个过着父母左右其生活的已婚男人——她生命中的第一个男人，便天真地认为爱神受到上帝的旨意降临。嫁给一个医生，是多么地幸福。她于是义无反顾，坐上一辆小马车，摇摇晃晃，驶到那个她梦想中的神圣之地——教堂。那年他 30 岁，而她则花苞初放。她的热心被装进一个冰窟，终有刺激性反应。“她想起自己对奢侈生活的种种本能的向往，她心灵的空虚，婚后生活的贫乏无聊，家务的烦琐，还有她那像受了伤的小燕子一样陷在污泥里的种种梦想；她想起她渴望的一切，她放弃的一切和她本来可以得到的一切。”③ 她开始怀疑人生的意义。

沃立沙尔的庄园，回旋舞，穿蓝燕尾服的绅士，戴珍珠的年轻妇女……她发现，原来生命可以如此灿烂多情。“沃立沙尔之行给她的生活凿了一个小洞，就像一夜之间暴风雨把山岩冲出一道道裂缝一般。”④ “细节消失，留下的惟有惆怅。”⑤ 回到家后，却面对着一个木讷的丈夫，一个冷清的小园，“失望带来了郁闷，她又觉得心中空虚，于是看不到尽头，每一天同样无聊的日子又开始了”⑥。“这种毫无变化的日子一天又一天地过去，多得无法计算，没有带来任何新鲜的东西。……对她来说，未来就是一条漆黑一片的长廊，长廊的尽头是一扇紧紧闭上的大门。”⑦ 她于是哭了。在黯淡的生活中，

---

① 福楼拜：《包法利夫人》，褚延庆译，吉林摄影出版社 2002 年版，第 34 页。

② 转引自王宪昭《中外言情小说“第三者”形象比较审视》，《理论学刊》2001 年第 3 期。

③ 福楼拜：《包法利夫人》，褚延庆译，吉林摄影出版社 2002 年版，第 159—160 页。

④ 同上书，第 48 页。

⑤ 同上。

⑥ 同上书，第 54 页。

⑦ 福楼拜：《包法利夫人》，褚延庆译，吉林摄影出版社 2002 年版，第 54 页。

莱昂如一颗流星出现了。他们谈书籍、谈音乐、谈世间种种，她惊叹于他们想法的一致，他的渊博才学、细密心思，在她看来，都是雾里射出耀眼的白光，那一刻，她望着他远去的背影，再一次流泪。当生活被怨恨和遗憾所填充时，她开始抱怨，后悔自己怎么将爱情交给了一个木头，痛斥自己的丈夫"居然有这样的废物！废物！"[①] 而又偏偏不能弃之不爱。她把爱情想象为"一只玫瑰色羽毛的巨鸟，可望不可及，在灿烂的天空翱翔"[②]，认为"爱情应当骤然来临，电光闪闪雷声隆隆，仿佛九霄云外的狂飙，吹过人世，颠覆生命，席卷意志，如同席卷落叶一般，把心整个带往深渊"[③]。这种不切实际，想入非非的梦想。透露出了她生活的平淡无味，内心的空虚。在包法利身上无法实现，只能在情投意合的莱昂身上去实现她"巴黎式的爱情"，然而莱昂也未能如她所愿。接着她遇到了鲁道尔夫——一个低糜的灵魂，她开始奔波于两个城市，乐此不疲。当她满怀希望地想放弃一切与他共赴天涯的时候，一封信断绝了她的希望、爱情，或者幸福生活。她发现，原来世界并没有她想象的那么美好。25岁那年，爱玛对生活和爱情彻底绝望了，然而有一天，却在街上遇到了莱昂——这是上帝的恩赐，还是另一个不怀好意的玩笑？他们一起沉醉于纸醉金迷，花红柳绿。她更加衷情小绒帽，蓝色裙摆，色彩鲜泽的地毯，也许还有黄金镀的钥匙。于是钱财越来越少，她开始擅自签欠条，把希望寄托于不劳而获，为了一次又一次的约会，为了爱情，最终破产。然而当一切的希望都归零时，当法庭的传票到达时，尊严还有什么用呢？于是她带着秘密死去了，纵使围着一大群好心的人，她还是孤独的。

悲剧的男主人公——包法利，或许只由一个个忽略带来的喜剧造成。他难道不爱她吗？事实上，包法利的幸福，仅仅限于爱玛裙边的宽度，而他爱她却胜过一切，只是表达不合理。经历过一次不幸的被安排的婚姻，一场与金钱交易的婚姻，他是多么地珍爱这个上帝赐予的礼物——爱玛。就是因为他太过幸福，才没有看到妻子眼神后的忧伤。丈夫给了她殷实的生活，有个漂亮的小女儿，她有那个小镇最美的礼服，她还有什么理由不快乐呢？而自己，有远近闻名的医术，有一个美丽的妻子，有一座可爱的庄园，有一群朋

---

① 福楼拜：《包法利夫人》，褚延庆译，吉林摄影出版社2002年版，第53页。

② 郑克鲁主编：《外国文学史》（上），高等教育出版社1999年版，第229页。

③ 同上。

友，有什么理由不快乐呢？他不明白妻子为什么要整晚坐在书桌前，开着灯，不肯入睡；不明白为什么要弹那在他心中毫无用处的钢琴；不明白为什么要在房间里摆满鲜花。可是他纵容她，他缄默隐忍，这仅换来了生活表面的平静。他把她介绍给莱昂，并且说服她和莱昂一同看戏，仅仅因为自己没有时间陪她而找个替代品，怎知最后痛苦的却是自己。最后答应送她去学钢琴，除了交学费，再不曾问过细节，谁又知道爱玛是用这些时间幽会。他只看到她的笑，从来没见她流泪，以为妻子是快乐的。可惜，爱玛真正需要的，他却没能给予。也许唯一值得肯定的是，他的爱是那么地纯洁而执著，他的愚钝让他安心而幸福地过了许多年，一直到爱玛死去。包法利给爱玛的是没有爱情的平淡无味的生活，只能让这位内心空虚的浪漫主义怨妇探索“出墙”之路。

世风败坏、男女关系淫靡的社会环境给予刺激。“人和人之间直接的、自然的、必然的关系是男女之间的关系。”[①] 自从有了人类社会，婚姻爱情也就成为社会生活中不可或缺的组成部分，这不仅是人类繁衍发展的自然要求，也是作为高级生命所追求精神生活的必然要求，是一个正常人生活的一个重要部分。爱玛本是一个小资产阶级女子，本性纯洁，但是在这世风败坏、男女关系淫靡的社会中她把偷情当做刺激，就像吸食鸦片一样不能自拔。狭隘、闭塞、单调、沉闷的外省环境和缺乏精神生活的家庭，不能满足她感情生活的要求。而那样的社会，又进一步腐蚀了她的心灵，使她“误认为肉体的享受就代表心灵的愉悦，高贵的举止就代表细腻的感情”[②]。在沃立沙尔舞会上，她亲眼目睹了上层社会中子爵夫人与子爵们混乱不堪的男女关系，把她深藏于内心的激情和幻想慢慢点燃直至它的奄奄一息。“在她灵魂深处，她却在等待发生什么事情。就像遭难的水手，她用绝望的眼睛望着自己孤凄的处境，想在远处雾气笼罩的天边，发现一叶白帆。……每天清晨睁开眼，满怀期待会发生点什么……她纳闷她期待的东西为何仍迟迟不来；然后，当太阳西沉时，她怀着更加低沉的心情，把希望寄托在第二天。”[③] 爱情已经成为她的生命的主线条，没有爱情，她就像失去水分的植物。

在这样的社会中，只能产生淫妇—— 以身涉情场的女人，离散自便；

① 转引自王宪昭《中外言情小说“第三者”形象比较审视》，《理论学刊》2001年第3期。
② 福楼拜：《包法利夫人》，褚延庆译，吉林摄影出版社2002年版，第54页。
③ 同上。

以心堕爱河的女人，一次离散就是一次打击。更何况她是一个以偷情作为空虚补偿的追梦女人。为理想之爱而生的爱玛，堕落了，这枝娇艳的红杏悄悄伸出墙外，在情的道路上苦苦地追求。三个男人耗尽了她的热情和生气，加上手持金钱大棒的高利贷者乐僪从背后狠狠的一击，她只有颓然地倒下。她就是一个永远也不满足的人，一个不善于独立的人，一个有着低级趣味的人，她终于为自己的疯狂而付出代价。也许，死亡才是她最好的解脱。

第二节 读书追梦者

由于少时的教育，爱玛终日生活在依照自己浪漫阅读而追梦的冒险闯荡中，最后如同梦醒时分的堂·吉诃德，只有沮丧地投降。爱玛把婚姻看成一生幸福的唯一途径，在婚姻不如意的情况下，为了拥有自己幻想中的富贵生活和浪漫爱情，她不惜付出任何代价。最终在自己感情屡屡受挫而又债台高筑的境遇下服毒自杀，酿成悲剧。爱玛其实就是一个女堂·吉诃德，她活在自己的阅读[①]以及相关的联想中。

一 女堂·吉诃德的追梦

（一）时代与家庭

婚外恋的风流艳事，法国文学史上不乏先例，前人写的都是浪漫主义的才子佳人，福楼拜写的却是现实主义的庸人和浪漫主义的怨妇。庸人满足于现状，怨妇却向往未来。平庸恶浊的社会风气塑造了包法利这样一个庸人。19 世纪的法国，资本主义已经得到了长足的发展，特别是经过大革命的洗礼之后，资产阶级的势力蒸蒸日上。40 年代，正是法国工业革命的黄金时期，正如“农业展评会”这一章所描写的：“商业和艺术处处都是一片繁荣。到处的新交通路线，就像国家机体内的新动脉一样，建立着新的联系。我们庞大的生产中心又恢复了活力。”[②] 资产阶级高奏凯歌的时代到来，却预示了拿破仑时代叱咤风云的英雄人物一去不复返，连野心勃勃的人物也销声匿迹，取而代之的是庸碌无能之辈。

爱玛生活在法国的一个特殊时代里，因此，爱玛所受到的教育也一样具

---

① 这个阅读是泛指，主要是指阅读书本，但也应当包括个人阅历（所经历的人和事的影响）。

② 福楼拜：《包法利夫人》，褚延庆译，吉林摄影出版社 2002 年版，第 122 页。

备了深深的时代特点。爱玛生活的时代，是法国波旁王朝与七月王朝统治时期，这是法国历史上一个新旧力量激烈搏斗的比较混乱的时代。虽然七月革命推翻了复辟的波旁王朝，资产阶级君主立宪制也在法国建立了起来，然而王冠仍然戴在波旁王朝的旁系——奥尔良家族的路易·菲力浦公爵头上。经过大革命打击的封建贵族们，在拿破仑失败后又杀了回来，企图恢复往日的生活方式，拿破仑时代的英雄主义风气又被奢靡、腐败、虚伪、矫饰的贵族之风所取代。尽管封建贵族日趋没落，在政治上的大势已去，即将退出政治舞台，但他们在精神上的影响依然存在，整个社会对贵族的仰慕仍然不止。这种仰慕贵族之风在《包法利夫人》中表现得非常突出。爱玛的父亲鲁奥老爹就是在这种仰慕思想的引导下，让爱玛受到了对他们来说不和谐的贵族式教育。

爱玛的父亲鲁奥老爹，是一个地地道道的农民，一个较为富裕的种田人。他的祖上是放羊的，亲戚朋友不是种田人，就是贩夫走卒，但他却异想天开地把女儿送到修道院里专门培养贵族女子的寄宿学校学习。他这样做的目的无非就是想让女儿学会那套贵族礼仪和气派，期盼着将来能攀上个贵族夫婿，使自己未能实现的贵族理想在女儿身上实现。爱玛带着父母的希望到修道院学习，在她的心里从小就种下了仰慕贵族、攀附贵族、成为贵族的思想种子。

在修道院里接受到的贵族教育，更加刺激和影响了爱玛的思想和性格。在那里，她每天除了学习宗教功课，熟悉教理问答，就是终日沉浸在夏多布里昂、拉马丁、拜纳尔丹等消极浪漫派作家的作品中。缠绵悱恻的爱情故事和神秘虚幻的激情爱恋迎合了一个少女的浪漫幻想，刺激了她虚幻狂热地追求。修道院的学习，没有培养起爱玛对宗教的热情，却激发了她对神秘事物的向往和想象，使她产生了一种病态的情绪和狂热地追求。“她喜欢大海，只是为了海上那汹涌的波涛。她衷情草地，只是因为青草能点缀残垣断壁。”① “她爱教堂是因为教堂的鲜花，她喜欢音乐是因为歌词的浪漫，爱文学是因为文学热情的刺激。”② 有一个老姑娘，是大革命摧毁的一个世家的后裔，每月来修道院一次，她给她们讲故事、唱情歌，并总带一本传奇小说来给她们看，“她这些小说的内容无非是爱情、情人，还有在寂寞的绣楼上晕

---

① 福楼拜：《包法利夫人》，褚延庆译，吉林摄影出版社2002年版，第30页。

② 同上书，第33页。

过去的那些伤心的贵妇，或是驿站上被人杀死的送信的骑士。每篇都有马被杀死，阴森森的森林，情感的折磨，盟誓，抽泣，泪水，幸福，月下的小船和林中的夜莺，还有那些勇猛得象狮子、温和得如羔羊、善良的人间少有的，哭泣时泪如雨下穿着高贵华丽的男人”①。爱玛深深地沉浸在这些书里，沉浸在对贵族生活和浪漫爱情的向往和幻想中。特殊的教育铸就了她特殊的性情：“她希望自己能生活在一座古老的庄园里，像那些身材窈窕的女庄主似的，成天呆在尖尖的拱门下，胳膊撑在石头上手托着下巴，希望远处田野中出现一位骑着黑马插白羽毛的骑士。”② 这个农家女深深地沉迷在这种只能成为小说内容的情景当中，她在修道院里受到的教育，使她形成了这样一种完全不符合现实的性格和思想。她的头脑里装满了对贵族生活和浪漫爱情地遐想，养成了一副喜刺激、爱激动、善动情、讲风雅的贵族脾气。然而，现实却依然如故，她回到家，她的地位、身价没有改变，她仍然只是一个农家女。生活环境也没有改变，她仍然只能在农舍、田野、厨房之间来回穿梭。这种现实的处境地位与思想意识、性格情趣之间的巨大错位，都源于贵族式的教育。而这，也为爱玛以后的悲情遭遇埋下了祸根。

（二）读书与教育

爱玛是一个外省普通富农的女儿，受过贵族式的教育，在修道院偷读浪漫主义爱情小说，其中热烈的接吻、甜蜜的誓言、月下泛舟、听夜莺的鸣啭……在她心灵上激起了爱情的波澜。这种浪漫主义与她的纯真、淳朴、幻想等因素结合在一起，很容易在她的记忆中扎下根来，并渐渐影响到她的思想和认知习惯。她用浪漫主义的眼光打量这个世界，编织自己的爱情梦想。连福楼拜也直接写道：“她在开始特别爱听这些反映天长地久、爱恨绵绵的浪漫主义的悲叹哀鸣……过惯了平淡的日子，她反而喜欢起多事之秋。她喜欢大海，只是为了海上那汹涌的波涛。她衷情草地，只是因为青草能点缀了残垣断壁。她要求事物投她所好，凡是不能马上满足她心灵需要的，她都认为它们毫无用处。她多愁善感，但不倾心艺术，她寻求的是精神的安慰，而非现实的存在。”③ 宗教学校的教育，一方面是进行禁欲主义的说教和封闭，另一方面宗教音乐和布道却以虚幻的情调刺激起人的欲望。爱玛的身体被禁

① 福楼拜：《包法利夫人》，褚延庆译，吉林摄影出版社2002年版，第31页。

② 同上。

③ 同上书，第30页。

锢着，心灵却在无限的想象中驰骋。嫁给那样的庸人丈夫，爱玛开始对婚姻进行思索：“在还没结婚以前，她一直认为她是爱他的，但是爱情应当带来的幸福却没有降临。她怀疑一定是自己考虑的不对。爱玛暗自思索，过去在书中，她认为‘幸福’、‘爱情’和‘快乐’都是非常令人向往的字眼，在人的一生中它们到底代表些什么呢？”① 所以她期待她心中的美男和贵夫人形象，甚至在无聊和闲暇时作出勾勒：“她觉得某些地方应当出产幸福，就像一棵因地而异的植物一样，换了地方便长不好……丈夫穿一件花边袖口、长袖青绒燕尾服，踏一双软靴，戴一顶尖帽。”② 她觉得自己似乎就是爱丝美拉尔达，虽然丈夫就是善良的卡西莫多，但是他也终究只是卡西莫多而已。因此，现在的生活是“烦闷就像默不做声的蜘蛛，在暗地结网，爬过她新的每个角落”③。她的婚姻上，四年半的时间过着那样沉闷的妇道生活，所以就难免红杏出墙了。

当她和鲁道尔夫发生关系后，便“想到了书中的美人，这些感情丰富的荡妇，一群群的，用姐妹般的歌声，在她的心中唱出了勾人心魂的歌曲。而现在她自己也成了这些幻想人物中的一员，实现了少女时期的愿望，成为自己一心向往的情妇了”④。可见浪漫主义作品对她的毒害，使她一直生活在一个虚幻的世界里。就这样她由一个农家少女，成了乡镇医生的妻子，子爵的舞伴，莱昂眼中的情人，鲁道尔夫的情妇，最后堕落成为一个罪人。“凡是存在的，都是合理的。”⑤ 尤其当爱情、婚姻发生变化时，婚外恋现象便更为突出。有一位学者对婚外恋作了这样一个比喻：“婚外恋就像块臭豆腐，闻起来臭，吃起来香。”⑥ 它满足于暂时，而不顾及今后的苦果。人性的脆弱由此而尽情体现着，婚外恋的悲剧性事件也就一再重演。

出生于农家的爱玛无法改变自己的生存状态，但所受贵族教育使她的思想、性格固定成型。在出嫁之前，她对理想中的生活充满了想象和希望，她以为在婚姻到来之后，幸福也必将紧随而至，她必将拥有理想中的生活和爱情。她将生活—爱情—婚姻等同起来，满心欢喜地期待着。

---

① 福楼拜：《包法利夫人》，褚延庆译，吉林摄影出版社2002年版，第29页。
② 同上书，第34页。
③ 同上书，第38页。
④ 同上书，第141页。
⑤ 转引自王宪昭《中外言情小说“第三者”形象比较审视》，《理论学刊》2001年第3期。
⑥ 同上。

她之所以会嫁给包法利，也是在仰慕贵族思想指引下的选择和决定。她的父亲和她都认为包法利在当地是一个懂医术的、不同于众人的、优秀的男人。她没有把包法利放到一个更大的环境中去比较，她没有这样的条件，也没有这样的意识。爱玛很满足地嫁给了包法利，成了包法利夫人。她认为自己即将拥有富贵、浪漫的惬意生活，认为包法利从此会在她的生命中扮演英俊潇洒、勇猛温柔的白马王子，而她，将如同美丽的贵夫人一样受人尊崇，受人爱戴，然而，现实真的如她所愿吗？

爱玛嫁给包法利医生之后，很快发现，欢愉、热情、迷恋这些字眼，并未随着结婚而到来，丈夫的“谈话内容平淡庸俗，就象人行道一样平直，又象衣着平常的过路人，引不起丝毫的情绪、乐趣或遐想”①。这全然不是爱玛心中那位骑在马上、英俊潇洒、勇敢如狮、温柔如羔羊的白马王子。婚姻的实际和自己的理想真是相差十万八千里！面对这样的婚姻状况，爱玛深深陷入了无边的痛苦和失落当中。她一遍遍问自己，“我为什么要结婚”？这一切与她理想中的生活与爱情实在是相差太远，在这样的现实错位中，怎样调整自己？是认同现实、抛弃幻想，还是继续追求自己理想中的生活？

其实爱玛如果在这个时候调整自己，放弃幻想，认可现实，珍惜和包法利的这份无激情但很真实的爱情，和包法利一起过不富贵但较富裕的生活，她也就不会步步堕落，终成悲剧了。然而，爱玛没有那样做，她也不会那么做。修道院的贵族教育已使她的思想定型，那些浪漫小说对她的影响也实在太深，她已经完全被困在了自己的意识当中。她对于步入贵族阶层的行列充满了信心，所以她不会放弃。虽然残酷的现实已让她有所感触，让她感到痛苦，但想象的力量对她来说仍如巨浪一般，深深地撞击着她的心灵。她仍然执迷于想象，在想象的云端穿行。失望的婚姻和想象的力量让她产生了强烈的“走出去”的欲望，让她不顾现实，无视现实，然而现实却容不得一点轻视。在那个等级观念浓重，金钱重于一切的社会里，婚姻就是一种利益的权衡和联系，没有财富作后盾，富贵和浪漫便只能是空想。爱玛被自己的幻想蒙蔽了双眼和理性，她不曾考虑，像她这样一个出身低微，没有多少陪嫁的农家女，是不可能把一位风度翩翩的贵公子吸引到裙边的。在当时的现实下，她嫁给包法利已是较好的归宿了，但她仍不切实际地去幻想，去期盼，去等待，去追求那些不可能得到的东西。这一切，让她一步步走向悲剧。

---

① 福楼拜：《包法利夫人》，褚延庆译，吉林摄影出版社 2002 年版，第 34 页。

二 理想与现实的差距

婚姻的结果无法让爱玛契合意识中的生活模式，她陷入了深深的痛苦之中，而且整日沉迷于幻想。此时的她还没有到无法回头的地步，她曾想到过忏悔，并试图改变自己，但不幸的是和包法利的一次赴宴，让她感到了小说般的真实，从此，爱玛彻底生活在了自己美妙的幻想中，并开始在现实中倾心去追求她幻想中的英雄。自此，她的幻想也开始一步步在无情的现实中走向毁灭。

安得韦利耶侯爵为感谢包法利医生为他治病，邀请包法利夫妇到他的府邸做客。爱玛终于亲身来到了贵族的花园宅邸，走进了金碧辉煌的大厅，和尊贵高雅的爵爷命妇们共用了一顿晚餐，并且，舞会上一位子爵还邀请她跳了一轮华尔兹舞。那一夜，爱玛感受到了她幻想的真实。然而，爱玛并没有“灰姑娘巧遇王子”的童话般命运。子爵并没有特别注意她，迷上她，甚至没给她任何暗示，虽然她对自己的容颜和举止都很有自信。梦幻般的一夜过去后，她又回到了现实。第二天，她回到自己的家，依然过着老日子。但对她这样一个以幻想为现实行动指南的女性来说，那一夜，是无可替代的、至关重要的、不可回避的。那一夜的经历，让爱玛更加坚定地生活在了幻想当中。“沃立沙尔之行给她的生活凿了一个小洞，就象一夜之间暴风雨把山岩冲出一道道裂缝一般。但她的心灵却毫无抵抗之力。她小心地把她精美的衣衫和缎面鞋放入柜中。鞋底上还残留着滑腻的地板蜡，正象她的心一般：接触了一下豪华生活，上面也留着一层难以磨灭的东西。”① 爱玛对贵族生活更加向往，过去一直在她心中的那位“白马王子”现在具体化了，那就是子爵。从此，爱玛以子爵为中心，展开了她丰富的想象。“看书时，她总想起子爵。她把他与书中的人物联系在一起。但这个以他为圆心的圈子往外延伸着，原来他身上笼罩的光环也逐渐扩大，离开了他，照亮她梦中世界的其他地方。”② 福楼拜冷静客观，而又精确细致地写出了爱玛的心理活动。爱玛不顾现实的幻想在现实的催发下越发地远离实际。她的心灵，已然与她身处的现实环境有了天壤之别。子爵，既那么具体可感，他的手臂搂抱过她，她始终记得他胡子里散发出的香水味，而他又那么遥远而无法抓住，她只能感觉

---

① 福楼拜：《包法利夫人》，褚延庆译，吉林摄影出版社 2002 年版，第 48 页。

② 同上书，第 50 页。

他的存在，想他盼他，却始终无法靠近他、得到他。

这转瞬即逝的经历虽然没有对爱玛的生活产生直接的影响，却成为她生活的一个转折点。一次侯爵的邀请，将爱玛的思想冲得七零八乱，而这，甚至比直接影响她的生活更为严重。自此以后，爱玛理想的爱情对象具体为子爵那样的男子，包法利在爱玛的心目中已与理想中的男子越来越远，而爱玛理想中的生活也与包法利所代表的现实社会差距越来越明显。爱玛已经自觉无法忍受这样的生活现状和爱情现状。于是，情感交集，爱玛病倒了。爱玛的幻想终于战胜了她的理智，使她彻头彻尾地活在了自己的幻想当中。

爱玛不满意托斯特的生活环境，而善良的包法利还以为妻子的病是由于水土问题造成的。为了妻子的健康，他毅然放弃了自己辛苦挣来的一切，带着妻子搬到了一个富足的大市镇永维行医，试图通过这样的搬家、迁移、更换环境为妻子治病。然而，在爱玛已经是幻想极度膨胀的现状下，迁移到另一座大一点的城市只不过是给她提供了滋生更多幻想的土壤，而无补于其他。包法利夫妇的新生活开始了，爱玛的幻想也进一步升级了，她在一步步走向毁灭，他们的生活也在一步步地迈向悲剧的坟场。福楼拜为我们描绘了爱玛在感性与理性、理想与现实间摇摆的艰难历程，展现了爱玛在婚外恋的过程中，从自我压抑到不顾一切放纵的心理轨迹。

生活的无趣使她对外界充满了极度的渴望。情感的无味，让她不断地产生着对爱情的幻想。婚后的爱玛遇到的第一个令她心动的男人是小公证人莱昂。两人在音乐和文学方面的共同爱好使他们相互吸引。莱昂此时还是个纯洁的青年，他深切地爱着爱玛，这份爱超越了肉体的欲望。爱玛也理性地压抑着自己的感情，想让它慢慢淡灭。她对自己说“我是个贞洁女人”，虽然她非常痛苦。在这段短暂的爱情中，他们用理性战胜了情感。爱玛和莱昂之间此时的爱情是较为真挚的。他们都没有因为情感地冲击而崩溃理智的大堤，都以极度的克制保持了表面的平静。

爱玛第一个真正的情人是34岁的庄园主鲁道尔夫。他是一个寻花问柳的老手，一个深谙风月之道的人。鲁道尔夫第一次见到爱玛就被爱玛美丽的容颜所吸引，并且一眼看出了爱玛生活的困境：“可怜的小女子！她渴望爱情，就像案板上的鲤鱼渴望水一样。只消两三句调情的话，她准会俯首帖耳的！她一定温柔！可爱！……是的，可事成之后，怎样摆脱她那？”① 鲁道尔

---

① 福楼拜：《包法利夫人》，褚延庆译，吉林摄影出版社2002年版，第112页。

夫轻而易举地将爱玛骗到了手，这份感情让爱玛自以为找到了真正的爱情，她把所有在包法利身上没有实现的狂热的激情，统统奉献给了鲁道尔夫。爱玛自以为这是一份真诚的爱恋，她的英雄梦再次被点燃，鲁道尔夫成为她长久以来在心中反复雕刻的英雄的化身。她恍恍惚惚觉得鲁道尔夫就是子爵，就是小说中那些男主角。于是，小说中的恋爱情节成为爱玛的模仿对象。没完没了地写情书，交换信物，送昂贵的礼物，甚至在幽会之时下意识地问鲁道尔夫有没有带手枪以自卫。

她对鲁道尔夫倾心相爱，时刻幻想着与鲁道尔夫的幸福生活，然而，鲁道尔夫却并没有回报她同样的爱。实际上，这种恋情在鲁道尔夫只是满足肉欲的通奸。他对爱玛存有的只是肉体欲望的一种渴求，而非真正爱情的需求。他在决定把爱玛弄到手的同时就已经在想甩掉爱玛的办法。爱玛满心欢喜地沉浸在自以为是真爱的美妙爱情中，幻想他们如何一起幸福地生活，如何重现那些幻化到脑海中的小说场景。然而，她用激情和热情换回的却是鲁道尔夫的日益冷漠。实际上爱玛只不过是充当了鲁道尔夫的情妇，而且是很多情妇中的一个。新鲜的爱情刺激过去之后，他们的关系也就变得如安安稳稳地过日子的夫妻一样平淡，这不是爱玛久久期望的结果。因此，这令她大为失望。为了赢得这份她心仪的爱情，她依然决定放弃一切，和鲁道尔夫一起私奔去追求永远的幸福与爱情。这种不顾实际的幻想，注定了是要以失败而告终的。鲁道尔夫始终只是想玩玩她而已，他是不可能为这份感情放弃自己的一切的。因此，他只用一封洒了几滴水的绝交信就轻松地打发了她。于是，爱玛关于爱情的幻想再一次破灭。

惨痛的爱情打击让爱玛痛苦不迭，却仍不能让爱玛从思想上发生改变。和鲁道尔夫的爱情无果而终后，她并没有吸取教训，回归现实，而是很快投入了下一个情人莱昂的怀抱。此时的莱昂，已非三年前的莱昂，在巴黎学习三年后归来的他已丧尽了羞耻之心，正想找一个情妇。而此时的爱玛也刚刚经历了打击，正需要新的爱情来抚慰，再加上两人曾有过共同的美好回忆，于是很快，莱昂成了爱玛的新情人。爱玛又开始在自我毁灭的道路上前行。

如果说爱玛在与鲁道尔夫的关系中是被动的，表现了些许羞涩，那她和莱昂的关系则是主动的，而且变得放荡而无所顾忌。在与莱昂的来往中，莱昂又被爱玛幻化成了子爵，她不惜一切代价地追求自己的幸福。“此时的爱玛生活分裂为两个不能兼容的世界，一个是里昂的爱情世界，一个是永维的现实世界。她钟情于里昂，可她的爱情世界却见不得人。她不满永维，可她却不得不大部分时间呆在永维，社会认可的是在永维的爱玛，而爱玛的心思则在可视为黑暗的里昂。”① 为了掩盖她深感幸福却又不能见人的爱情，掩盖她生活分裂的真相，为了与情人约会，为了给她在莱昂的爱情戴上富贵的面具，满足她在爱情中的花销，说谎成为她的一种习惯。她欺骗自己善良的丈夫，不断地说谎、伪装、隐瞒，在现实世界中，她的处境越来越被动。而在爱情方面，鉴于曾被抛弃的经历，她倍加珍惜现有的“幻化”爱情。她生怕再次失去，于是使出浑身解数，小心维护。

可是，她的爱情仍是如小说中的一样，在日复一日的重复中变得不过是例行公事式地写情书，赴约会，宽衣解带。为了抓牢爱情，她变得敏感而暴躁，她试图控制情人的生活，这使莱昂对她的做法越来越反感，致使他们之间的感情开始慢慢消融。而现实世界也日渐承受不了她的奢侈，她的生活中出现了重重危机。然而，危机的出现不但没能使她警醒，反而促使她不顾一切地放纵去挽留将要逝去的爱情。爱玛已经顾不了那么多，她不是在与莱昂偷情，而是在与她理想中的那个男人交流，只不过是借用了莱昂的存在作为感情释放的渠道。爱玛在堕落的道路上越走越远，虽然她与莱昂仍维持着情人的关系，可那不过成为了一种习惯，丝毫没有了爱情的成分。因此，莱昂在面对升迁的机会时，毅然地抛弃了她，将她美丽的爱情梦想又一次无情地击碎。紧接着现实世界也抛弃了她，她所欠的债被法院强制归还，她借钱到处碰壁，甚至导致她欠债的两个人鲁道尔夫、莱昂也拒绝帮助她。对幻想世界的追求，对现实世界秩序的不遵从使她丧失了在现实世界生存的权利，死亡成了她唯一的选择。

爱玛这个始终把幻想作为现实去追求的女性，虽然最后是一个悲情的结局，但她那不顾现实，全力追求幻想的过程，也表现出了一种堂·吉诃德式的执著。这种执著不禁让人产生敬佩之意。她并没有因为追求幻想而毫无选择，在这样的选择追求中，她也显示出了一定的专一。她甚至在最后走投无路的时刻也不肯向不符合她的幻想标准的人出卖自己的肉体。特殊的时代背景和家庭环境使她受到的不和谐教育，固化了她不符合生活现实的生活观和爱情观。这成为她走向毁灭的最根本的原因。由于所受教育的原因，爱玛不知道她所追求的骑士贵妇人的爱情在19世纪金钱的围剿下已经没有容身之

---

① 靳大山：《〈包法利夫人〉：一部理想破灭的悲剧》，《山东教育学院学报》2005年第2期，第69页。

地，如果没有雄厚的物质基础，想过和贵妇人一样的骄奢淫逸的生活是不可能的，她最终泥足深陷，无法自拔，酿成悲剧实在可悲；由于所受教育的原因，她把婚姻看成通向幸福的唯一途径，在感觉不符合自己愿望的时候，她无视丈夫对她的真爱，对婚姻百般背叛；由于所受教育的原因，薄情郎鲁道尔夫和莱昂才会被她尽情地幻化，才会让她遭受到屡次的抛弃和巨大的伤害，最终致使她债台高筑却无心伸出援助之手。鲁奥老爹绝不会想到，他让女儿爱玛接受贵族式教育，竟然毁了女儿的一生。爱玛的悲剧向世人敲响了警钟，让人们深刻地体会到现实的无情和不容忽视，同时也让人们深切地体会到了教育的重要性以及教育的不可颠覆性。

第二十七章　小说叙事的展演

《包法利夫人》作为“现代小说鼻祖”，是19世纪法国著名批判现实主义作家福楼拜的代表作品，其独特的叙事艺术在世界小说史上堪称典范。从目前对《包法利夫人》的研究来看，对其文本叙事层面的挖掘仍有很大余地。本章将通过文本细读，深入剖析该小说在叙事方面的具体展演。

第一节　直线平板与针脚细密

目前已经有一些在《包法利夫人》叙事研究方面的成果出现，但有些片面依靠强调叙事学理论在解析《包法利夫人》时的作用，所以多有美中不足[①]。本节由《包法利夫人》平板—重叠至针脚细密的叙事样式和审美效果，由福楼拜在查理这个人物的“平板”式人行道性格方面的塑造，想到其叙事风格与行文思路上的直线平板与针脚细密两者相结合的叙事路径，加深了人物性格与作品主题之间的联系，强化了审美效果。

福楼拜在谈到《包法利夫人》里的“平板”题材时强调：“艺术的真谛，在于自身的美，而我首重风格，其次是真实……我最讨厌平淡无奇；正因为讨厌，才取了这最一般最无可写的题材。”[②] 福楼拜其实关心的是与作品形式相关的东西，他把这个东西称为“风格”，进而又把关注人物的心灵真实作为传达自己所感受到的现实真实的凭借，因此他专心致志地书写平凡琐事（“精致地写平庸”[③]）。包法利行事平庸，谈话平板，而《包法利夫人》整体叙事风格和该作的外在形式，也是平板式的。很多作家为了追求小说叙

---

① 王钦峰：《论“福楼拜问题”》，《外国文学评论》1994年第4期，第5页。

② 亨利·特罗亚：《不朽作家福楼拜》，罗新璋译，世界知识出版社2001年版，第193页。

③ 徐贲：《文化场域中的福楼拜》，《中国比较文学》2003年第4期，第70页。

事的新奇效果费尽心机，尝试采用跳跃式穿插、多线并进或其他叙事形式，可《包法利夫人》的情节营构却与批判现实主义作品和自然主义的很多作品有较大差异，它带给读者的是冷峻的客观与人行道式的平板。

最为大家所熟知的恐怕就是福楼拜对艺术家的“全知全能说”：“艺术家在他作品里，应像上帝在他所创造的世界里，无形无影却全知全能，处处不见处处在”[①]。艺术家在自己的作品里任随己愿，福楼拜让自己的人物在《包法利夫人》中自如地在主观性叙述与客观性叙述间跳跃，甚至采用一种介乎主观和客观这二者之间的态度和语气。为了交代好夏尔，他要把夏尔的父亲交代好，为交代好夏尔的父亲，他选择顺便交代夏尔的母亲，为交代好夏尔的母亲，他将这个女人的过去与后来的变化综合起来写，包括兼取主观和客观两种叙事态度：“他的妻子过去是非常爱他的，对他百依百顺，但这只使他对她更加冷淡。当她年纪慢慢大了，这位过去豁达开朗感情深重的女人，脾气也坏了起来，经常喜怒无常，嘀嘀咕咕，就像酒走了气变成了醋似的。”[②] 女人的喜怒无常与嘀嘀咕咕，在男人的眼里和心里的感受是什么样呢？至少在福楼拜的眼里和心里有准确的感觉——“就像酒走了气变成了醋似的”。所以可以说“他所作的一切努力都致使他去感受而不是苟同”。感受是主观，但它来自客观。“福楼拜的客观性的产生是由于要摆脱自身”，他“使人物既是我自己又是别的什么人”[③]。可以说，福楼拜的人物带有三个方面的特征：其一，是福楼拜的；其二，是这个人物的；其三，是这类人物的。由此看，福楼拜对待自己笔下的人物，是一种“似是而非”的超然于其上的态度：既同情他们，又“作践”他们。

萨特认为自己对福楼拜笔下的人物曾经怀有一定程度的敌意，因为福楼拜“把自己放进人物里面，因为他自己既是虐待狂又是被虐待狂，他就同时让我们看到他的人物既很不幸又招人反感”[④]。在存在主义者萨特眼里，人生是虚无的、世界是荒诞的，人类的努力是没有意义的，辛苦奔波终究要被证明是徒劳的，这种日子就如同“西西弗斯的推石上山”，这种被命运玩弄的

---

① 亨利·特罗亚：《不朽作家福楼拜》，罗新璋译，世界知识出版社 2001 年版，第 204 页。

② 福楼拜：《包法利夫人》，张道真译，上海文艺出版社 2007 年版，第 6 页。

③ 让－皮埃尔·理查：《文学与感觉》，顾嘉琛译，生活·读书·新知三联书店 1992 年版，第 219—220 页。

④ 让－保罗·萨特：《萨特文学论文集》，施康强等译，安徽文艺出版社 1998 年版，第 321 页。

感觉，并非萨特独有，福楼拜也是如此，福楼拜让自己笔下的人物也“享受”这样的命运，并且“信奉”这样的运命。查理·包法利即使在见到曾与自己妻子爱玛私通的男人鲁道尔夫时，他的反应与对待方式，也是叹息“这是命”。

为了写查理·包法利的这种命运，小说从这个平板人物以一个“没穿制服的新生”角色跟着校长进教室写起，一步一步，如同在人行道上行进一样，写了他读书，写他找到自己谋生的职业，如何“被结婚”之后又死了妻子，如何又磕磕绊绊地与爱玛结婚、生子。爱玛的生活，也是平淡无奇的逐步“交代”，就如同一个在人行道上踏踏实实地走路，即使偶有回头或侧目，也是循着信号的指引而按部就班，譬如在小说交代到查理·包法利作为新生，其初来乍到时学习很费劲：“他每个字都查字典，花了不小的气力。”[①]如此的狼狈乃至差点儿“降到下面的班级里去”，那是因为“为了省钱，他的父母挨到不能再挨才送他上学”。最后这句话是一个自然的信号，它将交代内容自然而然地引向“他的父母”，随之就以“他的父亲……”这一话题开始了对他父母的补充交代。不仅仅这种交代的路线和风格暗示着一种平淡无奇，更为重要的是，这种平板中，暗含着一种具体的“昏昏欲睡”的庸人信息：小说一开始就是自习室里“睡着的学生”；之前查理十二岁时跟本村的神甫学习，他“房里闷热……不一会儿孩子会昏然入睡，这位好老头也会手抚着肚皮开始打盹，很快就嘴张得大大地打起呼来”。他的父亲也曾经在婚后每天“睡到很晚才起床”[②]。关于查理·包法利的背景交代是小说“第一部”之标号为“1”的全部内容，但这个内容不仅仅给读者一种平板（如同查理·包法利“剪得平平的”头发一样）的烙印，而且是一种死板的印象，尽管可以用“看起来很规矩”等表述来概括查理·包法利，但整个这一小节给读者的印象可不只是这句话可以概括的。完全可以说，这个人物是“我们”俯视中的被动者。围绕他而被差遣的词汇，几乎没有一个抱着欣赏态度的[③]，而且这种叙述是不着痕迹的重叠堆砌，进而显得这种平板和平庸是针脚细密的缝缝补补，其阅读印象便是对查理·包法利那种“硬邦邦的落后”感，这种感觉就如同“他长得结结实实，像一棵橡树，有一双粗壮的手

---

① 福楼拜：《包法利夫人》，张道真译，上海文艺出版社2007年版，第5页。

② 同上书，第3—9页。

③ 除了在这一小节终了时，有了一句“最后他终于以相当好的成绩通过了考试。这对他母亲是一个多么快乐的日子！”同上书，第10页。

和一张红红的脸”[①]。概括地讲，这种感觉就是结实，规矩，却也有差池。

如果有人要问这种感觉的来源是什么，我们可以回答：下列否定性词汇以及与之相关的表述就是没法逾越的佐证。《包法利夫人》开篇就是：“没穿制服”；十五岁了却未能编在高班；站在屋角而几乎给门挡得看不见他；“他看来很规矩”；个子比谁都高“但显得十分局促不安”；“肩膀不宽”；短上衣却在胳肢窝附近“绷得很紧”；浅色裤子“吊得高高”而露出小腿；“没擦亮”的皮鞋；皮鞋钉了“很牢实的”的大头钉；听课时他“不敢用手臂支头”；“连腿也不敢跷起”；铃响时，“还得老师叫，他才”出来玩；“不敢照我们的办法”扔帽子；帽子“寒碜”；帽子有一副“不声不响的难看样子”；帽子像“白痴的面孔”而“带有无法捉摸的表情”；起身时，帽子掉地，全班发笑；帽子被捅掉又捡起；老师打趣，全班大笑；“窘得”不知所措；报告自己的姓名竟磕磕绊绊地反复了四遍才让老师“总算听清楚”；“这可怜家伙”被老师安排到“懒孩子做的板凳上去”；他站起“走开时又犹豫”；“胆怯地说”，用“不安的眼睛”望着四周；被同学用纸团打脸时，只用手擦擦脸，而“身子一动也不动”；戴着套袖，整理一些小东西；“细心”而“认真地学习”，但差点儿被降级；造句“却一点不通顺”[②] ……

一步一步地叙写，一点一点地交代，每一个点都明了直白，如同平板的人行道没有起伏和波澜。但同时，又在人物的性格方面，层层叠叠、针脚细密地用同类而不同一的描述来铺排乃至堆砌，形成强烈的审美印象。对于爱玛，叙述者也是从其见到查理·包法利，再到其结婚，先后两次搬家、邂逅莱昂和鲁道尔夫，被迫无路而自杀这样一路步步展开画卷的，这种叙事，像人物上台的展演一样，也像量尺一圈圈抽出一样，完全是直线式的、平板型的。而在这个直线上、平板上，却密密麻麻地缝补上了重叠多样的同类图案，借此针脚细密的图案的排比式印象，强化效果，加深印象。

《包法利夫人》中的写景、叙事和写人，都运用针脚非常细密的笔触，如同波斯细密画一样而具有“繁缛而刻意的装饰……极尽描绘之能事，线条纤细如丝，工整细腻、纤毫毕现，可谓尽精微而致广大”[③] 的特点。

---

① 福楼拜：《包法利夫人》，张道真译，上海文艺出版社 2007 年版，第 7 页。

② 同上书，第 3—5 页。

③ 贾如丽：《华丽的珍珠——波斯细密画风格初探》，《美术大观》2007 年第 1 期，第 26 页。

第二节 反讽读者和游移视点

一 想象叙事与反讽读者

借助想象而将叙事的核心转移到与想象和联想相关的事、人和情上去，是福楼拜在《包法利夫人》中最常用的叙事方法。所以，一定程度而言，借助想象性叙事视点来叙事，形成该作品收放自如的叙事特征，一方面它主导文本内主人公的名为实有（实为虚拟）的叙事内容；另一方面它又引导文本内其他人物的相关反应；同时，更重要的是，也由此能够引导文本外的读者的联想。

我们留意到，《包法利夫人》中惯于“倚窗眺望”的人物不独闲暇无聊的爱玛一人，她的丈夫——这个平庸无聊的乃至不会笑的查理，也喜欢“打开窗子倚窗眺望”[①]。只可惜这位一出场就被叙述者俯视着的庸人，相比于他夫人（尽管有欲望想象与切实行动但未能拥有）的幸福而言，查理的“倚窗眺望”到的美景尽管“多么使人向往”，却仅仅停留在向往阶段而已，尽管“他使劲想闻到田野怡人的香味，但却什么也闻不到”[②]。在叙述者的眼里，他是一个否定性人物。他的想象是徒劳的，他的愿望因而也就显得空洞无物。在文本叙述中，叙述者对他的否定性表述连篇累牍，毫不怜惜地堆砌起来：“由于缺乏热情，他很自然地把所下的决心都慢慢淡忘了”[③]。也就是说，这个平庸人物很难有想象的翅膀展开，即使偶然展开了，也没有热情的内驱力去支撑，所以，只有无端而莫名地“忧戚”和“消瘦”。甚至更为令人意外的是，叙述者竟然以调侃语调和赞赏口吻来评价查理这种否定性状态：“这却使他的脸孔几乎很引人好感了。”[④] 这种借语境以对适才的陈述进行语义上明显歪曲的做法，无疑是一种反讽[⑤]，因为他“引人好感”方面实在是太贫乏了，因此，连“忧戚的表情”也可权作能“引人好感”的资料。

---

① 福楼拜：《包法利夫人》，张道真译，上海文艺出版社 2007 年版，第 9 页。

② 同上。

③ 同上。

④ 同上。

⑤ 布鲁克斯对反讽有定义：“语境对一个陈述语的明显的歪曲，我们称之为反讽。”（赵毅衡《“新批评”文集》，1988 年版，第 335 页）

从《包法利夫人》文本内部的想象性叙事来看，文本内的各主要人物都或多或少地以其想象活动推动了故事情节，但从整个作品的悲剧性效果来看，则主要是表现为女主人公爱玛的想象性叙事。耽于幻想的爱玛惯于想象，其想象在文本中频繁出现："于是在她想象中……"[①]"从这时候起，回忆莱昂成了她的愁闷的中心；回忆的火星噼啪作响，比旅客在俄罗斯大草原上留下的火堆还闪烁不定……于是最远的回忆和最近的会晤、她感觉到的和她想象到的、她对欢愉的落空的期待"[②]。与爱玛的想象和幻想相关的，是她充满期望的回忆、展望和联想。不过，也正是这些以及与这些方面相关的描写，才给该文本的客观冷峻之外，融合了浓浓的浪漫诗意。

爱玛的幻象和想象，多半源自她把临时环境和经常环境有意识地混同和有意识地分开：贵族圈落的光色情调与异性相处的短暂激情，带给爱玛的是短暂而易逝的心理念想和画面留存，可惜这仅是不可复制的临时性的环境体验。她有意识要把它们复制到与丈夫（长期相处的）经常性的环境氛围中去体味，显然容易错位，这是爱玛的有意识的混同。另一方面，爱玛又在两者间作有意识的切分和辨别：平凡而琐碎的家庭生活，以其常态而显轻松和平淡，在叙述者连篇累牍的否定性词汇围堵中的平庸丈夫查理，与鲁道尔夫的差别在哪里呢？会给女伴唱小调，喜欢贝朗瑞的诗歌，会配置五味酒，会谈情说爱的男人，这种"四会"男人是谁呢？绝对不会是查理，而应该是鲁道尔夫或者莱昂之类的人，对吧？因为查理被叙述者用那么多的否定性表述给平庸化了，何况他又身处经常性环境中。所以，爱玛有意识地切分经常性环境里的查理和临时性环境里的鲁道尔夫，拒斥了前者而拥抱了后者。其实，受文本叙述者的迷惑，满以为有上述四种情调的人不是查理，然而，明明确确，他就是查理[③]。爱玛没有认识到自己的这种有意识地混同与有意识地切分的可悲性之所在，读者更是被卷裹在其中而不辨西东，所以，这是该作在反讽爱玛的同时，对读者的反讽。

---

① 福楼拜：《福楼拜小说全集》，人民文学出版社 2002 年版，第 53 页。

② 同上书，第 117 页。

③ 原文是："他学会一些小调唱给女伴们听，对贝朗瑞的诗也发生了兴趣，还学会了配制五味酒，最后，谈情说爱也学会了。"（福楼拜：《包法利夫人》，张道真译，上海文艺出版社 2007 年版，第 9 页）

二　叙事视角与游移视点

（一）叙事视角

诞生于19世纪中期的《包法利夫人》和诞生于17世纪初期的《堂·吉诃德》在小说叙事方面有很多的相似之处，尤其是在现代叙事学理论的影响下，再次打量这样两部作品，会发现此二者在叙事视角的频繁转换方面有着异曲同工之妙。有人为准确表述《堂·吉诃德》在叙事视角方面的创新，曾借用热奈特在《辞格之三·叙事话语》中对“叙述声音”（叙述者的声音）和“叙事眼光”（充当叙事视角的眼光，它既可以是叙述者的眼光也可以是人物的眼光）的区分。[①] 传统意义上的第三人称小说叙事，是（处于故事之外的）叙述者通过自己的眼光来叙事（即叙述声音与叙事眼光统一于故事叙述者一人），而现代意义上的第三人称小说叙事，其叙述者通常转用故事中的主要人物的眼光来叙事，使得叙述声音与叙事眼光不再集中于故事叙述者一人，而是分属于故事之外的叙述者和故事之内的聚焦人物（该人物的眼光就是叙事视角）这样两个不同身份的角色身上[②]。

《包法利夫人》多采用不定式内聚焦，也就是说，在文本中的叙述话语，除了叙述者站在自己角度的说出的话语之外，还经常有从故事中某（几）个人物的角度来看问题并表达自己的看法。作为被叙述者关注的焦点人物，他们有自己的身世修养、教育背景、审美判断和伦理道德观，焦点人物看到和感觉到的，读者通过文字信息可以感知到，但读者所可感知到的，却不一定有此能力感知到。文本中的叙事眼光若是频繁切换，则很可能由于聚焦人物的叙事眼光的切换提示语缺位，而使得固执于叙述者之叙述声音（或上一个聚焦人物的叙事眼光）的读者一下子回不过神来，不能瞬间明白这话语和态度究竟是谁的。当然，这种情况通常出现在对话较多、话语急促且衔接紧密的语境氛围中。

---

① 见罗文敏《不确定性的诱惑：〈堂·吉诃德〉距离叙事》，《外国文学评论》2009年第4期，第209页。其实，这里对“叙述声音”与“叙事眼光”二者的有意区别，主要是为了强调“叙述声音”特指叙述者的态度和话语，是从整个文本的全局来考虑的，是个大概念；后者是故事中具体的某句话语，而该话语到底隶属于哪个人物？其具体口吻、语气、态度和观点到底是什么，不由“叙述声音”来决定，而由当时的话语来确定，甚至该话语到底是什么样的“叙事眼光”，也会有模糊不确定的情况出现。所以，“叙述声音”和“叙事眼光”有必要区分开来以进行仔细分析。在《堂·吉诃德》里，同样一个蒙特西诺斯洞穴奇遇的经历，在堂·吉诃德和桑丘的叙事眼里，就差别很大。

② 申丹：《叙述学与小说文体学研究》，北京大学出版社2001年版，第186页。

州农业展览会上，鲁道尔夫与爱玛置身会场大语境中，两人又有彼此对话的小语境，对于二人而言，他们同时身处两个语境中。尤其是当他们两人的情话呢喃与主席在台上的讲话交融在大语境中的时候，叙述者再没有来得及用任何提示语而直接“现场直播”（读者能听到的）此语境中的话语，主席台讲话和情人呢喃的话语各自急促出现却彼此有重叠，作者以简短的单句分段排列出来，显得极为真切：

> 说着他抓住了她的手，她没有把手缩回去。
>
> “种植全面优良奖！”主席喊道。
>
> “就刚才情况为例，当我到你家去的时候……”
>
> “授予坎岗布瓦的比才先生。”
>
> “我难道知道我能和你在一起么？”
>
> “七十法郎！”
>
> “多少次我曾经想离开，但我还是跟着你，留了下来。”
>
> “肥料奖。”
>
> “今天晚上。明天，以后，我整个的一生，我都要这样！”
>
> “授予阿盖区的卡隆先生。金质奖章一枚！”
>
> “因为我和别人在一起时从未发现谁有这样大的魅力。”
>
> “授予吉佛里·圣·马丹的巴恩先生。”
>
> “因此我将永远把你记在心上。”
>
> “一只西班牙种公羊获奖……”
>
> “可是你会把我忘掉，我会像影子一样地消逝。”
>
> “授予诺特丹木的贝罗先生……”
>
> “啊！不会的，我会在你的思想、你的生命里占一个位置，对吧？”
>
> “良种猪奖，双份：授予莱厄里赛和居尔兰保两位先生，每人六十法郎！”
>
> 鲁道尔夫捏紧她的手，感到……①

这段话分别以鲁道尔夫抓住爱玛的手起始，以捏紧爱玛的手终了，完成一次落英斑斓的旅途——两种语境中的话语斑驳错落、交替出现。尽管这十

---

① 福楼拜：《包法利夫人》，张道真译，上海文艺出版社 2007 年版，第 117—118 页。

七行话语的后一句往往赶着前一句出现，但稍一留意，依然可以看出哪一句是谁的话：主席讲话九行，两人情话八行；两人的情话中，鲁道尔夫的话有七行，爱玛的话只有“可是你会把我忘掉，我会像影子一样地消逝”。一定程度而言，引入主席讲话，实际是对此二人情语的频繁切割，表面是使二人贴耳呢喃的对话碎片化，但我们知道，它又在另一个角度使得读者带着拒斥切割的连缀欲望，连缀起来理解其意义。

《包法利夫人》中的叙述者在叙事中非常频繁地瞬间悄然隐身，刚刚叙述完一个话语之后，紧接着的话语，则已经是被叙述者叙述的聚焦人物的叙事眼光了，当然读者也并非一下子反应不过来，叙述者之所以如此在瞬间置换叙事眼光，首先考虑到的是情感顺滑与读者关注点的移位。譬如在《包法利夫人》第一部第二小节里，包法利夫人[①]爱露依丝看到丈夫查理·包法利经常去贝尔多，她打听到作为病人的鲁奥老爹家的一些基本情况时，包法利夫人爱露依丝的反应很能看出叙述者叙事视角的独特：

> 在夏尔经常去贝尔多的头一些日子里，包法利夫人每次少不了要问病人的情况，而且在她的账本上还专门为鲁俄先生留了一整张空页。可是当知道了他有一个女儿之后，她就出去打听；她了解到鲁俄小姐是在绪林修道院长大的，是受过所谓“好教育”的人，她会跳舞，懂地理，会画画，能刺绣，还能弹一手钢琴。一个人会这些也就算到顶了！
>
> “他每次去看她时，脸上都显得那么高兴，还穿上他的新背心，也不怕给雨淋湿，原来就是为了这个？”她想，“唉，这个女人！这个女人……”

对这个女人她本能地产生厌恶。为了发泄闷气，她开头冷言冷语地暗示，但夏尔却没听懂。后来，她用了比较尖锐的言辞，但夏尔仍不加理会，怕引起争吵。最后她正面地进行质问，这时，夏尔不知该怎么回答。鲁俄先

---

① 奇妙的是，《包法利夫人》中的包法利夫人有三个（见［法］福楼拜《包法利夫人》，张道真译，上海文艺出版社 2007 年版）：第一个包法利夫人是夏尔·顿尼·巴多诺梅·包法利先生的夫人，她是查理的母亲；第二个“包法利夫人”（第 15 页）是爱露依丝，她曾被叙述者称作“杜布克的寡妇”（第 16 页），那因为她的前夫叫杜布克；第三个“包法利夫人”是爱玛。所以，尽管一般意义上说的包法利夫人确定是指爱玛，但具体到文本的第一部里的前两小节里，这三个“包法利夫人”还是有必要区别，从第一部第三小节开始，“包法利夫人”就确指爱玛了。

生伤已治好，而且治腿的钱都还没付，他干吗还去贝尔多？噫！原来是因为那里有个人儿，有个能说会道还会绣花的聪明姑娘。他喜欢的就是这些；他想讨一个城里的小姐！接着她说："鲁俄老头的女儿是城里小姐！算了吧！她爷爷是个放羊的，她有个堂哥跟人吵架打了起来，差点没吃官司。"①

其一，说包法利夫人爱露依丝为鲁奥先生专门留一页空白账本，这是一种蓄势，为后面"夏尔不知该怎么回答"作背景式交代，借以反衬夏尔的尴尬：一问——"没听懂"，再问——"不加理会"，三问——"不知该怎么回答"时的尴尬。夏尔在《包法利夫人》整个文本中都是一个很"木"的人，他不只行动迟缓、反应慢，而且他有一个很容易被读者忽略的毛病，那就是他几乎每样事情都需要叙述者在叙述时用"但是"（或者"却"）来转折表述他与常人的不同，不是另类，而是差池。为了强化读者心目中的这种印象，叙述者不惜"凡事见三"地对夏尔的相关情况进行描述：本段论及的"三问"；在第一部第一小节开始时，他给老师回答自己的名字时用"四遍"；给母亲写的长信"最后用三个糨糊块封上"②；上学"三年"后离开；夏尔接信"三个钟头"后才动身赴贝尔多治鲁奥的腿骨；在贝尔多迎接夏尔的是裙子上饰着"三道花边"的年轻女人；去仓房，登上"三级"台阶就到……"三"这个数字，它给读者最基本的阅读感受就是"多"，与之相关的义项便是"烦琐"、"累赘"、"多余"和"寒碜"（或差池）。这就是福楼拜赋予夏尔的价值，何况与此人相关的还有"白痴"和"蠢才"③，这还仅是统计了第一部分的第一小节。

其二，从叙事视角来看，叙述者交代包法利夫人爱露依丝"了解到"的情况的核心——"她会跳舞，懂地理，会画画，能刺绣，还能弹一手钢琴"。叙述到这里时，紧接着有这样一句"一个人会这些也就算到顶了！"这后一句话表面看是叙述者的叙事眼光，其实，它里面暗含了包法利夫人爱露依丝的叙事眼光，只不过没有以一般直接引语的形式出现而已。随后是一段以一般直接引语形式来展露的爱露依丝的心理独白，暗示她在回忆丈夫与"这个女人"的关系。随之是叙述者以第三人称口吻交代她与丈夫夏尔的"三问"，展示夏尔的被动和尴尬。随后的话语是"鲁俄先生伤已治好，而且治腿的钱

① 福楼拜：《包法利夫人》，张道真译，上海文艺出版社2007年版，第15页。

② 同上书，第8页。

③ 同上书，第4、10页。

都还没付，他干吗还去贝尔多？噫！原来是因为那里有个人儿，有个能说会道还会绣花的聪明姑娘。他喜欢的就是这些；他想讨一个城里的小姐！”这是谁的叙述口吻呢？它是爱露依丝的叙述口吻，但是叙述者没有给任何的叙事视角转换的提示词，直接切换给被叙述者叙述着的人物，以其心理独白的口吻，用自由间接引语的形式表述出来。这不可能是叙述者的叙事视角，因为该叙述内容此前已被叙述者以第三人称的口吻予以交代，读者熟知这一内容，恰好被蒙在鼓里的是爱露依丝本人，“他干吗还去……？噫！原来是因为那里有……他喜欢……他想……”完全模拟的是爱露依丝的推理性思虑过程。随之，又以“接着她说：‘……’”这种一般直接引语的形式切换到叙述者自己的掌控中。所以说，上述四大段引文内容的叙述视角是频繁切换的，这个叙事视角的切换过程依次是：叙述者的叙事眼光——爱露依丝的叙事眼光——叙述者以第三人称视角的一般直接引语——叙述者的叙事眼光——爱露依丝的叙事眼光——叙述者以第三人称视角的一般直接引语。

（二）游移视点

“整个文本永远不可能被读者一次感知”[①]，所以，文本的被感知过程是逐步的，而读者在阅读过程中，对已经阅读的信息和即将阅读的信息有一个个瞬间变化移动的信息交汇点，这些从读者角度来看的交汇点，就是W. 伊泽尔所说的游移视点。具体讲，它“是描述读者在本文中的存在方式的一种手段。这种存在出现在读者的记忆和期望的交汇点上，由此而产生的辩证运动引起了读者对记忆的连续不断的修改，以及一种复杂性不断增加的期望。这些过程依赖于互相作为注意中心的视野，这些视野互相提供相互联系的背景。这些背景之间的相互作用引导读者进入到综合活动之中。”[②] 其实这也是读者的期待视野与接受视野的结合区域，当笼统而概括地看待读者所接触到的信息范围时，它可以被看做一个既有和即有审美信息交汇的区域；当需要近距离凝视读者所逐一阅读接受到的信息点时，这个游移视点也可以被精确理解为一个个陆续出现的既有信息点与即有信息点的交汇点。

在经历了丧妻之痛后，当看到自己与鲁奥老爹的关系由医患关系一下子晋升为朋友关系并受到鲁奥老爹关照时，很是高兴，鲁奥老爹所讲的故事把

① W. 伊泽尔：《审美过程研究》，霍桂桓、李宝彦译，中国人民大学出版社1998年版，第145页。

② 同上书，第159页。

他逗得笑出声，但查理马上止住笑，换上无限悲痛的面孔。也就是说，查理所换上的无限悲痛的面孔，仅是迫于环境压力，通过自我心理暗示做给别人看的。此处强调的是查理笑得自然，止得虚伪。如果说查理自然的笑声给获得此信息的读者一种先期印象——查理有真性情，那么，这种先期印象就是存储在读者记忆中被压缩的理解背景，这种背景语境认为查理是有真性情且易于动情的。可是，这种背景性信息下一步立刻被新的信息在回溯中影响、修改，使后者看来和以前完全不同，随之，后者又与前者合起来变成已经被接受了的信息，在读者的记忆中重新被编写为一种经过压缩的、重建的背景信息。于是，新一轮的阅读信息的回溯与修改继续发生。“因此，背景与背景的联系再一次被区别开来。正是这种视点和关系的连续不断的转变，刺激读者建立最终使审美客体具体化的综合。”[①] 在《包法利夫人》中，这种让读者期待视阈随之被修改刷新的情况数不胜数，它们为人物性格的塑造和作品主题的呈现作出了意外的贡献。

① W. 伊泽尔：《审美过程研究》，霍桂桓、李宝彦译，中国人民大学出版社 1998 年版，第 158 页。

参考文献

一　著作类

（一）外文类

1. Thornton, A. Homer's Iliad: Its Composition and the Motif of Supplication, Göttingen, 1984.

2. Bloom, H. (ed.) Homer's the Iliad, New York, 1987.

3. de Jong, I. J. F. Narrators and Focalizers: The Presentation of the Story in the Iliad, Amsterdam: B. R. Gruner, 1987.

4. Nicholas Richardson, The Iliad : A Commentary volume 6, Cambridge: Cambridge University Press, 1993.

5. Mackie, H. Talking Trojan: Speech and Community in the Iliad, Rowman and Littlefield Publishers, 1996.

6. Fagles, R. (trans.) The Iliad, with introduction and notes by B. Knox, Penguin Books, 1998.

7. Alden, M. Homer Beside Himself: Para-Narratives in the Iliad, Oxford, 2000.

（二）中文类

译著类：

1. ［德］格罗塞：《艺术的起源》，蔡慕晖译，商务印书馆1984年版。

2. ［保加利亚］瓦西列夫：《情爱论》，赵永穆等译，生活·读书·新知三联书店1985年版。

3. ［美］L. S. 斯塔夫里阿诺斯：《全球通史——1500年以前的世界》，吴象婴、梁赤民译，上海社会科学院出版社1988年版。

4. ［古希腊］赫西俄德：《工作与时日 神谱》，张竹明、蒋平译，商务印书馆1991年版。

5. ［德］古斯塔夫·施瓦布：《希腊古典神话》，曹乃云译，凤凰出版传媒集团译林出版社1995年版。

6. ［美］约翰·迈尔斯·弗里著《口头诗学：帕里—洛德理论》，朝戈金译，社会科学文献出版社 2000 年版。

7. ［法］皮埃尔·格里马尔著《希腊神话》，尚杰、柏芳译，商务印书馆 2005 年版。

8. ［英］D. A. 麦肯齐著《克里特岛迷宫——希腊罗马神话起源之谜》，余瀛波译，新世界出版社 2006 年版。

9. ［俄］E. M. 梅列金斯基著《英雄史诗的起源》，王亚民、张淑明、刘玉琴译，商务印书馆 2007 年版。

10. ［古希腊］亚里士多德著《诗学》，陈中梅译，商务印书馆 2008 年版。

11. ［英］夏洛蒂·勃朗特：《简·爱》，盛世教育西方名著编译委员会译，世界图书出版公司 2008 年版。

12. ［奥］弗洛伊德：《弗洛伊德文集》，车文博译，长春出版社 1998 年版。

13. ［奥］弗洛伊德：《弗洛伊德主义原著选辑》，车文博译，辽宁人民出版社 1988 年版。

14. ［奥］弗洛伊德：《精神分析学引论·新论》，罗生译，百花洲文艺出版社 1996 年版。

15. ［英］盖斯凯尔夫人：《夏洛蒂·勃朗特传》，张淑荣等译，团结出版社 2000 年版。

16. ［英］夏洛蒂·勃朗特著《简·爱》，宋兆霖译，北京燕山出版社 2002 年版。

17. ［奥］阿德勒著《阿德勒人格哲学》，罗玉林等译，九州出版社 2004 年版。

18. ［古希腊］荷马著《伊利亚特》，陈中梅译，译林出版社 2000 年版。

19. ［古希腊］荷马著《奥德赛》，陈中梅译，译林出版社 2003 年版。

20. ［法］福楼拜：《福楼拜小说全集》，人民文学出版社 2002 年版。

专著类：

1. 陈洪文著《荷马和〈荷马史诗〉》，北京出版社 1983 年版。

2. 罗念生著《论古希腊戏剧》，中国戏剧出版社 1985 年版。

3. 宋洁人著《亚里士多德与古希腊早期自然哲学》，人民出版社 1995 年版。

4. 裔昭印著《古希腊的妇女——文化视阈中的研究》，商务印书馆 2001 年版。

5. 肖关鸿著《诱惑与冲突》，学林出版社 2001 年版。

6. 程相占著《中国古代叙事诗研究》，广西师范大学出版社 2002 年版。

7. 王以欣著《神话与历史——古希腊英雄故事的历史和文化内涵》，商务印书馆 2006 年版。

8. 程志敏著《荷马史诗导读》，华东师范大学出版社 2007 年版。

9. 陈中梅著《言诗》，北京大学出版社 2008 年版。

10. 李志斌著《漂泊与追寻——欧美流浪汉小说研究》，中国社会科学出版社 2008 年版。

11. 陈中梅著《荷马史诗研究》，凤凰出版传媒集团 译林出版社 2010 年版。

12. 杨静远：《勃朗特姐妹研究》，中国社会科学出版社 1983 年版。

13. 关计夫：《自卑心理浅析》，福建科学技术出版社 1988 年版。

14. 栗国评：《自卑爆发力量》，军事谊文出版社 2005 年版。

15. 郑克鲁主编：《外国文学史》（上），高等教育出版社 1999 年版。

16. 董学文主编：《西方文学理论史》，北京大学出版社 2005 年版。

17. 郑振铎著《希腊神话与英雄传说》，上海世纪出版集团 2006 年版。

18. 童庆炳著《文化与诗学》（第七辑），北京大学出版社 2009 年版。

二 论文类

1. 徐少邱：《史诗〈伊利亚特〉成型的题材探究》，《长沙大学学报》2009 年第 4 期。

2. 徐亚杰：《〈伊利亚特〉和〈奥德赛〉艺术魅力新解》，《沈阳师范大学学报》（社科版）2006 年第 5 期。

3. 杨亦军：《战争、伦理及文学——兼〈伊利亚特〉的“英雄”之一瞥》，《四川文理学院学报》2006 年第 6 期。

4. 辛明霞：《论〈伊利亚特〉的演说辞》，《辽宁行政学院学报》（社科版）2006 年第 11 期。

5. 戚江虹：《〈伊利亚特〉中的“三角图式”》，《上海交通大学学报》（哲社版）2004 年第 5 期。

6. 程艳杰：《〈伊利亚特〉冲突的系统构成及其作用》，《吉林大学社会科学学报》2000 年第 1 期。

7. 肖锦龙：《〈伊利亚特〉的两个基本冲突纵横谈》，《外国文学研究》1988 年第 1 期。

8. 李梦馨：《作为“经典中心”的中心——论〈哈姆雷特〉》，《南方文坛》2011 年第 1 期。

9. 周珊：《〈哈姆雷特〉中的死亡意象》，《大众文艺》2011 年第 4 期。

10. 朱法荣：《〈哈姆雷特〉中的植物意象》，《山东文学》2010 年第 1 期。

11. 白莉、范晔：《浅析哈姆雷特的悲剧性格及其成因》，《作家》2010 年第 4 期。

12. 罗峰：《哈姆雷特的命运观》，《现代哲学》2010 年第 4 期。

13. 原一川、王娟：《从弗洛伊德的人格三结构阐释哈姆雷特的犹豫》，《云南师范大学学报》（哲学社科版）2010 年第 6 期。

14. 袁翔华：《〈哈姆雷特〉的间离效果》，《牡丹江大学学报》（社科版）2007 年第 4 期。

15. 王虹：《〈哈姆雷特〉与意义的非确定性》，《广东外语外贸大学学报》2007 年第 4 期。

16. 吴秀琼、李其金：《〈哈姆雷特〉的语体风格及其戏剧效果》，《郑州大学学报》（哲社版）2007 年第 5 期。

17. 潘雪月：《一千个哈姆雷特——从哲学阐释学看译者的创造性叛逆》，《重庆交通大学学报》（社科版）2007 年第 4 期。

18. 周小娟：《“坦白”仪式的文学呈现——再论〈简·爱〉叙述者与读者的关系》，《北京航空航天大学学报》（社科版）2011 年第 1 期。

19. 周小娟：《〈简·爱〉女性话语空间的自我建构》，《广西大学学报》（哲社版）2010 年第 3 期。

20. 高晓红：《剖析〈简·爱〉的心理成长——以双性同体为观照》，《海南师范大学学报》（社科版）2010 年第 3 期。

21. 坦芙尔·阿明·堂珂：《疾病与欲望：〈简·爱〉与“黄色墙纸”中对隐秘的同性恋的惩戒》，《外国文学研究》2009 年第 1 期。

22. 徐少邱、林贞燕：《〈巴黎圣母院〉的对照艺术新论》，《牡丹江教育学院学报》2010 年第 1 期。

23. 张莲：《〈巴黎圣母院〉中克罗德形象浅析》，《文教资料》2007 年第 19 期。

24. 陈晓彦：《悲痛的灵魂——在〈巴黎圣母院〉里挣扎的灵魂》，《怀化学报》2007 年第 9 期。

25. 范呈彬：《激情与虚荣——论〈红与黑〉的两种爱情》，《新乡学院学报》2010 年第 2 期。

26. 兰胜敏：《〈红与黑〉中于连的性格发展历程》，《沈阳教育学院学报》2010 年第 5 期。

27. 任海峰：《逆境中的追寻——〈人生〉与〈红与黑〉比较阅读》，《新乡教育学院学报》2009 年第 1 期。

28. 袁平、张莉：《模仿的欲望　虚无的爱情——〈红与黑〉的另一种解读》，《外国语文》2009 年第 5 期。

29. 梁亚茹：《自卑与超越——〈红与黑〉中于连形象的个体心理学分析》，《沈阳师范大学学报》（社科版）2006 年第 5 期。

30. 王钦峰：《论“福楼拜问题”》，《外国文学评论》1994 年第 4 期。

31. 一凡：《包法利夫人的原型》，《世界文化》1995 年第 4 期。

32. 郭文娟：《福楼拜作品话语系统现代性初探》，《山东师大学报》（社科版）2000 年第 5 期。

33. 穆宏燕：《从细密画看伊朗文化的顽固性》，《东疆学刊》2002 年第 1 期。

34. 贾如丽：《华丽的珍珠——波斯细密画风格初探》，《美术大观》2007 年第 1 期。